もくじ

学ぶ人は、
変えて
ゆく人だ。

目の前にある問題はもちろん、

人生の問いや、

社会の課題を自ら見つけ、

挑み続けるために、人は学ぶ。

「学び」で、

少しずつ世界は変えてゆける。

いつでも、どこでも、誰でも、

学ぶことができる世の中へ。

旺文社

はじめに

　本書は，英単語をより効果的に覚えることを狙いとする，読解□
つまり，単語を覚える手段として，句用例だけでなく文章も利用□
見出し語は文章の中で赤字で示されており，文章の中でどのよう□
を確認することができる。また，見出し語のリストには各語の主要□
な用例が示されているので，これを覚えよう。派生語や同意語・反□
が示されているなら，これも覚えるとよい。語の概念を明確につか□

　例えば Unit 86 "The Most Widespread Outbreak of Ebola □
を読んでいると，an outbreak of a disease whose route of trans□
fully known「伝染経路が完全にはわかっていない病気の発生」とい□
す。ここで私たちは outbreak, disease,（route of）transmission と□
合わせが，ある文脈を形成することを知る。この文脈は個々の語が単□
れない複雑な事象を表すと同時に，各語の意味の適応範囲を規定する□
ある outbreak は「発生，勃発」と定義されているが，文脈はそれが「□
発生」を表すのに用いられる語であることを教えてくれるのである。同様□
reproduce themselves only in the cells of living things「ウイルス□
胞内でしか繁殖しない」は reproduce「を複製する；を繁殖させる；繁□
「自分の複製を作る」という意味で用いられることを示し，the mutation o□
occurring, which allowed the virus to enter human cells and infect □
イルス突然変異が起き，そのせいでウイルスが人の細胞に侵入して人に感□
が可能になった」は mutation「突然変異（体）；変化」がウイルスの人から□
染を引き起こす要因であることを示している。このように文脈を利用するこ□
意味と用法をいっそう深く理解することができるのである。

　本書では，ユニット毎に 15 個の見出し語が入ったオリジナル英文が用意さ□
る。まずは，この英文を読んでみよう。黙読するだけでもよいが，音読がお勧め□
数回読むと英文の意味が大体つかめるし，見出し語の意味が推測できるように□
そして，単語リストの語義，用法，関連語の暗記に取り組む。こうすることで，□
ずつではあるが，入試に必要な重要語が使える語になっていく。

　単語は覚えたつもりでも，しばらく出会いがないと忘れてしまうものである。□
を Unit 100 までやり終えたら，もう一度 Unit 1 から同じ作業を繰り返してみよ□
何度も触れ合うことで，多くの語が自分のものになっていくのである。

2020年　初夏　著者記

装丁デザイン：内津 剛 (及川真咲デザイン事務所)

paper sculpture制作・撮影：AJIN　　本文デザイン：伊藤幸恵

執筆協力：松本賢治

協力者一覧

校正：株式会社 友人社、石川道子、武田裕之

英文校閲：Jason A. Chau　　編集協力：有限会社 アリエッタ

組版：岩岡印刷 株式会社　　録音：株式会社 巧芸創作

ナレーター：Josh Keller, Carolyn Miller, Julia Yermakov, 原田桃子

編集担当：赤井美樹

本書の構成 ●[英文・和訳・解説ページ]

Unit番号・英文タイトル

Unit番号は1〜100まで
連番になっており、英文レ
ベルの易しいものから順番
に並べています。

読解ポイント（♀）

英文を読む際に読み取って
ほしいポイントや要旨を記
載しています。

英文中の赤字の単語は、
このUnitの見出し語です。

語法・構文・表現

英文中のつまずきやすい箇
所を解説しています。丸つ
き数字は、英文の番号と一
致しています。
英文を読み進める途中でわ
からないところがあった
ら、まずはここを確認して
ください。

---

3 Mishearing

♀ 筆者は日本人留学生の交わすある言葉を聞いて落胆した。しかし、それは聞き違いで…。

① I have a decades-old memory of beginning a new job managing a college foreign-student exchange program. ② Twenty Japanese students, upon arrival, spent two days at the giant Ohio State University, founded in 1870, before busing to my little college in Saint Louis, Missouri. ③ They arrived late in the evening, and quickly met and went home with their new host families. ④ The next morning they reassembled at the college — all seemingly talking about Ohio. ⑤ It appeared that their brief visit there had satisfied them enormously. ⑥ For me, however, it was disheartening. ⑦ How, I wondered, could our little school, unfamiliar to Japanese students, ever hope to match Ohio State? ⑧ Lack of tradition and notable alumni was an obvious disadvantage. ⑨ Subsequent mornings only deepened the negative effect: the same phenomenon, the same sound, "Ohio," from everyone! ⑩ Finally, once and for all, I "got a handle" on it. ⑪ The correct explanation? ⑫ The students did not say, "Ohio." ⑬ Instead they said in a friendly tone, "Ohayo." ⑭ "Ohayo" was not last week's state, but this morning's greeting. ⑮ As a consequence, my confidence revived: I relaxed.

語法・構文・表現

① **have a memory of** *doing*「…した思い出がある」

② **spent two days ..., before busing to 〜**「2日を過ごし（それから）〜にバスで行った」▶「〜にバスで行く前に2日を過ごした」と同義。

③ **went home with their new host families**「彼らの新しいホストファミリーと一緒に家に行った」

④ **all** (of them) **seemingly talking about Ohio**「（彼らの）全員が見た目にはオハイオについて話しているようだった」▶独立分詞構文。〔付帯状況〕を表す。

⑦ **How, I wondered, could our little school, unfamiliar to Japanese students, ever hope to do?**「日本人学生によく知られていない、私たちの小さな学校がどうやって…することを望めるものかと私は思った」▶I wondered how our little school, ..., could ever hope to *do*. と同義。unfamiliar to Japanese studentsは our little schoolを修飾または記述する形容詞句。

⑧ **Lack of tradition and notable alumni**「伝統と有名な卒業生の欠如」

20

6

本書の 1 Unit は，［英文・和訳・解説ページ］と［単語ページ］の
計 4 ページで構成されています。

聞き違い

英文レベル ☆

179 words

📁 文化［言語］

①私には何十年も前に経験した 1 つの<u>思い出</u>がある。それは，大学の外国人留学生交換プログラムを<u>管理する</u>新しい仕事を始めたときのことだった。②20人の日本人学生が，到着直後の 2 日間を 1870 年に<u>創立された</u>マンモス大学であるオハイオ州立大学で過ごし，その後ミズーリ州セントルイスにある私の勤める小さな大学までバスでやって来た。③学生たちはその晩遅くに到着し，素早く集まって新しいホストファミリーとともに帰宅した。④翌朝，彼らは大学に再び集合したが，全員がオハイオのことを話している様子だった。⑤短時間のオハイオ滞在が，彼らを大いに<u>満足させた</u>ようだった。⑥しかし，私にとっては残念だった。⑦うちのような，日本人学生に<u>なじみのない</u>小さな学校では，どうしたらオハイオ州立大学に<u>かなわない</u>の<u>ではないか</u>，と私は<u>思った</u>。⑧伝統もなく有名な卒業生もいないというのは，明らかに<u>不利</u>だった。⑨翌日以降の朝も，<u>悪影響</u>は深まるばかりだった。毎朝同じ<u>こと</u>が起こり，全員から "Ohio" という声が聞こえた。⑩そして，私はついに，はっきりと「分かった」。⑪<u>正しい</u>解釈はこうだったのだ。⑫学生たちは "Ohio" と言っていたのではない。⑬そうではなくて，彼らは親しげな<u>調子</u>で「おはよう」と言っていたのだ。⑭「おはよう」とは，先週彼らが過ごした州のことではなく，朝のあいさつだった。⑮その<u>結果</u>，私の自信はよみがえり，<u>ストレスが和らいだ</u>のだった。

〜〜〜〜〜〜〜〜〜〜〜〜〜〜〜〜〜〜〜〜〜〜〜〜〜〜〜〜

⑨ **the same sound, "Ohio," from everyone**「全員からの『オハイオ』という同じ音」▶ the same phenomenon「同じ現象」と同格。

⑩ **once and for all**「きっぱりと」
　get a handle on「〜を把握する」

⑬ **in a friendly tone**「親しげな口調で」

⑮ **as a consequence**「その結果，したがって」（= in consequence）
　revive〔→1445〕 動「よみがえる」

● 「便利な頭字語」
　国際機関名や病名は，その正式名称を構成する各語の先頭の文字をつないで短くする。例えば，the United Nations は UN「国際連合」，the European Union は EU「欧州連合」，Bovine Spongiform Encephalopathy は BSE「ウシ海綿状脳症」である。頭字語は ASAP＝As Soon As Possible のように，日常的にも使われる。

21

タイトル和訳・英文レベル・英文語数

英文レベルは，
★　　…共通テストレベル
★★　…入試標準レベル
★★★…やや難レベル
を表しています。

テーマ（📁）

「日常生活」「社会」「文化」「自然」「産業」「科学・技術」の 6 つの入試頻出テーマに大きく分類し，それにさらに細かい小テーマを設けています。

和訳

和訳は自然な日本語になるように，直訳ではなく意訳をしています。（自然な日本語に意訳しているため，「語法・構文・表現」の訳語や「単語ページ」の訳語と必ずしも一致しない場合があります。）

和訳中の赤字は，見出し語の英文中での意味です。その他の意味は単語ページで確認しましょう。

コラム

知っておいて得する英語情報や，さらに踏み込んだ文法解説，英語小ネタなどを掲載しています。

本書の構成 ● [単語ページ]

見出し語・発音記号

英文で使用されている見出し語を掲載しています。単語は、『英単語ターゲット1900 [6訂版]』のPart 1・2掲載の入試頻出語です。

発音（発）
アクセント（アク）

入試で狙われる注意すべき語に、それぞれのアイコンをつけています。

チェックボックス

○や✓などをつけ、自分の理解度をチェックしましょう。覚えるまで繰り返しチェックすることが大切です。

見出し語と密接に結びついて用いられる重要な前置詞などの要素を、原則として訳語とセットで示しています。

---

3 Mishearing

📗 単語の意味を確認しよう。

31 **memory** [méməri]	图 記憶（力）；（~の）思い出 (of) have a good memory for ~ 「~に関して記憶力がよい」 ▶ to the best of my memory 私が記憶している限りでは mémorize 動 を暗記する，記憶する
32 **manage** 発 アク [mǽnɪdʒ]	動 をなんとか成し遂げる；を管理する manage to do 「なんとか…する」 mánagement 图 管理，経営；(the ~) 経営者側 mánager 图 管理者，経営者
33 **found** [faʊnd]	動 を設立する；(理論など) を(~に基づいて) 築く (on) ▶ A is founded on B. A は B に基づいて (作られて) いる。 foundátion 图 基礎；基盤；設立；財団
34 **satisfy** アク [sǽtɪsfaɪ]	動 を満足させる；(条件など) を満たす ▶ be satisfied with ~ ~に満足している sàtisfáction 图 満足，納得 sàtisfáctory 圏 満足のいく
35 **wonder** 発 [wʌ́ndər]	動 かなと思う；(に) 驚く (at) wonder wh-... 「…かなと思う」 ▶ wh- 節には if 節も含む。 ▶ wander「歩き回る」と区別。
36 **unfamiliar** [ʌnfəmíljər]	圏 (~に) 不慣れな (with)；(~に) (よく) 知られていない (to) ▶ an unfamiliar sight 見慣れない風景 ùnfamìliárity 图 不案内，不慣れ
37 **match** [mætʃ]	動 (と) 合う；に匹敵する；一致する ▶ Your socks don't match. 君の靴下は左右が合っていない。 图 試合；好敵手；(~と) よく合う物 [人] (for) ▶ I am no match for him. 私は彼にはかなわない。
38 **disadvantage** アク [dìsədvǽntɪdʒ]	图 不利 (な点)；障害；(信用などの) 損失 ▶ at a disadvantage 不利な立場で [に] ▶ to ~'s disadvantage ~の不利になるように dìsadvantágeous 圏 不利な，不都合な

22

● 品詞の表示

| 動 動詞 | 图 名詞 | 圏 形容詞 | 副 副詞 | 前 前置詞 | 接 接続詞 | 代 代名詞 |

● 関連情報の表示

| ⇔ 反意語 | ≒ 同意語・類義語・代替語 | = 言い換え表現 | 米 アメリカ式英語 |

| 英 イギリス式英語 | 〔~s〕複数形 | 〔the ~〕定冠詞 the を伴う |

〔a ~〕不定冠詞 a または an を伴う

ID番号 (1)

本書の見出し語の番号です。

31~45

| 0 | 250 | 500 | 750 | 1000 | 1250 | 1500 |

到達語数ゲージ

英単語をどこまで覚えたかが一目でわかります。

赤字は、その単語の代表的な語義です。また、英文中での意味には下線が引かれています。

➡ の後についている数字は、見出し語のID番号です。

▶ や ▷ で英単語や英熟語に関する補足説明をしています。また、反意語・類義語・派生語などの関連語も豊富に掲載しています。

青字は、その見出し語を含む熟語・イディオムです。

39

negative
[négətɪv]

形 否定的な；消極的な；(検査結果が) 陰性の

▶ a negative sentence 否定文 (⇔ an affirmative sentence 肯定文)

名 否定的な言葉 [答え・態度]

40

effect
[ɪfékt]

名 影響, 効果；結果 (⇔ cause ➡ 202)

▶ 「出来事や行動により引きこされる変化や結果」の意。
have an effect on ~ 「~に影響を与える」
efféctive 形 効果的な, 有効な

41

phenomenon
発 ⑦ [fənɑ(:)mənɑ(:)n]

名 現象

▶ 複数形は phenomena [fənɑ(:)mənə]。
▶ 語源はギリシャ語で「見られるもの」の意。
▶ a global [worldwide] phenomenon 世界的現象
phenómenal 形 並はずれた

42

correct
[kərékt]

形 正しい；適切な

動 を訂正する；を直す
corréction 名 訂正, 修正
incorréct 形 不正確な；不適切な

43

tone
[toʊn]

名 口調；音色；雰囲気；色調
a tone of voice「口調」

動 (身体・筋肉など)を引き締める；の調子を変える
mónotòne 名 (話し方・文体などの)単調

44

consequence
⑦ [kɑ́(:)nsəkwens]

名 (通例~s) 結果；重大性

▶ in consequence 結果として；したがって (≒ as a consequence)
cónsequent 形 結果として起こる
cónsequently 副 その結果として, したがって

45

relax
[rɪlǽks]

動 くつろぐ；緩む；をくつろがせる；を緩める；落ち着く
rèlaxátion 名 くつろぎ；気晴らし；緩和
reláxed 形 くつろいだ

23

● 語句表示

[ ]…言い換え可能	( )…省略可能	{ }…補足説明
be…be動詞	*do*…原形動詞	to *do*…不定詞
doing…動名詞・現在分詞	*done*…過去分詞形	*one's, oneself*…主語と同じ人を表す

; (セミコロン) …意味の中でさらに区分する場合の大きな区分

, (コンマ) …意味の中でさらに区分する場合の比較的小さな区分

9

著者より，本書の勉強法について

本書は100のUnitから成り，各Unitは「見出し単語の用例を示す英文とその対訳，語法・構文・表現解説」と「見出し単語リスト」で構成される。この構成を活用し，英語力の強化を図るには，以下のように勉強を進めるとよい。

1 タイトルと読解ポイント（♀）を読む。英文を読む前に，「タイトル」とその下にある「読解ポイント」（♀）に目を通そう。英文を読む際に役立つ予備知識が得られ，英文の内容へのイメージが膨らむはずである。英文を読むのに先入観は要らないという人はこの段階をスキップし，直接英文に取り組めばよい。

2 英文を読む。見出し語が含まれた英文を**通読する**。途中で引っかかるところがあっても，そこで止まらずに読み進もう。英文の語数は150語〜200語前後で，そのうち15個がそのUnitで習得すべき見出し語である。3回ほど通読すれば英文のテーマは**理解できる**と思う。何度読んでもわからないところは対訳を参照すればよい。英文にも対訳にも文番号が付されているので，対訳中の対応箇所を見つけるのは容易である。より深く文構造を知りたければ，『語法・構文・表現』欄を参照するとよい。

3 英文を1文1文正確に解釈しながら読み進むというスタイルにこだわる人はそうするとよい。**自分に合った読み方をするのが一番**だからである。でも，難解な文に引っかかってしまったら，『語法・構文・表現』欄の解説を参照しよう。そして，できるだけ**スピーディーに読み進むことを心がけよう**。英文の内容を大きくとらえるのに勢いは大事である。

4 **単語を覚える**。各Unitには英文中で使われている15個の単語が見出し単語としてリストアップされている。まずは，各語の最初に掲げられた語義を覚える努力をしよう。2番目，3番目の語義に関しては，「この語にはこんな意味もあるのか」と確認するだけでよい。たいていの語には派生語や同意語・反意語が記されているが，これは見出し単語の意味を覚えやすくするためのもの。最初からそこまで覚え込もうとする必要はない。この段階では，語の意味をしっかり覚え込むのではなく，「**大体覚えた**」程度にとどめておこう。

⑤ 1日に1～2Unitをこなし，100まで行ったら，もう一度Unit 1から
やり直そう。**単語は適当な時間を置きながら反復して覚える努力をする
と，確実に自分の使える語になる。**また同時に，英文を読み進めるスピー
ドも格段に速くなるのだ。

⑥ 英文の難易度は**入試問題の英文と同じレベル**に設定してある。中には難
しくて読めないと感じる英文もあるかもしれないが，その主たる原因は
英文のテーマ（話題）に対する不慣れであるから，「読解ポイント（🔑）」
や対訳に頼ってテーマをつかみ，**通読する**という姿勢を崩さないほうが
よい。**何度も通読すれば，英文の言わんとすることが自然とわかってく
るものである。**

⑦ **音声を活用する。**単語を覚えるとき，目と手だけに頼るのではなく，耳
も使うと効果は大きい。単語の発音を聞き，**音声のポーズの間にまねて
発音し，意味を想起する。**次に，日本語（＝語義）の音声を聞いて意味
を確認する。これを数度繰り返すとよい。英文の朗読は聞いて意味を取
る練習に役立つだけでなく，自分が英文を音読するときの模範となる。
② で述べた通読の際，黙読でなく**音読を行うと，耳からの理解が加わっ
て，英文の内容をつかむことが容易になる。**ぜひ試してもらいたい。

🎵 無料音声ダウンロード

https://www.obunsha.co.jp/tokuten/target/ へアクセス！

パスワード（すべて半角英数字）：**tgr1900**

本書に掲載されている100の英文および1500の単語の音声は，すべて無料で
ダウンロードできます（音声はストリーミング再生も可能です。詳しくは専用
サイトをご覧ください）。単語リストは「英語 ➡ ポーズ ➡ 日本語」の順番で読
み上げています。

音声ファイルはZIP形式にまとめられた形でダウンロードされますので，解凍後，デジタルオー
ディオプレイヤーなどでご活用ください。

※デジタルオーディオプレイヤーへの音声ファイルの転送方法は，各製品の取扱説明書やヘルプ
をご参照ください。

⚠・スマートフォンやタブレットでは音声をダウンロードできません。
 ・音声ファイルはMP3形式となっています。音声の再生にはMP3ファイルを再生できる
　機器などが別途必要です。
 ・ご使用機器，音声再生ソフト等に関する技術的なご質問は，ハードメーカーもしくはソ
　フトメーカーにお願いいたします。
 ・本サービスは予告なく終了されることがあります。

① Free Speech

民主主義国家では言論の自由が法律で保障されている。しかし，もちろん例外はある…。

① Freedom of speech is a legal right guaranteed by the First Amendment, and no one should be **discouraged** or prevented from expressing whatever they want to, or be **urged** or forced to speak against their will. ② You can **log** on to an SNS and make arguments for medically **induced** abortion and doctor-assisted suicide, or fight against **discrimination** of certain **races** with great **passion**. ③ You can even express your personal **prejudices** against **devoting** oneself to **voluntary** work, or encourage **odd ideas** about how to **convert sophisticated** technology into hacking devices. ④ If you do not like the new President's way of doing things, you can appeal over the Internet to other people to assemble outside the White House and stage a protest demonstration.

⑤ Thus under no circumstances is freedom of speech violated, but there is a significant **exception**. ⑥ You cannot make a public speech nor publish writing about overthrowing the government.

● 語法・構文・表現

① **freedom of speech**「言論の自由」(＝free speech)

a legal right [guaranteed by the First Amendment]「[(合衆国憲法) 第1修正により保障された] 法的権利」(the First Amendmentは1791年成立の憲法修正条項)

no one should be discouraged or prevented from *doing*「誰も…することをやめさせられたり，妨げられたりしてはならない」▶be discouraged from *doing*「…することを思いとどまらせられる，…しない方がよいと言われる」 be prevented from *doing*「…することを妨げられる」

expressing [whatever [they want to]]「[[自分が表現したい] どんなこと] も表現する」▶toの後にexpressを補って考える。[(O) whatever [(S) they (V) want to express]]

be urged or forced to speak against their will「自分の意志に反して話すことを促されたり，強いられたりする」▶no one shouldに続く受動態の動詞句。be urged to *do*「…するように促される」 be forced to *do*「…するように強要される」 against *one's* will「自分の意志に反して」

12

社会 [法律・司法]

① 言論の自由は，（合衆国憲法）第1修正によって保障された法的権利であり，誰もが<u>制止</u>や妨害を受けることなく言いたいことは何でも言え，自分の意に反した発言を<u>迫られ</u>たり，強要されたりすることもない。② SNS に<u>ログ</u>オンし，医学的<u>人工</u>流産や，医師による自殺ほう助を支持する意見を述べたり，特定の<u>人種</u>への<u>差別</u>と<u>熱</u>く戦ったりすることができる。③ <u>ボランティア</u>活動に身を<u>さ</u><u>さげる</u>行為に対する個人的<u>偏見</u>を表明したり，<u>先端</u>技術をハッキング装置に<u>転</u><u>換</u>する方法についての<u>奇抜なアイデア</u>を奨励したりしても構わない。④ 新大統領のやり方が気に入らなければ，ホワイトハウスの外に集まって抗議デモをやろうとインターネットでほかの人に呼びかけることもできるのだ。

⑤ このように，何があろうと言論の自由が侵害されることはないが，重要な<u>例外</u>が1つある。⑥ 政府を転覆させるという話題を公の場で語ったり，文書にして出版したりすることはできない。

⁂⁂⁂

② **make arguments for ～**「～に賛成の主張を述べる」
medically induced abortion「医学的に誘発された流産」⇒「人工流産；妊娠中絶」
doctor-assisted suicide「医師の助けを借りた自殺」
fight against discrimination of certain races with great passion「大いなる熱情をもって特定の人種への差別と戦う」

③ **devote** *oneself* **to ～**「～に専念する」
how to convert ～ into ...「～を…に転換する方法」

④ **appeal over the Internet to other people to** *do*「インターネット上でほかの人々に…するように訴える」▶appeal to ～ to *do*「～に…するように訴える」

⑤ **under no circumstances** (V') **is** (S) **freedom of speech** (V) **violated**「いかなる状況でも言論の自由が侵害されることは決してない」▶否定語を含むunder no circumstances「どんな状況においても～ない」を前に出したため，主語と助動詞が倒置されていることに注意。

⑥ **overthrow the government**「政府を転覆させる」

📖 単語の意味を確認しよう。

---

1 **discourage** [dɪskə́:rɪdʒ]	動 (人)にやる気をなくさせる；を落胆させる (⇔encóurage→264) discourage ~ from *doing* 「~に…する気をなくさせる」 ▶ be discouraged at ~ ~に落胆する discóuragement 名 落胆
2 **urge** 発 [ə:rdʒ]	動 に(強く)促す；を強く主張する；を駆り立てる urge ~ to *do* 「~に…するように促す」 名 衝動，駆り立てる力 ▶ have an urge to *do* …する衝動に駆られる úrgent 形 緊急の úrgency 名 緊急
3 **log** [lɔ(ː)g]	動 〔log on で〕ログオンする；を記録する log on to ~ 「~にログオンする」 ▶ コンピュータシステムなどに接続すること。log in とも言う。 名 ログ，記録；丸太
4 **induce** [ɪndjú:s]	動 を引き起こす；を説得する ▶ induce ~ to *do* 「~に(説得して)…させる」 indúcement 名 動機，誘因 indúction 名 誘発；帰納(法)；誘導
5 **discrimination** [dɪskrìmɪnéɪʃən]	名 (~に対する)差別(against)；区別 ▶ racial discrimination 人種差別 discríminàte 動 差別する；(を)区別する ▶ discriminate right from wrong 善悪を見分ける
6 **race** [reɪs]	名 人種；民族；競争 ▶ the Anglo-Saxon race アングロサクソン民族 動 (と)競走[競争]する；疾走する rácial 形 人種の，民族の
7 **passion** [pǽʃən]	名 情熱；熱中；激怒 ▶ fly into a passion 激怒する，かっとなる pássionate 形 情熱的な

0 250 500 750 1000 1250 1500

	8

prejudice
⑦ [prédʒʊdəs]

名 (~に対する) 偏見 (against) (≒ bías)
▶ a person of strong prejudice 偏見の強い人

動 に偏見を持たせる
préjudiced 形 偏見を持った

	9

devote
[dɪvóʊt]

動 をささげる
devote A to B 「AをBにささげる, 充てる」
▶ devote *oneself* to ~ ~に専念する
devótion 名 献身, 専心

	10

voluntary
⑦ [vá(:)ləntèri]

形 自発的な (⇔ compúlsory→547);無償の;
ボランティアの
▶ do voluntary work 無料奉仕の仕事をする
voluntarily [và(:)ləntérəli] 副 自発的に;無償で
volunteer [và(:)ləntíər] 名 志願者;ボランティア

	11

odd
[ɑ(:)d]

形 奇妙な (≒ strange);奇数の
▶ an odd number 奇数 (⇔ an even number 偶数)
odds 名 可能性;勝ち目

	12

idea
発 ⑦ [aɪdíːə]

名 考え, 思いつき;理解;見解;概念
▶ I have no idea. 私には (まったく) わかりません。
idéal 形 理想的な;観念的な 名 理想

	13

convert
⑦ [kənvə́ːrt]

動 を変える;を改宗 [転向] させる;を交換する
convert A to [into] B 「AをBに変える」

名 [ká(:)nvəːrt] 改宗者, 転向者
convérsion 名 転換;改宗

	14

sophisticated
⑦ [səfístɪkèɪtɪd]

形 高性能の;精巧な, 洗練された
▶ a smart, sophisticated woman 賢い, 洗練された女性
sophìsticátion 名 洗練;教養

	15

exception
発 [ɪksépʃən]

名 (~の) 例外 (to)
▶ without exception 例外なく
excépt 前 ~を除いて 動 を除外する
▶ except for ~ ~を除いては
excéptional 形 例外的な

🔑 もうすぐ大学生になる筆者。彼の思い描く楽観的な大学生活のプランを見てみよう。

①I soon **depart** home to become an **undergraduate** at State University. ②I'm going there because I will get in-state **tuition** and the basketball coach who **recruited** me got me an athletic scholarship. ③Coach is tough, but I think he's **sincere**. ④He **oriented** me toward enhancing the basic physical ability and reassured me that I'll get lots of playing time this year, and probably be a starter as a sophomore. ⑤(Knock on wood.) ⑥The best possible **scenario** is that as a junior, I'll be ripe for the N.B.A. draft, and maybe I'll even drop out to go pro! ⑦That sounds like a dream, but now I have a **firm** belief in this scenario.

⑧I've already talked with my freshman supervisor. ⑨The **topic** of our conversation was what discipline I should choose as a major. ⑩I'm **leaning** toward majoring in botany. ⑪That may seem **peculiar** for an athlete. ⑫But that should be a breeze, because, growing up on the farm, where there are lots of **indigenous** plants, I already learned much about, for **instance**, how and why plants **bloom** and blossom, along with their bugs, and so on. ⑬This is the knowledge I can easily **utilize** to move to the head of the class.

◉語法・構文・表現

① **depart home to become an undergraduate at ~**「家を離れ~の大学生になる」
▶to 不定詞句は〔結果〕を表す。

② **[the basketball coach who ...] got me an athletic scholarship**「[…バスケットボールコーチ] が僕にスポーツ奨学金を取ってくれた」 ▶get A B「A (人) のためにBを手に入れる」

④ **oriented me toward enhancing the basic physical ability**「基礎的な身体能力を高めることに僕の関心を向けた」
reassured me that I'll [get lots of playing time this year], and probably [be a starter as a sophomore]「僕が [今年はプレーできる機会がたくさんあり]，おそらく [2年生のときに先発メンバーになれるだろう] と言って僕を安心させた」 ▶that節内で2つの動詞句が等位接続されている。

⑤ **Knock on wood.**「幸運が続きますように」 ▶自慢話をした後の表現。

⑥ **The best possible scenario is that ...**「あり得る最高の筋書きは…というもので

家を離れて大学に

英文レベル ☆ **202 words**

📁 文化［学校・教育］

① 僕は間もなく家を<u>出て</u>, 州立大学の<u>学生</u>になる。② その大学へ行く理由は, (割安の) 州内出身者用<u>学費</u>が適用されることと, <u>勧誘してくれた</u>バスケットボールのコーチが, 僕をスポーツ奨学生にしてくれたからだ。③ コーチの指導は厳しいが, <u>誠実な</u>人だと思う。④ コーチは基礎的な身体能力を向上させることに僕の<u>関心を向けさせ</u>, 今年もたくさん出場機会があり, 2 年生になったら先発メンバーになれるだろうと言ったので, 僕は安心した。⑤ (そうなりますように。) ⑥ 最高の<u>筋書き</u>は, 3 年生になったら NBA のドラフトで指名されることだ。大学を中退して, プロになることだってあるかもしれない。⑦ 夢みたいだけど, 僕はこの筋書きを<u>強く信じている</u>。

⑧ 1 年生を担当するスーパーバイザーとの話はもう済んでいる。⑨ <u>話題</u>は, 僕がどの分野を専攻するべきかということだった。⑩ 僕は植物学を専攻するほうへ気持ちが<u>傾いている</u>。⑪ 運動選手には<u>珍しい</u>ように思われるかもしれない。⑫ でもこれは簡単なはずだ。僕はその土地の<u>原産の</u>植物がたくさん生えている農場で育ったので, <u>例えば</u>植物が<u>花</u>をつける方法や理由, 花に寄ってくる虫のことなど, たくさんのことをもう知っているからだ。⑬ これらは僕がクラスでトップになるために<u>利用し</u>やすい知識だ。

ある」▶that 節は scenario の内容を示す。
be ripe for 〜「〜のための準備が整っている」

⑨ **what discipline I should choose as a major**「僕が専攻科目としてどの学科を選ぶべきか」▶The topic of our conversation was の補語。

⑩ **I'm leaning toward** *doing*「僕の心は…することに傾いている」

⑫ **that should be a breeze**「これは造作ないことであるはずだ」
growing up on the farm, where ...「…農場で育ったので」▶because 節内の分詞構文。直後の I already learned ... を修飾。
[how and why plants bloom and blossom], [along with their bugs], and so on.「[植物が開花し, 花をつける方法や理由], [植物につく虫] など」▶about の目的語。

⑬ **I can easily utilize to** *do*「…するのに僕が簡単に利用できる」▶直前の knowledge にかかる関係詞節。

❷ Off to College

16 **depart** [dɪpáːrt]	動 <u>出発する</u>；(~から) それる (from) ▶ depart from the truth 真実に反する depárture 名 出発 (⇔ arríval 到着)
17 **undergraduate** 発 [ʌ̀ndərgrǽdʒuət]	名 <u>学部学生</u> ▶ 形容詞的にも用いる。 pòstgráduate 名 英 大学院生 形 英 大学院生の (≒ 米 gráduate)
18 **tuition** アク [tjuíʃən]	名 〔主に 米〕<u>授業料</u> (= 英 tuition fees)；(個人) 指導 tútor 名 個人 [家庭] 教師 動 (に) 個人指導する
19 **recruit** [rɪkrúːt]	動 <u>を募る</u>；に新人を補充する 名 新人；新会員 ▶ a fresh recruit 初心者 recrúitment 名 新人募集；補充
20 **sincere** アク [sɪnsíər]	形 心からの；<u>誠実な</u> ▶ She is sincere. 彼女は誠実 (な人) だ。 sincerity [sɪnsérəti] 名 誠実, 真摯 sincérely 副 心から
21 **orient** 発 [ɔ́ːrient]	動 (人) を (環境などに) 慣らす (to)；〔受身形で〕(関心などが) (~に) 向いている (to / toward) 名 [ɔ́ːriənt] 〔the O-〕東洋；アジア諸国 形 [ɔ́ːriənt] 〔O-〕東洋の òriéntal 形 〔O-〕東洋 (人) の 名 〔O-〕東洋人
22 **scenario** [sənǽriòu]	名 (予想される) 筋書き, 事態；脚本 ▶ in the worst-case scenario 最悪の事態には
23 **firm** [fəːrm]	形 <u>確固たる</u>；堅固な；安定した ▶ a firm decision on ~ ~に対する確固たる決意 名 商社；会社 ▶ a law firm 法律事務所

24
topic
[tá(:)pɪk]

名 話題，トピック；主題
▶ debate [discuss] the topic of corruption 汚職の話題を議論する
▶ change the topic 話題を変える（change topics は不可）
tópical 形 話題の，時事的な

25
lean
[liːn]

動 傾く；寄りかかる；をもたせかける
▶ lean forward「前かがみになる」
▶ lean against [on] 〜 〜に寄りかかる

名 傾向；傾斜

26
peculiar
⑦ [pɪkjúːljər]

形 特有の；特異な
be peculiar to 〜「〜に特有である」
pecùliárity 名 奇妙；特異性

27
indigenous
発 [ɪndídʒənəs]

形 原産の，先住の；（その土地に）固有の
▶ be indigenous to 〜「〜に元からある」

28
instance
⑦ [ínstəns]

名 （具体的な）例，実例；（特定の）場合
for instance「たとえば」
▶ a typical instance of success 典型的な成功例

29
bloom
[bluːm]

動 花が咲く；栄える
▶ 語源は古北欧語の blom「花」, blomi「繁栄」。

名 花；開花；最盛期；（熟した果実の表面の）果粉
▶ in full bloom 満開で

30
utilize
[júːtəlàɪz]

動 を利用する（≒ make use of）
▶ 語源はフランス語 utiliser「利用する」。
utílity 名 実用性；公益事業
ùtilizátion 名 利用

♀ 筆者は日本人留学生の交わすある言葉を聞いて落胆した。しかし、それは聞き違いで…。

①I have a decades-old memory of beginning a new job managing a college foreign-student exchange program. ②Twenty Japanese students, upon arrival, spent two days at the giant Ohio State University, founded in 1870, before busing to my little college in Saint Louis, Missouri. ③They arrived late in the evening, and quickly met and went home with their new host families. ④The next morning they reassembled at the college — all seemingly talking about Ohio. ⑤It appeared that their brief visit there had satisfied them enormously. ⑥For me, however, it was disheartening. ⑦How, I wondered, could our little school, unfamiliar to Japanese students, ever hope to match Ohio State? ⑧Lack of tradition and notable alumni was an obvious disadvantage. ⑨Subsequent mornings only deepened the negative effect: the same phenomenon, the same sound, "Ohio," from everyone! ⑩Finally, once and for all, I "got a handle" on it. ⑪The correct explanation? ⑫The students did not say, "Ohio." ⑬Instead they said in a friendly tone, "Ohayo." ⑭"Ohayo" was not last week's state, but this morning's greeting. ⑮As a consequence, my confidence revived: I relaxed.

◎ 語法・構文・表現

①**have a memory of *doing*** 「…した思い出がある」

②**spent two days ..., before busing to 〜** 「2日を過ごし (それから) 〜にバスで行った」▶「〜にバスで行く前に2日を過ごした」と同義。

③**went home with their new host families** 「彼らの新しいホストファミリーと一緒に家に行った」

④**all (of them) seemingly talking about Ohio** 「(彼らの) 全員が見た目にはオハイオについて話しているようだった」▶ 独立分詞構文。〔付帯状況〕を表す。

⑦**How, I wondered, could our little school, unfamiliar to Japanese students, ever hope to do?** 「日本人学生によく知られていない、私たちの小さな学校がどうやって…することを望めるものかと私は思った」▶I wondered how our little school, ..., could ever hope to *do*. と同義。unfamiliar to Japanese students は our little school を修飾または記述する形容詞句。

⑧**Lack of tradition and notable alumni** 「伝統と有名な卒業生の欠如」

① 私には何十年も前に経験した1つの思い出がある。それは，大学の外国人留学生交換プログラムを管理する新しい仕事を始めたときのことだった。② 20人の日本人学生が，到着直後の2日間を1870年に創立されたマンモス大学であるオハイオ州立大学で過ごし，その後ミズーリ州セントルイスにある私の勤める小さな大学までバスでやって来た。③ 学生たちはその晩遅くに到着し，素早く集まって新しいホストファミリーとともに帰宅した。④ 翌朝，彼らは大学に再び集合したが，全員がオハイオのことを話している様子だった。⑤ 短時間のオハイオ滞在が，彼らを大いに満足させたようだった。⑥ しかし，私にとっては残念だった。⑦ うちのような，日本人学生になじみのない小さな学校では，どうしたってオハイオ州立大学にかなわないのではないか，と私は思った。⑧ 伝統もなく有名な卒業生もいないというのは，明らかに不利だ。⑨ 翌日以降の朝も，「悪影響」は深まるばかりだった。毎朝同じことが起こり，全員から "Ohio" という声が聞こえた。⑩ そして，私はついに，はっきりと「分かった」。⑪ 正しい解釈はこうだったのだ。⑫ 学生たちは "Ohio" と言っていたのではない。⑬ そうではなくて，彼らは親しげな調子で「おはよう」と言っていたのだ。⑭「おはよう」とは，先週彼らが過ごした州のことではなく，朝のあいさつだった。⑮ その結果，私の自信はよみがえり，ストレスが和らいだのだった。

⑨ the same sound, "Ohio," from everyone「全員からの『オハイオ』という同じ音」▶ the same phenomenon「同じ現象」と同格。

⑩ once and for all「きっぱりと」
get a handle on ～「～を把握する」

⑬ in a friendly tone「親しげな口調で」

⑮ as a consequence「その結果，したがって」(= in consequence)
revive〔➡1445〕 圓「よみがえる」

● 「便利な頭字語」
　国際機関や病名は，その正式名称を構成する各語の先頭の文字をつないで短くする。例えば，the United Nations は UN「国際連合」，the European Union は EU「欧州連合」，Bovine Spongiform Encephalopathy は BSE「ウシ海綿状脳症」である。頭字語は ASAP＝As Soon As Possible のように，日常的にも使われる。

3 Mishearing

単語の意味を確認しよう。

---

31 **memory** [méməri]	名 記憶 (力)；(~の) 思い出 (of)
	have a good memory for ~ 「~に関して記憶力がよい」
	▶ to the best of my memory 私が記憶している限りでは
	mémorìze 動 を暗記する，記憶する

---

32 **manage** 発 アク [ménɪdʒ]	動 をなんとか成し遂げる；を管理する
	manage to do 「なんとか…する」
	mánagement 名 管理，経営；(the ~)経営者側
	mánager 名 管理者，経営者

---

33 **found** [faʊnd]	動 を設立する；(理論など) を (~に基づいて) 築く (on)
	▶ A is founded on B. A は B に基づいて (作られて) いる。
	foundátion 名 基礎；基盤；設立；財団

---

34 **satisfy** アク [sǽtɪsfàɪ]	動 を満足させる；(条件など) を満たす
	▶ be satisfied with ~ ~に満足している
	sàtisfáction 名 満足；納得
	sàtisfáctory 形 満足のいく

---

35 **wonder** 発 [wʌ́ndər]	動 かなと思う；(に) 驚く (at)
	wonder wh- ... 「…かなと思う」
	▶ wh- 節には if 節も含む。
	▶ wander 「歩き回る」と区別。

---

36 **unfamiliar** [ʌ̀nfəmíljər]	形 (~に) 不慣れな (with)；(~に)(よく) 知られていない (to)
	▶ an unfamiliar sight 見慣れない風景
	ùnfamìliárity 名 不案内，不慣れ

---

37 **match** [mætʃ]	動 (と) 合う；に匹敵する；一致する
	▶ Your socks don't match. 君の靴下は左右が合っていない。
	名 試合；好敵手；(~と) よく合う物 [人](for)
	▶ I am no match for him. 私は彼にはかなわない。

---

38 **disadvantage** 発 [dìsədvǽntɪdʒ]	名 不利 (な点)；障害；(信用などの) 損失
	▶ at a disadvantage 不利な立場で [に]
	▶ to ~'s disadvantage ~の不利になるように
	dìsàdvantágeous 形 不利な，不都合な

22

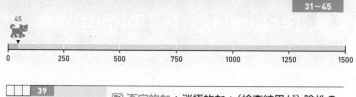

| 0 | 250 | 500 | 750 | 1000 | 1250 | 1500 |

39
negative
[négətɪv]

形 <u>否定的な</u>；消極的な；（検査結果が）陰性の
▶ a negative sentence 否定文（⇔ an affirmative sentence 肯定文）

名 否定的な言葉［答え・態度］

40
effect
[ɪfékt]

名 <u>影響，効果</u>；結果（⇔ cause→202）
▶「出来事や行動により引き起こされる変化や結果」の意。
have an effect on 〜 「〜に影響を与える」
efféctive 形 効果的な，有効な

41
phenomenon
(発)(ア) [fəná(:)mənà(:)n]

名 <u>現象</u>
▶ 複数形は phenomena [fəná(:)mənə]。
▶ 語源はギリシャ語で「見られるもの」の意。
▶ a global [worldwide] phenomenon 世界的現象
phenómenal 形 並はずれた

42
correct
[kərékt]

形 <u>正しい</u>；適切な

動 <u>を訂正する</u>；を直す
corréction 名 訂正，修正
ìncorréct 形 不正確な；不適切な

43
tone
[toʊn]

名 <u>口調</u>；音色；雰囲気；色調
a tone of voice 「口調」

動 （身体・筋肉など）を引き締める；の調子を変える
mónotòne 名 （話し方・文体などの）単調

44
consequence
(ア) [ká(:)nsəkwens]

名 〔通例〜s〕<u>結果</u>；重大性
▶ in consequence 結果として；したがって（≒ as a consequence）
cónsequènt 形 結果として起こる
cónsequèntly 副 その結果として，したがって

45
relax
[rɪlǽks]

動 くつろぐ；緩む；をくつろがせる；を緩める；<u>落ち着く</u>
rèlaxátion 名 くつろぎ；気晴らし；緩和
reláxed 形 くつろいだ

⚲ 身の回りの物には様々な工夫が凝らされている。コンビニのおにぎり包装もその一例だ。

① A decades-long vegetarian, I was very particular about my food, but preferred not to cook. ② As a matter of fact, I had the habit of eating on the run. ③ Therefore, for me convenience-store *onigiri* was a great discovery. ④ I could not read the Japanese labels, but I learned which label colors warned of forbidden material hiding within. ⑤ Also, I'm impatient with instructions, and tend to tear the plastic off newly bought items with my teeth.

⑥ That strategy worked well with most *onigiri*, but not so well with my favorite: the flat, triangular one wrapped in *nori*. ⑦ With this one, the plastic and *nori* folds stuck together, causing it to crumble. ⑧ And what is worse, in the mouth their texture feels quite similar. ⑨ Eventually, after a number of years of failure, I determined to follow instructions, just as I did when I first took medicine in Japan. ⑩ I pulled the three little corner tabs as indicated, and marveled at Japanese technology. ⑪ The plastic folds slid away, leaving a *nori*-clad *onigiri* right in the palm of my hand!

◎ 語法・構文・表現

① **A decades-long vegetarian**「数十年来の菜食主義者である [として]」▶主語の I について説明する名詞句。

② **as a matter of fact**「実のところは，実際は」
have the habit of *doing*「…する癖がある」
on the run「急いで，動き回って」

④ **which label colors warned of forbidden material hiding within**「どのラベルの色が中に隠れている禁じられた素材に注意を促しているか」▶疑問詞節で直前の learned の目的語。hiding within は forbidden material にかかる現在分詞句。

⑤ **be impatient with ～**「～に我慢できない」
newly bought items「新たに買われた商品」⇒「買ったばかりの商品」

⑥ **work well with ～**「～に対してうまく作用する」
the flat, triangular one（＝*onigiri*）**wrapped in** *nori*「のりにくるまれた平たい三角形のおにぎり」▶my favorite「私のお気に入り」と同格。

⑦ **fold**〔➡125〕图「折りたたみ（の部分）」

📁 日常生活 [食事]

　①何十年も前から菜食主義者の私は，食べ物には強い<u>こだわり</u>があったが，できれば料理は<u>したく</u>なかった。②実の<u>ところ</u>，早食いが私の習慣だったのだ。③そんな私にとって，コンビニのおにぎりは大発見だった。④日本語のラベルは読めなかったが，どの色のラベルが私の食べられない<u>食材</u>が中に<u>入っている</u>ことを示すかは見分けられるようになった。⑤また，私は説明を読むのが面倒で，<u>商品</u>を買うとすぐにビニール包装を歯で<u>噛み切る</u>くせがある。

　⑥ほとんどのおにぎりはその<u>方法</u>でうまくいったが，私の好物の，のりで包んだ平らで三角形のおにぎりの場合はあまりうまくいかなかった。⑦このタイプのおにぎりは，ビニール包装とのりの折り目がくっ付いて，のりがボロボロになるのだ。⑧さらに悪いことに，口に入れるとビニールとのりの感触はかなり<u>似ている</u>。⑨結局，何年も失敗を繰り返した末に，私はラベルの説明に従う<u>こと</u>にした。日本に来て最初に<u>薬</u>を飲んだときと同じだ。⑩<u>指示された</u>とおりに，角の３つの小さなつまみを引っ張った私は，日本の<u>技術力</u>に驚嘆した。⑪ビニールの折り目がするりと外れて，のりが巻かれたおにぎりが，ちょうど私の手のひらの上に残ったのである！

---

stick together「（一緒に）くっつく」
causing it to crumble「そのことが，のりがボロボロになる原因となる」⇒「そのせいでのりがボロボロになる」▶直前の the plastic and *nori* folds stuck together を意味上の主語とする分詞構文。

⑧ **what is worse**「さらに悪いことには」
feel similar「同じように感じられる，同じ感じがする」

⑨ **a number of years of 〜**「何年にも及ぶ［わたる］〜」
just as I did「ちょうど私がしたように」▶did = followed instructions

⑩ **as indicated**「指示されたように」（= as it was indicated）
marvel at 〜「〜に驚嘆する」

⑪ **slide away**「するりと外れる」
leaving a *nori*-clad *onigiri* in the palm of my hand「そのことが私の手のひらにのりにくるまれたおにぎりを残す」⇒「それで私の手のひらにのりにくるまれたおにぎりが残される」▶直前の The plastic folds slid away を意味上の主語とする分詞構文。

📘 単語の意味を確認しよう。

46 **particular** ⑦ [pərtíkjulər]	形 特定の；特別の；(~について) やかましい (about) 名 〔~s〕詳細；項目 ▶ in particular「特に」 partícularly 副 特に，とりわけ (≒ in particular)
47 **prefer** ⑦ [prɪfə́:r]	動 のほうを好む prefer A to B 「B より A を好む」 ▶ prefer to do (rather than (to) do)「(…するより) …するほうを好む」 préference 名 好み；優先 (権) préferable 形 望ましい，好ましい
48 **matter** [mǽtər]	名 事柄；問題；〔~s〕事態；〔the ~〕困難；物質 ▶ as a matter of fact 実のところは ▶ no matter what [who / when / where / which / how] …たとえ何が [だれが／いつ／どこで／どちらが／どのように] …でも 動 重要である，問題となる
49 **material** ⑧ [mətíəriəl]	名 材料，素材；資料；生地 ▶ raw material(s) 原料 形 物質の；物質的な (⇔ spíritual → 977) matérialìsm 名 唯物論；物質主義
50 **hide** [haɪd]	動 を隠す (≒ concéal)；隠れる ▶ 活用：hide - hid - hidden híding 名 隠す [隠れる] こと hídeòut 名 隠れ家，潜伏場所
51 **tend** [tend]	動 傾向がある；を世話する tend to do 「…する傾向がある」 téndency 名 傾向
52 **tear** ⑧ [teər]	動 を引き裂く；裂ける ▶ 活用：tear - tore - torn ▶ tear ~ to [into] pieces ~をずたずたに引き裂く 名 裂く [裂ける] こと；裂け目；[tɪər] 涙 ▶ wear and tear (通常使用による) 劣化，傷み

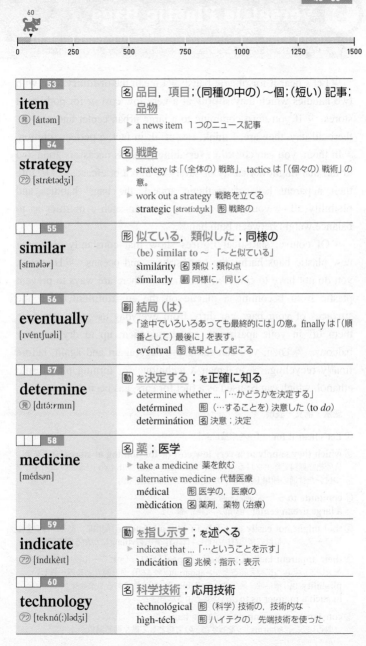

60

53

item
発 [áɪtəm]

名 品目，項目；(同種の中の) ~個；(短い) 記事；
品物
▶ a news item　1つのニュース記事

54

strategy
アク [strǽtədʒi]

名 戦略
▶ strategy は「(全体の) 戦略」，tactics は「(個々の) 戦術」の
意。
▶ work out a strategy　戦略を立てる
　strategic [strətíːdʒɪk] 形 戦略の

55

similar
[símələr]

形 似ている，類似した；同様の
(be) similar to ~　「~と似ている」
　sìmilárity 名 類似；類似点
　símilarly 副 同様に，同じく

56

eventually
[ɪvéntʃuəli]

副 結局 (は)
▶「途中でいろいろあっても最終的には」の意。finally は「(順
番として) 最後に」を表す。
　evéntual 形 結果として起こる

57

determine
発 [dɪtə́ːrmɪn]

動 を決定する；を正確に知る
▶ determine whether ...　「…かどうかを決定する」
　detérmined　　形 (…することを) 決意した (to do)
　detèrminátion 名 決意；決定

58

medicine
[médsən]

名 薬；医学
▶ take a medicine　薬を飲む
▶ alternative medicine　代替医療
　médical　　　形 医学の，医療の
　mèdicátion 名 薬剤，薬物 (治療)

59

indicate
アク [índɪkèɪt]

動 を指し示す；を述べる
▶ indicate that ...　「…ということを示す」
　ìndicátion 名 兆候；指示；表示

60

technology
アク [teknɑ́(:)lədʒi]

名 科学技術；応用技術
　tèchnológical 形 (科学) 技術の，技術的な
　hìgh-téch　　　形 ハイテクの，先端技術を使った

---

5 Versatile Plastic Bags

スーパーやコンビニでもらうレジ袋，買い物に１回使うだけではもったいない！

① Let's hear it for plastic bags! ② I mean the ordinary kind with two handles which they supply at a very low cost or for nothing at stores. ③ If you must commute to a large urban center and survive there all day, they are, I think, essential, in fact, a perfect solution. ④ In them, you can contain everything, such as necessary food and drink, that might not easily or safely fit into a briefcase. ⑤ Despite their apparent lack of aesthetic appeal, the bags' handles and pliability allow you easily to carry them in such a manner as to balance weight between both hands.

⑥ Of course, statistical figures show that constantly accepting new plastic bags harms the atmosphere and oceans. ⑦ However, you do not have to contribute to that. ⑧ There are ways to prevent plastic from becoming a plague on the environment. ⑨ If the surfaces of your bags get dirty from everyday use, you can rinse them off in your apartment, and hang them up to dry on your balcony. ⑩ Then, you can reuse the bags again and again, before finally recycling. ⑪ In Japan a technique for turning plastic into ethanol, which can be used as a fuel for cars, has been developed.

語法・構文・表現

① **Let's hear it for ～**「～を応援しよう」

② **which they supply at a very low cost or for nothing at stores**「店で非常に低価格か無料で提供される」▶直前の ordinary kind with two handles「取っ手が２つ付いた普通の種類（のビニール袋）」にかかる関係詞節。

③ **commute to ～**「～に通勤・通学する」
   a large urban center「都市の中心部，都心」

④ **that might not easily or safely fit into a briefcase**「簡単に，あるいは安全にブリーフケースには収まらないかもしれない」▶everything にかかる関係詞節。

⑤ **their apparent lack of aesthetic appeal**「それら（＝ビニール袋）が美学的魅力を欠いているように見えること」▶apparent〔➡465〕形「見たところ～らしい」
   pliability 图「順応性，適応性」▶pliable 形「順応性のある；柔軟な」
   in such a manner as to *do*「…するような方法で」

⑥ **constantly accepting new plastic bags**「絶えず新しいビニール袋をもらう［受け取る］こと」▶harms「～を害する」の主語として働く動名詞句。

用途の多いビニール袋

英文レベル ☆ **201** words

📁 日常生活 [家庭]

　① ビニール袋に拍手を！ ② 私が言っているのは，店で低価格か無料で<u>提供される</u>，2つの取っ手が付いた<u>普通の袋</u>のことだ。③ 大都市圏へ通勤してそこで1日中過ごさねばならない人にとって，ビニール袋は<u>必需品</u>であり，実に完璧な解決策であると思う。④ 袋の中には，その日に必要な食べ物や飲み物など，書類かばんの中には収めにくかったり，こぼれたりしそうなものを何でも<u>入れ</u>られる。⑤ ビニール袋は見た目が美しくないかもしれない<u>が</u>，取っ手が付いており，柔軟性があるので，両手の重さが釣り合う<u>ように</u>ビニール袋を（軽い荷物を持った方の手にぶら下げて）持つ<u>ことができる</u>。

　⑥ 言うまでもなく，新しいビニール袋をもらってばかりいると<u>大気</u>や海洋に悪影響があることは，統計的な<u>数値</u>が<u>示して</u>いる。⑦ しかし，それに<u>加担する</u>必要はない。⑧ ビニールが環境の害になることを防ぐ方法がある。⑨ 毎日使って袋の<u>表面</u>が汚れたら，アパートで洗い流して，ベランダに<u>つるして</u>干せばいい。⑩ そうすれば何度でも繰り返して袋を使えるし，最後にはリサイクルに回すことができるのだ。⑪ 日本ではビニールを自動車の燃料として使えるエタノールに変える技術が開発されている。

---

⑨ **from everyday use**「毎日使っていて」 ▶get dirty「汚れる」を修飾する前置詞句。〔原因・理由〕を表す。
　rinse ～ off「～をさっと洗う」　**hang ～ up**「～を掛ける [つるす]」

⑩ **can reuse the bags again and again, before finally recycling**「最後にリサイクルに回す前に同じ袋を何度も何度も再利用することができる」⇒「同じ袋を何度も何度も再利用し，最後にリサイクルに回すことができる」

● 「動詞contribute」
　contribute to ～は通例，「～に寄付する；寄稿する；寄与 [貢献] する」の意味だが，「～」がよくない結果を示す場合は「～の一因となる」となる。
　contributeはcon（＝com-)「一緒に」＋ tribute（＝tribuere「を授ける，分ける」の過去分詞語幹）から成る語で，「寄せ集める」が原義。因みに-tributeで終わる動詞は通例-trib-に第1強勢が置かれる。distríbute「を分配する」，attríbute (A to B)「(A を B の) せいにする」

29

📕 単語の意味を確認しよう。

61	
plastic [plǽstɪk]	形 柔軟な；プラスチックの，ビニールの ▶ plastic wrap（食品保存用の）ラップ 名 プラスチック（製品）

62	
ordinary ⑦ [ɔ́ːrdənèri]	形 一般の，普通の；並の ▶ This is no ordinary watch. これはその辺によくある時計ではまったくない。 extraórdinàry 形 異常な；並はずれた

63	
supply ⑱ [səplái]	動 を供給する supply A to [for] B 「B に A を供給する」 ▶ supply B with A と言い換えられる。 名 供給（⇔demánd→351）；〔~plies〕生活必需品 ▶ in short supply 供給不足で supplíer 名 供給者，供給国

64	
survive ⑦ [sərváɪv]	動 を切り抜けて生き残る；より長生きする；生き延びる ▶ survive one's husband 夫より長生きする survíval 名 生存；存続

65	
essential ⑦ [ɪsénʃəl]	形 （~に）必要不可欠な (to / for)；本質的な ▶ It is essential (for ~) to do （~が）…するのが不可欠である 名 〔通例~s〕本質的要素；必須事項

66	
contain [kəntéɪn]	動 を含む；を収容する；（感情など）を抑える contáiner　名 容器；コンテナ cóntent　名 （容器などの）中身；内容 contáinment　名 抑制；封じ込め

67	
despite [dɪspáɪt]	前 ~にもかかわらず (≒ in spite of) ▶ despite や in spite of の後ろに現れる名詞句・代名詞は，事実か，話者が事実と認識している事柄を表す。

75

| 0 | 250 | 500 | 750 | 1000 | 1250 | 1500 |

68
allow
(発) [əláu]

動 を許す；を与える；(～を) 考慮に入れる (for)
allow ～ to do 「～が…するのを許す」
▶ allow doing …することを許す
allówance 图 手当，小遣い；許容量

69
manner
[mǽnər]

图〔～s〕作法；方法；物腰
▶ in a logical [unique] manner 論理的な [独特な] 方法で

70
figure
(発) [fígjər]

图 数字；姿；人物；図表

動 と判断する，と考える；目立つ；現れる
▶ figure out ～ ～がわかる，～を解決する；～を計算する

71
atmosphere
(アク) [ǽtməsfìər]

图〔the ～〕大気；雰囲気
▶ a friendly [relaxed] atmosphere 友好的な [くつろいだ] 雰囲気
àtmosphéric 形 大気 (中) の

72
contribute
(アク) [kəntríbjət]

動 貢献する，一因となる；(を) 寄付する；(を) 寄稿する
contribute to ～ 「～に貢献する，～の一因となる」
còntribútion 图 寄付 (金)；貢献；寄稿作品

73
environment
(発) [ɪnváɪərənmənt]

图 環境 (≒ surróundings)
▶ A's environment は A の周囲の状況を，the environment は自然界を意味する。
envìronméntal 形 環境の；環境保護の

74
surface
(発)(アク) [sə́:rfəs]

图 表面；〔the ～〕外見
▶ come to the surface 浮上する；表面化する
▶ on the surface 表面上は，うわべは

形 外面の，表面上の；地上の

75
hang
[hǽŋ]

動 を掛ける；を絞首刑にする；垂れ (下が) る
▶ 活用：hang - hung [hanged] - hung [hanged]
▶ The mist hangs over the lake. 霧が湖にかかっている。

31

⑥ Efficient Receptionist

①Laura is employed as a receptionist at an animal hospital. ②On her employment contract, she is supposed to answer phone calls seeking to get information or make appointments. ③However, since there are only two veterinarians, one assistant and one clerk in the hospital, she also handles part of the medical care and administrative duties. ④On a typical day, she is busy making constant adjustments as to which animal to see next, making sure that owners understand what to do to cure their pets, as well as recording the hospital's expenses. ⑤Sometimes she makes arrangements for broken medical instruments to be repaired, and for marine mammals like seals and dolphins to be transported to the hospital for treatment. ⑥She instructs trading companies to import special instruments from Japan. ⑦With free universal health care for pets not available, she even explains how to buy insurance against injury and disease, and how to take out a loan to pay for expensive surgical treatment.

語法・構文・表現

②**be supposed to** *do*「…することになっている」
answer phone calls seeking to get information or make appointments「情報を得るとか予約を取ることを求める電話に答える」 ▶seeking … appointmentsは phone calls を修飾する現在分詞句。

③**veterinarian** [vètərənéəriən] 图「獣医」▶発音に注意。短縮形は vet.
handles part of the medical care and administrative duties「診療と管理業務の一部を処理する」

④**be busy** *doing*「…するのに忙しい」
[making constant adjustments as to which animal to see next], [making sure that owners understand what to do to cure their pets], as well as [recording the hospital's expenses]「[病院の経費を記録すること]はもちろん，[次にどの動物を診察するかに関する絶え間ない調整を行うこと]や，[飼い主が自分のペットを治すために何をなすべきかがわかっていることを確認すること]も」 ▶*A*, *B* as well as *C*「*C*だけでなく*A*や*B*も」

有能な受付係

📁 産業 [職業]

①ローラの仕事は動物病院の受付である。②雇用契約上は，彼女は問い合わせや予約の電話の応対をすることになっている。③しかし，病院には2人の獣医と1人の助手と1人の事務員しかいないので，彼女が診療や管理業務の一部も行っている。④動物を診察するスケジュールを常時調整し，自分のペットの治療に必要なことを飼い主に正しく理解させ，さらに病院の経費を記録するという多忙な仕事をこなすのが，彼女の典型的な1日である。⑤故障した医療機器の修理を頼んだり，アザラシやイルカなどの海洋哺乳類を病院へ搬送して治療する手配をしたりすることもある。⑥特殊な器具を日本から輸入するために商社に指示を出すこともある。⑦ペットの治療が無料になる皆保険はないので，傷病保険の加入の仕方や，高額な手術代を支払うためのローンの組み方を説明することさえあるのだ。

---

⑤ **make arrangements**「手配をする，段取りをつける」
[**for broken medical instruments to be repaired**], and [**for marine mammals like seals and dolphins to be transported to the hospital for treatment**]「［壊れた医療の器具が修理されるように］，また［アザラシやイルカのような海洋哺乳動物が治療のため病院に搬送されるように］」 ▶〔目的〕を表す副詞用法のto不定詞句の等位接続。arrangementsにかかる要素と考えれば，「〜が…されるための（手配）」となる。

⑥ **instruct 〜 to do**「〜に…するように指示する」

⑦ **With free universal health care for pets not available**「ペットのための無料皆保険医療が利用できない状態で」 ▶〔付帯状況〕を表す前置詞句。
explains [**how to buy insurance against injury and disease**], and [**how to take out a loan to pay for expensive surgical treatment**]「［怪我や病気に対し保険を掛ける方法］や，［高額の外科治療費を支払うために融資を受ける方法］を説明する」 ▶2つのhow to doが等位接続され，explainsの目的語として働く。

6 Efficient Receptionist

単語の意味を確認しよう。

76 **employ** [ɪmplɔ́ɪ]	動 を雇う（≒ give ~ a job）；を使う（≒ use） ▶ employ sensors [digital processing] センサー [デジタル処理] を使用する emplóyment 名 雇用；職；使用 ùnemplóyment 名 失業（率） emplóyee 名 従業員 emplóyer 名 雇い主
77 **contract** ⑦ [ká(:)ntrækt]	名 契約（書）；協定 動 [kəntrǽkt] を契約する；（協定・同盟など）を結ぶ；を縮小する cóntractor 名 契約者；請負業者
78 **handle** [hǽndl]	動 を処理する，扱う；を論じる；を商う ▶ handle glassware with care 注意してガラス製品を扱う 名 取っ手；ハンドルネーム；糸口，手がかり ▶ get a handle on ~ ~を理解する
79 **duty** [djúːti]	名 義務；〔しばしば~ties〕職務；関税 ▶ on duty 勤務時間中で（⇔ off duty 勤務時間外で） dútiful 形 忠実な，義務を果たす
80 **typical** ⑱ [típɪkəl]	形 典型的な；（~に）特有の (of) ▶ It is typical of ~ to do …するとは~らしい type 名 型；典型；活字
81 **constant** ⑦ [ká(:)nstənt]	形 絶え間ない；一定の ▶「ある期間途切れなく起こる，あるいは，変わらない」の意。 cónstantly 副 絶えず，頻繁に
82 **cure** [kjʊər]	動 を治す；を取り除く；（病気が）治る ▶ cure A of B A（人）から B（病気・悪癖など）を取り除く 名 治療（法），薬；治癒，回復
83 **expense** ⑦ [ɪkspéns]	名 〔~s〕経費；費用；犠牲 ▶ at the expense of ~「~を犠牲にして；~の費用で」 expénd 動 を費やす expénsive 形 高価な；ぜいたくな

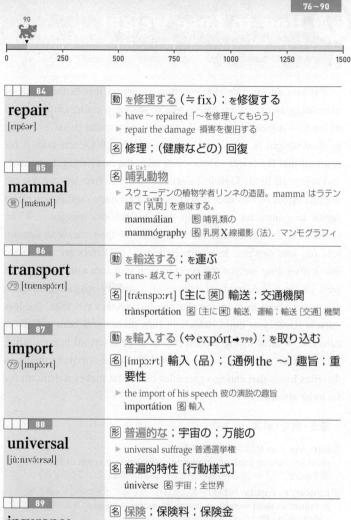

	84
repair [rɪpéər]	動 を修理する（≒ fix）；を修復する ▶ have ~ repaired「~を修理してもらう」 ▶ repair the damage 損害を復旧する 名 修理；（健康などの）回復

	85
mammal 発 [mǽməl]	名 哺乳動物 ▶ スウェーデンの植物学者リンネの造語。mamma はラテン 語で「乳房」を意味する。 mammálian 形 哺乳類の mammógraphy 名 乳房 X 線撮影（法），マンモグラフィ

	86
transport ⑦ [trænspɔ́ːrt]	動 を輸送する；を運ぶ ▶ trans- 越えて＋ port 運ぶ 名 [trǽnspɔːrt]〔主に 英〕輸送；交通機関 trànsportátion 名〔主に 米〕輸送，運輸；輸送［交通］機関

	87
import ⑦ [ɪmpɔ́ːrt]	動 を輸入する（⇔expórt→799）；を取り込む 名 [ímpɔːrt] 輸入（品）；〔通例the ~〕趣旨；重要性 ▶ the import of his speech 彼の演説の趣旨 ìmportátion 名 輸入

	88
universal [jùːnɪvə́ːrsəl]	形 普遍的な；宇宙の；万能の ▶ universal suffrage 普通選挙権 名 普遍的特性［行動様式］ únivèrse 名 宇宙；全世界

	89
insurance [ɪnʃúərəns]	名 保険；保険料；保険金 ▶ car [unemployment] insurance 自動車［失業］保険 形 保険の insúre 動 に保険をかける

	90
loan [loʊn]	名 貸付金，融資；貸すこと ▶ take out a home loan 家のローンを組む 動 （人）に（金など）を貸し付ける

体重を減らすにはカロリー制限がいちばん効果的！…というわけではないらしい。

① If you are overweight, you may interpret this as the result of overeating and react by eating less or stopping eating certain types of food. ② A possible outcome, contrary to popular belief, is failure to shed weight or worse, to increase weight. ③ Dieters take it for granted that the fewer calories you take, the more weight you lose, and reject all foods high in calories. ④ For the first few weeks, the overall effect of this diet is so positive that mere continuous effort seems to guarantee success in their weight-loss mission. ⑤ The problem is, however, that many arrange for their meals to contain less fat, less protein, less carbohydrates. ⑥ Dieters are not aware that if they lose weight too quickly they will lose muscle tissue as well as fat. ⑦ A medical editor of a quality magazine made a comment about this, saying that the less protein you take, the less muscle tissue you build, which in turn makes you burn off fewer calories. ⑧ Thus losing weight proves to be a virtual impossibility. ⑨ Is there any effective diet to follow? ⑩ A contemporary theory in dietetics has it that eating vegetables before fat makes it difficult for fat to be absorbed.

語法・構文・表現

① interpret *A* as *B*「*A*を*B*と解釈する」
react by [eating less] or [stopping eating certain types of food]「[食べる量を減らすこと] や [ある種の食べ物を食べるのをやめること] で反応する」

② contrary to popular belief「一般に信じられていることとは逆に」▶挿入句。
is failure to shed weight or worse, to increase weight「体重を減らし損なうことか，もっと悪いことには体重が増えることである」

③ that the fewer calories you take, the more weight you lose「摂取するカロリーの量が少なければ少ないほど，それだけ体重が減るということ」▶真目的語として働くthat節。節内は〈the＋比較級 〜，the＋比較級 …〉の構造。

④ is so positive that mere continuous effort seems to guarantee success in their weight-loss mission「非常に明確なので，単なる継続的努力が自らの体重減少任務の成功を保証するように思える」▶〈so 〜 that …〉構文。

⑤ arrange for their meals to contain less fat, less protein, less carbohydrates「自分の食事に含まれる脂肪やタンパク質や炭水化物が減るように

体重の減らし方

📁 日常生活［健康］

①体重過多の人は，その原因が食べ過ぎにあると<u>考えて</u>，食事の量を減らしたり，特定の食品を食べるのを止めたり<u>する</u>かもしれない。②そのような対処は，多くの人の思い込みとは<u>逆に</u>，減量できないか，下手をすれば，かえって太る<u>結果</u>に終わりかねない。③ダイエットをする人は，摂取カロリーを減らした分だけ体重も減るのが<u>当然</u>と考えて，高カロリーの食品を一切食べ<u>ない</u>。④最初の数週間はこのダイエット方法が<u>全体的に</u>大きな効果を生むので，努力を続けさえすれば減量<u>計画</u>の成功は<u>確実</u>に思われる。⑤しかし，問題は，多くの人が脂肪，<u>タンパク質</u>，炭水化物を減らした食事を取るようになることである。⑥ダイエットをする人は，減量が急激すぎると，脂肪だけでなく筋肉<u>組織</u>も失われることを知らない。⑦ある高級誌の医学担当<u>編集者</u>はこれについて<u>コメント</u>し，摂取するタンパク質が減った分だけ，体内で作られる筋肉組織が減り，結果的に体内で燃焼により消費されるカロリーの量が減ると述べた。⑧このように減量は<u>事実上</u>不可能だとわかる。⑨では，従うべき効果的なダイエット方法はあるだろうか。⑩<u>現代の</u>栄養学理論によれば，脂肪分を口に入れる前に野菜を食べれば，脂肪が吸収されにくくなるという。

する」▶arrange for ～ to *do*「～が…するように取り計らう」

⑥ **lose muscle tissue as well as fat**「脂肪だけでなく筋肉組織も失う」

⑦ **saying that ...**「…と述べた」▶made a comment about this「このことに関してコメントし」を修飾する分詞句。〔付帯状況〕を示す。
which (in turn) makes you burn off fewer calories「そのせいで（今度は）消費するカロリーの量が少なくなる」▶the less protein you take, the less muscle tissue you build「摂取するタンパク質の量が少なければ少ないほど，作られる筋肉組織の量はそれだけ少なくなる」を先行詞とする非制限用法の関係詞節。

⑧ **proves to be a virtual impossibility**「事実上不可能になる」▶prove to be ～「～になる；～であることが判明する〔わかる〕」

⑩ **～ has it that ...**「～によると…であるらしい〔と言われている〕」
〔eating vegetables before fat〕makes it difficult for fat to be absorbed「〔脂肪の前に野菜を食べること〕は脂肪が吸収されるのを困難にする」▶無生物主語構文。for fat to be absorbedは真目的語として働くto不定詞句。

📖 単語の意味を確認しよう。

91
interpret
⑦ [ɪntə́:rprət]

動 を解釈する；(を) 通訳する
interpret A as [to be] B 「A を B と解釈する」
intèrpretátion 图 解釈；通訳
intérpreter 图 通訳者；解説者

92
react
[riǽkt]

動 反応する；化学反応を起こす
react to ～ 「～に反応する」
► react against ～ ～に反発する
reáction 图 反応；反発
reáctive 形 反応型の，受け身の；反応する

93
outcome
⑦ [áʊtkʌ̀m]

图 結果 (≒ resúlt)；成果
► outcome は「物事の成り行き，結末」を意味し，result は「原因によって生み出されたもの」を意味する。
► the outcome of an election 選挙の結果

94
contrary
⑦ [ká(:)ntrèri]

形 (～と) 反対の (to)
► contra- 反対＋-ary の

图 〔the ～〕反対，逆 (のこと)
► on the contrary それどころか
► to the contrary それと反対の趣旨で，それと逆に

95
grant
[grǽnt]

動 (人) に (許可・権利など) を与える；を認める
► take ～ for granted ～を当然のことと思う
► granted [granting] that ... 仮に…としても

图 授与されたもの；助成金，奨学金

96
reject
⑦ [rɪdʒékt]

動 を拒否する
► re- もとへ＋ ject 投げる
► reject a request [demand] 要請 [要求] を拒否する
rejéction 图 拒絶，拒否

97
overall
⑦ [òʊvərɔ́:l]

形 総合的な；全体的な
► the overall result of ～ ～の総合的な結果

副 〔文修飾〕全体的に言えば (≒ génerally)；全体で

105

98
guarantee
発 ア [gæ̀rəntíː]

動 を保証する
▶ guarantee that ... …ということを保証する

名 保証（書）；確約；担保
▶ under guarantee 保証期間内で

99
mission
[míʃən]

名 使命；（外交）使節団；布教
▶ a diplomatic [trade] mission 外交 [通商] 使節団
míssionàry 名 宣教師 形 伝道の，布教の

100
protein
発 ア [próutiːn]

名 たんぱく質
▶ animal [vegetable] protein 動物性 [植物性] たんぱく質
▶「炭水化物」は carbohydrate，「脂肪」は fat と言う。

101
tissue
発 [tíʃuː]

名 （生物の）組織；ティッシュペーパー
▶ muscular [soft] tissue 筋肉 [柔] 組織

102
editor
[édətər]

名 編集者；編集長
▶ an editor in chief 編集責任者（= a chief editor）
édit 動 を編集する
edítion 名 （刊行物の）版
èditórial 名 社説 形 編集の

103
comment
ア [ká(ː)ment]

名 意見，コメント；批判
▶ make a comment on 〜 〜について意見を述べる

動 （と）論評する，批評する；（と）意見を述べる
cómmentàtor 名 解説者；実況放送者
cómmentàry 名 実況放送；解説；注釈

104
virtual
[və́ːrtʃuəl]

形 仮想の；事実上の
▶ virtual reality「仮想現実，バーチャルリアリティー」
▶ a virtual impossibility ほとんど不可能なこと
vírtually 副 事実上，ほとんど

105
contemporary
[kəntémpərèri]

形 現代の；同時代の；同年輩の
▶ con-（← com-）共通の＋ tempor 時間＋ -ary の
▶ contemporary Japanese literature 現代日本文学

名 同時代の人；同年輩の人

北極圏に生息するシロクマが絶滅の危機に瀕しているのはなぜか。その原因を見ていこう。

① Visiting a zoo, you'll be greeted by polar bears swimming gracefully in a tank. ② It is fun to watch them yawn when they are bored and nod with joy when fed. ③ They especially entertain you when they are in good temper. ④ Entertained by their cute actions, one might overlook the important fact that polar bears were once listed as an endangered species and are still at risk of becoming extinct. ⑤ They live in the Arctic, the majority of them in Canada. ⑥ They are said to be the largest predators on land, wandering in a wilderness of ice and snow. ⑦ They start hunting their prey, seals, in fall when the seas of the Arctic begin to freeze. ⑧ They hunt in order to accumulate fat under their skin which they need to survive during the period when they cannot hunt. ⑨ However, global warming is causing ice sheets and floes, which polar bears need for hunting, to diminish. ⑩ Unless full use is made of the collective profound wisdom of generations to prevent global warming, it continues to be their destiny to become extinct.

●語法・構文・表現

① **Visiting a zoo**「動物園を訪れると」▶直後のyou'll be greeted ... in a tankを修飾する分詞句。
　swimming gracefully in a tank「水槽の中で優雅に泳いでいる」▶直前のpolar bearsにかかる現在分詞句。

② **to watch them [yawn when they are bored] and [nod with joy when (they are) fed]**「シロクマが [退屈するとあくびをし, [エサをもらうと喜んでうなずく] のを見守ること」▶真主語として働くto 不定詞句。watch ～ do「～が…するのを見守る [観察する]」

③ **entertain**〔➡776〕⑩「(人) を楽しませる；(客など) をもてなす」
　be in good temper「機嫌がよい」

④ **Entertained by their cute actions**「シロクマのかわいい仕草を見て楽しんでいると」▶直後のone might overlook ... extinctを修飾する分詞句。
　be listed as ～「～として記載される, ～と記される」
　an endangered species「絶滅危惧種」
　be at risk of doing「…する危険がある」

⑤ **the majority of them**「その (＝シロクマの) 大多数 [大部分]」

シロクマ

📁 自然［動物］

①動物園を訪れると，水槽の中を優雅に泳ぐ北極グマ（シロクマ）が迎えてくれるだろう。②退屈すればあくびをし，エサをもらうと喜んで首を振るシロクマの姿を見るのは楽しい。③機嫌がいいときのシロクマは，特に客を楽しませる。④そのかわいい仕草を楽しんでいると，シロクマがかつて絶滅危惧種に指定され，今も絶滅の危機にあるという重大な事実を見落とすかもしれない。⑤シロクマは北極圏にすみ，その大多数はカナダにいる。⑥シロクマは陸上にすむ最大の肉食動物と言われており，氷と雪の無人の地を徘徊している。⑦北極海が凍結し始める秋に，シロクマはエサのアザラシを狩り始める。⑧狩りができない間生き延びるのに必要な皮下脂肪を蓄えるためである。⑨しかし，地球温暖化によって，シロクマの狩りに必要な氷床や浮氷が減っている。⑩何世代にもわたって積み重ねてきた温暖化防止のための深い知恵を全面的に活用しなければ，シロクマは絶滅する運命から永遠に逃れられないだろう。

⑥ **wandering in a wilderness of ice and snow**「氷と雪の不毛の地をさまよう」
▶直前の the largest predators「最大の捕食動物」を説明する現在分詞句。

⑦ **when the seas of the Arctic begin to freeze**「北極海が凍り始める」▶直前の先行詞fall「秋」にかかる関係詞節。

⑧ **which they need to survive during the period when they cannot hunt**「獲物を狩ることができない期間に生き延びるのに必要な」▶fat「脂肪」にかかる関係詞節。when ... hunt はperiodにかかる関係詞節。

⑨ **cause ~ to do**「~が…する原因となる，~に…させる」
ice floe「（ice field より小さい）浮氷原；流氷」
which polar bears need for hunting「それ（＝ice sheets and floes）をシロクマは狩りのために必要としている」
diminish〔➡1044〕 圓「減少する，小さくなる」

⑩ **full use is made of ~** ⇐make full use of ~「~を最大限に利用する」
the collective profound wisdom of generations「何世代にもわたり集積された深遠な英知」
it continues to be their destiny to become extinct「絶滅（すること）はシロクマの運命であり続ける」▶to become extinct は真主語。

8 Polar Bears

📖 単語の意味を確認しよう。

106

greet
[gri:t]

動 に挨拶(あいさつ)する；を迎える
gréeting 名 挨拶 (の言葉)

107

polar
[póulər]

形 極地の；電極の
▶ the polar ice caps 極地の氷冠
pole 名 (地球などの) 極；さお
▶ the Pole Star 北極星 (= the polestar)

108

yawn
発 [jɔːn]

動 あくびをする
名 あくび
▶ give a big yawn 大あくびをする
▶ stifle a yawn あくびをかみ殺す

109

bore
[bɔːr]

動 (人) を退屈させる，うんざりさせる
名 退屈な人；面倒なこと，うんざりすること
bóring 形 うんざりさせる，退屈な
bored 形 うんざりした，退屈した
▶ be bored with ～ ～にうんざりしている，退屈している

110

nod
[nɑ(:)d]

動 うなずく；会釈する；うとうとする
▶ nod to her 彼女にうなずく [会釈する]
名 軽い会釈；うなずき
▶ give a nod of approval 同意してうなずく

111

temper
[témpər]

名 気質，気性；機嫌；かんしゃく
▶ lose one's temper 冷静さを失う (⇔ keep one's temper 平静を保つ)
▶ in a good [bad] temper 上 [不] 機嫌で
témperament 名 気質；(激しい) 気性

112

overlook
[òuvərlúk]

動 を見落とす；を大目に見る；を見渡す
▶ My room overlooks the sea. 私の部屋から海が見渡せる。

120

| 0 | 250 | 500 | 750 | 1000 | 1250 | 1500 |

113
extinct
[ɪkstíŋkt]

形 絶滅した；廃止された
become [go] extinct 「絶滅する」
▶ an extinct species 絶滅種
extínguish 動 を絶滅させる；を消す
extínction 名 絶滅

114
Arctic
[ɑ́ːrktɪk]

形 北極の (⇔ Antárctic 南極の)
▶ the Arctic Ocean 北極海
名〔the ～〕北極 (圏)

115
predator
[prédətər]

名 捕食動物；略奪者
prédatòry 形 捕食性の；略奪の

116
wilderness
発 [wíldərnəs]

名 荒野；(庭・町などの) 放置された部分
wild 形 野生の；荒れ果てた
▶ grow wild （植物が）自生する

117
prey
[preɪ]

名 獲物；犠牲者
▶ fall prey to ～ ～のえじきとなる
動 (～を) 捕食する，えじきにする (on)
▶ prey on the weak 弱者を食い物にする

118
accumulate
[əkjúːmjʊlèɪt]

動 を蓄積する，集める；積もる
▶ accumulate a fortune 財産を築く
accùmulátion 名 蓄積
▶ a light accumulation of snow 少し積もった雪

119
profound
[prəfáʊnd]

形 重大な；深い；難解な
▶ His knowledge of music is profound. 彼の音楽知識は深い。
profóundly 副 深く；強く

120
destiny
[déstəni]

名 運命
▶ fight against destiny 運命に逆らう
déstined 形 運命づけられた
▶ be destined to do …する運命にある

43

⑨ Friend

📍 コインランドリーで出会った老婦人と筆者。2人の絆が深まる様子を読み取ろう。

① I met the owner of my coin laundry in my late 50s. ② She was perhaps in her 80s, probably getting her pension. ③ She proudly showed me with charm, her daily exercises, how she could touch her toes without bending her knees. ④ When I would use the laundry, she'd emerge from the room she occupied in the back of the building. ⑤ She would marvel at how skillfully I folded my shirts up and put them into my bag. ⑥ She'd tap her temple to show how clever I was.

⑦ I felt a strong bond with the old woman, and I believe the feeling was mutual. ⑧ It was a pity that we could not communicate verbally, but there was some indescribable personal sympathy between us. ⑨ In the laundry, I would assist in caring for the giant potted plants she loved. ⑩ Our meetings were minor, brief, but — at some thirty a year sustained over the span of a decade — numerous. ⑪ A year ago, from a notice in the then-closed laundry's window, I knew there could be no more.

◎ 語法・構文・表現 ◇◇

① **in** *one's* **late 50s**「50代後半に」

③ **with charm**「魅力いっぱいに」　**without** *doing*「…することなく」

④ **would** *do*「…したものだ」▶〔過去の習慣的動作〕を表す。同文の (she)'d，第5文のwould，第6文の (She)'d も同じ。
　emerge from ~「~から現れる」　**she occupied in the back of the building**「建物の奥の彼女が占有していた」▶直前のroomにかかる関係詞節。

⑤ **marvel at how ...**「どれほど…かに驚嘆する」
　how skillfully I [folded my shirts up] and [put them into my bag]「どれほど巧みに私が [シャツをたたみ]，[それを袋に入れる] か」▶atの目的語として働く疑問詞節。

⑥ **to show how clever I was**「私がどれほど器用かを示すために」

⑧ **it is a pity that ...**「…なのは残念である」
　verbally 副「言葉で；口頭で」　**indescribable** 形「言い表せない，名状しがたい」

⑨ **care for ~**「~の世話をする」
　she loved「彼女が大事にしていた」▶直前のgiant potted plantsにかかる関係詞節。

📁 日常生活［人間関係］

① 私が行きつけのコインランドリーのオーナーと出会ったのは，50代後半のときだった。② 彼女は80代くらいで，たぶん年金をもらっていただろう。③ 彼女は誇らしげに，日頃からこの運動をしているのだと，膝を曲げずに指でつま先に触れる様子を，可愛らしく私に見せてくれた。④ 私がそのランドリーに行くと，彼女は建物の奥の彼女が占有していた部屋からよく現れた。⑤ シャツを上手にたたんで袋に入れる私の手際に，彼女は驚いたものだ。⑥ ずいぶん器用ね，と言わんばかりに，彼女は自分のこめかみを軽く叩いた。

⑦ 私は，この年配の女性との間に強い絆を感じた。お互いにそう感じていたはずだ。⑧ 言葉で気持ちを伝え合うことができないのは残念だったが，私たちは互いに形容しがたい共感を覚えていた。⑨ そのランドリーで，私は彼女が大切にしている大きな鉢植えの世話を手伝った。⑩ 私たちの出会いは大したものではなく，時間も短かったが，年に30回ほどのペースで10年間続いたので，回数は多かった。⑪ 1年前，閉店したランドリーの窓に貼られた掲示を見て，彼女とはもう会えないことを私は知った。

---

⑩ **Our meetings were minor, brief, but ... numerous**「私たちの出会いは些細で，束の間のものだったが，…回数は多かった」

at some thirty a year「1年に約30回（のペース）で」▶直後の sustained ... decade を修飾する。

sustained over the span of a decade「10年の期間にわたり持続された」▶主語 Our meetings の〔状態〕を表す分詞句。

⑪ **there could be no more**（such meetings）「（こうした出会いが）もうこれ以上存在しえない」

● 「自動詞と他動詞を見分ける」

もっとも簡単な識別法は，動詞の後ろに名詞句があれば他動詞，なければ自動詞というものだが，これだと be 動詞や become も後ろに名詞句があれば他動詞となってしまう。本書では動詞が後ろの名詞句に目的格，「〜を，〜に」，を付与する場合にこれを他動詞用法と見なし，「を［に］」と表記している。

9 Friend

📖 単語の意味を確認しよう。

---

121 **pension** [pénʃən]	名 <u>年金</u> pénsioner 名 年金受給者
122 **charm** [tʃɑːrm]	名 <u>魅力</u>；お守り ▶ a good-luck charm 幸運のお守り 動 を魅了する ▶ be charmed by ~ ~に魅了される
123 **bend** [bend]	動 を<u>曲げる</u>；を屈服させる；曲がる ▶ 活用：bend - bent - bent ▶ bend *oneself* [*one's* mind] to ~ ~に専念する 名 湾曲部，カーブ
124 **occupy** ⑦ [á(:)kjupài]	動 （空間・時間）を<u>占める</u>；を占領する ▶ be occupied with [in] ~ ~ に 従 事 す る（ = occupy *oneself* with [in] ~） òccupátion 名 職業；占領
125 **fold** [fould]	動 を<u>折り畳む</u>；（両腕）を組む；（折り）畳める ▶ with *one's* arms folded 腕組みをして 名 折り重ねた部分；畳み目 fólder 名 フォルダー，紙ばさみ
126 **tap** [tæp]	動 を<u>軽くたたく</u>；（液体）を出す；を盗聴する ▶ This phone is tapped. この電話は盗聴されている。 名 軽くたたくこと [音]；栓，蛇口 ▶ water from the tap 水道の水（ = tap water）
127 **bond** [bɑ(:)nd]	名 <u>絆</u>；債券；束縛；接着剤 動 （を）接着する bóndage 名 奴隷の境遇；束縛（状態）
128 **mutual** 発 [mjúːtʃuəl]	形 <u>相互の</u>；共通の ▶ mutual understanding 相互理解 mútually 副 相互に

| 0 | 250 | 500 | 750 | 1000 | 1250 | 1500 |

129

pity
[píti]

名 残念なこと；哀れみ

It is a pity that ... 「…とは残念だ」
▶ feel pity for ～ 「～をかわいそうに思う」

動 を哀れむ，気の毒に思う

130

sympathy
[símpəθi]

名 同情；(～に対する) 共感 (with / for)

▶ You have my deepest sympathy. 心からお悔やみ申し上げます。
sýmpathìze 動 (～に) 同情する (with)
sỳmpathétic 形 同情的な

131

assist
[əsíst]

動 (を) 援助する；を手伝う

▶ assist A with [in] B B のことで A を助ける

名 援助；(サッカー・バスケットなどの) アシスト

assístant 名 助手，補佐　　assístance 名 援助，支援

132

brief
[bri:f]

形 簡潔な；短い

▶ to be brief 手短に言えば (≒ in brief)

名 摘要，概要

動 を要約する；に事前に指示を与える

bríefly 副 少しの間；手短に
bríefing 名 事前の説明

133

sustain
⑦ [səstéɪn]

動 を持続させる；を支える

▶ sustain one's family 家族を養う
sustáinable 形 持続可能な，環境を壊さずに活動が続けられる
sustàinabílity 名 持続可能性

134

span
[spæn]

名 期間；範囲

▶ life span 「寿命」(lifespan とつづられることもある)

動 にわたる，及ぶ

135

numerous
⑧ [njúːmərəs]

形 非常に数の多い

▶ Examples like these are too numerous to mention. このような例は多すぎて全部に言及できない。
innúmerable 形 無数の

💡 海外旅行で下痢になった。医者に症状を伝えたいが言葉がわからない。さあ、どうする？

① If you can speak a little English, you'll have little linguistic trouble when you go to the hospital in a foreign country. ② Even if you are worried about your English level, you'll have no trouble in most cases. ③ When you are injured or wounded, for example, you can just show the wounds to the doctor, who will then administer appropriate treatment without verbal communication. ④ However, if you suffer from indigestion or diarrhea, you'll need to explain your symptoms verbally in English, including when they started and what upsets your stomach or bowels. ⑤ Especially if you have problems with mental health such as depression or nerves, you have to communicate with your doctor somewhat better: you need to describe incidents that may disappoint or embarrass you, so that your doctor can provide you with therapy which will help you recover as quickly as possible. ⑥ Your doctor may warn you not to do this and that and you are expected to catch what he or she says.

◎ **語法・構文・表現** ～～～～～～～～～～～～～～～～～～～～～～～～～～～～～～～～～～～

① **you'll have little linguistic trouble**「言語上の面倒を経験することはほとんどないだろう」

② **be worried about ～**「～を心配している」

③ **who will then administer appropriate treatment without verbal communication**「そうすれば医師は言葉による意思伝達なしに適切な治療を施すだろう」 ▶直前の先行詞the doctorに関して付加的情報を述べる非制限用法の関係詞節。administer「（治療・処置など）を施す」

④ **suffer from ～**「～（病気）に罹っている」
indigestion or diarrhea [dàiərí:ə]「消化不良や下痢」 ▶fromの目的語。
explain your symptoms verbally in English, including [when they started] and [what upsets your stomach or bowels]「［症状がいつ始まったか］とか，［何が胃や腸の調子を狂わせているか］を含めて，自分の症状を英語を使い言葉で説明する」

⑤ **have problems with mental health such as depression or nerves**「うつ病や神経過敏といった精神健康に関する問題を抱えている」
describe incidents that may disappoint or embarrass you「自分を失望させるとか当惑させるかもしれない出来事について述べる」 ▶that以下はincidentsにか

48

📁 文化 [言語]

① 英語を少し話せれば，外国で病院に行ったとき，言葉で困ることはほとんどないだろう。② 自分の英語レベルが心配でも，たいていの場合まったく困らないはずだ。③ 例えば，怪我をしたり傷を負ったりしたときは，その傷を医者に見せさえすれば，言葉で伝えなくても，すぐに医者が適切な治療をしてくれるだろう。④ しかし，消化不良や下痢の症状が出たときは，それが始まった時期や胃腸の具合が悪い原因など，自分の症状を英語を使い言葉で説明する必要がある。⑤ 特に，うつ病や神経過敏などの精神的疾患があるなら，多少上手に医者とコミュニケーションを取らなければならない。自分をがっかりさせたり当惑させたりする出来事を説明する必要があるのだ。そうすれば，医者はこちらができるだけ速やかに回復するのを助ける療法を処方することができる。⑥ 医者から，あれをするな，これをするな，と注意されることがあるだろう。患者はその言葉を聞き取って理解しなければならないのだ。

かかる関係詞節。
so that your doctor can *do* 「医師が…することができるように」
provide ～ with ... 「～に…を与える，提供する」
which will help you recover as quickly as possible 「自分ができる限り速やかに回復するのを助ける」 ▶直前のtherapyにかかる関係詞節。

⑥ **warn you not to do this and that** 「こうしてはいけない，ああしてはいけないと警告する」 ▶warn ～ to *do* 「～に…するように警告する」
you are expected to catch what he or she says 「医師が言うことの意味をとらえることが期待されている」 ▶be expected to *do* 「…するものと期待されている」

● 「病気に罹る」

「（病気）に罹っている，（症状）を呈している」という状態を表すには，have a cold「風邪をひいている」，have a runny nose「鼻水が出る」，be suffering (from) ill health「体調がすぐれない」のように，have やbe suffering (from)を用いる。「（病気）に罹る」を表すには，(a) cold「風邪」なら catch, influenza「インフルエンザ」やpneumonia「肺炎」なら catch ; contract, cancer「癌」や a heart disease「心疾患」なら contract ; developを用いる。

📖 単語の意味を確認しよう。

136
linguistic
発 [lɪŋgwístɪk]

形 言語の，言語学の
▶ lingu-（← lingua）言語＋ -ist 人＋ -ic の
linguístics 名 言語学
línguist 名 言語学者
lìngua fránca 名 国際共通語；混成語

137
wound
発 [wuːnd]

名 (銃弾・刃物などによる) 傷；痛手
▶ suffer [heal] a wound 傷を負う [治す]

動 を傷つける；を害する
▶ be seriously [badly] wounded 重傷を負っている
▶ wound は規則動詞。wind [waɪnd]「を巻く」の過去形・過去分詞形 wound [waʊnd] と区別。

138
verbal
[vɔ́ːrbəl]

形 言葉の；口頭での；動詞の
▶ verbal communication 言語による意思疎通
vérbally 副 口頭で；言葉で
nònvérbal 形 言葉によらない

139
symptom
発 [símptəm]

名 症状；兆候 (≒ sign)
▶ a subjective symptom 自覚症状

140
upset
アク [ʌpsét]

動 を動揺させる；をだめにする；(胃腸の) 具合を悪くする
▶ 活用：upset - upset - upset
▶ be upset about [by] ～ ～に取り乱す，動揺する

名 動揺；混乱

形 動揺して；(胃腸が) 具合の悪い

141
depression
[dɪpréʃən]

名 憂うつ；うつ病；不況；低気圧
depréss 動 を意気消沈させる
depréssed 形 ふさぎ込んだ；不況の

142
nerve
発 [nəːrv]

名 神経；〔～s〕神経過敏；(…する) 度胸 (to do)
▶ get on ～'s nerves ～をいらいらさせる
▶ have the nerve to do ずうずうしくも…する
nérvous 形 心配して；緊張して；神経質な
▶ be nervous about the exams 試験のことで心配している

150

0	250	500	750	1000	1250	1500

143
communicate
⑦ [kəmjúːnɪkèɪt]

動 (~と) 情報交換をする (with)；を伝達する

commùnicátion 图 コミュニケーション，意思疎通
commúnicàtive 形 情報伝達の；話好きの

144
somewhat
⑦ [sʌ́mhwʌ̀t]

副 いくぶん，多少

▶ somewhat of ~ ちょっとした~，多少 (≒ sort of, kind of)

145
incident
⑦ [ínsɪdənt]

图 出来事，事件；紛争

形 (~に) 付随する，つきものの (to)

ìncidéntal 形 付随的な，二次的な
ìncidéntally 副〔文修飾〕ところで
íncidence 图 (事件・病気などの) 発生 (率)

146
disappoint
[dìsəpɔ́ɪnt]

動 を失望させる；(希望など) をくじく

be disappointed in [with, at, by] ~ 「~に失望する」
▶ be disappointed that ... …ということに失望する
dìsappóintment 图 失望，落胆

147
embarrass
[ɪmbǽrəs]

動 に恥ずかしい思いをさせる

▶ be embarrassed (about [at] ~) 「(~に) 恥ずかしい思いをする」
embárrassment 图 当惑，困惑

148
therapy
[θérəpi]

图 療法；心理療法

▶ pet therapy ペット療法
thérapist 图 治療士
thèrapéutic 形 治療の

149
recover
[rɪkʌ́vər]

動 回復する；を取り戻す

recover from ~ 「~から回復する」
▶ recover oneself 意識 [正気] を取り戻す
recóvery 图 回復；復旧；回収

150
warn
発 [wɔːrn]

動 (人) に (~を) 警告 [注意] する (of / against)

warn ~ to do 「~に…するよう警告 [注意] する」
▶ warn ~ that ... ~に…ということを警告 [注意] する
wárning 图 警告，注意

51

⑪ A City of Great Restaurants

📍 美食の都市，コペンハーゲン。そこのレストランが一流だと評される理由は何だろう。

①If you have committed yourself to eating delicious food and hate regretting eating something mediocre in a seemingly good restaurant, you should go to Copenhagen, Denmark. ②It is a gastronomically thriving city, notable for its many superb restaurants which have won many votes in the world rankings. ③A good restaurant may consist of several good points; a relaxed atmosphere, a skilled chef and kitchen staff, management that makes it possible for most fish, meat and vegetables, both fresh and frozen, to be delivered by local dealers and growers, there being no fault in the choice and combination of ingredients, etc. ④Besides these merits, great restaurants in Copenhagen have another, a sense of security. ⑤Practically every neighborhood of the city is free from violent events, civil unrest and military actions. ⑥This is a primary reason why not only its inhabitants but visitors from other cities and countries love to dine in this town of great chefs.

📀 語法・構文・表現 ◇◇◇

①If you [have committed yourself to eating delicious food] and [hate regretting eating something mediocre in a seemingly good restaurant]「あなたが [おいしい食べ物を食べることに執心していて]，[見たところよさそうなレストランで並の料理を食べて悔やむのを嫌に思う] ならば」▶節内の2つの動詞句が等位接続されたif節。commit *oneself* to *doing*「…することに専心する」regret *doing*「…したことを後悔する」 mediocre [miːdióukər] 形「並の，平凡な」

②a gastronomically thriving city「美食で繁栄する都市」
notable for ~「~で注目に値する，~で名高い」
which have won many votes in the world rankings「世界ランキングで多くの票を獲得した」▶many superb restaurants「多くのすばらしいレストラン」にかかる関係詞節。

③consist of several good points「いくつかの長所から成る」▶この後にgood pointsの例が続く。
a relaxed atmosphere「くつろいだ雰囲気」
management that makes it possible for [most fish, meat and vegetables, both fresh and frozen, to be delivered by local dealers and growers]「[たいていの魚，肉，野菜が，新鮮なものも冷凍されたものも，地元の業者や栽培者に

52

📁 日常生活［食事］

① 美味にこだわり，見掛け倒しの高級レストランで平凡な料理を食べて後悔したくない人は，デンマークのコペンハーゲンに行くべきだ。② ここは美食で栄える都市であり，世界ランキングで多くの票を集めた超一流レストランが多数あることで名高い。③ よいレストランは，いくつかの長所から成ると言えるかもしれない。それは，店内がくつろいだ雰囲気であること，シェフと厨房スタッフの技術が高いこと，生鮮品でも冷凍品でも，魚，肉，野菜の大半を地元の販売業者や生産者が配達できる管理システムを持っていること，食材の選択と組み合わせに間違いがないこと，である。④ これらの長所に加えて，コペンハーゲンの一流レストランにはもう１つの長所がある。それは安心感である。⑤ 市内のほぼすべての地区は，暴力事件，市民の暴動，軍事行動とは無縁である。⑥ それこそが，地元の住民だけでなく，他の都市や外国から来た人も，一流シェフを擁するこの地での食事を愛する主な理由である。

より配達される］のを可能にする経営」 ▶that ... growersはmanagementにかかる関係詞節。節内はmake it possible for 〜 to be *done*「〜が…されるのを可能にする」〈形式目的語＋真目的語〉の構造。

there being no fault in the choice and combination of ingredients「食材の選択と組み合わせに欠点がないこと」 ▶there is no 〜の動名詞句。

④ **have another**（merit）**, a sense of security**「もう１つの利点，すなわち安心感を有する」 ▶a sense of securityはanotherの内容を示す同格語。

⑤ **practically every 〜**「事実上すべての〜，ほぼすべての〜」
is free from [violent events], [civil unrest] and [military actions]「［暴力的な事件］や［市民の暴動］や［軍事行動］を免れている」 ▶is free from 〜「〜がない」の " 〜 " が３つ等位接続されている。

⑥ **why not only [its inhabitants] but [visitors from other cities and countries] love to dine in this town of great chefs**「［その住人］だけでなく［他の都市や国からの訪問者も］この一流シェフの町で食事をするのを大いに好む」 ▶primary reason「主要な理由」にかかる関係詞節。not only *A* but (also) *B*「*A*だけでなく*B*も」の構造。

⓫ A City of Great Restaurants

📔 単語の意味を確認しよう。

151

commit
[kəmít]

動 〔commit *oneself* または受身形で〕<u>献身する</u>；(罪など) を犯す；を投入する

be committed to ~ 「~に献身する」
▶ commit *oneself* to ~ と言い換えられる。
▶ commit a crime [an offense] 罪を犯す
commítment 图 約束；かかわり；献身，傾倒
▶ make a commitment to *do* [*doing*] …すると約束する
commíssion 图 委員会；委任　　commíttee 图 委員会

152

hate
[heɪt]

動 をひどく嫌う；を残念に思う

hate to *do* [*doing*] 「…するのを嫌う」

名 嫌悪，憎悪

hátred 图 憎しみ，憎悪

153

regret
[rɪgrét]

動 <u>を後悔する</u>

regret *doing* 「…したことを悔やむ」
▶ regret to *do* 残念ながら…する

名 後悔，残念，遺憾（いかん）

regréttable 形 (事が) 残念な，遺憾な
regrétful 形 (人が) 後悔している

154

notable
[nóʊtəbl]

形 注目に値する；著名な

▶ be notable for ~ ~で有名である
note 動 に注意する，注目する

155

vote
[voʊt]

名 <u>投票</u>；投票結果；〔the ~〕選挙権

▶ a majority vote 多数決；議決権の過半数

動 投票する；を投票で決める

▶ vote for [in favor of] ~ ~に賛成の投票をする

156

consist
⑦ [kənsíst]

動 (~から) 成る (of)；(~に) ある (in)

consist of ~ 「~から成り立っている」
consístent 形 首尾一貫した；一致 [両立] する
consístency 图 (首尾) 一貫性

157

freeze
[fri:z]

動 凍る；を凍らせる；(計画など) を凍結する

名 (資産などの) 凍結，据え置き

fréezing 形 凍るように寒い 图 凍結；冷凍

165

0　250　500　750　1000　1250　1500

158 **deliver** [dɪlívər]	動 を配達する；（演説・講義）をする；子を産む ▶ deliver A to B「A を B に配達する，届ける」 delívery 图 配達（物）；発言；出産
159 **fault** (発) [fɔːlt]	图〔通例 one's 〜〕責任；欠点；誤り ▶ at fault (for 〜)（過失などに）責任があって ▶ find fault with 〜 〜の欠点を指摘する，あらを探す 動 を非難する
160 **ingredient** (発) [ɪŋɡríːdiənt]	图 材料，成分；（成功の）要因 ▶ cook meals from raw ingredients 生の食材から食事を作る
161 **neighborhood** [néɪbərhùd]	图 地域；近所 ▶ in my neighborhood「私の住んでいる所で」(≒ where I live) néighbor 图 隣人；近隣地域 動 に隣接する
162 **violent** [váɪələnt]	形（人・気質などが）激しい；暴力的な ▶ a violent quarrel [argument] 激しい口論 [議論] víolence 图 暴力；激しさ
163 **civil** [sívəl]	形 市民の；民間の；民事の (⇔ críminal 刑事の) ▶ a civil case 民事訴訟 cívilìze 動 を文明化する；を洗練する cìvilizátion 图 文明；文明化 civílian 图 民間人 形 民間人の civílity 图 礼儀正しさ
164 **military** [mílətèri]	形 軍の，軍事（用）の ▶ take military action 軍事行動を起こす 图〔the 〜〕軍；陸軍；軍人
165 **reason** [ríːzən]	图 理由；(…する) 根拠 (to do)；理性；分別 動 論理的に考える；(…) と判断する (that 節) réasonable 形 合理的な；(値段などが) 手ごろな réasoning 图 推理，推論

12 I Needed to Sleep

🔑 睡魔に襲われたら，もう一刻も早く眠りたい。そこがどんなに危険な場所でも…。

① Years ago, as I backpacked in a certain Latin-American country, night, rain, and my spirits were falling; in a word, I was desperate. ② Luckily, I found haven. ③ The little bedroom had no electricity, therefore no light — but despite complete darkness I managed to feel my way to a creaky bed, and crawled in. ④ In seconds I heard a muffled grumble, as if I had disturbed some man fast asleep. ⑤ He now detected my presence but was careful not to acknowledge it, as he couldn't quite trace me. ⑥ In those days, in those remote areas, there was a rural guerrilla-terrorist movement. ⑦ There was a distinct possibility that I had just endangered myself. ⑧ I should have been scared. ⑨ But apparently my priority had been sleep. ⑩ And strong desire for sleep had eased my wariness.

⑪ The next thing I knew I was awake, on a sunny morning, I and my belongings safe — with my overnight roommate gone. ⑫ Had I had courage? ⑬ Had I had faith in mankind? ⑭ No! ⑮ I had merely been young and foolhardy, and needing to sleep. ⑯ It might have been pure luck that I was safe.

語法・構文・表現

① **backpack** 圓「バックパックを背負って旅行する」
night, rain, and my spirits were falling「夜の帳と雨と私の気力が落ちてきた」
▶等位接続された night, rain, my spirits はいずれも were falling の主語。
in a word「一言で言えば，要するに」
desperate 厖「絶望的な」

② **luckily** 圖「運よく，幸運にも」

③ **manage to** *do*「どうにか…する」
feel my way to a creaky bed「手探りできしむベッドまで進む」
crawl in「這い入る」

④ **a muffled grumble**「こもった不平の小声」
fast asleep「(ぐっすり) 眠っている」▶直前の man を修飾する形容詞句。

⑤ **my presence**「私の存在」▶presence は 〜's presence の形で用いられることが多い。

⑥ **a rural guerrilla-terrorist movement**「田舎のゲリラ・テロ活動」

56

私は眠る必要があった

📁 日常生活 [旅行]

　① 何年も前のことだ。私はバックパックを背負い，ラテンアメリカのある国を旅していた。夜の帳が下り，雨が降りしきる中，私の気力は落ちていた。一言で言えば，どうにでもなれという気分だった。② しかし，幸いなことに，ねぐらが見つかった。③ その小さな寝室には電気が通じておらず，当然明かりもなかったが，真っ暗闇を物ともせず私は手探りで進み，きしむベッドにたどり着いて，そこに潜り込んだ。④ 間を置かず，くぐもったぼやき声が聞こえた。誰かが熟睡しているのを邪魔したらしい。⑤ その人は私が横にいることをもう感知していたが，私をちゃんと見つけ出すことができなかったので，そのことを認めないように注意を払っていた。⑥ 当時，その辺りの辺鄙な地域では，田舎のゲリラ・テロ活動が行われていた。⑦ たった今私が自分の身を危険にさらした可能性ははっきりしていた。⑧ 怖いと思うのが当然だっただろう。⑨ どうやら私にとって大事なのは眠ることだったらしい。⑩ 強烈な睡魔が警戒心を打ち消していた。

　⑪ 気がつくと，私は目覚めていた。その朝は晴れており，私の身と荷物は無事だった。前夜隣にいた相手は消えていた。⑫ 私には度胸があったのか？ ⑬ 人を信用していたのか？ ⑭ いや！ ⑮ 私はただの無謀な若者であり，ただ眠かったのだ。⑯ 私が無事だったのは，純然たる幸運であったのかもしれない。

───────────────────────

⑦ **there is a possibility that ...**「…する可能性がある」

⑧ **should have been scared**「怖がるべきであった」

⑨ **apparently** 副「見たところでは，どうやら」

⑩ **wariness** [wéərinəs] 名「用心，慎重」

⑪ **the next thing I knew**「気がつくと（驚いたことに）」
　[I and my belongings] [safe]「私と私の所持品は無事で」▶〔付帯状況〕を表す。
　with my overnight roommate gone「私の一夜の同居人はいなくなっていた」
　▶with *A B*「*A* が *B* である（状態で）」〔付帯状況〕を表す。*A* ＝名詞（句），*B* ＝分詞・形容詞・副詞・前置詞（句）。

⑮ **foolhardy** 形「向こう見ずな，無鉄砲な」
　needing to sleep「眠る必要があって」▶young and foolhardy と等位接続される現在分詞句。

⑯ **that I was safe**「私が無事だったこと」▶形式主語 (It) の内容を示す真主語。

⑫ I Needed to Sleep

単語の意味を確認しよう。

166 **haven** 発 [héɪvən]	名 避難所, 保護区；港 ▶ a tax haven 租税回避地, タックスヘイブン
167 **disturb** [dɪstə́:rb]	動 をかき乱す；を妨害する；を動揺させる ▶ I'm sorry to disturb you (, but ...) お邪魔してすみません (が…) distúrbance 名 妨害；動揺；騒動
168 **detect** [dɪtékt]	動 を感知する；を見つけ出す；に気づく detéction 名 発見；捜査　detéctable 形 探知できる detéctive 名 刑事；探偵 形 探偵の；探知用の
169 **acknowledge** 発 [əkná(:)lɪdʒ]	動 (事実など)を認める (≒ admít)；に謝意を表す acknowledge that ... …だと認める acknówledgment 名 承認；謝辞
170 **trace** [treɪs]	動 (足跡・起源など)をたどる；を捜し出す be traced back to ～ 「～までさかのぼる」 名 形跡, 痕跡；微量 ▶ a trace of ～ ごくわずかの～ tràceabílity 名 追跡可能性, トレーサビリティ
171 **remote** [rɪmóʊt]	形 (～から)遠く離れた (from)；かけ離れた ▶ a remote relative 遠い親戚
172 **distinct** [dɪstíŋkt]	形 明らかに異なる；明瞭な ▶ be distinct from ～ ～とまったく異なる distínction 名 区別；差異；卓越 distínctive 形 ほかと異なった；独特の distínguish 動 を(～と)区別する (from)
173 **endanger** [ɪndéɪndʒər]	動 を危険にさらす endángered 形 絶滅の危機にある ▶ an endangered species 絶滅危惧種 dánger 名 危険 ▶ be in danger (of ～) (～の)危険にさらされている

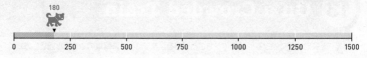

174

scare
[skeər]

動 をおびえさせる；を脅す
- be scared of ～ ～を怖がる
- scare ～ into *doing* ～を脅して…させる

名 (突然の) 恐怖；(多くの人が抱く) 不安
scáry 形 怖い，恐ろしい

175

priority
発 [praiɔ́(:)rəti]

名 優先 (事項)
- a top [first] priority 最優先事項
- príor 形 先の，前もっての；優先する

176

ease
発 [i:z]

動 を軽減する；和らぐ；緩む

名 容易さ；気楽さ；軽減
- with ease 容易に
- at (*one's*) ease くつろいで

177

courage
発 アク [kə́:ridʒ]

名 勇気
- a man of courage 勇気のある人
  courageous [kəréidʒəs] 形 勇気のある
- a courageous decision 勇気ある決断
  encóurage 動 を励ます，促す

178

faith
[feiθ]

名 (～への) 信頼 (in)；信仰 (心)
- have faith in ～ 「～を信頼 [信仰] している」
- in good faith 誠実に
  fáithful 形 忠実な，誠実な；貞節な

179

mankind
アク [mænkáind]

名 人類
- 性差別を避けるため，同じ意味の humankind や human beings が使われることも多い。

180

pure
[pjuər]

形 純粋な；潔白な；まったくの
- pure speculation 単なる憶測
  púrify 動 を精製する；を浄化する
  púrity 名 純粋；潔白

東京で快適に過ごすには学ぶべきことがある。まずは，満員電車の乗り方と過ごし方だ。

① If you want to lead a comfortable life in Tokyo, you should learn about certain things alien to your lifestyle, for example, how to get on a crowded subway train. ② Getting on a train is a kind of battle, but you should not withdraw from it. ③ When you get to the platform, the most sensible thing to do is stand in the shortest line. ④ This might be the line for the third train. ⑤ But don't worry. ⑥ Your train will come within five minutes, so you don't have to postpone your morning meeting.

⑦ You should be alert on the train. ⑧ You should be careful so that others will not think you have interfered by being in their portion of space in the carriage, or by grabbing a strap just before a person next to you. ⑨ If a woman gazes at you, you should realize that you have somehow intruded into her personal space. ⑩ If a woman is wearing perfume and you don't like its scent, don't mutter a curse even under your breath. ⑪ You may find a young woman putting on her makeup or a high school student eating dietary supplements, but never ever film a video of them to upload on YouTube. ⑫ Once you have grasped the social dimension of how to spend your time on a crowded train, you can behave fairly comfortably wherever you may be.

◎ 語法・構文・表現

① **alien to your lifestyle**「自分の生活様式とは異質の」▶ certain things「あること」を修飾する形容詞句。

② **Getting on a train is a kind of battle**「列車に乗ることは一種の戦いである」▶〈SVC〉の構造。Getting ... train は主語として働く動名詞句。

③ **the most sensible thing to do is (to) stand in the shortest line**「なすべき最も賢明なことは最も短い列に並ぶことである」▶〈SVC〉の構造。

⑧ **be careful so that others will not think you have interfered [by being in their portion of space in the carriage], or [by grabbing a strap just before a person next to you]**「自分が［車両内で他人の分の空間にいることにより］，あるいは［隣の人の目の前にある吊り革をつかむことにより］邪魔をしたと他人が思わないように気をつける」▶ interfere by *doing*「…して邪魔をする」

満員列車に乗って

📁 文化［風俗］

① 東京で快適な生活を送りたければ，自分の生活様式とはかけ離れた事柄について，ある程度学ぶべきだ。例えば，混雑した地下鉄の乗り方である。② 電車に乗り込むのは一種の戦いだが，その戦いから撤退してはいけない。③ ホームに着いたら，一番短い列に並ぶのが最も賢明な策だ。④ それは 3 番目に来る電車を待つ列かもしれない。⑤ しかし，心配は無用だ。⑥ 電車は 5 分以内に来るので，朝の会議を延期する必要はない。

⑦ 車内では油断してはならない。⑧ 車内で他人の占有スペース部分に入ったり，隣の人の目の前にある吊り革をつかんだりして，あなたが彼らの邪魔をしたと彼らが思わないように注意するべきだ。⑨ 女性にじっと見られた場合は，その人の占有スペースに入ってしまったと気づくべきだ。⑩ 女性が香水を付けており，その香りが気に入らなくても，たとえ小声でも悪態をついてはいけない。⑪ 若い女性が化粧をしている姿や，高校生が栄養補助食品を食べている姿を見かけることもあるが，その動画を撮影してユーチューブにアップロードするのは禁物である。⑫ 混雑した車内でどう時間を過ごすかの社会的側面を理解すれば，どこへ行ってもかなり気楽に行動することができるだろう。

---

⑨ **have somehow intruded into her personal space**「彼女の個人空間にどういうわけか侵入した」▶intrude into ～「～に侵入する，押し入る」

⑪ **put on *one's* makeup**「化粧をする」
never ever film a video of them to upload on YouTube「ユーチューブにアップロードするために彼らの動画を撮るのは絶対に駄目である」▶命令文。never ever「断じて…ない」はneverの強調形。

⑫ **the social dimension of [how to spend your time on a crowded train]**「［混雑した列車での時間の過ごし方］の持つ社会的側面」
can behave fairly comfortably「かなり悠々と行動することができる」
wherever you may be「どこにいようが」▶接続詞wh-everを用いた譲歩節。

単語の意味を確認しよう。

181
alien
発 [éiliən]

形 (〜にとって) 異質の (to)；外国の；宇宙人の
▶ an alien culture 外国文化

名 外国人；宇宙人
álienàte 動 を疎外させる

182
withdraw
アク [wiðdrɔ́ː]

動 を引き出す；を撤回する；撤退する
▶ 活用：withdraw - withdrew - withdrawn
▶ withdraw one's resignation 辞意を撤回する
withdráwal 名 撤回；撤退；払い戻し

183
platform
アク [plǽtfɔ̀ːrm]

名 プラットフォーム；演壇；舞台
▶ leave from platform 7　7番ホームから発車する
▶ a (computing [digital]) platform　プラットフォーム (コンピュータ本体や OS など，ソフトウェアが実行される環境を意味する)

184
sensible
[sénsəbl]

形 賢明な；実用的な；顕著な
▶ It is sensible (of 〜) to do 「(〜が)…するとは賢明である」
▶ sensitive 「敏感な；感じやすい」と区別。
sènsibílity 名 感受性；(鋭い) 感性

185
postpone
発 アク [poustpóun]

動 を延期する (≒ put off)
▶ postpone doing …するのを延期する
postpónement 名 延期

186
alert
[ələ́ːrt]

形 警戒して；敏速な
be alert to [for] 〜 「〜を警戒している」

名 警戒；警報　動 を警戒させる；に警報を出す
▶ on (the) alert 警戒中で

187
interfere
発 アク [ìntərfíər]

動 干渉する，介入する；邪魔する
interfere in 〜 「〜に干渉する」
▶ interfere with his work 彼の仕事の邪魔をする
ìnterférence 名 干渉；妨害

188
portion
[pɔ́ːrʃən]

名 部分；1人前；割り当て
a portion of 〜 「〜の一部」
▶ two portions of salad サラダ2人前

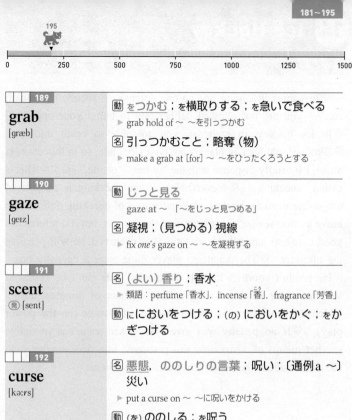

189 **grab** [græb]	動 <u>をつかむ</u>；を横取りする；を急いで食べる ▶ grab hold of ~ 〜を引っつかむ 名 引っかむこと；略奪（物） ▶ make a grab at [for] ~ 〜をひったくろうとする
190 **gaze** [geɪz]	動 <u>じっと見る</u> gaze at ~ 「〜をじっと見つめる」 名 凝視；（見つめる）視線 ▶ fix *one's* gaze on ~ 〜を凝視する
191 **scent** 発 [sent]	名 <u>（よい）香り</u>；香水 ▶ 類語：perfume「香水」, incense「香」, fragrance「芳香」 動 ににおいをつける；（の）においをかぐ；をかぎつける
192 **curse** [kəːrs]	名 <u>悪態, ののしりの言葉</u>；呪い；〔通例 a ~〕災い ▶ put a curse on ~ 〜に呪いをかける 動 （を）ののしる；を呪う
193 **supplement** 発 [sʌ́pləmənt]	名 <u>栄養補助剤, サプリメント</u>；補足 動 [sʌ́pləmènt] を（~で）補う（with） sùppleméntary 形 補足の
194 **grasp** [græsp]	動 <u>を把握 [理解] する</u>；をしっかり握る ▶ grasp the meaning of ~ 〜の意味をつかむ 名 つかむこと；抱擁；把握
195 **dimension** [dəménʃən]	名 <u>側面, 局面</u>；次元；寸法 diménsional 形 〔複合語で〕~次元の ▶ three-dimensional 3次元 [3D] の

⑭ Ice Hockey

① In games involving one-on-one defense — soccer, basketball, etc. — you are not allowed deliberately to bump your opponent. ② In ice hockey, in contrast, you are able to crash into him. ③ (Professional hockey players are typically male; so in this context alone, I'll briefly dispense with the "or her," "or she," etc.) ④ This is called "checking." ⑤ Nevertheless, some checking is considered too severe even for hockey. ⑥ What aspect of checking defines this move as "too severe" is unknown to the layman; but if a referee has good cause to judge that a violation has occurred, he will penalize the offender. ⑦ The penalized player must enter a "penalty box." ⑧ He needn't conduct himself ashamed. ⑨ He can't be replaced and must stay in the box for a fixed number of minutes, during which the other team earns a one-man advantage (on the power play). ⑩ If no penalty was given, the other team has available another means of addressing this perceived injustice: sending onto the ice a resident "goon" or "enforcer," to get even.

◎ 語法・構文・表現

① **involving one-on-one defense**「1対1のディフェンス [防御] を伴う」▶games を修飾する現在分詞句。

② **in contrast**「対照的に」
crash into him「相手に体当たりする」▶him = your opponent

③ **dispense with ~**「~を使わずに済ます」

⑤ **is considered too severe even for hockey**「ホッケーにしても激しすぎるとみなされる」▶consider A (to be) B「A を B とみなす」の受身形。

⑥ **What aspect of checking defines this move as "too severe"**「チェッキングのどの側面がこの動きを『激しすぎる』と規定するか」▶is unknown to the layman「素人には知られていない」の主語として働く疑問詞節。
have good cause to do「…する正当な根拠がある」

アイスホッケー

📁 日常生活 [スポーツ]

①1対1の防御を伴うサッカーやバスケットボールなどのゲームでは，故意に相手にぶつかってはならない。② 対照的に，アイスホッケーでは，自分から彼[相手]に体当たりしても構わない。③（プロのホッケー選手はふつう男性なので，この文脈に限って，私はしばらくの間 "or her"「または彼女に」とか "or she"「または彼女は」という句を使わずに済ますつもりである。）④ これは「チェッキング」と言う。⑤ それでも，ホッケーのプレーとしても過激すぎる（ので反則だ）と判定されるチェッキングもある。⑥ チェッキングのどの面がこの動きを「過激すぎる」と決めるのか素人にはよくわからないが，ルール違反があったと判断する正当な理由があれば，審判は違反者にペナルティーを科す。⑦ ペナルティーを受けた選手は「ペナルティー・ボックス」に入らなければならない。⑧ 彼は自分を恥じる振る舞いをする必要はない。⑨ 彼は決められた数分間交代してもらえず，そのボックスの中にいなければならない。その間，相手チームは（パワープレーで）1人多い人数で戦う優位を得る。⑩ ペナルティーが与えられなければ，相手チームはこの不正行為に対処する別の方法を利用できるようにする。仕返しをするために，「グーン」または「エンフォーサー」と呼ばれる選手を氷上に送り込むのだ。

---

⑧ **conduct himself ashamed**「恥じ入って振る舞う」▶ashamedは主語の状態を示す分詞形容詞。ここでは〔様態〕の副詞のように働く。

⑨ **during which the other team earns a one-man advantage**「その間相手チームはプレーする選手が1人多いという利点を得る」▶先行詞 (for) a fixed number of minutesに関して付加的情報を述べる非制限用法の関係詞節。

⑩ (V) **has** (C) **available** (O) **another means of addressing this perceived injustice**「この認識された不正に対処する別の手段を利用できるようにする」▶availableは前置された目的格補語。have ～ available「～を利用できるようにする」
a resident "goon" or "enforcer"「常駐の『グーン』あるいは『エンフォーサー』」▶"goon" も "enforcer" も「ラフプレーヤー」のこと。
get even（with～）「（～に）仕返しをする」

⑭ Ice Hockey

📙 単語の意味を確認しよう。

196
contrast
⑦ [ká(:)ntræst]

名 (~との) 対照 (with / to)
in contrast to [with] ~ 「~と対照的に」
▶ by [in] contrast 「(それとは) 対照的に」

動 [kəntrǽst] を対比させる；(~と) 対照をなす (with)

197
context
発⑦ [ká(:)ntekst]

名 状況，背景；文脈
▶ in context 状況に照らして，文脈の中で
contéxtual 形 文脈上の

198
nevertheless
⑦ [nèvərðəlés]

副 それにもかかわらず (≒ nònetheléss)
▶ 一般に予想される結果とは異なる状況になったことを表す。

199
aspect
⑦ [ǽspèkt]

名 (物事の) 側面；観点；様相
▶ from this aspect この観点 [見地] から

200
define
[dɪfáɪn]

動 を定義する；を明確にする；を規定する
define A as B 「A を B と定義する」
dèfinítion 名 定義；明確さ
definite [défənət] 形 明確な，確実な
définitely 副 間違いなく

201
unknown
[ʌnnóʊn]

形 不明の；(~に) 知られていない (to)，無名の

名 未知の人，無名の人；〔the ~〕未知のもの [世界]

202
cause
発 [kɔ:z]

名 原因 (⇔ efféct→40)；理由；大義

動 を引き起こす，の原因となる
▶ cause ~ to do ~に…させる
cáusal 形 原因の；因果関係の

203
occur
発⑦ [əkə́:r]

動 起こる；心に浮かぶ；現れる
▶ It occurred to her that ... 「…という考えが彼女の心に浮かんだ」
occúrrence 名 発生；出来事

210

0	250	500	750	1000	1250	1500

---

204 conduct
⑦ [kəndʌ́kt]

動 (調査・実験など) を実施する；を導く；〔conduct *oneself* で〕振る舞う

名 [ká(:)ndʌkt] 行動；遂行

▶ condúctor 名 指揮者；添乗員；(伝) 導体
▶ sèmicondúctor 半導体

---

205 replace
[rɪpléɪs]

動 に取って代わる；を取り替える

▶ replace A with B「A を B と取り替える」
replácement 名 取り替え；交替
repláceable 形 交換可能の，代わりがある

---

206 earn
[ə́:rn]

動 を稼ぐ；を得る；をもたらす

▶ earn *one's* living 生計を立てる
▶ earn a bachelor's degree in physics 物理学の学士号を取得する
éarnings 名 所得；収益

---

207 advantage
(発)⑦ [ədvǽntɪdʒ]

名 利点；優勢；有利

▶ take advantage of ~「~を利用する；~につけ込む」
àdvantágeous 形 有利な
dìsadvántage 名 不利 (な点)；損失

---

208 available
(発) [əvéɪləbl]

形 手に入る；利用できる；手が空いている

▶ He is not available at the moment. 彼は今，手がふさがっている。
avàilabílity 名 (入手) 可能性
ùnaváilable 形 入手 [利用] できない

---

209 means
[mi:nz]

名 〔単数・複数扱い〕手段；〔複数扱い〕資力，収入

▶ by no means「決して~ない」
▶ by means of ~「~ (の手段) によって」
▶ live within *one's* means 収入の範囲内で暮らす

---

210 address
[ədrés]

動 (問題など) に対処する；に演説する；(手紙など) を (~宛てに) 出す (to)

名 住所；演説

消費者の購買意欲をかき立てる広告。だが，広告の効果はそれだけではなさそうだ。

① It pays to advertise. ② When it is advertised that a new DVD has been released, a new book has been published, or a new film is scheduled to be shown, many people are expected to rush to buy a copy or advance ticket. ③ As a result, advertisers achieve sales worth many times more than advertising costs. ④ What may be advertised is not just goods and services. ⑤ Ideas and opinions are also advertised. ⑥ The prime minister appears on TV and announces his decision on issues of substance. ⑦ A government agency arouses public interest by claiming on TV that gender discrimination at work and bullying at school must be stopped. ⑧ A car maker puts a commercial on TV where a few famous actors have intelligent conversation about how their cars are designed for comfort and performance. ⑨ Advertising is an essentially conscious effort to locate the whereabouts of money and make its owners buy things, but it helps people perceive a desire deep in their heart whose presence, on previous occasions they have never even imagined.

語法・構文・表現

① **It pays to advertise.**「広告することは割に合う」▶ to advertise は真主語。

② **that a new DVD has been released, a new book has been published, or a new film is scheduled to be shown**「新しいＤＶＤが発売されたとか，新刊書が刊行されたとか，新しい映画が上映される予定であるということ」▶真主語として働く that 節。**be scheduled to** *do*「…する予定である」
be expected to *do*「…すると予想される」

③ **worth many times more than advertising costs**「広告費の何倍もの価値のある」▶ sales「売上高」を修飾する形容詞句。worth ～「～の価値がある」

④ **What may be advertised**「広告される（かもしれない）もの」▶主語として働く関係詞節。

⑥ **the prime minister**「総理大臣，首相」
announces his decision on issues of substance「重大な問題に関する自らの決意を発表する」▶ appears on TV「テレビに出る」と等位接続される動詞句。

📁 社会 [経済]

① <u>広告</u>には金をかける価値がある。② 新しい DVD の<u>発売</u>，新刊本の刊行，新作映画の上映予定などの広告を出せば，多くの人が DVD や本や映画の前売り券を買いに<u>走る</u>と予想される。③ その結果，広告主は広告費の何倍にも相当する販売利益を得る。④ 広告の対象は商品やサービスだけではない。⑤ 思想や意見も宣伝される。⑥ 総理<u>大臣</u>はテレビに出演し，<u>重要</u>な問題に関する決意を<u>表明する</u>。⑦ 政府機関は職場での<u>男女</u>差別や学校でのいじめの撲滅をテレビで主張し，大衆の関心を高める。⑧ 自動車メーカーが流すテレビ CM では，<u>快適さ</u>と性能を追求した愛車の設計をめぐって，有名な俳優たちが<u>気の利いた</u>会話をする。⑨ 広告は金のありかを<u>探し当て</u>，その持ち主に物を買わせようとする本質的に<u>意識的な</u>努力であるが，そのおかげで人々は，<u>それ以前の機会</u>には想像したこともないような願望が自分の心の奥に<u>存在</u>していたことに<u>気づく</u>のである。

⑦ a government agency「政府機関」
arouses public interest by *doing*「…することにより大衆の関心をかきたてる」
by claiming on TV that gender discrimination at work and bullying at school must be stopped「職場での性差別や学校でのいじめは阻止されなくてはならないと，テレビで主張することにより」

⑧ where a few famous actors have intelligent conversation about [how their cars are designed for comfort and performance]「数名の有名な俳優が，[どのように自分の車が快適さと性能を得るように設計されているか] に関して気の利いた会話をする」 ▶commercial にかかる関係詞節。how 節は about の目的語。

⑨ an essentially conscious effort to [locate the whereabouts of money] and [make its owners buy things]「[金のありかを探し当て]，[その所有者に物を買わせる] (という) 本質的に意識的な努力」 ▶Advertising is の補語。
whose presence, on previous occasions they have never even imagined「(広告を見る) 以前の機会には (自分が) その存在を想像すらしたことがない」 ▶desire「願望」にかかる関係詞節。

📖 単語の意味を確認しよう。

---

211 **advertise** ⑦ [ǽdvərtàɪz]	動 を宣伝する；(〜を求める) 広告を出す (for) ▶ advertise 〜 on television テレビで〜を宣伝する àdvertísement 图 広告 ádvertìsing 图 〔集合的に〕広告
212 **release** [rɪlíːs]	動 を放出する；を解放する；を発表する ▶ release a new album 新しい (音楽) アルバムを発表する 图 放出；解放；発表
213 **rush** [rʌʃ]	動 急いで行く；性急に行動する；をせき立てる 图 突進, 殺到；慌てること；混雑時
214 **minister** [mínɪstər]	图 大臣；(プロテスタント系の) 聖職者 the prime minister 「総理大臣, 首相」 ▶ カトリック系およびキリスト教以外の聖職者は priest. 英国国教会では vicar. mínistry 图 省
215 **announce** [ənáʊns]	動 を発表 [公表] する, 知らせる；(物事が) を告げる ▶ announce a plan [decision] 計画 [決定] を発表する annóuncement 图 発表, 公表；告知；通知状
216 **substance** ⑦ [sʌ́bstəns]	图 物質；実体；趣旨；重要性 ▶ there is no substance to [in] 〜 〜には実体 [根拠] がない substántial 形 実質的な；(数量が) かなりの
217 **gender** [dʒéndər]	图 (社会的・文化的) 性, 性別 ▶ gender roles 性別 [男女の] 役割 ▶ gender discrimination 性差別
218 **intelligent** [ɪntélɪdʒənt]	形 聡明な；知能を有する ▶ 知能が高く思考力・理解力にたけている状態を表す。 intélligence 图 知能；秘密情報；情報機関

225

```
0        250        500        750        1000        1250        1500
```

219
comfort
発 ア [kʌ́mfərt]

名 快適さ；慰め
▶ take [draw] comfort from ~　~から慰めを得る
動 を慰める；を安心させる
cómfortable　形 快適な；気楽な
cómforting　形 慰めになる

220
conscious
発 [kɑ́(:)nʃəs]

形 意識して，気づいて（≒aware）
be conscious of ~　「~を意識している，~に気づいて
いる」
cónsciousness　名 意識
ùncónscious　形 意識を失った；（~に）気づいていない
(of)；無意識の

221
locate
ア [lóukeɪt]

動 〔受身形で〕位置する；の位置を探し当てる
be located in [on] ~　「~に位置する」
▶ locate the source of a river　川の水源を探し当てる
locátion　名 位置，場所

222
perceive
発 [pərsíːv]

動 に気づく；を知覚する；を理解する
▶ perceive A as [to be] B　「A を B と理解する，わかる」
percéption　名 知覚，認識
percéptive　形 （直観の）鋭い；知覚の

223
presence
ア [prézəns]

名 存在；出席；面前
▶ in ~'s presence　「~のいる［存在する］所で」（= in the
presence of ~）
présent　形 存在している；出席している；現在の

224
previous
発 [príːviəs]

形 以前の，前の
▶ a previous appointment [engagement]　先約
▶ the previous day [year]　（基準となる過去の日［年］の）前
日［年］
préviously　副 以前に，前に

225
occasion
[əkéɪʒən]

名 場合，時；行事；機会
▶ 「何かが起こるとき」の意。
▶ on occasion(s)　「ときどき，折に触れて」
occásional　形 時折の；臨時の
occásionally　副 ときどき

若者は親元を離れて自活したがるが，理想と現実の大きな隔たりに気づいていない…。

① Many young people nowadays try to be **independent** of their parents. ② This does not mean that they do not **appreciate** what their parents have done for them. ③ They appreciate the influence of their parents in their life and **admit** that they owe many of their achievements to their parents. ④ But they have **acquired** the **confidence** peculiar to young people and believe that they are creative enough to lead their ideal life without their parents' help. ⑤ They cannot see that there are a lot of **potential** or **unexpected** problems with being independent.

⑥ They have to have the creative imagination to **predict** what lifestyle they should **adopt**. ⑦ They have to find a job that will bring considerable **monetary rewards**. ⑧ They have to find a place to live and **purchase** the essential goods for daily living. ⑨ **Nonetheless**, it can be difficult for them to become aware of these problems because they only see the **image** of themselves that they have projected into the future and have not developed appropriate **perspectives** to the real world.

● 語法・構文・表現 ∞∞∞∞∞∞∞∞∞∞∞∞∞∞∞∞∞∞∞∞∞∞∞∞∞∞∞∞∞∞

② **This does not mean that ...**「これは…ということではない／と言って…ということではない」▶This は前文の内容を指す。
　what their parents have done for them「親が彼らのためにしてくれたこと」▶appreciate の目的語として働く独立関係詞節。what は先行詞を含む関係詞で，「((～が) …する) こと [もの]」を表す。

③ **owe ～ to ...**「…に～を負っている，～は…のおかげである」

④ **peculiar to young people**「若者に特有の」▶confidence にかかる形容詞句。peculiar〔➡26〕圏「(～に) 特有の (to ～)；一風変わった」

⑤ **there are ... problems with being independent**「自活することに関して問題が存在する」▶with「～について」の意味に注意。

⑥ **what lifestyle they should adopt**「彼らがどんな生活様式を採用するべきか」▶predict の目的語として働く疑問詞節。what は lifestyle にかかる疑問形容詞。

⑦ **that will bring considerable monetary rewards**「かなりの金銭的報酬をもた

①近頃の若者の多くは，親から独立しようとする。②だからといって，親が自分のためにしてくれたことを評価していないというわけではない。③彼らは，自分の人生における親の影響に感謝し，自分が成し遂げてきたことの多くは親のおかげだと認めている。④しかし，彼らは若者に特有の自信を身につけ，親の援助がなくても理想的な生活を送れるだけの創造力が自分にはあると信じている。⑤彼らは独立することには多くの潜在的な，または思いがけない問題があることがわからない。

⑥若者は，自分がどんな生き方を選ぶべきかを予測する想像力を持たなければならない。⑦それなりの金銭的報酬が得られる仕事を見つけねばならない。⑧また，住む場所を見つけ，日々の暮らしに欠かせない品も買わねばならない。⑨それにもかかわらず，彼らがこれらの問題に気づくのは難しい。自分が未来に向けて投影した自己の姿を見るだけで，実社会の正しい見方を養ってこなかったからである。

らす」▶jobにかかる関係詞節。

considerable 厖「かなりの，相当な」

⑧**a place to live**「住む場所」▶to liveはplaceにかかる形容詞用法のto不定詞句。

essential〔➡65〕厖「必要不可欠な」

daily living 图「日常生活」

⑨**aware**〔➡1330〕厖「(〜に) 気づいて (of 〜 / + that ...)」

they [only see the image of themselves that ...] and [have not developed appropriate perspectives to the real world]「彼らは [...自分の姿しか見えておらず]，[実社会に対する適切な観点を発達させていない]」▶2つの動詞句の等位接続。

that they have projected into the future「彼らが未来に投影した」▶image of themselves「自分自身の姿」にかかる関係詞節。

appropriate〔➡313〕厖「(〜に) 適切な (for / to 〜)」

📙 単語の意味を確認しよう。

226
independent
⑦ [ìndɪpéndənt]

形 (〜から) 独立した (of / from)
▶ Independent Television (イギリスの) 独立テレビ放送
　ìndepéndence 图 独立；自立

227
appreciate
発⑦ [əprí:ʃièit]

動 を正当に評価する；を鑑賞する；を感謝する
　apprèciátion 图 評価；鑑賞；感謝；(価格などの) 上昇

228
admit
[ədmít]

動 (を)(しぶしぶ) 認める；に (〜への) 入場 [入学など] を認める (to / into)
▶ admit that ... 「…ということを (しぶしぶ) 認める」
　admíssion 图 入場 [入学, 入会] (許可)；入場料；容認
　admíttance 图 入場；入場許可；入場権

229
acquire
発 [əkwáɪər]

動 を得る；を習得する
▶ acquire a language 言語を習得する
　àcquisítion 图 獲得, 習得；買収
　acquíred 形 後天的な

230
confidence
⑦ [ká(:)nfɪdəns]

图 自信；信頼；秘密
▶ lose confidence in 〜 〜に対する信頼を失う
▶ with confidence 自信をもって
　confíde 動 を打ち明ける；(を) 信頼する (in)
　cònfidéntial 形 秘密の；機密の；打ち解けた
　cónfident 形 確信して；自信に満ちた

231
potential
[pəténʃəl]

形 潜在的な；可能性を秘めた
▶ potential risk [danger] 潜在的危険

图 潜在 (能) 力, 可能性

232
unexpected
[ʌnɪkspéktɪd]

形 思いがけない, 不意の
▶ an unexpected guest 不意の客
　ùnexpéctedly 副 思いがけなく, 不意に
　expéct 動 を予期する；を期待する

233
predict
⑦ [prɪdíkt]

動 を予言 [予測] する
▶ pre- 前もって＋ dict 言う
　predíction 图 予言, 予測
　predíctable 形 予測できる

240

234
adopt
[ədá(:)pt]

動 を採用する；（態度など）をとる；を養子にする
▶ adopt a plan [strategy] 計画 [戦略] を採用する
▶ an adopted son [daughter] 養子 [養女]
adóption 图 採用；養子縁組

235
monetary
発 [má(:)nətèri]

形 金銭的な；金融の
▶ monetary policy 金融政策
▶ the International Monetary Fund 国際通貨基金 (IMF)

236
reward
発 [rɪwɔ́:rd]

名 報酬；報い
▶ in reward for ～ ～に報いて；～の報酬として
動 に報酬を与える，報いる
rewárding 形 満足が得られる，報われる

237
purchase
発 ア [pɔ́:rtʃəs]

動 を購入する
▶ buy と同義。形式ばった語。
名 購入；購入物
▶ make a purchase 買い物をする

238
nonetheless
ア [nʌnðəlés]

副 それにもかかわらず，それでもなお（≒ nèvertheléss）

239
image
発 ア [ímɪdʒ]

名 印象，イメージ；画像；像；心象
have a ... image of ～ 「～に…な印象を抱く」
動 を心に描く，想像する；の像を描く [作る]
ímagery 图〔集合的に〕比喩的表現；イメージ；彫像

240
perspective
ア [pərspéktɪv]

名 観点，見方；大局観；遠近法
▶ get the situation in perspective 状況を大局的にとらえる
▶ from a historical perspective 歴史的な観点から

---

⑰ Japanimation and Manga

今や日本のアニメやマンガは芸術として評価されているが，軽視されていた時代もあった。

① Japanese anime and manga used to be regarded as something that is meant for children. ② Critics often expressed their views about the content of anime and manga. ③ They said that indulging in manga would prevent children from appreciating literature, to say nothing of academic articles. ④ Their statements of this nature made both teachers and parents cautious about the influence of manga.

⑤ Manga and anime were also the subject of criticism by literary critics for failing to live up to quality standards: they were too fantastic, too childish, and too unrealistic. ⑥ Dramatic changes in attitudes towards manga and anime occurred, however, when the news arrived from abroad that Japanese manga and anime were highly regarded by various kinds of people abroad.

⑦ The issue of how to value the artistic quality of manga has sharply divided commentators. ⑧ I think manga is an art form, given that graphics and words in manga represent people and their environments in a symbolic manner, which makes manga a popular medium of expression. ⑨ The popularity of manga and anime reflects their high utility. ⑩ Not only those referred to as manga-otaku but ordinary people use them as a source of entertainment and as a means of learning. ⑪ I feel that it is our duty to maintain the quality and popularity of this genre of arts.

◎語法・構文・表現

① be regarded as ~ 「~とみなされる」　be meant for ~ 「~向けである」

③ (S)indulging in manga (V)would prevent (O)children (adv)from *doing* 「マンガに熱中することは，子供が…する妨げとなるだろう」
　to say nothing of ~ 「~は言うまでもなく」

④ of this nature 「この性質を持つ；この種の」 ▶statements を修飾する前置詞句。
　(V)made (O)both teachers and parents (C)cautious about ~ 「教師と親の両方を~に関して警戒させた」 ▶make O C 「OをCにする」〈SVOC〉の文型。

⑤ the subject of criticism by literary critics 「文芸評論家による批判の対象」
　for failing to live up to quality standards 「質的基準を満たしていないことで」

76

ジャパニメーションとマンガ

📁 文化［芸術］

①日本のアニメやマンガは，かつては子供向けのものと考えられていた。②評論家は，アニメとマンガの<u>内容</u>についてよく<u>意見</u>を<u>述べた</u>。③マンガに熱中すると子供は，（大学の）<u>学術</u>論文はおろか，文学さえ理解しなくなるだろうと彼らは言った。④彼らのこの手の<u>発言</u>によって，教師も親もマンガの影響を警戒した。

⑤マンガやアニメはまた，過度に荒唐無稽で，幼稚で，非現実的で良質と言える水準に達していないと文芸評論家による批判の<u>的</u>にもなった。⑥しかし，ある時マンガやアニメへの態度に<u>劇的</u>な変化が起こった。きっかけは，日本のマンガやアニメが海外で<u>様々</u>な人々に高く評価されているというニュースが海外から届いたことだった。

⑦マンガの芸術的価値をどう評価するかという問題について，識者の意見は大きく<u>分かれ</u>ている。⑧私の考えでは，マンガでは絵やセリフが人間とそれを取り巻く環境を象徴的に<u>表し</u>，そのことがマンガを人気のある表現<u>手段</u>にしていることを考慮すれば，マンガは1つの芸術形態だと言える。⑨マンガやアニメの人気は，それらの実用性の高さを<u>反映</u>している。⑩マンガおたくと<u>呼ばれる</u>人々だけでなく，一般の人々も，娯楽の<u>源</u>や学習の手段として，それらを利用している。⑪この芸術ジャンルの質と人気を<u>維持する</u>ことは，私たちの義務だと思う。

⑥ **the news arrived ... that Japanese manga and anime were ...**「日本のマンガとアニメが…というニュースが…届いた」▶that節はnewsの内容を示す同格節。

⑦ **The issue of how to ...**「どうやって…するかという問題」▶has sharply divided 「〜をはっきり二分した」の主語。

⑧ **given that ...**「…であることを考慮に入れると」
in a symbolic manner「象徴的な方法で；象徴的に」
which makes manga a popular medium of expression「これがマンガを人気のある表現手段にする」▶直前のgraphics ... mannerを補足的に説明する関係詞節。

⑩ **those referred to as 〜**「〜と呼ばれる人々」▶those＝(the) people「人々」

📔 単語の意味を確認しよう。

241 **express** [ɪksprés]	動 を表す，述べる ▶ express *oneself* 自分の考えを述べる 形 急行の；速達の；至急の 名 急行；速達便 expréssion 名 表現；表情 expréssive 形 表情に富む；(~を) 表している (of)
242 **view** [vjuː]	名 (~についての) 見解 (on / about)；(~に対する) (特定の) 見方 (of)；眺め ▶ a [*A's*] point of view 観点 [*A* の観点] 動 を見る；を見なす ▶ view *A* as *B* *A* を *B* と見なす
243 **content** ⑦ [ká(:)ntent]	名 内容，中身；コンテンツ [kəntént]形 満足した 動 を満足させる 名 満足 ▶ be content with ~ ~に満足している ▶ content *oneself* with ~ ~に満足する，甘んじる conténtment 名 満足
244 **academic** ⑦ [ækədémɪk]	形 学問の；大学の 名 大学教員，学者；大学生 acádemy 名 専門学校；学術協会
245 **statement** [stéɪtmənt]	名 声明；主張；明細書 ▶ make [give] an official statement 公式の声明を出す state 動 を述べる
246 **subject** ⑦ [sʌ́bdʒekt]	名 話題；科目；主題；被験者；(感情・行動などの) 的 形 〔be subject to で〕を受けやすい 動 [səbdʒékt] 〔be subjected to で〕を受ける subjéctive 形 主観的な (⇔objéctive 客観的な)
247 **dramatic** [drəmǽtɪk]	形 劇的な；演劇の ▶ dramatic irony 劇的皮肉 (観客にはわかるが，登場人物にはわからない皮肉なせりふや状況) dráma 名 演劇；ドラマ drámatist 名 劇作家，脚本家

255

248

various
発 ア [véəriəs]

形 さまざまな；いくつかの

varíety 图 変化，多様性
váried 形 さまざまな
váry 動 さまざまである；変わる，変動する

249

divide
[diváid]

動 を分ける；分かれる

divide A into B 「AをBに分ける，分割する」
divísion 图 分割；部門；割り算

250

represent
ア [rèprizént]

動 を表す；を代表する；に相当する

▶ represent a company 会社を代表する
rèpreséntative 图 代表者；代議員；囲 下院議員 形 （～
を）代表する（of）；代理の

251

medium
発 [mí:diəm]

图 （情報伝達の）媒体；手段

▶ 複数形は media。
▶ the media マスコミ，マスメディア（新聞・放送・インタ
ーネットなどの総称）

形 中間の，平均の

252

reflect
[riflékt]

動 を反映する；（を）反射する；（を）熟考する

▶ reflect on ～ 「～を熟考する」
refléction 图 映った姿；反射；反映；熟考
réflex 图 反射（作用） 形 反射的な

253

refer
ア [rifə́:r]

動 言及する，関連する；参照する

▶ refer to ～ 「～に言及する」
▶ refer to A as B AをBと呼ぶ
réference 图 言及；参照
▶ in [with] reference to ～ ～に関して

254

source
[sɔ:rs]

图 （～の）源，根源 (of)；出所，情報源

▶ a source of information 情報源

動 （部品・資材）を（～から）調達する (from)

óutsòurce 動 を外部調達する，（仕事）を外注する

255

maintain
[meintéin]

動 を維持する；と主張する；を養う

▶ maintain that ... …ということを主張する
máintenance 图 維持；整備；扶養

---

18 Where to Live after Retirement

① Many Japanese from a wide range of backgrounds and social statuses are thinking of living abroad after retirement. ② They have to search for a country which is likely to admit them. ③ They also have to find out what conditions they are required to satisfy to obtain a long-stay visa and how much it will cost. ④ This seems to take a lot of time and special skills, but nowadays you can get such information from the Internet without wasting your precious time. ⑤ If you do not want to make this kind of effort, you can contact an agent and pay the charge for their service.

⑥ However, not so many people as of yet have actually gone to live in another country. ⑦ The Long-stay Foundation and other organizations hold briefing sessions and encourage attendees to try living abroad, but they tend to find reasons why they can't go: they are skeptical about being able to communicate through the language, their spouses disagree, they have problems with their physical health, there are few public institutions for old people, there would be no chance to display their talents, etc. ⑧ People's attitudes about migration seem to be determined by what aspect of life they place a high value on.

語法・構文・表現

① **from a wide range of backgrounds and social statuses**「様々な背景や社会的地位を持つ」▶直前のMany Japaneseを修飾する前置詞句。
be thinking of *doing*「…しようと考えている」(＝be considering *doing*)

② **which is likely to admit them**「自分を受け入れそうな」▶countryにかかる関係詞節。

③ **[what conditions [they are required to satisfy [to obtain a long-stay visa]]]**「長期滞在ビザを取得するのにどんな条件を満たすことが求められるか」▶find outの目的語の1つ。節内でwhat conditionsはsatisfyの目的語として働く。
[how much [it will cost]]「それにいくらかかるか」▶上のwhat ... visaとandにより等位接続され，find outの目的語として働く。it＝to obtain a long-stay visa

④ **without** *doing*「…することなく」

⑤ **pay the charge for their service**「代行業者のサービスに対して代金を支払う」

⑥ **have actually gone to live in another country**「実際に他国に移住した」

退職後の住まい

📁 日常生活 [家庭・家族]

　①様々な経歴や社会的地位を持つ多くの日本人が，退職後に外国で暮らすことを考えている。②そのためには，自分を受け入れてくれそうな国を探さなければならない。③また，長期滞在ビザを取得するためにどんな条件を満たす必要があるか，どのくらい費用がかかるかを調べなければならない。④それには多くの時間と特殊な技術が必要に思えるが，近頃では，貴重な時間を浪費しなくても，こうした情報はインターネットから得られる。⑤この種の努力をしたくなければ，代行業者に連絡して，料金を払ってやってもらうこともできる。

　⑥しかし，実際に外国へ移住した人は今のところまだあまり多くない。⑦ロングステイ財団などの機関が説明会を開いて，参加者に試しに外国に住んでみることを勧めているが，参加者は外国へ行けない理由を見つけようとする傾向がある。例えば，言葉で意思疎通できることに懐疑的である，妻や夫が賛成しない，体の健康に問題がある，老人向けの公的施設が少ない，自分の才能を発揮する機会がなさそうだ，などである。⑧移住に関する人々の態度は，人生のどの側面を重視するかによって決まるように思われる。

---

⑦ **a briefing session**「説明会」
an attendee「出席者」
reasons why they can't go「(外国に) 行けない理由」▶why they can't goは reasonsにかかる関係詞節。
have a problem with ～「～に問題を抱えている」

⑧ **be determined by [what aspect of life [they place a high value on]]**「[[[人生のどの側面に] 彼らが高い価値を置くか] によって決まる」▶place a high value on ～「～に高い価値を置く，～を重視する」

●「statusの関連語」

　status「地位」はラテン語の動詞stare「立つ」に由来する語で，「立っている状態」を表す。この語の仲間にはstate「状態」，statue「彫像」，stature「立つ姿勢」⇒「身長；発達 (程度)」，statute「立てられたもの」⇒「制定法」などがある。

■ 単語の意味を確認しよう。

256

range
発 [reɪndʒ]

名 範囲；射程距離；(同類の) 組
▶ a wide range of ~ 「広範囲にわたる~」
動 わたる，及ぶ；(動植物が) 分布する

257

status
[stéɪtəs]

名 地位；状態
▶ one's marital status 婚姻状況 (独身，既婚など)
▶ the status quo [kwoʊ] 現状

258

search
発 [sə:rtʃ]

動 捜す；を捜索する；を詳しく調べる
  search for ~ 「~を捜す」
▶ search A for B B を求めて A (場所・身体) を捜索する
名 捜索，探索；(データの) 検索
▶ in search of ~ ~を捜して，求めて

259

require
[rɪkwáɪər]

動 を要求する；を必要とする
  require ~ to do 「~に…することを要求する」
▶ require that A (should) do と言い換えられる。
  requírement 名 必要条件；必要なもの；要求
  requíred 形 必須の，不可欠な

260

skill
[skɪl]

名 技能；熟練
▶「学習や練習によって獲得した，何かをうまく行う能力」の意。
  skilled 形 熟練した
  skíllful 形 熟練した；巧みな

261

waste
[weɪst]

動 を浪費する，無駄にする
▶ waste A on B 「A (時間・金など) を B に浪費する」
名 無駄，浪費；廃棄物
  wásteful 形 無駄の多い

262

contact
ア [ká(:)ntækt]

動 と連絡を取る；接触する
名 (~との) 連絡，接触 (with)；〔通例~s〕コネ
▶ come into contact with ~ ~と接触する
形 (緊急) 連絡用の；触発性の
▶ a contact number 連絡先の電話番号

270

0　　　250　　　500　　　750　　　1000　　　1250　　　1500

263

charge

[tʃɑːrdʒ]

名 料金；世話；管理；告発
▶ in charge of ～　～を管理 [担当] して
▶ in the charge of ～　～に世話をされて
▶ take charge of ～　～を担当する，引き受ける

動 を請求する；を (～のかどで) 告発する (with)

264

encourage

(発) [ɪnkə́ːrɪdʒ]

動 を奨励する；を励ます (⇔discóurage→₁)
encourage ～ to *do*　「～を…するように奨励する」
encóuragement 名 奨励，助長
encóuraging 形 励みになる，元気づける

265

skeptical

[sképtɪkəl]

形 (～に) 懐疑的な (of / about)
sképticìsm 名 懐疑心；懐疑論
sképtic 名 疑い深い人

266

disagree

(ア) [dìsəgríː]

動 不賛成である；意見が食い違う
▶ disagree with ～　「～と意見が合わない」
dìsagréeable 形 不愉快な，不快な
dìsagréement 名 不一致，不賛成

267

physical

[fízɪkəl]

形 身体の (⇔méntal→₇₂₄)；物質的な；物理学の
phýsics 名 物理学

268

public

[pʌ́blɪk]

形 公の (⇔prívate 私的な)；公衆の；公開の

名 〔the ～〕一般大衆
▶ in public　人前で，公然と
publícity 名 周知，評判；宣伝，広告

269

institution

[ìnstɪtjúːʃən]

名 機関；協会；施設；制度
ínstitùte　動 を設ける；を実施する 名 研究所；協会
ìnstitútional 形 (公共) 機関の；協会の；制度化された

270

value

[vǽljuː]

名 価値；価格；評価；〔～s〕価値観

動 を評価する；尊重する
váluable 形 高価な；貴重な
inváluable 形 計りしれない価値のある
vàluátion 名 評価

🔍 2011 年 3 月 11 日，筆者はモスクワ空港のラウンジにいた。そしてあのニュースを見た…。

① At 2:46 p.m. on March 11, 2011, I was on a flight to Rome via Moscow. ② Several hours later at the transit lounge at Moscow Airport, I saw a TV news bulletin with the subtitles "TSUNAMI JAPAN." ③ It showed a certain town flooded, with many cars and bikes floating in the water. ④ I could not understand exactly what had happened, but it was possible to relate the picture to the subtitles and imagine that a big earthquake happened in Japan, causing a tsunami.

⑤ I was concerned about the tragic situation and worsened quality of life in Japan, but as a member of a group tour, I was not even provided with an opportunity to consider going back to Japan. ⑥ The tour continued. ⑦ In Rome, our tour guide gave us up-to-date information gained from the Internet and newspaper articles, to ease our anxiety and emotional pain. ⑧ She seemed to know that we could not bear being left uninformed.

⑨ From the next day pieces of information reached us in twos and threes, in which was included the news that a nuclear power plant in Fukushima was likely to suffer a core meltdown. ⑩ Under such adverse circumstances, the only consolation was that people in Italy spoke words of encouragement to us which reflected their warm personality. ⑪ When I returned to Japan and met friends and relatives again, I found that I did not experience the earthquake as they did.

◎語法・構文・表現 〰〰〰〰〰〰〰〰〰〰〰〰〰〰〰〰〰〰〰〰〰〰〰〰〰〰〰〰〰〰〰

②**a TV news bulletin with the subtitles ~**「~というテロップ付きのテレビのニュース速報」

③**show a certain town flooded**「ある町が洪水で水浸しになっている様子を映す」
with many ~ floating in the water「多くの~が水に浮かんでいる状態で」
　▶〈with＋名詞句＋現在分詞句〉「~が…している状態で」は〔付帯状況〕を表す。

④**causing a tsunami**「(そのことが) 津波を引き起こした」　▶〔結果〕を表す分詞構文。

⑤**worsened quality of life**「悪化した生活の質」　▶about の目的語として働く。

① 2011年3月11日の午後2時46分に，私はモスクワ経由ローマ行きの便に搭乗していた。② 数時間後，モスクワ空港の乗り継ぎロビーで，私は「日本で津波」というテロップが入ったテレビのニュース速報を見た。③ そこには水浸しになったある町が映っており，多くの車や自転車が水に浮かんでいた。④ 正確に何が起きたのか分からなかったが，その映像を字幕と結びつけて考えれば，日本で大地震があって津波を引き起こしたと想像することができた。

⑤ 日本の悲劇的状況と生活の質の悪化が心配だったが，団体旅行の一員だった私には，日本への帰国を検討する機会さえ与えられなかった。⑥ そして，旅行は続いた。⑦ ローマでは，私たちの不安と心の痛みを和らげようと，ツアーガイドがインターネットや新聞記事から得た最新情報を伝えてくれた。⑧ 私たちが何も知らされずにいることに耐えられないことを，彼女は分かっているようだった。

⑨ 翌日から断片的な情報がちらほらと私たちに届き，その中には，福島の原子力発電所が炉心溶融を起こしそうだというニュースも含まれていた。⑩ そうした逆境下での唯一の慰めは，イタリアの人々が温厚な人柄を反映した励ましの言葉を私たちにかけてくれたことだった。⑪ 日本に戻って友人や親戚と再会したとき，私は彼らが経験したようには地震を経験しなかったことに気づいたのである。

---

⑦ **up-to-date information gained from ~**「～から得られた最新情報」
to ease our anxiety and emotional pain「私たちの不安と感情的苦痛を和らげるために」

⑨ **in which** (V)**was included** (S)**[the news [that ...]]**「その中には…というニュースが含まれていた」▶pieces of informationを説明する非制限用法の関係詞節。

⑩ (S)**the only consolation** (V)**was** (C)**that ...**「唯一の慰めは…ということであった」
which reflected their warm personality「彼らの温厚な人柄を反映していた」

⑪ **as they did**「友人たちが経験した（のと同じ）ように」▶did＝experienced

📙 単語の意味を確認しよう。

271
via
発 [váɪə]

前 ～経由で；～の媒介で
▶ send a file via e-mail Eメールでファイルを送る

272
certain
発 [sə́:rtən]

形 確信して；確かな；ある；一定の
be certain that ... 「…と確信している」
cértainly 副〔文修飾〕確かに
cértainty 名 確信；確実性
ùncértain 形 自信がない；はっきりしない

273
possible
[pá(:)səbl]

形 可能な；可能性のある
▶ it is possible to do 「…することは可能である」
pòssibílity 名 可能性，見込み　impóssible 形 不可能な

274
relate
[rɪléɪt]

動 を関連づける；(～に) 関連する (to)
be related to ～ 「～に関連している」
relátion 名 関連；親類
relative [rélətɪv] 形 相対的な　名 親類

275
imagine
[ɪmǽdʒɪn]

動 (を) 想像する；(を) 推測する
imagine that ... 「…だと想像する」
imàginátion 名 想像；想像力
imáginàry 形 想像上の，架空の

276
concern
[kənsə́:rn]

動〔受身形で〕心配している；〔受身形で〕(～に) 関係する (with)；に関連する
be concerned about ～ 「～を心配している」
▶ as far as I am concerned 私に関する限り
名 心配 (事)；関心事
concérning 前 ～に関して

277
quality
発 [kwá(:)ləti]

名 質 (⇔quántity→709)；特質
▶ quality of life「生活の質」(略：QOL)
▶ be of (good [high]) quality 質がよい，高品質である
形 良質の，上質の

278
opportunity
発 ア [à(:)pərtjú:nəti]

名 機会 (≒chance)
an opportunity (for ～) to do 「(～が) …する機会」

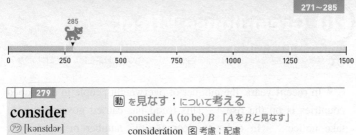

279
consider
㋐ [kənsídər]

動 を見なす；について考える
consider A (to be) B 「AをBと見なす」
consìderátion 名 考慮；配慮
consíderable 形 かなりの
consíderate 形 思いやりのある（≒thóughtful）

280
article
[ɑ́ːrtɪkl]

名 記事；条項；品物
▶ Clause 2, Article 9 of the Constitution 憲法第9条第2項

281
pain
[peɪn]

名 苦痛，痛み；苦悩；〔～s〕骨折り
▶ have pain in one's leg「足が痛む」
▶ take pains 骨折る，苦労する
páinful 形 苦痛な；骨の折れる
páinstàking 形 念入りな，丹精込めた

282
bear
㋕ [beər]

動 に耐える（≒endúre）；を負う；を産む；を（心に）抱く
▶ 活用：bear - bore - borne [born]
▶ bear the burden of ～ ～の重荷を負う
▶ bear ～ in mind ～を心に留める
▶ be born 生まれる

283
include
[ɪnklúːd]

動 を含む（⇔exclúde→1039）
▶ $5, tax included 税込み5ドル
inclúsion 名 包含，含有
inclúsive 形 （～を）含めて（of）；包括的な

284
likely
[láɪkli]

形 ありそうな（⇔unlíkely ありそうもない）；（…し）そうな（to do）
A is likely to do「Aは…しそうだ」
▶ It is likely that A will do と言い換えられる。
líkelihòod 名 可能性，見込み

285
personality
㋐ [pə̀ːrsənǽləti]

名 個性，性格
▶ a TV personality テレビタレント
pérsonal 形 個人の，私的な

健康な食生活のために，自分だけの室内用グリーンハウスで野菜を育ててみてはいかが？

① In recent years, the number of overweight people in developed countries is on the rise. ② This trend has caused governments to take notice. ③ In order to decrease the number of overweight people, the food administration has tried to govern the situation by promoting a healthier diet. ④ Unfortunately, while losing weight and eating a healthy and well-balanced diet may seem like a simple task, it is made much more complex when taking into account people's work income and daily schedules. ⑤ Many people don't have access to inexpensive quality vegetables, and depend on quick fast food meals which often lack nutrition.

⑥ The newly proposed low cost compact indoor greenhouse will allow people to grow vegetables in a small space requiring little fuel to produce. ⑦ The greenhouse will be sold at an affordable price in all home improvement stores, and will allow vegetables to be grown in areas where temperature and pollution make for poor growing environments. ⑧ Eating vegetables, preferably seasonal ones, is at the core of a healthy diet, and the food administration suggests that people eat three servings a day, therefore the indoor greenhouse will aid people in doing that.

◎ 語法・構文・表現

① **be on the rise**「増加中で；上昇傾向で」▶⇔ be on the decline「減少［下降］中で」

② **take notice**「気に留める；留意する」

④ **take ～ into account**「～を考慮に入れる」▶ここでは目的語に当たる部分が people's work income and daily schedules と長いため，後置されている。

⑤ **have access to ～**「～を入手する」

⑦ **temperature and pollution make for poor growing environments**「気温や公害が劣悪な栽培環境を生じさせる」▶ make for ～「～を生み出す」

⑧ **suggests that people eat three servings a day**「人々が1日に3回（野菜を）食べることを提案する」▶ suggest that ～ *do*「～が…することを提案する」。that 節内の動詞（ここでは eat）は仮定法現在。

📁 日常生活［食事］

①近年，先進国における肥満の人の数が増加している。②この傾向のせいで，各国政府も注意を払うようになった。③肥満の人の数を減らすために，食品局はもっと健康によい食事を促進して，状況を制御しようとしてきた。④残念ながら，体重を減らして健康的なバランスのよい食事をするのは簡単なことのように思えるが，人々の仕事の収入と日々のスケジュールを考慮に入れると，事はいっそう複雑になる。⑤多くの人は安価で質のよい野菜を入手することができず，栄養が不足しがちな手っ取り早いファストフードの食事に頼っている。

⑥新たに提案された低価格でコンパクトな室内用グリーンハウスを使えば，狭い空間で，栽培するのに燃料をほとんど必要とせずに，野菜を育てることが可能になる。⑦このグリーンハウスは，どこの日曜大工店でも手頃な価格で販売され，気温や公害のために野菜の栽培環境が劣ってしまう地域でも，野菜を育てることが可能になる。⑧野菜，それもできれば季節のものを食べることは健康な食生活の基本で，食品局も1日に3回野菜を摂ることを提案している。だから，この室内用グリーンハウスは人々がそうするのに役立つであろう。

---

aid people in doing that「人々がそれ（＝1日3回野菜を食べること）をするのを助ける」 ▶aid *A* in *B*「*A*の*B*を助ける」

● 「pro-から始まる語の覚え方」

pro-vide，pro-duce，pro-mote，pro-poseなど，pro-から始まる語の意味を考えてみよう。pro-は「前へ」を意味する接頭辞であるから，この後ろの部分が何を意味するかを知れば「前へどうするか」がわかり，語全体の意味を推測することができる。それぞれvideは「見る」，duceは「導く」，moteは「動く」，poseは「置く」を意味するので，語全体は「予見する→供給する」，「生み出す」，「促進する」，「提案する」を意味することになる。

📖 単語の意味を確認しよう。

286
recent
発 アク [ríːsənt]

形 最近の
récently 副〔通例完了形・過去形とともに〕最近

287
trend
[trend]

名 (~への) 傾向 (toward)；流行

動 (~のほうへ) 傾く (toward)
tréndy 形 流行の先端をいく

288
decrease
アク [dìːkríːs]

動 減少する (⇔ incréase→507)；を減らす

名 [díːkriːs] 減少，下落
▶ on the decrease 次第に減少して

289
administration
[ədmìnɪstréɪʃən]

名 管理 (部)；行政；政府 (機関)
▶ the Trump administration トランプ政権
admínister 動 を管理する
admínistràtive 形 管理上の
admínistràtor 名 管理者

290
govern
[gávərn]

動 (を) 統治する，支配する；律する
góvernance 名 統治；支配
góvernment 名 政府
góvernor 名 知事

291
task
[tæsk]

名 (課せられた) 仕事，作業；課題；タスク
▶ a task force 機動部隊；特別 (調査) 委員会

動〔通例 be tasked with *doing* [to *do*] で〕…
する仕事 [任務] を課される

292
complex
発 [kà(ː)mpléks]

形 複雑な；複合 (体) の
名 [ká(ː)mpleks] 複合体 [施設]，団地；コンプ
レックス
▶ an inferiority complex 劣等感
compléxity 名 複雑 (性)

293
income
アク [ínkÀm]

名 収入；所得
▶ an annual income 年収
▶ per capita income 1人当たりの所得

300

| 0 | 250 | 500 | 750 | 1000 | 1250 | 1500 |

294

depend
[dɪpénd]

動 頼る；〜次第である
- depend on 〜 「〜に頼る」
▶ depending on 〜　〜によって，〜に従って
- depéndence 图 依存
- depéndent 形（〜に）依存した（on）

295

fuel
[fjúːəl]

名 燃料；勢いを増加させるもの
▶ nuclear fuel 核燃料
▶ add fuel to the fire [flames] 火に油を注ぐ

動 に燃料を供給する；をあおる

296

produce
⑦ [prədjúːs]

動 を生産する；を取り出す
▶ pro- 前に＋ duce 導く

名 [próudjuːs] 農産物，生産物

- prodúction 图 生産；提出
- próduct 图 製品，産物
- prodúctive 形 生産的な；豊かな

297

pollution
[pəlúːʃən]

名 汚染，公害
▶ light [noise] pollution 光害 [騒音公害]
- pollúte 動 を汚染する
- pollútant 图 汚染物質

298

seasonal
[síːzənəl]

形 季節の，季節的な
▶ seasonal fruits 季節の果物
- séason 图 季節 動 に味つけする

299

core
[kɔːr]

名 核心；芯
▶ to the core 骨の髄まで，徹底的に

300

suggest
[səgdʒést]

動 を提案する；を暗示する
- suggest (to 〜) that ... 「(〜に) …するように提案する」
▶ suggest (〜's) doing （〜が）…することを提案する
- suggéstion 图 提案；示唆
- suggéstive 形 暗示的な；(〜を) 連想させる（of）

21 Neo-Japanism

🔑 日本を訪れる外国人観光客。彼らの興味を引くのは日本の伝統文化だけなのだろうか。

① There are many people who find Japan worth visiting and travel there, seeking to discover distinctive features of Japanese culture. ② Things that attract them to Japan may vary from person to person, but most are interested in ancient temples and shrines, Buddhist images, traditional performing arts, and Japanese cuisine. ③ Among the audience in a *maiko* show in Kyoto are many foreigners who come to observe how a *maiko* dances to a traditional piece of music, taking photos. ④ A great number of foreigners are interested in attending *zazen* sessions at *Zen* temples.

⑤ Travel agents offer information about what to see and experience in Japan, and travel guidebooks and the Internet help foreigners to gain access to such information. ⑥ They serve a useful function as a medium of information transmission.

⑦ Visitors from abroad seem to be in the habit of deciding to see places which authors of guidebooks and friends recommend, but is that an appropriate way to satisfy their intellectual curiosity? ⑧ They should be advised not to see a Buddhist image or garden itself but to understand what it symbolizes. ⑨ Otherwise they would complain, "There is nothing but stones," when they approach the veranda facing the Rock Garden of Ryouan-ji Temple.

語法・構文・表現

① (v)**find** (o)**Japan** (c)**worth visiting**「日本が訪れる価値があることに気づく」

② **that attract them to Japan**「彼らを日本に引きつける」▶thingsにかかる関係詞節。節内でthatはattractの主語として働く。**vary from ~ to ~**「~によって異なる」

③ (adv)**Among ...** (v)**are** (s)**many foreigners**「…の中には多くの外国人がいる」▶主語・be動詞の倒置に注意。
who come to observe [how a *maiko* dances to ~]], taking photos「舞妓が~に合わせて踊る様子を見に来て、写真に撮る」▶many foreignersにかかる。

⑤ **gain access to such information**「そのような情報を入手する」

⑥ **serve a function as ~**「~としての機能を果たす」

⑦ **which authors of guidebooks and friends recommend**「ガイドブックの著者や友人が勧める」▶placesにかかる関係詞節。

📁 文化［風俗］

① 日本は訪れる価値があると思い，日本文化の際立った特徴を発見しようとして日本を旅する人は多い。② 彼らを日本に引きつけるものは人によって違うが，歴史ある神社仏閣，仏像，伝統芸能，日本料理に興味を持つ人がほとんどである。③ 京都の舞妓ショーの見物客には外国人が多く，舞妓が伝統的な楽曲に合わせて踊る様子を見に来て，写真を撮る。④ 禅寺で座禅の講習会に参加することに興味がある外国人も非常に多い。

⑤ 旅行代理店は日本で見たり体験したりすべきことに関する情報を提供し，旅行ガイドブックやインターネットは，外国人がそうした情報を入手するのに役立つ。⑥ それらは，情報伝達手段として便利な機能を果たしている。

⑦ 外国からの観光客は，ガイドブックの著者や友人に勧められた場所を見ようと決める習性があるようだが，それは自分の知的好奇心を満たすのに適した方法だろうか。⑧ 彼らは，仏像や庭園そのものを見るのではなく，それが象徴するものを理解するよう教えられるべきだ。⑨ さもないと，竜安寺の石庭に面した縁側に近づいたとき，「石があるだけじゃないか」と不平を言いかねない。

⑧ **be advised not to ~ but to ...**「～するのではなく，…するようにアドバイスを受ける」▶〈not A but B〉構文。

● 「worth構文」

　形容詞worthは後に動名詞句を伴って「…する価値がある」を意味する。

(S) The ruins of Pompeii (V) are (C) worth visiting. 「ポンペイの遺跡は訪れる価値がある」

(S) He (V) found (O) the ruins of Pompeii (C) worth visiting. 「ポンペイの遺跡は訪れる価値があることが彼には分かった」

　いずれも他動詞visiting「～を訪れる」の目的語が明示されていないが，前者では主語が，後者では目的語がvisitingの目的語に相当する。これがworth構文である。

📖 単語の意味を確認しよう。

301

worth
発 [wə:*r*θ]

形 (…する) に値する (*doing*)；の価値がある
▶ A is worth *doing* = it is worth *doing* A 「Aは…するに値する」
名 価値；(～の) 相当のもの (of)
▶ $100 worth of food coupons 100ドル分の食品割引券
worthy [wə́:*r*ði] 形 (～に) 値して (of)

302

seek
[si:k]

動 を追い求める；(助けなど) を要請する
▶ 活用：seek - sought - sought
▶ seek to *do* …しようと (努力) する

303

feature
発 [fíːtʃər]

名 特徴；〔通例~s〕顔つき；特集記事 [番組]
動 を呼び物にする；を主演させる；を特集する

304

culture
[kʌ́ltʃər]

名 文化；教養；耕作；養殖；培養
動 (微生物) を培養する；(土地) を耕す
cúltural 形 文化の，文化的な

305

attract
[ətrǽkt]

動 を引きつける
▶ attract his attention [notice] 彼の注意を引く
attráction 名 魅力；呼び物；引力
attráctive 形 魅力的な

306

audience
発 [ɔ́:diəns]

名 〔集合的に〕聴衆，観客；視聴者
▶ a large [small] audience 大勢の [少ない] 聴衆
àuditórium 名 講堂，公会堂；観客席

307

observe
[əbzə́:rv]

動 に気づく；を観察する；を遵守する
▶ observe ～ *do* [*doing*] ～が…する [している] のに気づく
òbservátion 名 観察；所見
obsérvance 名 遵守；儀式

308

attend
[əténd]

動 に出席する；(を) 世話する；(～に) 対処 [対応] する (to)
atténtion 名 注意；注目；配慮
▶ pay attention to ～ ～に注意を払う
atténdance 名 出席　　atténtive 形 注意深い

315

309
offer
⑦ [ɔ́(:)fər]

動 を提供する，申し出る
▶ offer to *do* …することを申し出る

名 提案，提供；付け値
óffering 名 提供，申し出

310
access
⑦ [ǽkses]

名 利用，入手；接近 (の機会・方法・権利)
have access to ~ 「~を利用 [入手] できる」

動 にアクセスする；に接近する
accéssible 形 利用 [接近] しやすい

311
function
[fʌ́ŋkʃən]

名 機能；関数
動 機能する，作用する
fúnctional 形 機能の，機能的な

312
habit
[hǽbɪt]

名 習慣，癖
▶ be in the habit of *doing* 「…する習慣 [癖] がある」
▶ habit は個人的な無意識の癖，custom は社会的習慣を表すことが多い。
habítual 形 習慣的な；常習的な

313
appropriate
発 ⑦ [əpróupriət]

形 (~に) 適切な (for / to)
▶ It is appropriate (for ~) to *do* 「(~が) …するのは適切である」

動 [əpróuprièt] (金銭など) を (~に) 充てる (for / to)
ìnapprópriate 形 不適切な

314
advise
発 [ədváɪz]

動 に忠告 [助言] する；(を) 助言する
▶ advise ~ to *do* 「~に…するよう忠告する」
▶ advise (~) that A (should) *do* (~に) A が…するように助言する
advíce 名 忠告，助言；勧告
▶ ask ~ for advice ~に助言を求める

315
approach
発 [əpróutʃ]

動 に近づく；に取り組む
▶ approach to ~ は誤り。
▶ approach A for B B を求めて A に接触する

名 取り組み方；接近

♀ 大都市で事業が拡大しやすいのはなぜだろう。その拡大する仕組みを追っていこう。

① Business expands in big cities. ② There are hundreds of thousands of people who consume meat, fish, vegetables, fruit and various daily goods. ③ There are people who eat out. ④ There are people who can afford to buy expensive things. ⑤ There are people who try to find a place to live. ⑥ To suit the needs of these people, there exist a variety of shops, restaurants, firms, companies and corporations of many different types and sizes. ⑦ Some of these organizations provide cheap goods and services by removing the high costs of utilizing existing distribution channels and limiting labor costs. ⑧ Some attract people by offering them a wide range of options for leading the kind of life that they think suits them. ⑨ Some are willing to find efficient ways of keeping their existing customers and clients happy. ⑩ Some know how to survive an economic crisis which might cause them harm if no appropriate measures were taken.

⑪ As a result, they extend their business, which in turn helps them to raise capital. ⑫ In big cities, once business goes well, it seldom fails to flourish.

◎語法・構文・表現 ～～～～～～～～～～～～～～～～～～～～～～～～～～～～～～

② **who consume meat, fish, vegetables, fruit and various daily goods**「肉, 魚, 野菜, 果物, 種々の日用品を消費する」 ▶hundreds of thousands of people「何十万もの人々」にかかる関係詞節。

④ **who can afford to buy expensive things**「高価な物を買う余裕がある」 ▶peopleにかかる関係詞節。

⑤ **who try to find a place to live**「住む所を見つけようとしている」 ▶people にかかる関係詞節。

⑥ (adv)**there** (V)**exist** (S)**a variety of shops, ...**「さまざまな店…が存在している」 ▶a variety of ... and sizes が意味的主語。
of many different types and sizes「多くの異なるタイプと規模の」 ▶a variety of shops, restaurants, firms, companies and corporations を修飾する前置詞句。

⑦ **by [removing the high costs of utilizing existing distribution channels] and [limiting labor costs]**「[既存の流通経路を利用することの高コストを取り除

事業は拡大する

📁 社会 [経済]

① 大都市ではビジネスが<u>拡大する</u>。② そこでは何十万もの人々が，肉，魚，野菜，果物や，様々な日用品を<u>消費する</u>。③ 外食する人もいる。④ 高級品を<u>買える</u>金持ちもいる。⑤ 住宅を探す人もいる。⑥ こうした人々の欲求に応じるために，多種多様なタイプや規模の，様々な商店，レストラン，商会，会社，<u>法人企業</u>が存在する。⑦ それらの中には，既存の流通<u>経路</u>の利用に伴う高額な費用を<u>省き</u>，人件費を<u>抑える</u>ことで，低価格の商品やサービスを提供するところもある。⑧ 人々が自分に合うと思うスタイルの生活を送るための幅広い<u>選択肢</u>を提供することで，客を呼ぶところもある。⑨ 既存の顧客や<u>得意先</u>の満足度を維持する<u>効率的な方法</u>を見つけることを<u>いとわない</u>ところもある。⑩ 適切な対策を取らなければ<u>損害</u>を生みかねない<u>経済危機</u>をどう乗り切るかを熟知しているところもある。

⑪ 結果的に，そうした店や会社は事業を<u>拡大し</u>，それが今度は<u>資本</u>を調達する助けとなる。⑫ 大都市では，一旦ビジネスが上手くいけば，繁盛しないことはまずないのだ。

き]，[人件費を制限すること] によって」 ▶by *doing* は〔手段〕を表す。

⑧ **a wide range of options for *doing*** 「…するための広範な選択肢」
that they think suits them 「自分に合っていると彼らが考える」 ▶kind of life「たぐいの生活」にかかる関係詞節。関係詞that は suits の主語として働く。

⑨ **efficient ways of keeping their existing customers and clients happy** 「今いる顧客や取引先を満足させておく効率的な方法」 ▶keep *A B*「*A* を *B* にしておく」

⑩ **which might cause them harm if no appropriate measures were taken** 「適切な手段が講じられなければ彼らに損害をもたらすかもしれない」 ▶economic crisis「経済危機」にかかる関係詞節。

⑪ **which [in turn] helps them to raise capital** 「それが [今度は] 彼らが資本を調達する助けとなる」 ▶they extend their business「彼らは自分の事業を拡張する」を先行詞とする非制限用法の関係詞。〔結果〕を表す。

⑫ **fail to *do*** 「…しそこなう，…することができない」 **flourish** 〔➡1184〕 圓「栄える」

■ 単語の意味を確認しよう。

316
expand
[ɪkspǽnd]

動 (を) 拡大する；(を) 詳説する
▶ expand on [upon] ~ ~について詳しく述べる
expánsion 图 拡大，拡張；詳述
expánsive 形 拡張 [発展] する；広大な

317
consume
[kənsjúːm]

動 を消費する；を食べる，飲む
consúmption 图 消費量；飲食
consúmer 图 消費者

318
afford
[əfɔ́ːrd]

動 を持つ [する] 余裕がある；を与える
▶ 通例，can などとともに否定文・疑問文で用いる。
cannot afford to *do* 「…する余裕がない」
affórdable 形 手ごろな，安価な

319
corporation
[kɔ̀ːrpəréɪʃən]

图 (大) 企業；法人
▶ a multinational corporation 多国籍企業
▶ corporation tax 法人税
córporate 形 法人の；会社の；共同の

320
remove
[rɪmúːv]

動 を取り除く；を解雇する
remóval 图 除去；切除；解雇
remóvable 形 移動できる；取り除ける

321
channel
発 [tʃǽnəl]

图 チャンネル；伝達経路；海峡；ルート
▶ change channels チャンネルを変える
▶ a diplomatic channel 外交ルート
動 (労力・金銭など) を (~に) 注ぐ (into)

322
limit
アク [límət]

動 を制限 [規制] する
A is limited to *B*. 「*A* は *B* に限られる」
图 限度；制限；境界線
▶ there is no limit to ~ ~には限界がない
lìmitátion 图 制限；〔通例~s〕限界

323
option
[á(ː)pʃən]

图 選択 (の自由)；選択肢
opt 動 (…するほうを) 選ぶ (to *do*)
óptional 形 選択できる，任意の

330

| 0 | 250 | 500 | 750 | 1000 | 1250 | 1500 |

324
willing
[wíliŋ]

形 いとわない，かまわないと思う
be willing to *do* 「…するのをいとわない」
will 图 意志；遺言
unwílling 形 （…することに）気が進まない（to *do*）

325
efficient
⑦ [ɪfíʃənt]

形 効率的な；有能な
▶ efficient は「うまく機能する，効率がよい」，effective は「求められる結果を出せる，効果がある」の意。
▶ be energy-efficient エネルギー効率がよい
effíciency 图 効率；能率；有能

326
client
[kláɪənt]

图 顧客（≒cústomer）；（弁護士などの）依頼人；得意先
▶ 一般に client は「サービスを買う客」，customer は「商品を買う客」。

327
crisis
[kráɪsɪs]

图 危機
▶ 複数形は crises [kráɪsiːz]。語源はギリシャ語。
▶ crisis management 危機管理
crítical 形 危機的な；決定的な

328
harm
[hɑːrm]

图 害，損害
cause [do] harm (to ~)「(~の) 害になる」
動 を傷つける；を損なう
hármful 形 有害な　　hármless 形 無害な

329
extend
[ɪksténd]

動 を伸 [延] ばす；伸びる；及ぶ
exténded 形 伸びた；拡大した
▶ an extended family （近親者を含む）拡大家族
extént 图 程度，範囲
▶ to some extent ある程度まで
exténsion 图 延長，拡張；内線
exténsive 形 広大な；広範囲にわたる

330
capital
[kǽpətəl]

图 資本；首都；大文字（≒capital letter）
形 資本の；主要な；首都の；大文字の
▶ capital punishment 死刑（= death penalty）
cápitalìsm 图 資本主義
cápitalist 形 資本主義の 图 資本主義者；資本家

㉓ Social Anxiety Disorder

🔑 誰でも人前で話すのは緊張するものだ。それが過剰になると社会不安障害を来してしまう。

① Many people are not capable of speaking in public without feeling nervous, for a number of reasons. ② Some have difficulty adjusting to the atmosphere at a conference; some cannot concentrate on how to make their presentation; some feel under pressure standing up in front of the audience. ③ Such psychological distress is problematic, but traditional wisdom and modern insight in the discipline of social psychology, and proper instructions may help sufferers to overcome it.

④ On the other hand, *taijin kyofusho*, which literally translates into the "disorder of fear of interpersonal relations," is a social phobia based on fear and anxiety. ⑤ Patients may have experienced something humiliating when they were infants or children, or may by nature favor being alone. ⑥ They do not want to displease other people with their appearances and bodily functions.

⑦ Therapists and doctors have been exploring ways to cure patients, establishing the standard treatment, including diary writing and lectures on the importance of positive efforts. ⑧ As long as patients stick to the treatment plan, including participating in group treatments, the possibility of improvement is enormous.

◉ 語法・構文・表現 〰〰〰〰〰〰〰〰〰〰〰〰〰〰〰〰〰〰〰〰〰〰〰〰〰〰〰〰

① **speaking in public without feeling nervous**「人前で緊張せずに話すこと」

② **have difficulty adjusting to ~**「~に順応するのに苦労する」
how to make their presentation「どのようにプレゼンテーションをすればよいか」▶句動詞concentrate on ~「~に精神を集中する」の目的語として働く。
standing up in front of the audience「聴衆の前に立つと」▶分詞構文。

③ **Such psychological distress**「このような心理的苦痛」
(s) **traditional wisdom and modern insight in the discipline of social psychology, and proper instructions** (v) **may help** (o) **sufferers** (c) **to overcome it**「社会心理学の分野における伝統的な知識と現代的洞察、および適切な指示は、患者がこの苦痛を克服する助けとなるかもしれない」▶〈SVOC〉文型。

④ **which literally translates into the ~**「逐語的には~と翻訳できる」

📁 日常生活［健康・医療］

① 多くの人は，いくつかの理由のために，人前で緊張しないで話すことがで<u>き</u>ない。② 会議の雰囲気に<u>馴染む</u>のに苦労する人もいる。どのようにプレゼンテーションをすべきかに気持ちを<u>集中</u>できない人もいる。大勢の聞き手の前に立つとプレッシャーを感じる人もいる。③ このような心理的苦痛は解決しにくいが，社会心理学の<u>分野</u>における伝統的な<u>知識</u>と現代的<u>洞察</u>，それに<u>適切</u>な<u>指示</u>があれば，当事者がこの苦痛を乗り越えるのに役立つかもしれない。

④ 一方，「対人恐怖症」（文字通りに<u>翻訳</u>すれば，"disorder of fear of interpersonal relations"「対人的な関係を恐れる<u>障害</u>」）は，恐怖と不安に基づく対人恐怖である。⑤ この症状に悩む人は，幼少期に何かの屈辱的なことを経験しているケースもあり，1 人でいるのが生まれつき<u>好き</u>なケースもある。⑥ 彼らは，自分の見た目や身体的活動によって他人に不快感を与えたくないと思っている。

⑦ セラピストや医者は，患者を治療する方法を<u>模索</u>し，標準的な治療法を作り上げてきた。例えば，日記を書くことや，積極的な努力の大切さを説く講義である。⑧ 治療計画（例えば，グループ治療への<u>参加</u>）を継続しさえすれば，患者の症状は改善する可能性が<u>極めて高い</u>。

---

a social phobia [based on fear and anxiety]「［恐れと不安に基づく］対人恐怖」

⑤ **may have experienced something humiliating**「何か屈辱的なことを経験しているかもしれない」▶ may have *done*「…したかもしれない」
    (V)**favor** (O)**being alone**「1 人でいることを好む」

⑥ (V)**displease** (O)**other people with their appearances and bodily functions**「自分の外見や身体的活動で他人を不快にする」

⑦ **establishing the standard treatment, including ...**「…を含む標準的治療を確立した」▶ have been exploring ways to cure patients「患者を治療する方法を探求してきた」を修飾する分詞構文。〔付帯状況〕を表す。

⑧ **as long as ...**「…である限り」
    stick to ～「～を続ける，～に固執する」

23 Social Anxiety Disorder

📕 単語の意味を確認しよう。

---

331 **capable** (発) [kéɪpəbl]	形 **能力がある；有能な** be capable of ～「～の能力がある，～ができる」 ▶ càpabílity 名 能力；性能；〔通例～ties〕可能性 capácity 名 収容能力 incápable 形 無力な；(～の) 能力がない (of)
332 **adjust** [ədʒʌ́st]	動 **を調整する；を適合させる；順応する** ▶ adjust A to B A を B に合わせて調整する ▶ adjust to ～ ～に順応する adjústment 名 調整；(～への) 適応 (to)
333 **concentrate** (ア) [ká(:)nsəntrèɪt]	動 **(を) 集中する** concentrate on ～ 「～に集中する」 ▶ concentrate one's attention on ～ ～に注意を集中する còncentrátion 名 集中，専念
334 **wisdom** [wízdəm]	名 **知恵；賢明さ；学識** ▶ a man of wisdom 賢人 wise 形 賢明な；博識の
335 **insight** (ア) [ínsàɪt]	名 **見識，理解 (力)；洞察力** ▶ give A insights into B「B に対する見識を A に与える」 ▶ a person of great insight すぐれた洞察力を持つ人 ínsìghtful 形 洞察に満ちた
336 **discipline** (発) [dísəplɪn]	名 **規律，しつけ；訓練；懲戒；学問分野** ▶ self-discipline 自己訓練 動 **をしつける，を訓練する** dísciplinàry 形 規律上の；懲戒的な；訓練の
337 **psychology** (発) [saɪká(:)lədʒi]	名 **心理学；心理 (状態)** ▶ mass psychology 群集心理 psỳchológical 形 心理的な；心理学 (上) の psychólogist 名 心理学者
338 **proper** [prá(:)pər]	形 **適切な；正式の；〔名詞の後ろで〕主要な；(～に) 固有の (to)** ▶ the species proper to Borneo ボルネオに固有の生物種 próperty 名 財産；不動産；所有権；特性

345

339
instruction
[ɪnstrʌ́kʃən]

名〔通例〜s〕**指示**；〔〜s〕(製品の) **使用書**

instrúct　動 に指示する；に (〜を) 教える (in / on)
instrúctive　形 ためになる
instrúctor　名 指導員

340
translate
[trænsleɪt]

動 **を翻訳する**；を (〜に) **変える** (into)；**訳される**

translate *A* into *B*　「*A* を *B* に翻訳する」
translátion　名 翻訳；解釈
translátor　名 翻訳者；翻訳機

341
disorder
[dɪsɔ́ːrdər]

名 **障害**，(心身の) **不調**；**混乱**

▶ (be) in disorder 混乱して (いる)
▶ an eating disorder 摂食障害

動 を混乱させる；の調子を狂わせる

342
favor
[féɪvər]

動 に**賛成する**；を**好む**；を**ひいきする**
名 親切な行為；好意；支持

▶ Will you do me a favor? お願いがあるのですが。(≒ May I ask you a favor?)
▶ in favor of 〜 〜に賛成して；〜に有利になるように
fávorable　形 (〜に) 好意的な (to)；好都合の
fávorite　形 お気に入りの　名 大好きな物 [人]

343
explore
[ɪksplɔ́ːr]

動 (を) **調査 [探究] する**；(を) **探検 [探査] する**

èxplorátion　名 探検；探究
explórer　名 探検家；調査者

344
participate
発 アク [pɑːrtísɪpèɪt]

動 **参加する**

participate in 〜 「〜に参加する」
▶ take part in 〜 と同義。
partìcipátion　名 参加；関与
partícipant　名 参加者；関係者

345
enormous
アク [ɪnɔ́ːrməs]

形 **莫大な**，**巨大な**

▶ make an enormous effort 多大な努力をする

> 電車の中で若い女性が化粧をするのを見かけた筆者。一言，苦言を呈したいことが…。

① On a rush-hour train I happened to see a young woman seize the opportunity to apply make-up as she secured a seat. ② She put on foundation, applied necessary colors to her cheeks and lips and completed her routine practice in a few minutes. ③ Other passengers around her looked rather surprised to see her use the cosmetics that she kept a stock of in her bag, but nobody complained, let alone stopped her.

④ There is an unspoken rule in Japan demanding that women should avoid doing make-up in public. ⑤ However, she seemed to believe that she had the right to do so. ⑥ Perhaps she did not notice that others were patient with her, or she, I inferred from her ongoing determined act, knew how to get along in the present social climate that allows a wide diversity of personalities.

⑦ There is no evidence that all kinds of people, not just women, nowadays tend to take advantage of people's patience, but they should be careful about what they do and say in public for their own sake. ⑧ People should learn to distinguish what they can do from what they cannot, and give more thought to their behavior in public.

● 語法・構文・表現

① **apply make-up** 「化粧 (を) する」(= wear [put on] make-up)

② **put on foundation** 「ファンデーションを塗る」

③ **that she kept a stock of in her bag** 「彼女がバッグの中に蓄えていた」 ▶直前の cosmetics「化粧品」にかかる関係詞節。
let alone ～ 「ましてや～はない」

④ **an unspoken rule** 「暗黙の規則」
demanding that women should avoid doing make-up in public 「女性は人前で化粧するのを避けるべきだと求める」 ▶unspoken ruleを修飾する現在分詞句。
demand that ～ (should) *do* 「～が…するように要求する」

⑤ **have the right to *do*** 「…する権利がある」

⑥ **I inferred from her ongoing determined act** 「私が彼女の進行中の断固たる行為から推測したことであるが」 ▶挿入節。文は she knew how ... と続く。

📁 日常生活 [化粧]

① ラッシュ時の電車で，ある若い女性が座席に座ると，その機を<u>とらえて</u>化粧をするのを偶然見かけた。② ファンデーションを塗り，頬と唇に<u>必要な色</u>をつけて，数分でお決まりの<u>行為</u>を<u>完了した</u>。③ 周りの他の乗客は，彼女がバッグの中に<u>蓄えて</u>おいた化粧品を使うのを見てかなり驚いた様子だったが，文句を言ったり，ましてやそれを止めたりする人は誰もいなかった。

④ 日本には，女性が人前で化粧をするのを<u>慎む</u>よう<u>求める</u>暗黙のルールがある。⑤ しかし，彼女は自分にはそうする権利があると信じているようだった。⑥ もしかしたら彼女は，周りの人々が自分に<u>我慢して</u>いることに<u>気づいて</u>いなかったのか，あるいは，私が彼女の<u>進行中の</u>断固とした行為から<u>推測した</u>ことだが，<u>多様</u>な個性を認める今日の社会的風潮の中で上手くやっていく方法を知っていたのかもしれない。

⑦ 近頃では女性ばかりでなく，誰もが人々の寛容さに付け込みがちだという<u>証拠</u>はないが，自分自身<u>のために</u>，人前での言動には注意すべきだ。⑧ 人々は，してもよいこととそうでないことの区別を学び，人前での行動についてもっと<u>思い</u>を巡らすべきである。

※※

get along「上手くやっていく」
that allows a wide diversity of personalities「個性の幅広い多様性を認める」
▶present social climate「現在の社会的風潮」にかかる関係詞節。

⑦ **that all kinds of people, not just women, nowadays tend to take advantage of people's patience**「近頃では女性ばかりでなく，誰もが人々の寛容さ [我慢強さ] に付け込む傾向があるという」 ▶evidence「証拠」の内容を示す同格節。take advantage of ～「～を利用する，～に付け込む」
what they do and say in public「自分が人前ですることや言うこと：人前での言動」 ▶aboutの目的語として働く独立関係詞節。

⑧ **learn to** *do*「…することを学ぶ：…するようになる」
distinguish [what [they can do]] from [what [they cannot (do)]]「[[自分がしていい] こと] と [[してはいけない] こと] を区別する」
give more thought to ～「～にもっと思いを巡らす」

105

📖 単語の意味を確認しよう。

346 **seize** (発) [si:z]	動 をつかむ；を奪い取る；を没収する ▶ seize control of a country 国の支配権を奪う séizure 图 奪取；没収；発作
347 **necessary** (アク) [nésəsèri]	形 必要な (≒esséntial) It is necessary to do 「…することが必要である」 ▶ It is necessary that A (should) do A が…することは必要である 图 〔~saries〕必要品；生活必需品 necéssity 图 必要 (性)；〔~ties〕必需品 nècessárily 副 〔否定文で〕必ずしも (~ない)
348 **complete** [kəmplí:t]	動 を完成させる，仕上げる 形 完全な；完成した complétion 图 完成，完了；達成
349 **practice** [prǽktɪs]	图 実践，実行；(社会の) 慣習；練習；行為 put ~ into practice 「~を実行 [実践] する」 動 を習慣的に行う；を練習する；に従事する práctical 形 実際的な；事実上の práctically 副 事実上；ほとんど
350 **stock** [stɑ(:)k]	图 在庫品；蓄え；株 ▶ be in [out of] stock 在庫がある [ない] ▶ the stock exchange 証券 [株式] 取引所 動 を店に置いている；に (~を) 仕入れる (with)
351 **demand** [dɪmǽnd]	動 を要求する demand that A (should) do 「A が…するように要求する」 图 要求，請求；需要 (⇔supplý→63) demánding 形 骨の折れる，手のかかる
352 **avoid** [əvɔ́id]	動 を避ける avoid doing 「…することを避ける」 ▶ cannot avoid doing …せざるを得ない avóidance 图 回避 ùnavóidable 形 避けられない，不可避の

360

0	250	500	750	1000	1250	1500

353

notice
[nóutəs]

動 に気づく
▶ notice ~ *do* [*doing*] ～が…する [している] のに気づく

名 通知；掲示；注目
▶ at [on] short notice （通知から）すぐに
nóticeable 形 顕著な，注目に値する

354

patient
(発) [péɪʃənt]

形 忍耐強い；勤勉な

名 患者
pátience 名 忍耐（力）
impátient 形 いらいらして；待ちきれない

355

infer
(ア) [ɪnfə́:r]

動 を推論する，推測する
▶ 類語：deduce「を演繹する」，induce「を帰納する」
ínference 名 推論，推理
▶ by inference 推論によって

356

ongoing
[á(:)ngòuɪŋ]

形 継続している，進行中の
▶ ongoing negotiations 継続中の交渉

357

diversity
(発) [dəvə́:rsəti]

名 多様性；相違点
▶ ethnic [cultural] diversity 民族的 [文化的] 多様性
divérse 形 多様な；異なる
divérsify 動 を多様化する，多角化する
bìodivérsity 名 生物多様性

358

evidence
[évɪdəns]

名 証拠
évident 形 明らかな　sèlf-évident 形 自明の
évidently 副 明らかに，明白に

359

sake
[seɪk]

名 〔for the ～ ofで〕のために，の目的で；に免じて
▶ for ~'s sake の形でも用いる。

360

thought
(発) [θɔ:t]

名 考え，思考
▶ at the thought of ～ ～を考えて
thóughtful 形 考えにふける；思慮深い
thóughtless 形 不注意な；思いやりのない

🔑 昔の日本人の，自然に対する考え方や処し方はどのようなものだったのか読み取ろう。

① When I drive across the east part of Hokkaido, it always amazes me, as in the deserts of Australia, how vast the tracts of unused land are and how tiny the fruit of human efforts is. ② Whenever I think of the opposition of the natural versus the artificial, it makes me feel sober. ③ The notion that nature is great and humans are small may be a philosophical stereotype, but it prevents you from thinking that humans have total control over what is happening in the world. ④ As I recall, Japanese people in the past knew that there were things like typhoons and earthquakes that they had little or no control over, and that they had to accept them as they were. ⑤ According to the review that a certain Japanologist carried out, they knew that they could not master nature, and operated in harmony with nature, relying on it for food and water. ⑥ They believed the unproven hypothesis that nature never fails to give warning signs before something major happens, and were never confused by weather forecasts and statistical analyses. ⑦ If someone missed warning signs that nature gave, they only had themselves to blame if they suffered a great loss.

◎ 語法・構文・表現

① **as in the deserts of Australia**「オーストラリアの砂漠にいるときのように」
   [how vast the tracts of unused land are] and [how tiny the fruit of human efforts is]「[利用されていない土地の広がりがいかに大きいか]，そして [人間の努力の成果がいかにちっぽけか]」▶真主語として働く2つの疑問詞節。

② **the opposition of [the natural] versus [the artificial]**「[自然 (なもの)] 対 [人為 (的なもの)] の対立」▶think of「〜について考える」の目的語。
   it makes me feel sober「それは私をシャキッとした気持ちにさせる」▶it は whenever 節の内容を指す。sober 形「真面目な，謹厳な；素面の」

③ **it**（= the notion）**prevents you from thinking that ...**「その考えは…と考えるのを妨げる」▶A prevents B from doing「A は B が…するのを妨げる [防ぐ]」
   what is happening in the world「世界で起こっていること」▶over の目的語。

④ **as I recall**「思い起こしてみれば，私の記憶では」

📁 文化 [思想・哲学]

① 北海道東部をドライブするたびに，オーストラリアの砂漠にいるときのように，使われていない土地の広がりが何と<u>広大</u>で，人間の努力の成果が何とちっぽけかに，いつも<u>驚か</u>される。② 自然対人間の営みの相克を考えるたびに，私は厳粛な気分になる。③「自然は大きく，人間は小さい」という考えは，哲学的な<u>固定観念</u>かもしれないが，そう考えれば，人間がこの世のすべての事象を完全に支配できるという発想は浮かばない。④ <u>思い起こ</u>せば，昔の日本人は，世の中には台風や地震のような人知の及ばないことがあり，それはそうしたものとして受け入れなければならないと悟っていた。⑤ ある日本研究者が行った<u>再調査</u>によれば，昔の日本人は，自然が人間の手に負えないものだと知り，自然と調和して<u>活動し</u>，自然に<u>頼っ</u>て食料や水を得ていた。⑥ 何か<u>大きな</u>ことが起こる前には必ず自然が警告を発するはずだという立証されていない<u>仮説</u>を彼らは信じ，天気予報や統計的な<u>分析</u>には決して<u>惑わ</u>されなかった。⑦ 自然の発する警告を見落とした者は，大きな被害を受けても自分を<u>責める</u>しかなかったのである。

---

that they had little or no control over「彼らがほとんど制御できない」 ▶ things にかかる関係詞節。
accept <u>them</u>(＝things) as they are「それらをそのまま [あるがまま] 受け入れる」

⑤ **operated in harmony with nature, relying on <u>it</u>(＝nature) for food and water**「自然と調和して働き，食べ物と水を (得るのに) 自然に頼った」 ▶ relying … water は〔付帯状況〕を表す分詞句。

⑥ **that nature never fails to give warning signs before something major happens**「重大なことが起こる前に自然は必ず警告の合図を送るという」
▶ unproven hypothesis「立証されていない仮説」の内容を示す同格節。never fail to *do*「必ず…する」

⑦ **they only had themselves to blame if they suffered a great loss**「彼らは大きな損失を被っても自分を責めるしかなかった」 ▶ only have *oneself* to blame「悪いのは自分自身だ，自業自得だ，自分以外のだれの責任でもない」

25 Amor Fati

■ 単語の意味を確認しよう。

361 **amaze** [əméɪz]	**動** をびっくりさせる ▸ be amazed at [by] 〜 〜にとても驚く 　amázing **形** 驚くべき 　amázement **名** びっくりすること，仰天
362 **desert** (発)(ア) [dézərt]	**名** 砂漠；不毛の地 **形** 人の住まない；不毛の ▸ a desert island 無人島 **動** [dɪzə́:rt] を(見)捨てる，を(捨て)去る 　desérted **形** 見捨てられた；さびれた
363 **vast** [væst]	**形** 莫大な；広大な ▸ the vast majority of 〜 〜の大多数 ▸ a vast territory 広大な領土 　vástness **名** 広大さ
364 **versus** (発) [vɔ́:rsəs]	**前** 〔A versus B で〕A対B；AかBか ▸ vs. または v. と略される。 ▸ capitalism versus communism 資本主義か共産主義か
365 **notion** [nóʊʃən]	**名** 概念，観念；見解；意向 ▸ have a notion that ... …という考えを持っている ▸ accept [reject] a notion 見解を受け入れる [拒否する]
366 **stereotype** (ア) [stériətàɪp]	**名** 固定観念；決まり文句 **動** を型にはめる，お決まりの方法で見る 　stèreotýpical **形** 紋切り型の (≒ stéreotỳped)
367 **recall** (ア) [rɪkɔ́:l]	**動** を思い出す；を呼び戻す ▸ recall *doing* …したことを思い出す **名** 記憶(力)；想起；召還；リコール
368 **review** (ア) [rɪvjú:]	**名** (書物などの)論評；再調査；米 復習 ▸ get [receive] (a) good review (本などが) 好評を博する **動** を論評する；を見直す；米 を復習する 　revíewer **名** 評論家，批評家

375

0   250   500   750   1000   1250   1500

369

operate
⑦ [á(:)pərèɪt]

動 を操作する；機能する；手術する

òperátion 图 操作；活動；手術
óperative 形 機能している；効力のある

370

rely
発 ⑦ [rɪláɪ]

動 頼る (≒depénd)

rely on [upon] ～ 「～に頼る」
▶ rely on [upon] ～ to do ～が…するものと当てにする
relíance 图 頼ること，依存
relíable 形 信頼できる，頼りになる

371

hypothesis
⑦ [haɪpá(:)θəsɪs]

名 仮説；憶測

▶ 複数形は hypotheses [haɪpá(:)θəsìːz]。
▶ prove [support] a hypothesis 仮説を証明 [支持] する
hỳpothétical 形 仮定の

372

major
発 [méɪdʒər]

形 主要な；大きい (ほうの) (⇔mínor→475)；
長調の；重大な

名 〔主に 米〕専攻科目；少佐；大企業

動 (～を) 専攻する (in) (≒英 spécialìze)

majórity 图 大多数，大半；多数派；過半数

373

confuse
[kənfjúːz]

動 を混同する；を当惑させる

confuse A with B 「AをBと混同する」
confúsion 图 混乱；混同；当惑
confúsed 形 混乱した；当惑した
confúsing 形 混乱させるような，紛らわしい

374

analysis
⑦ [ənǽləsɪs]

名 分析 (結果) (⇔sýnthesis 総合)

▶ 複数形は analyses [ənǽləsìːz]。語源はギリシャ語。
▶ in the final [last] analysis 結局
ánalỳze 動 を分析する　ánalyst 图 分析家；アナリスト

375

blame
[bleɪm]

動 を責める；の責任を負わせる

blame A for B 「AをBのことで責める」
▶ He is to blame for the accident. 彼にその事故の責任がある。
▶ blame A on B Aの責任をBに負わせる

---

26 Ants in Malaysia

> 🔑 新居にアリの巣を発見。筆者は甘いものを処分すればアリがいなくなると思ったが…。

①The habitat of ants is practically everywhere in the world, so whatever country or district you may live in, nothing can alter the fact that you are doomed to be bothered by their presence. ②They attracted my attention when I moved into an apartment in Kuala Lumpur. ③I hadn't noticed them when I first saw the apartment, but sufficient time to conduct a careful check confirmed that there were ants in the kitchen and dining room. ④While the ants did not threaten my personal welfare, I decided to get rid of them. ⑤It seemed that there was a whole colony which had chosen my apartment as their territory and that they kept transferring to their nest some sweet food I had left exposed to them. ⑥I had always thought ants gather around only sweet food. ⑦It seemed to me reasonable to assume that if there was no sweet stuff, then the ants would leave. ⑧But surprisingly, those ants in my place didn't care for honey at all, but for stinking garbage. ⑨So, I began to wage a domestic war, to regain control of my apartment. ⑩At first, I avoided conventional pesticides, worried about absorbing the harmful chemicals they contained. ⑪However, when my alternative remedies failed to make a difference, I reached for the poison, abandoning any thought of the moral aspect of my act of extermination.

語法・構文・表現 ∞∞∞∞∞∞∞∞∞∞∞∞∞∞∞∞∞∞∞∞∞∞∞∞∞∞

① **whatever country or district you may live in**「どの国や地域に住もうが」
▶wh-ever を用いた譲歩節。**nothing can alter the fact that ...**「何も…という事実を変えることはできない」▶that節はfactの内容を示す同格節。
be doomed to do「…する運命にある」

③ **sufficient time to conduct a careful check confirmed that ...**「慎重な点検を行うに十分な時間が，…であることを裏づけた」▶無生物主語構文。

④ **threaten my personal welfare**「私の個人的幸福を脅かす」

⑤ **which had chosen my apartment as their territory**「私のマンションを自分たちのテリトリーに選んだ」▶whole colonyにかかる関係詞節。
(S) <u>I</u> (V) <u>had left</u> (O)( ) (C) <u>exposed to them</u>「私が放置してアリにさらされるままにした」▶sweet foodにかかる関係詞節。省略された関係詞はleftの目的語。

📁 自然［動物］

　①アリの住みかはほとんど世界中にあるので，どの国や地域に住んでいるにせよ，何をもっても，アリの存在に悩まされる運命にあるという事実を変えることはできない。②私がアリに注目したのは，クアラルンプールのマンションに引っ越したときのことだった。③そのマンションを最初に見たときには気づかなかったが，慎重な点検を行うのに十分な時間をかけた結果，台所と食堂にアリがいるのを確認した。④アリによって個人的な幸福が脅かされるわけではないが，私はアリを駆除することに決めた。⑤アリの1つの群れ全体が私のマンションを縄張りとして選び，私が出しっぱなしにしておいた甘い物を巣へ運び続けている様子だった。⑥アリは甘い物の周りにだけ集まると，私はずっと思っていた。⑦甘い物がなくなれば，アリはいなくなるはずだと考えるのが妥当に思えた。⑧しかし，意外なことに，私の部屋のアリはハチミツには見向きもせず，悪臭を放つ生ゴミを好んだ。⑨そこで私は，部屋の主導権を取り戻すために，家の中で戦争を始めた。⑩最初のうちは，中に入っている有害な化学薬品を吸い込むのが心配なので，従来の殺虫剤を使わなかった。⑪しかし，それ以外の対策が上手くいかなかったために，私は駆除することの道徳的な面には目をつむり，その毒薬に手を伸ばしたのだった。

---

⑦**It seemed to me reasonable to assume that ...**「…であると仮定することは私には合理的に思われた」 ▶to assume that ... は真主語。

⑨**to regain control of my apartment**「私の住居の支配権を取り戻すために」

⑩**worried about absorbing the harmful chemicals they contained**「それら（＝通常の殺虫剤）が含む有害な化学薬品を吸収することを心配して」 ▶主語Iのその時の状態を示す分詞句。they containedはharmful chemicalsにかかる関係詞節。

⑪**my alternative remedies**「私の代替除去手段」 **make a difference**「相違を生じる；功を奏する」 **reach for ～**「～をつかもうと手を伸ばす」 **abandoning any thought of the moral aspect of my act of extermination**「私の駆除行為の道徳的側面に対するどんな思考も捨てて」 ▶〔付帯状況〕を表す分詞構文。

📖 単語の意味を確認しよう。

376

habitat

[hǽbɪtæt]

名 生息地；(人の) 居住地

hàbitátion 名 居住

inhábit 動 に住んでいる，生息する

inhábitant 名 住民；生息動物

377

district

⑦ [dístrɪkt]

名 地区；行政区

▶ a residential district 住宅地区

▶ a district court 米 地方裁判所

▶ the District of Columbia コロンビア特別区 (D.C.)

378

alter

発 [ɔ́ːltər]

動 を変える；変わる (≒ change)

▶ 「部分的に変えたり改めたりする」の意。

àlterátion 名 変更

379

bother

[bá(ː)ðər]

動 を悩ます；(〜を) 気にかける (about / with)

▶ bother to do 〔通例否定文で〕わざわざ…する (≒ bother doing)

▶ Don't bother. それには及びません。

名 面倒；厄介な事 [人]

380

sufficient

発⑦ [səfíʃənt]

形 (〜に；…するのに) 十分な (for ; to do)

▶ 「何かのために必要な分ちょうど」の意。enough と同義。

sufficiency 名 十分なこと；〔通例a 〜〕十分な数 [量] (of)

sèlf-sufficiency 名 自給自足

ìnsufficient 形 不十分な，不足している

381

confirm

[kənfə́ːrm]

動 を確認する；を裏づける

▶ confirm his judgment 彼の判断を裏づける

cònfirmátion 名 確認；承認

confirmed 形 確認された；根深い

382

welfare

⑦ [wélfèər]

名 福祉，幸福

▶ social welfare 社会福祉

▶ be on welfare 米 生活保護を受けている

383

colony

[ká(ː)ləni]

名 植民地；集団居住地；(動植物の) コロニー

colónial 形 植民地の

cólonìze 動 を植民地化する

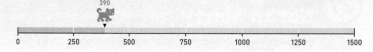

| 0 | 250 | 500 | 750 | 1000 | 1250 | 1500 |

384

territory
[térətò:ri]

名 領土；(活動の) 領域；(動物の) テリトリー
▶ an occupied territory 占領地域
tèrritórial 形 領土の；土地の

385

transfer
⑦ [trænsfə́:r]

動 を移す；を伝える；移る；乗り換える
名 [trǽnsfə:r] 移動；乗り換え

386

expose
[ɪkspóʊz]

動 をさらす；を暴露する；を露出する
expose A to B 「A を B にさらす」
▶ expose ～ as a spy ～をスパイだと暴露する
expósure 名 さらされること；暴露；露出

387

domestic
[dəméstɪk]

形 家庭の；国内の；(動物が) 飼いならされた
▶ a domestic flight (飛行機の) 国内便
▶ domestic violence 家庭内暴力
domésticàte 動 を飼いならす；を家庭的にする

388

conventional
[kənvénʃənəl]

形 従来の；月並みな
▶ conventional wisdom 一般通念
convéntion 名 慣習；伝統的手法；大会

389

absorb
[əbzɔ́:rb]

動 を吸収する；を併合する；を夢中にさせる
▶ ab- から離れて + sorb 吸い込む
▶ be absorbed in ～ ～に夢中である
absórption 名 吸収；合併

390

moral
[mɔ́(:)rəl]

形 道徳 (上) の，倫理的な；道徳的な
▶ a moral issue 道徳上の問題
名〔～s〕道徳，倫理，素行；教訓
morálity 名 道徳，倫理；道徳体系

Young People Who Choose Not to Marry

ひと昔前は結婚するのが当たり前だったが，今は独身を選ぶ若者が増えつつあるようだ。

① A generation ago, marriage was the norm. ② Young people were familiar with the rule and obeyed it. ③ They graduated from a university, got a full-time job, got married and created a happy family. ④ Being single did not bring any social benefits either to men or women. ⑤ Unmarried men were regarded as failures or eccentric. ⑥ Single women over the age of 25 were under pressure from their parents and relatives to find a life partner. ⑦ If parents found their daughter's main focus was on pursuing a professional career, they often refused to provide her with the support that was due to a daughter. ⑧ Back then, it was a real struggle for women to earn their own living.

⑨ Although the practice of marriage is unique to humans among primates, there is now an increasing number of young people who choose not to marry for various reasons. ⑩ Some people say that a married life is troublesome. ⑪ Many women mention the importance of having a worthwhile job: they even try to prove that getting married and having a family will prevent them from pursuing their careers. ⑫ Parents today know that they should control their emotions and respect their sons and daughters' decisions.

⑬ It is obvious that what makes young people think they can, must, or like to, stay single outweighs the material and psychological advantages that marriage has to offer.

語法・構文・表現

④ (S) **Being single** (V) **did not bring** (O) **any social benefits** (adv) **either to men or women.** 「独身でいることは男性にも女性にも何の社会的利益ももたらさなかった」

⑤ **be regarded as ~** 「~と見なされる」　**a failure** 「失敗者；落伍者」
eccentric 「常軌を逸した；変人の」(ec-=ex-「~から外れた」，centric「中心の」)

⑥ **to find a life partner** 「生涯の伴侶を見つけるように」 ▶ pressure の内容を示す。

⑦ (S) **their daughter's main focus** (V) **was** (C) **on pursuing a professional career** 「娘の主たる興味の焦点が専門職に従事することにある」 ▶指定文の構造を持つ。
provide her with [the support [that was due to a daughter]] 「「[[娘に当然与えられるべき] 援助] を彼女に与える」 ▶ that 以下は support にかかる関係詞節。

📁 日常生活［人間関係］

①一世代前には，結婚は普通のことだった。②若者はその決まり事を熟知していて，それに従った。③若者たちは大学を卒業し，フルタイムの仕事に就き，結婚して，幸せな家庭を築いた。④独身でいることには，男女を問わず，何ら社会的利点はなかった。⑤未婚の男性は落伍者，あるいは変人と見なされた。⑥25歳を過ぎた独身女性は，親や親戚から，生涯の伴侶を見つけるよう迫られた。⑦自分の娘の主な関心が（結婚せずに）仕事を続けることに向いていると分かれば，親は娘が当然受けるはずの援助を与えるのを拒むことも多かった。⑧当時，女性が自分で生計を立てるのは，本当に大変なことだった。

⑨結婚は霊長目の動物の中でも人間に独特の習慣だが，今日では，様々な理由で結婚しないことを選択する若者が増えている。⑩結婚生活は面倒が多いと言う人々もいる。⑪やりがいのある仕事を持つことの重要性に言及する女性も多い。結婚して家族を持てば，仕事を続ける妨げになるという証拠を示そうとする女性さえいる。⑫近頃の親は，自分の感情を抑え，息子や娘の決断を尊重すべきだと分かっている。

⑬明らかなことは，独身のままでいられる，そうでなければならない，そうありたいと若者に考えさせる理由の方が，結婚がもたらし得る物質的・精神的利点よりも重要だということである。

---

⑧ **for women to earn their own living**「女性が自分の生活費を稼ぐこと」▶真主語。

⑨ **be unique to ～**「～に特有である」

⑪ (S) **getting married and having a family** (V) **will prevent** (O) **them** (adv) **from pursuing their careers**「結婚して家族を持つことで仕事を続けることができなくなる」▶無生物主語構文。

⑬ [what [(S)( ) (V) makes (O) young people (C) think ... stay single]]「「…と若者たちに思わせる」もの」▶節内でwhatはmakesの主語の位置から移動している。
[that [(S) marriage (V) has (O) [( ) [to (V') offer]]]]「結婚が提供すべく有している；結婚によって得られる」▶関係詞thatはhasの目的語の位置から移動している。

📖 単語の意味を確認しよう。

391
norm
[nɔːrm]

名 規範；標準；普通のこと
► set a norm ノルマ [基準労働量] を設定する
nórmal 形 標準の；正常な

392
familiar
⑦ [fəmíljər]

形 精通している；よく知られている
be familiar with ~ 「~に精通している」
► be familiar to ~ ~によく知られている
famìliárity 名 熟知, 精通

393
create
発 [kri(ː)éit]

動 を創り出す；を引き起こす
création 名 創造, 創作
créative 形 創造的な；創造力のある
crèatívity 名 創造性 [力]
creature [kríːtʃər] 名 生き物；動物

394
benefit
⑦ [bénɪfɪt]

名 利益, 恩恵；給付金
動 に利益を与える；(~から) 利益を得る (from)
bènefícial 形 (~に) 役に立つ, 有益な (to)

395
regard
[rɪɡáːrd]

動 を見なす；を見る；を評価する
regard A as B 「A を B と見なす」
名 配慮；尊敬；〔~s〕よろしくという挨拶
► with [in] regard to ~ ~に関して (は)

396
focus
[fóukəs]

名 焦点；関心の的
► in [out of] focus 焦点が合って [ずれて]
動 を (~に) 集中させる (on)；(~に) 焦点を絞る (on)

397
refuse
[rɪfjúːz]

動 を拒む；を断る；拒絶する
refuse to do 「…することを拒む」
► refuse her offer 彼女の申し出を断る
名 [réfjuːs] 廃棄物, くず
refúsal 名 拒絶；辞退

398
due
[djuː]

形 予定された；(支払) 期日で；しかるべき
be due to do 「…する予定である」
► due to ~ 「〔前置詞的に〕~のせいで, ~が原因で」

405

| 0 | 250 | 500 | 750 | 1000 | 1250 | 1500 |

399
struggle
[strʌ́gl]

名 闘い；懸命の努力；難題
- a struggle for ～「～を求める闘い」
▶ a struggle for existence [survival] 生存競争

動 奮闘する；もがく
▶ struggle to *do* …しようと奮闘する

400
primate
(発) [práɪmeɪt]

名 霊長目の動物
▶「(英国国教会の) 大主教；(カトリックの) 首座司教」
[práɪmət] の意味もある。例：the Primate of all England「カ
ンタベリー大主教」

401
mention
[ménʃən]

動 に言及する；と言う
▶ mention (to ～) that ... (～に) …だと言う
▶ not to mention ～ ～は言うまでもなく
▶ Don't mention it. どういたしまして。

名 (～についての) 言及，記載 (of)

402
prove
(発) [pru:v]

動 を証明する；判明する，わかる
▶ prove A (to be) B A が B であることを証明する
▶ prove (to be) ～ ～であることが判明する
proof 名 証拠 (≒évidence)，証明
próven 形 証明された

403
prevent
(ア) [prɪvént]

動 を妨げる；を防ぐ
prevent ～ from *doing* 「～が…するのを妨げる」
▶ keep [stop] ～ from *doing* と同義。
prevéntion 名 阻止，予防；妨害
prevéntive 形 予防の 名 予防手段

404
emotion
[ɪmóʊʃən]

名 感情，情動；感動
▶ mixed [conflicting] emotions 複雑な [相反する] 感情
emótional 形 感情的な；感動的な
emótionless 形 感情を表さない，無表情の

405
obvious
(発) [ɑ́(:)bviəs]

形 明らかな (≒clear)
It is obvious that ... 「…ということは明らかである」
▶ state the obvious わかりきったことを言う
óbviously 副 明らかに；[文修飾] 言うまでもなく

---

28 Hokkaido the Clean Land

筆者の称賛する札幌・富良野・知床には，「クリーン」という共通の要素があるようだ。

① Sapporo is such a clean capital that most visitors approve its good hygiene standards on arrival. ② Not only does it have an effective and environmentally-friendly system for disposing of garbage and sewage, but the refreshing atmosphere with less moisture than in any other metropolitan city in Japan provokes you into feeling as if you are in a place free of germs and pests.

③ In Furano, famous for its organic farming, dairy, and timber industry, you can feel cleanness and ensuing healthiness. ④ You may find whole wheat bread using natural yeast and clothes dyed with vegetable dyes. ⑤ If you like wandering in the clean countryside, then you may sigh with contentment. ⑥ But you should be careful while driving. ⑦ If you are behind the wheel enchanted by such views, you might bump against a tree or hit a deer or a red fox.

⑧ The Shiretoko Peninsula, which was registered as a UNESCO World Heritage Site in 2005 for its unique ecosystem and natural beauty, is a clean national park. ⑨ The role of people from both public and private sectors in the protection of pristine natural beauty may be ambiguous, but that of trees, and rivers and lakes is clear: they are the key elements that contribute to keeping the peninsula clean. ⑩ There is a strong correlation between a balanced ecosystem and the level of cleanliness of an environment. ⑪ Kunashiri Island, whose dim outline you can see from the town of Rausu, is known to have a similar climate and ecosystem.

●語法・構文・表現

① **such a clean capital that most visitors approve ～**「非常に清潔な都市なので，大半の訪問者が～を認める」 ▶such ～ that …「とても～なので…」

② **Not only does it have ～, but …**「その都市は～を持つだけでなく，…」 ▶否定語句 not only を前に出したため，主語と助動詞が倒置されている。
the refreshing atmosphere with less moisture than in any other metropolitan city in Japan「日本の他のどの大都市よりも湿気の少ない爽やかな大気」 ▶provokes you into feeling as if …「…であるかのように感じさせる」の主語。

📁 自然［環境］

① 札幌は非常に清潔な都市であり，訪れる人々の大半は，到着するとすぐにその衛生水準の高さを<u>認める</u>。② 札幌には，効率的で環境に優しいゴミと下水の<u>処理</u>システムがあり，さらに，日本の他のどの<u>大都市</u>よりも湿度の低い爽やかな空気が，まるでばい菌や害虫のいない場所にいるかのように感じさせてくれる。

③ 富良野は有機農業，<u>乳製品</u>，林業で有名であり，清浄な感覚とそれに伴う健康的な感覚を味わえる。④ 天然酵母を使った全粒小麦パンや，植物由来の染料で<u>染めた</u>服が見つかるかもしれない。⑤ 汚染のない田舎を<u>歩き回る</u>のが好きな人なら，満足して<u>ため息をつく</u>かもしれない。⑥ しかし，車の運転中は気をつけよう。⑦ ハンドルを握っているときにそうした景色に見とれると，木に<u>衝突し</u>たりシカやキタキツネをはねたりするかもしれない。

⑧ 知床半島は清浄な国立公園であり，その独特の生態系と自然美によって，2005 年にユネスコ世界遺産<u>登録地</u>に登録された。⑨ 手付かずの自然美の保護における，公共・民間両部門の人間の<u>役割</u>は<u>分かりづらい</u>かもしれないが，木や川や湖の役割は明らかだ。それらは知床半島が清浄さを保つのに貢献している重要な<u>要素</u>だ。⑩ バランスの取れた<u>生態系</u>と環境の清浄さの度合いには強い<u>相関関係</u>がある。⑪ 国後島は，その輪郭が羅臼の町から<u>ぼんやり</u>と見えるが，同様の気候と生態系を持つことで知られている。

---

⑧ **which was registered as ～ for ... natural beauty**「…自然美により，〜として登録された」▶直前の The Shiretoko Peninsula を説明する非制限用法の関係詞節。

⑨ (S) **The role of people from both public and private sectors in the protection of pristine natural beauty** (V) **may be** (C) **ambiguous**「原始の自然美の保護における公共・民間両部門の人間の役割は不明瞭であるかもしれない」

⑪ **[whose dim outline** [(S) **you** (V) **can see** (O)**(　)** (adv) **from the town of Rausu]]**「そのぼやけた輪郭を［羅臼の町から見ることができる］」▶非制限用法の関係詞節。

📙 単語の意味を確認しよう。

406

approve
[əprúːv]

動 賛成する；を承認する
　approve of ~ 「～に賛成する」
▶ approve a bill [proposal] 法案 [提案] を承認する
　appróval 图 承認, 賛成；好意
　dìsappróve 動 （～に）反対する (of)

407

dispose
[dɪspóuz]

動 〔dispose of で〕を処分する；を (…する) 気にさせる (to do)；を配置する
　dispósal 图 処分, 処理
▶ at ~'s disposal ～の自由 [意のまま] になって
　dìspostíon 图 性質；(…したい) 気持ち；配置

408

metropolitan
[mètrəpá(ː)lətən]

形 大都市の, 首都圏の

名 都会人
　metropolis [mətrá(ː)pəlɪs] 图 主要都市, 大都市

409

dairy
(発) [déəri]

名 〔集合的に〕乳製品；乳製品加工所 [販売者]

形 酪農の
▶ dairy products 乳製品

410

dye
[daɪ]

動 を染める；染まる
▶ die 「死ぬ」と同音。

名 染料

411

wander
(発) [wá(ː)ndər]

動 歩き回る；それる；はぐれる
▶ wander away from ~ ～からはずれる
　wánderer 图 放浪者

412

sigh
(発) [saɪ]

動 ため息をつく

名 ため息
▶ with a sigh of relief 安堵のため息をついて

413

bump
[bʌmp]

動 ぶつかる；をぶつける
　bump into ~ 「～にぶつかる；～に偶然出会う」

名 衝突；でこぼこ
　búmpy 厖 (道が) でこぼこの

420

```
0        250        500        750       1000       1250       1500
```

	414
site [saɪt]	名 用地，場所；跡地；（ウェブ）サイト ▶ a World Heritage Site 世界遺産（登録地） 動 〔通例 be sited で〕（ある場所に）置かれる，位置する

	415
role [roʊl]	名 役割；（俳優などの）役 play an important role in ~ 「~において重要な役割を果たす」 ▶ a role model (~にとっての) 役割モデル (for) ▶ role playing ロールプレイング，役割演技

	416
sector [séktər]	名 （社会・経済などの）部門，セクター；（都市内の）地域 ▶ the public sector 公共部門 ▶ the civilian sector 非軍事地域

	417
ambiguous 発 [æmbíɡjuəs]	形 あいまいな；多義的な ▶ 2つ以上の意味に解釈できること。 àmbigúity 名 あいまいさ；多義性 ▶ legal ambiguities 法的なあいまいさ

	418
element [élɪmənt]	名 要素，成分；元素；〔an ~ of で〕少しの ▶ the elements of civilization 文明の構成要素 ▶ an element of surprise 少々の驚き

	419
correlation [kɔ̀(ː)rəléɪʃən]	名 相互関係，相関（関係） ▶ a correlation between A and B 「AとBの相関関係」 córrelàte 動 (~と) 互いに関係がある (with)；を (~と) 互いに関連させる (with) corrélative 形 相関関係のある；相関的な

	420
dim [dɪm]	形 薄暗い；ぼんやりした ▶ dim memories of one's childhood 子供時代のおぼろげな記憶 動 をぼやけさせる；（感情・記憶などが）薄れる

29 A Friend from University

♀ 筆者は学生集会に参加し，そこで彼と出会った。彼と友だちになる過程を読んでいこう。

① I came to know him at a student assembly held to pressure the university president to resign for arranging to foster industry-university cooperation, suppressing bitter opposition from students. ② He happened to sit next to me. ③ He did not look like a fierce rebel, but a tame scholar who follows the university curriculum. ④ Interested in his appearance free from any political ideology, I asked him what his major was. ⑤ Not offended by such a probing question, he replied that he was a German major.

⑥ The chairman wanted a resolution for the president's resignation to be adopted, but many challenged the premise of the resolution that industry-university cooperation would threaten academic freedom. ⑦ The opposing group of students seemed to be trying to prolong the discussion, hoping that it might undermine the chairman's determination. ⑧ Eventually, a vote was taken, and the resolution was vetoed with the number of "no" votes easily surpassing the number of "yes" votes: that was a victory of democracy.

⑨ After the meeting, we talked at a coffee shop whose interior decoration might remind one of a London pub. ⑩ He produced a book from his bag, and, refreshing his memory by looking at a few pages, said that one of his high school teachers gave it to him. ⑪ It was not a literary work but a book of photographs of weathered graves and crosses in churchyards, elaborate tombs of historic figures in abbeys and cathedrals, etc.

◎語法・構文・表現

① held [to (V)pressure (O)the university president (C)to resign for [arranging to foster industry-university cooperation, [suppressing bitter opposition from students]]] 「[[[学生からの猛反対を押さえて] 産学協同を促進する段取りをつけたこと] で辞任するように，大学学長に圧力をかけるために] 開かれた」 ▶ student assembly を修飾する過去分詞句。

④ Interested in [his appearance [free from any political ideology]] 「[[政治的イデオロギーとは無縁の] 彼の外見] に興味を持って」 ▶ 〔理由〕を表す分詞構文。

大学からの友人

① 彼と知り合いになったのは，学生の猛反対を<u>押さえ込ん</u>で産学協同を進める<u>段取りをつけた</u>という理由で学長を辞任に追い込もうとする集会だった。② 彼は偶然私の隣に座った。③ 彼は<u>過激な</u>反逆者というより，大学の<u>教育課程</u>に従う<u>大人しい</u>学者のように見えた。④ どんな政治的イデオロギーとも無縁な彼の風貌に興味を持ち，専攻は何かと私は尋ねた。⑤ そんな取り調べじみた質問にも<u>ムッとする</u>ことなく，自分の専攻はドイツ語だと彼は答えた。

⑥ 議長は学長の辞任を求める決議を採択させようとしたが，産学協同が学問の自由を脅かすという決議案の<u>前提</u>に，多くの参加者が異議を唱えた。⑦ 反対する学生グループは，議長の決意を<u>くじく</u>ことを願って，議論を<u>長引かせ</u>ようとしている様子だった。⑧ 最終的に，投票が行われ，反対票の数が賛成票の数を軽く超えたために，決議案は否決された。<u>民主主義</u>の勝利だった。

⑨ 集会の後，私たちはロンドンのパブを思わせる<u>内装</u>の喫茶店で話し合った。⑩ 彼はかばんから本を取り出し，いくつかのページを見て記憶を<u>新たにし</u>ながら，高校の教師の１人にその本をもらったと言った。⑪ それは<u>文学</u>作品ではなく，教会墓地の風化した<u>墓</u>や十字架，大修道院や大聖堂にある歴史的人物の手の込んだ<u>墓碑</u>などの写真集だった。

---

⑥ (V) **wanted** (O) **a resolution for the president's resignation** (C) **to be adopted**
「学長の辞任を求める決議案が採択されることを望んだ」

⑧ **was vetoed with the number of "no" votes easily surpassing the number of "yes" votes** 「反対票の数が賛成票の数を楽に上回り，否決された」▶with以下は〔付帯状況〕を表す。

⑨ **whose interior decoration might remind one of a London pub** 「(その)内装がロンドンのパブを思い起こさせるような」▶coffee shopにかかる関係詞節。

📖 単語の意味を確認しよう。

421

arrange
発 [əréindʒ]

動 の段取りをつける；を手配する；を配置する
▶ arrange for ～ to *do* ～が…するよう取り計らう
arrángement 名 手配；配置；取り決め

422

suppress
ア [səprés]

動 を抑える；を抑圧する
suppréssion 名 抑圧，鎮圧
▶ the suppression of free speech 言論の自由に対する弾圧
suppréssive 形 鎮圧する；抑制する

423

fierce
[fɪərs]

形 猛烈な；どう猛な
▶ a fierce animal どう猛な動物
fíercely 副 激しく，猛烈に

424

tame
[teɪm]

形 飼いならされた，人に慣れた；退屈な；大人しい

動 を飼いならす；を抑える
▶ tame wild animals 野生動物を手なずける

425

curriculum
ア [kəríkjuləm]

名 教育課程，カリキュラム
▶ be in [on] the curriculum 履修科目である
▶ curriculum vitae 履歴書 (CV) (米résumé)

426

offend
[əfénd]

動 の気分を害する；(に) 違反する
▶ be offended by [at] ～ 「～に腹を立てる」
offénsive 形 不快な；無礼な
offénse 名 違反；感情を害すること；(スポーツの) 攻撃
offénder 名 犯罪者，違反者

427

premise
発 [prémɪs]

名 前提；〔～s〕(建物を含めた) 構内，敷地
▶ Keep off the premises. 構内立ち入り禁止 (掲示)

動 を前提とする

428

prolong
[prəlɔ́(:)ŋ]

動 を長引かせる
▶ prolong the agony 苦痛を長引かせる；焦らす
prolónged 形 長引く，長期の

435

| 0 | 250 | 500 | 750 | 1000 | 1250 | 1500 |

429

undermine
[ʌ̀ndərmáin]

動 を徐々にむしばむ；を侵食する；を少しずつ
阻害する
▶ undermine ~ 's health ～の健康をむしばむ

430

democracy
⦿ [dɪmá(:)krəsi]

名 民主主義，民主政治；民主国家
▶ demo- 民衆 + cracy 政体
　a parliamentary democracy 議会制民主主義
　démocràt 名 民主主義者；〔D-〕 困 民主党支持者
　dèmocrátic 形 民主主義の；民主的な

431

interior
[ɪntíəriər]

形 室内の；内部の (⇔extérior 外部の)
▶ the interior regions of Australia オーストラリアの内陸地方

名 〔the ～〕内陸部；内部；室内

432

refresh
[rɪfréʃ]

動 (気分) をさわやかにする；(記憶など) を新
たにする；を最新のものにする
▶ refresh oneself with ～ ～で元気を回復する
　refréshment 名 〔～s〕軽い飲食物；元気を回復させるもの

433

literary
[lítərèri]

形 文学の；文語の (⇔collóquial 口語体の)
▶ literary works 文学 [文芸] 作品
　líterature 名 文学；文献

434

grave
[greɪv]

名 墓；〔通例the ～〕死

形 重大な；いかめしい
▶ a grave concern 重大な懸念
　gráveyàrd 名 墓地

435

tomb
⦿ [tu:m]

名 墓；霊廟
▶ 死者を埋葬するための，通例地下の大型の納体堂。
　tómbstòne 名 墓石，墓碑

🔑 社会現象としての「いじめ」とはどのようなことか。筆者の考えを追っていこう。

① Bullying is not an **abstract concept** but a social phenomenon. ② If a person frequently says or does something **unpleasant** or offensive to another, though it might be meant to be humorous or a joke, it is a typical example of bullying. ③ A potential bully at school, for example, is jealous of or despises someone, and starts to harass or **bully** him or her. ④ The bully repeatedly does so until any attempt on the part of the victim to break off the relations only **worsens** the situation. ⑤ Teachers and parents might help, but most of the time they cannot **comprehend** what is happening. ⑥ If they act wrongly, it only **pours** oil on the fire.

⑦ If it were between countries, the bullied country would **unite** the whole nation against the aggressor. ⑧ Its government might retaliate by sending intelligence operatives and trained warriors **loyal** to the government to the bullying hostile country to engage in subversive activities. ⑨ It is an international **contest** over political and military dominance. ⑩ But there is not much that a bullied person can do to **sort** the problem out.

⑪ Children are not the only victims of bullying. ⑫ There is a **spectrum** of potential victims. ⑬ Those who pray to heathen gods and carry out a unique act of **worship**, those who have been forced into virtual **slavery** because of extreme poverty, and those who have drifted out of the **mainstream** of the society are easy prey. ⑭ The problem is that capable mediators cannot be found.

◎語法・構文・表現 ∞∞∞∞∞∞∞∞∞∞∞∞∞∞∞∞∞∞∞∞∞∞∞∞∞∞∞∞∞∞∞∞∞

② **though it might be meant to be humorous or a joke**「それがユーモアとか冗談のつもりであるにしても」▶be meant to be ～「～のつもりである」

③ **[is jealous of] or [despises] someone, and starts to [harass] or [bully] him or her**「誰かを[妬ん]だり[軽蔑し]たりして, その人を[悩ませ]たり[いじめ]たりし始める」▶〈他動詞（相当句）〉or〈他動詞〉＋〈共通の目的語〉の構造に注意。

④ (S)**any attempt ... [to break off the relations]** only (V)**worsens** (O)**the situation**「[この関係を断ち切ろうとする]いかなる試みも事態を悪くするだけである」

⑦ **would unite the whole nation against the aggressor**「攻撃国に対し国中を団

いじめ

📁 社会 [社会問題]

　① いじめは<u>抽象的な概念</u>ではなく，社会現象である。② 人が誰かに<u>不愉快な</u>ことや無礼なことを頻繁に言ったり，したりすれば，本人はユーモアや冗談のつもりだったとしても，それは典型的ないじめと言える。③ 例えば，学校でいじめっ子になりやすいタイプの子は，別の子に嫉妬や軽蔑の感情を抱き，その子への嫌がらせや<u>いじめ</u>を始める。④ いじめっ子はいじめを繰り返し，ついには被害者側の，縁を切ろうといういかなる頑張りも事態を<u>悪化させる</u>だけになってしまう。⑤ 教師や親が助けてくれることもあるが，彼らはたいてい何が起きているかを<u>理解</u>できない。⑥ 対応を誤れば，火に油を<u>注ぐ</u>結果にしかならない。

　⑦ これがもし国家間での話なら，いじめを受けた国は，<u>一致団結</u>して攻撃国に対抗するだろう。⑧ 政府は報復手段として，政府に<u>忠実な</u>諜報員や訓練された兵士を敵対する相手国へ派遣し，破壊工作を行わせるかもしれない。⑨ 政治的・軍事的優位をめぐる国際的な<u>争い</u>なのだ。⑩ しかし，（国の場合とは違って）問題を<u>解決する</u>ためにいじめを受けた子にできることは，あまり多くない。

　⑪ 子供たちだけがいじめの被害者になるわけではない。⑫ 様々な人が被害者になりえる。⑬ 異教の神に祈りを捧げて独特の<u>礼拝</u>を行う人々，極貧によって<u>奴隷</u>同然の境遇に追い込まれた人々，社会の<u>主流</u>から外れてしまった人々などは，格好の餌食である。⑭ 問題は，有能な調停者が見つからないということである。

〰〰

　　結させるだろう」 ▶would unite は〔事態の仮想〕を表す。

⑧ **retaliate by sending ... to the bullying hostile country to engage in subversive activities**「破壊活動に従事するように，いじめをする敵対国に…を派遣することで報復する」

⑫ **There is a spectrum of potential victims.**「潜在的犠牲者のスペクトルが存在する」 ▶a spectrum of ～「～のスペクトル，種々の～」

⑬ **Those who pray to ～ and carry out ...**「～に祈り，…を実践する人々」
those who have been forced into ～「～に押しやられた人々」

📙 単語の意味を確認しよう。

436

abstract
[ǽbstrækt]

形 抽象的な（⇔concréte→1169）
▶ abstract art 抽象芸術

名 抜粋，要約

動 [æbstrǽkt] を抽出する；を要約する
abstráction 名 抽象概念；放心（状態）

437

concept
⑦ [ká(:)nsèpt]

名 概念；考え；（商品・販売の）コンセプト
▶ the concept that ... …という考え
concéption 名 構想；概念；受胎

438

unpleasant
発 [ʌnplézənt]

形 不愉快な；不親切な，無礼な
▶ unpleasant manners 不愉快な態度

439

bully
[búli]

動 をいじめる；を脅す
名 いじめっ子
búllying 名 いじめ

440

worsen
[wə́:rsən]

動 を悪化させる；悪化する（≒detérioràte）
▶ worse もっと悪い + - (e) n にする
wórsening 形 悪化する 名 悪化

441

comprehend
[kà(:)mprɪhénd]

動 を理解する
còmprehénsion 名 理解（力）
còmprehénsible 形 理解できる
còmprehénsive 形 包括的な

442

pour
発 [pɔ:r]

動 を注ぐ；激しく降る；押し寄せる
▶ pour A into B「BにAを注ぐ」
▶ pour into a concert hall コンサートホールに押し寄せる
▶ It's pouring outside. 外はどしゃ降りの雨だ。

443

unite
[junáɪt]

動 を団結させる；（を）結合する；団結する
▶ unite art and science 芸術と科学を一体化する
únion 名 同盟，連合；結合；組合
united 形 連合した，団結した

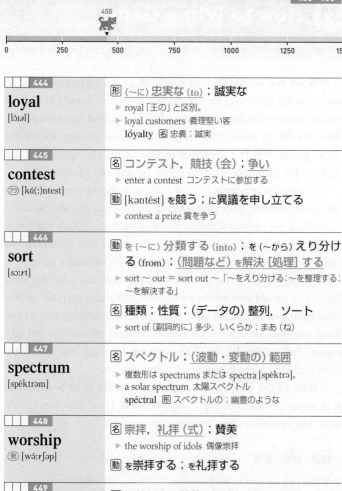

| 0 | 250 | 500 | 750 | 1000 | 1250 | 1500 |

444

loyal
[lɔ́ɪəl]

形 (〜に) 忠実な (to)；誠実な
▶ royal「王の」と区別。
▶ loyal customers 義理堅い客
lóyalty 名 忠義；誠実

445

contest
⑦ [ká(:)ntest]

名 コンテスト，競技 (会)；争い
▶ enter a contest コンテストに参加する

動 [kəntést] を競う；に異議を申し立てる
▶ contest a prize 賞を争う

446

sort
[sɔːrt]

動 を (〜に) 分類する (into)；を (〜から) えり分ける (from)；(問題など) を解決 [処理] する
▶ sort 〜 out = sort out 〜「〜をえり分ける；〜を整理する；〜を解決する」

名 種類；性質；(データの) 整列，ソート
▶ sort of 〔副詞的に〕多少，いくらか；まあ (ね)

447

spectrum
[spéktrəm]

名 スペクトル；(波動・変動の) 範囲
▶ 複数形は spectrums または spectra [spéktrə]。
▶ a solar spectrum 太陽スペクトル
spéctral 形 スペクトルの；幽霊のような

448

worship
発 [wə́ːrʃəp]

名 崇拝，礼拝 (式)；賛美
▶ the worship of idols 偶像崇拝

動 を崇拝する；を礼拝する

449

slavery
発 [sléɪvəri]

名 奴隷制度；苦役；奴隷の身分 [境遇]
slave 名 奴隷；とりこ
▶ be a slave to fashion 流行のとりこになっている
slávish 形 奴隷のような

450

mainstream
[méɪnstrìːm]

名 (活動・思潮などの) 主流；大勢 <ruby>大勢<rt>たいせい</rt></ruby>

形 主流の；標準的な

動 を主流にする

㉛ How to Win a Game

♟ ゲームをする以上は勝ちたいが，対戦相手によって，勝ち方にひと工夫必要な場合がある。

① When you are sure to beat someone, say, in a game of chess, do you wipe the floor with him, or do you allow him to rally to such an extent that he is defeated narrowly? ② If you beat him completely, then he is likely to swallow his pride and admit you are definitely a better player. ③ If you allow him to recover, then he might think that he has a fair chance of winning unless he gets into a panic.

④ When your opponent is your child, you should overwhelm him and prove that not only raw talent and ambition but also skill and experience are principal components of success. ⑤ Your child may be frustrated with the result, but he will soon realize his limitations and try to find ways to cope with difficulties in winning a game.

⑥ When you play one of your business associates, on the other hand, you should control the game with extraordinary care so that your opponent will be satisfied with the result, thinking that he has done whatever he can. ⑦ Of course business persons do not like losing, but neither do they like winning, knowing that they have been treated in a gentle way or with compassion.

⑧ Here's a tip: if you think about how you like to be beaten when it is apparent that you are losing, you will learn how you should beat your opponent when you are certain to win.

◉ 語法・構文・表現 〰〰〰〰〰〰〰〰〰〰〰〰〰〰〰〰〰〰〰〰〰〰〰〰〰〰〰〰〰〰〰〰〰〰

① **When you are sure to beat someone**「誰かを負かすのが確実なとき」
wipe the floor with ～「～をたたきのめす，～に完勝する」
allow him to rally to such an extent that he is defeated narrowly「相手が惜しくも敗れるところまで挽回するのを許す」 ▶rally＝recover

② **(v)swallow (o)his pride and (v)admit ...**「プライドを捨て，…を認める」 ▶swallow *one's* pride「プライドを捨てる，自尊心を抑える」

③ **have a fair chance of** *doing*「…する可能性が十分にある」

④ **not only [raw talent and ambition] but also [skill and experience]**「［生来の才能と野心］だけでなく，［技術と経験］もまた」

⑤ **to cope with difficulties in winning a game**「ゲームに勝つ難しさに対処する［を切り抜ける］」 ▶直前のways「方法」を修飾する形容詞用法のto不定詞句。

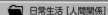 日常生活［人間関係］

① 例えばチェスの試合で，自分が確実に勝てそうなとき，あなたは相手を完全にたたきのめすだろうか，それとも，相手が僅差で負ける程度まで挽回するよう手心を加えるだろうか。② もしあなたが完勝したら，相手は恐らく自尊心を抑え，あなたの方が間違いなく強いと認めるだろう。③ 一方，相手が持ち直すのを許せば，相手は自分がパニックにならない限り勝つチャンスは十分にあると思うかもしれない。

④ 自分の子と対戦するときは，あなたはその子に圧勝して，生来の才能や野心だけでなく，技術と経験も成功の主な要素であることを示すべきだ。⑤ 子供は結果には失望するかもしれないが，すぐに自分の限界に気づき，ゲームに勝つ難しさに立ち向かう方法を見つけようとするだろう。

⑥ 一方，相手が仕事仲間なら，相手が万策を尽くしたと思い，ゲームの結果に満足するように，細心の注意を払ってゲームをコントロールすべきだ。⑦ もちろん，ビジネスマンは負けることを好まないが，相手に手加減された，あるいは同情されたと分かると，それで勝ちたいとは思わない。

⑧ 1つ助言しよう。負けが明白なとき自分ならどのような形で負けたいかと考えれば，勝ちが確実なときどのような形で相手に勝つべきかが分かるだろう。

⑥ play one of your business associates「仕事仲間の1人とゲームをする」
control the game with extraordinary care「細心の注意を払ってゲームをコントロールする」
thinking that (S) he (V) has done (O) [whatever [he can]]「［［自分にできる］ことは何でも］したと思って」▶ be satisfied with the result を修飾する分詞構文。〔付帯状況〕を表す。

⑦ knowing that (S) they (V) have been treated [in a gentle way] or [with compassion]「自分が［気遣いされて］，あるいは［同情をもって］扱われたことを知りつつ」▶〔付帯状況〕を表す分詞構文。

⑧ how you like to be beaten [when it is apparent that you are losing]「［自分が負けるのが明らかなとき］，どのように負かされたいか」

■ 単語の意味を確認しよう。

---

451 **beat** [bi:t]	動 <u>を打ち負かす</u>；(を)打つ，たたく ▶ 活用：beat - beat - beaten [beat] ▶ beat him unconscious 彼を殴って気絶させる 名 打つ音；拍子；鼓動
452 **defeat** [dɪfíːt]	動 <u>を負かす</u>（≒ beat）；を失敗させる 名 敗北；打破；失敗 ▶ suffer a humiliating defeat 屈辱的な敗北を喫する
453 **swallow** [swá(ː)lou]	動 (を)<u>飲み込む</u>；をうのみにする；<u>(感情)を抑える</u> ▶ His story is hard to swallow. 彼の話は信じがたい。 名 飲むこと；一飲み（の量）；ツバメ
454 **panic** [pǽnɪk]	名 <u>パニック(状態)</u>；狼狽 ▶ in (a) panic パニックになって 動 うろたえる；をうろたえさせる ▶ Don't panic. 慌てるな，うろたえるな。
455 **overwhelm** ⑦ [òʊvərhwélm]	動 <u>を圧倒する</u>；を(精神的に)打ちのめす be overwhelmed by ～ 「～に圧倒される」 òverwhélming 形 圧倒的な ▶ an overwhelming majority 圧倒的多数
456 **raw** ⑨ [rɔː]	形 <u>生の</u>；<u>未加工の</u>；<u>生来の</u> ▶ raw material 原(材)料 ▶ eat meat raw 肉を生で食べる
457 **ambition** [æmbíʃən]	名 (～に対する)<u>願望，野望</u>(for)；<u>野心</u> ▶ have political ambitions 政治的野望を抱く ambítious 形 野心的な
458 **principal** [prínsəpəl]	形 <u>主要な</u>；資本金の ▶ principle「原則」と同音。 名 <u>米</u> 校長；上司；当事者；元金

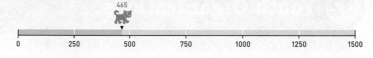

459 **component** [kəmpóʊnənt]	名 構成要素；部品 形 構成要素としての
460 **frustrate** [frʌ́streɪt]	動 をいら立たせる；(計画・希望など)を挫折さ せる；〔受身形で〕(~に) 不満を抱く (with) frústrating 形 欲求不満を起こさせるような frùstrátion 名 欲求不満；挫折(感)
461 **cope** [koʊp]	動 うまく処理する cope with ~ 「~に対処する」
462 **extraordinary** (発) [ɪkstrɔ́ːrdəneri]	形 並はずれた；異常な, 驚くべき (⇔órdinary →62) ▶ an extraordinary amount of work 異常な量の仕事 extraòrdinárily 副 並はずれて
463 **compassion** [kəmpǽʃən]	名 同情 ▶ have compassion on [for] ~ ~に同情する compássionate 形 情け深い；特別の ▶ a compassionate allowance 特別手当
464 **tip** [tɪp]	名 助言, 秘訣；チップ；先端 ▶ the tip of an iceberg 氷山の一角；ほんの一部 動 をひっくり返す；を傾ける；ひっくり返る
465 **apparent** (発) [əpǽrənt]	形 明白な；一見~らしい ▶ It is apparent that ... …ということは明らかだ appárently 副 〔文修飾〕見た [聞いた] ところでは appéar 動 現れる；(~に) 見える

青少年団体によって行う活動は様々だが，その目指すところは青少年の健全育成だ。

① In many countries, youth organizations have served to help kids grow into mature young adults. ② They allow kids to find a way to deal with growing pains, and internal conflict, by giving them a positive outlet. ③ Volunteers at youth organizations are often older people who have already retired from their jobs. ④ They lend their free time to these organizations, to help young people learn better values. ⑤ In Japan, for example, children learn to bow to pay respect, and to yield to elderly or disabled people when sitting down on the train. ⑥ Volunteers serve as positive role models, and attempt to help young people in dealing with issues ranging from minor ones to serious vices, such as drug use, crimes or theft of property. ⑦ The goal is to have a positive impact on the future of young people. ⑧ The number of people who may be accused of breaking laws, followed by the likelihood of having to serve time in jail, decreases, which has a positive effect on the economy. ⑨ In a democratic system, this allows more of the government funding to be put toward better use, such as programs which promote education. ⑩ Youth organizations provide for a better future for young people.

語法・構文・表現

① **serve to do**「…するのに役立つ；…する働きをする」

② **allow kids to find a way to do**「子供が…する方法を見つけるのを可能にする」
   by giving them a positive outlet「彼ら（＝子供たち）に健全なはけ口を与えることによって」

③ **who have already retired from their jobs**「すでに仕事を退職した」▶older people にかかる関係詞節。

⑤ **learn [to bow to pay respect], and [to yield to elderly or disabled people …]**「[敬意を表するためにおじぎをすること] や […高齢者や身障者に席を譲ること] を学ぶ」

⑥ **positive role models**「肯定的な [好ましい] 役割モデル [手本]」

文化［教育］

①多くの国で，子供たちが思慮分別のある大人になるのを支援するために青少年団体が活動してきた。②これらの団体は，子供たちが大人になることに伴う苦しみや内なる葛藤に対処する方法を見つけられるように，健全なはけ口を提供している。③青少年団体のボランティアたちは，すでに仕事を退職した年配の人々であることが多い。④彼らはこういった団体に自分の空き時間を提供して，若者たちがよりよい価値観を学ぶ手助けをする。⑤例えば，日本では，子供たちが敬意を表するのにおじぎをしたり，電車で座っているときにお年寄りや体の不自由な人に席を譲ったりすることを学ぶ。⑥ボランティアたちは，子供たちのよい見本となり，ちょっとした問題から，薬物使用，犯罪，窃盗など重大な悪行に至る様々な問題に若者たちが対処するのを手助けしようとする。⑦その目的は，若者たちの未来によい影響を与えることである。⑧法律を犯して告訴され，その後刑務所で服役しなければならない可能性がある人の数が減ることで，経済によい影響を与える。⑨民主主義の制度では，これによって，より多くの政府の予算を，教育推進のプログラムなど，もっとよい目的のために充てることが可能になる。⑩青少年団体は，若者たちによりよい未来をもたらすのである。

---

issues ranging from 〜 to ... 「〜から…に至る様々な問題」

⑦ have a positive impact on 〜「〜によい影響を与える」

⑧ followed by the likelihood of having to serve time in jail「その後刑務所で服役しなければならない可能性がある」▶ followed by 〜「引き続いて〜」

which has a positive effect on the economy「それが経済によい影響を与える」
▶ The number of people ... decreases を先行詞とする非制限用法の関係詞節。

⑨ (S) this (V) allows (O) more of the government funding (O) to be put toward better use「これ（＝罪を犯す若者の数が減ること）が，より多くの政府予算がよりよい使い方に充てられることを可能にする」▶ put 〜 toward ...「〜を…に向ける」

⑩ provide for 〜「〜を提供する［もたらす］」

📖 単語の意味を確認しよう。

466 **mature** (発) [mətúər]	形 成熟した (⇔ìmmatúre 未熟な)；熟した ▶ people of mature years 熟年の人々 動 を熟させる matúrity 名 成熟 (期)；満期
467 **deal** [di:l]	動 〔deal with で〕を処理する；〔deal in で〕を商う；を分配する deal with ～ 「～を処理する；(話題) を扱う」 名 取引；処遇；密約；〔a ～〕量 ▶ a great deal of ～ 大量の～
468 **internal** (アク) [intə́:rnəl]	形 内部の (⇔extérnal→772)；国内の；内面的な ▶ internal affairs 国内事情 intérnally 副 内部に；国内で
469 **retire** [ritáiər]	動 (～から) 引退する，退職する (from)；退く ▶ retire into the country 田舎に引っ込む retírement 名 引退，退職 retiree [ritàiərí:] 名 (定年) 退職者
470 **lend** [lend]	動 を貸す (⇔bórrow を借りる)；(人) に (助言・援助など) を与える ▶ lend A B 「AにBを貸す，与える」(= lend B to A) ▶ lend a hand (in [with] ～) (～に) 手を貸す，手伝う
471 **bow** (発) [bau]	動 おじぎする；屈服する 名 おじぎ ▶ give a deep bow 深々とおじぎをする
472 **yield** [ji:ld]	動 をもたらす；を (～に) 譲る (to)；(～に) 屈する (to) ▶ yield to temptation 誘惑に負ける 名 産出 (物)；生産高；配当率
473 **disabled** [diséibld]	形 障害のある；障害者用の dìsabílity 名 (身体) 障害 ▶ disability insurance 障害保険

480
🐱

| 0 | 250 | 500 | 750 | 1000 | 1250 | 1500 |

474

attempt

[ətémpt]

動 を試みる，企てる

attempt to do 「…しようと試みる」
▶ try to do と同義。
▶ attempted robbery 強盗未遂

名 試み，企て

475

minor

[máinər]

形 重要でない；小さい（⇔ májor→372）

▶ a minor problem ささいな問題

名 未成年者

minórity 名 少数派（⇔ majórity 多数派）；少数民族
▶ be in a [the] minority 少数派である

476

vice

[vais]

名 (道徳上の)悪（⇔ vírtue→928）；欠点

▶ vice-「(役職名の前に付けて)副〜，代理〜」と同音。
▶ 同じつづりのラテン語を使った vice versa「逆もまた同じ」
という表現も頻出。
vícious 形 悪い；残虐な
▶ a vicious circle [cycle] 悪循環

477

theft

[θeft]

名 窃盗(罪)

▶ identity theft 個人情報詐取
thief 名 泥棒
▶ robber「強盗」と区別。

478

accuse

[əkjúːz]

動 を非難する；を告訴する

accuse A of B 「AをBのことで非難する」
àccusátion 名 非難；告訴，告発
▶ make an accusation of theft 窃盗罪で告訴する
accúsed 名〔the 〜〕被告人（たち）

479

jail

[dʒeil]

名 刑務所，拘置所（≒ príson）

▶ go [be sent] to jail 刑務所に入る，刑務所送りになる

480

economy

⑦ [iká(:)nəmi]

名 経済(状態)；経済圏；節約

èconómic 形 経済(上)の
èconómical 形 経済的な，安上がりな；倹約する
èconómics 名 経済学

🔑 「オーガニック」という言葉には健康によいというイメージが定着しているが…。

① Organic agriculture is in **theory** a farming **method** using no **chemical** pesticides, herbicides or fertilizers. ② This is no **novel** idea. ③ In many advanced countries organic farming has long been practiced extensively, and word has **spread** widely that organic products are good for you.

④ The food industry **responded** by marketing one organic product after another. ⑤ Hence many organic **sections** in most supermarkets. ⑥ The health-conscious have a very rigid **attitude** to what they eat, and **stick** to organic **crops**, in particular those grown by **specific** farmers licensed by a governmental organization.

⑦ Scientific research has done much to **advance** our knowledge of organic farming, but it has yet to show that organically grown crops of a certain **species** are more nutritious and **improve** your health more than crops of the same species grown by conventional methods. ⑧ Some say that damage to crops caused by non-use of chemicals might **transform** the vitamin and mineral content.

語法・構文・表現

① **using no chemical pesticides, herbicides or fertilizers**「化学的な殺虫剤，除草剤，肥料を一切使わない」 ▶farming method「農法」を修飾する現在分詞句。

③ **extensively**「広く；幅広く」
  that organic products are good for you「有機産物［自然食品］は体［健康］によいという」 ▶word「噂」の内容を示す同格節。

④ **by marketing one organic product after another**「有機産物［自然食品］を次から次へ市場に出すことで」 ▶respondedを修飾する前置詞句。〔手段〕を表す。one 〜 after another「〜が［を］次から次へと」

⑥ **the health-conscious**「健康志向の人々」 ▶〈the＋形容詞〉「〜な人々」
  in particular those [grown by specific farmers [licensed by a governmental organization]]「特に，[[政府機関により認可された] 特定の農家が栽培した] 有機作物」 ▶those＝organic crops

⑦ **it has yet to show that ...**「…であることをそれ (＝科学的研究) はまだ示していない」
  [(V) <u>are</u> (C) <u>more nutritious</u>] and [(V) <u>improve</u> (O) <u>your health</u> (adv) <u>more</u>]

📁 産業［農業］

① 有機農業は，<u>理屈</u>の上では，<u>化学的</u>な殺虫剤，除草剤，肥料を使わない<u>農法</u>である。② これは，<u>斬新</u>なアイデアではまったくない。③ 多くの先進国で，有機農業は昔から広範囲にわたって行われており，自然食品が体によいという噂はあまねく<u>広まっ</u>ている。

④ 食品産業は，自然食品を次々に市場に出すことで（消費者のニーズに）<u>対応した</u>。⑤ こうして，ほとんどのスーパーマーケットには，多くの自然食品<u>コーナー</u>が作られている。⑥ 健康志向の人々は，自分が口にする食品に対して非常に厳格な<u>態度</u>を取り，有機<u>作物</u>，特に政府機関の認可を受けた<u>特定</u>の農家が栽培した作物に<u>こだわる</u>。

⑦ 科学的研究は有機農業に関する我々の知識を<u>前進させる</u>のに大いに役立ったが，特定の<u>種</u>の有機栽培作物が，従来の方法で栽培した同種の作物に比べて栄養価がより高く，健康をより<u>促進させる</u>という証拠はまだない。⑧ 化学製品を使わないことで作物が受ける害によって，ビタミンとミネラルの含有量が<u>変わる</u>かもしれないと言う人もいる。

---

than ～「～より［もっと栄養があり］，［もっと健康を向上させる］」▶比較要素を含む2つの動詞句が等位接続されている。

grown by conventional methods「従来の農法で栽培された」▶crops of the same species「同じ品種の作物」を修飾する過去分詞句。

⑧ **caused by non-use of chemicals**「化学製品を使わないことで引き起こされる」
▶damage to crops「作物への害」を修飾する過去分詞句。

the vitamin and mineral content「ビタミン・ミネラル含有量」

● 「健康によい」

「健康によい」を表す代表的な形容詞はhealthyだが，これに代わってhealthfulが用いられることもある。例えば，a healthful [healthy] diet「健康によい食事」である。また，「（適度な運動は）健康によい」のように言う場合は，(Moderate exercise is) good for you [beneficial to health]. などが用いられる。

📙 単語の意味を確認しよう。

481 **theory** 発 [θíːəri]	名 学説；<u>理論</u>；原理；推測 ▶ in theory 理論上は (⇔ in práctice 実際は) thèorétical 形 理論(上)の
482 **method** [méθəd]	名 <u>方法</u>；体系；秩序 methódical 形 秩序立った
483 **chemical** 発 [kémɪkəl]	形 化学の，<u>化学的な</u> 名 化学薬品[製品]；薬物，麻薬 chémistry 名 化学；化学的性質
484 **novel** 発 [ná(:)vəl]	形 <u>斬新な</u>，目新しい 名 小説 nóvelty 名 目新しさ，斬新さ；ノベルティグッズ
485 **spread** 発 [spred]	動 <u>を広める</u>；<u>広がる</u> ▶ 活用：spread - spread - spread ▶ spread nationwide 国中に広がる 名 広まり；蔓延；分布
486 **respond** [rɪspá(:)nd]	動 <u>反応する</u>；答える respond to 〜 「〜に反応する；〜に答える」 respónse 名 反応；応答，答え respónsive 形 (〜に)反応する (to)；敏感な respónsible 形 (〜に)責任のある (for) respònsibílity 名 (〜に対する)責任，責務 (for)
487 **section** [sékʃən]	名 部門；<u>部分</u>；地区；欄 ▶ the smoking section of a restaurant レストランの喫煙席 動 を区分する；を仕切る séctional 形 部分の；派閥の
488 **attitude** アク [ǽtətjùːd]	名 <u>態度</u>；考え方，心構え ▶ take a friendly attitude toward [to] 〜 〜に友好的な態度 をとる

495

489

stick
[stɪk]

動 を動けなくする；を突き刺す；(〜に) 固執する (to / on)

be stuck in 〜 「〜にはまって動けない」
▶ 活用：stick - stuck - stuck
▶ stick to 〜 〜にくっつく；〜に固執する；(約束など) を守る

名 棒；棒状のもの；ステッキ，つえ

490

crop
[krɑ(:)p]

名 〔しばしば〜s〕作物；収穫高
▶ grow [raise] crops 作物を育てる
▶ gather [harvest, reap] a crop 作物を収穫する

動 (髪) を短く刈り込む；を収穫する

491

specific
⑦ [spəsífɪk]

形 特定の；明確な，具体的な；(〜に) 特有の (to)

名 〔通例〜s〕詳細，細部

specifically 副 特に；具体的には
spècificátion 名 詳述；〔〜s〕仕様書；明細書

492

advance
⑦ [ədvǽns]

動 を進歩させる；を進める；進歩する；進む

名 進歩；前進；進行
▶ in advance 前もって

形 先発の；事前の

advánced 形 進歩した，高度な

493

species
発 [spíːʃiːz]

名 (生物の) 種；種類
▶ 単複同形。
▶ an endangered species 絶滅危惧種

494

improve
発 [ɪmprúːv]

動 を向上させる；よくなる
▶ improve with age. 年齢と共によくなる
imprévement 名 改善，向上

495

transform
⑦ [trænsfɔ́ːrm]

動 を変える；変わる

transform A into [to] B 「AをBに変える」
▶ trans- 別の状態へ＋ form 形態
trànsformátion 名 変化，変質

143

34 Jam Session

ジャズといえばジャムセッション！ ジャズコンボの演奏スタイルを見ていこう。

① The defining characteristic of jazz performance is improvisation, with both sufficient instrumental technique and musical imagination to do so spontaneously. ② This applies to one who solos; but it challenges the player more to attempt it with others playing simultaneously "in combo." ③ The term for this is "jamming." ④ When the group itself is spontaneous, it is termed a "jam session." ⑤ The sole requirements are for each individual player to bring his or her instrument and to perform adequately.

⑥ If a relatively large number of musicians attend, the custom is to take turns playing in combos of various instruments. ⑦ Before playing, the combo members briefly peruse and discuss the melody and chord change structure upon which they are about to play. ⑧ During the performance it is common for a player to increase or reduce the speed, complexity, etc. with which the piece is played, but the other players quickly adapt to the change. ⑨ The general mood is friendly. ⑩ Musicians arrange to jam again. ⑪ The music industry has recorded great jazz jam sessions of the past.

◎ 語法・構文・表現

① **with both sufficient instrumental technique and musical imagination to do so spontaneously**「自然にそうする（＝即興演奏する）のに十分な楽器演奏技術と音楽的創造力の両方を使って」 ▶sufficient 〜 to *do*「…するのに十分な〜」 spontaneously 圖「自発的に」

② **one who solos**「独奏する人」 ▶solo 圗「独奏［独演］する」
it challenges the player more to *do*「…することは，さらに奏者の技量を試す」 ▶to *do* は真主語として働く。
with others playing simultaneously "in combo"「他の奏者が『コンボ』で同時に演奏している状態で」 ▶〔付帯状況〕を表す。combo 圀「コンボ（小編成のジャズバンド）」

⑤ **requirement** 圀「必要条件」

⑥ **the custom is to *do***「習慣は…することである，…するのが習慣である」 ▶to *do* は the custom の内容を示す補語。

144

ジャムセッション

英文レベル ☆☆ **173** words

📁 文化 [音楽]

　① ジャズ演奏の典型的な特徴は，自動的に即興演奏するのに十分な楽器演奏技術と音楽的想像力の両方を駆使してのアドリブである。② これは独奏者に当てはまるが，他の奏者と「コンボ」を組んで同時に演奏し，即興を試みることはさらに奏者の技量を試すものである。③ この共演を表す言葉は「ジャム」である。④ グループ自体が自発的に集まったものであれば，それは「ジャム・セッション」と呼ばれる。⑤ 共演で必要なのは，個々の演奏者が自分の楽器を持参して，その場に適した演奏をすることだけである。

　⑥ 比較的多くの奏者が参加する場合は，様々な楽器のコンボの中で順番に演奏するのが決まりである。⑦ 演奏の前に，コンボのメンバーは少しの間，これから演奏する曲の基盤となるメロディーとコード進行の切り替えのパターンを話し合う。⑧ 演奏中は，1 人の奏者が曲が演奏されるその速さや複雑さなどを増したり減らしたりするのが普通だが，共演者たちもその変化にすばやく対応する。⑨ 全体の雰囲気は友好的である。⑩ 奏者たちはまたジャムをする手筈を整える。⑪ 音楽産業は過去の偉大なジャム・セッションを録音して残している。

---

take turns *doing*「交替で…する」

⑦ **peruse** [pərúːz] 他「～を吟味する」
upon which they are about to play「彼らがまさに演奏しようとしているものの基盤となる」▶melody and chord change structure「旋律と和音変化の構造」にかかる関係詞節。

⑧ **it is common for ～ to** *do*「～が…するのは一般的である」▶itは形式主語。to *do* は真主語。
with which the piece is played「楽曲が演奏される際の」▶speed, complexity, etc.「速度，複雑さなど」にかかる関係詞節。

⑨ **friendly** 形「友好的な」

⑩ **arrange to** *do*「…する手筈を整える」

⑪ **～ of the past**「過去の～」

145

📖 単語の意味を確認しよう。

496

technique
(発)(ア) [tekníːk]

图 技術；技巧；手法
▶ a guitarist with brilliant technique すばらしい技巧を持つギタリスト
téchnical 形 技術的な；工業技術の；専門的な

497

apply
[əplái]

動 を適用 [応用] する；申し込む；(〜に) 適用される (to / in)
apply A to B 「AをBに適用する」
▶ apply for 〜 「〜に申し込む」
àpplicátion 图 申し込み；適用
ápplicant 图 応募者，志願者
applíance 图 (家庭用の)(電気) 器具

498

challenge
(ア) [tʃælɪndʒ]

動 に異議を唱える；(人) に挑む；の技量を試す
图 難題；異議；挑戦
▶ face [tackle] a challenge 難題に立ち向かう [取り組む]

499

simultaneously
(発) [sàiməltéiniəsli]

副 (〜と) 同時に (with)；一斉に
sìmultáneous 形 同時に起こる
▶ simultaneous interpretation 同時通訳

500

term
[təːrm]

图 (専門) 用語；〔〜s〕条件；〔〜s〕間柄；学期
▶ in terms of 〜 「〜の観点から (すると)」
▶ be on ... terms with 〜 〜と…な仲である
términal 形 (病気・病人が) 末期の；終点の 图 終点

501

sole
[soul]

形 唯一の；単独の；独占的な
图 足の裏；靴底
sólitùde 图 孤独；独居

502

individual
(ア) [ìndɪvídʒuəl]

形 個々の；個人の
图 個人；個体
ìndivìduálity 图 個性，特性
ìndivìdualístic 形 個人主義 (者) の

503

perform
[pərfɔ́ːrm]

動 (を) 行う；(を) 演じる，(を) 演奏する
▶ perform well うまくいく；成績がよい；うまく作動する
perfórmance 图 公演；実行；性能；実績

510

| 0 | 250 | 500 | 750 | 1000 | 1250 | 1500 |

504
custom
[kʌ́stəm]

名 (社会的な) 慣習；〔~s〕税関；〔~s〕関税
▶ the custom of *doing* 「…する習慣」
cústomàry 形 習慣的な

505
structure
[strʌ́ktʃər]

名 構造；体系；構造物
動 を組織立てる，体系化する
strúctural 形 構造 (上) の

506
common
[ká(:)mən]

形 共通の；普通の；一般の
▶ common sense 常識
名 共 [公] 有地；〔the C~s〕(英国・カナダなどの) 下院
▶ have ~ in common ~を共通して持つ

507
increase
⑦ [ɪnkríːs]

動 増加する (⇔dècréase→288)；を増やす
▶ increase scientific knowledge 科学的知識を増やす
名 [íŋkriːs] 増加，増大
▶ on the increase 増加 [増大] して
incréasingly 副 ますます

508
reduce
[rɪdjúːs]

動 を減らす；を (~に) 変える (to)
▶ re- 後ろへ＋ duce もたらす，導く
redúction 名 減少，削減

509
adapt
[ədǽpt]

動 適応する；を (~に) 適合させる (to)
adapt to ~ 「~に適応する」
àdaptátion 名 適応，順応
adáptable 形 (~に) 適応できる (to)

510
industry
⑦ [índəstri]

名 産業；勤勉 (≒díligence)
indústrial   形 産業の，工業の
indústrious   形 勤勉な (≒díligent)
indústrialìze   動 産業化 [工業化] する
indùstrializátion 名 産業化，工業化

---

35 Cyberculture

コンピュータのセキュリティとは，何の安全を何から守るものなのだろうか？

① A week ago I was casually letting my nine-year-old daughter play around on my computer, when I happened to notice on the screen one of my e-mail pages, showing my credit card bills. ② How had she done it? ③ I had left the computer on a blank screen and logged out of my account. ④ She couldn't explain how she had slipped into my personal site. ⑤ I had thought such information was stored with access controlled by specific I.D. and password.

⑥ Later, I recalled that a few times I had left my cubicle at work, to return finding a colleague, whose computer, he said, had malfunctioned, using mine. ⑦ I began to estimate how often this may have occurred and concluded that it happened quite frequently.

⑧ Likewise, from cyber news and experience, I now realize, deleting files notwithstanding, nothing is ultimately destroyed, therefore everything is ultimately published. ⑨ I have no dark secrets to hide. ⑩ Yet, walking to my urban home, surveyed by countless "security" cameras, I wonder, of what interest are fellow residents and I to these machines? ⑪ Are we threats, or targets?

語法・構文・表現

① **I was casually letting my nine-year-old daughter play around on my computer, when I happened to notice ...**「私が何気なく9歳の娘に私のコンピュータをいじらせていたとき，私は…にたまたま気づいた」▶主節の過去進行形が背景的行為を，when節内の単純過去形が出来事を示す。「～していたとき，…した」
notice ... one of my e-mail pages, showing my credit card bills「私の電子メールのページの1つが私のクレジットカードの請求書を示しているのに気づく」▶showing以下は one of my e-mail pages を説明する現在分詞句。

⑤ **with access controlled by specific I.D. and password**「アクセスが特定のIDとパスワードにより制御されている状態で」▶〔付帯状況〕を表す。

⑥ **I had left my cubicle at work, to return finding a colleague, [whose computer, he said, had malfunctioned], using mine**「私が職場で自分の仕切りスペースを離れて戻ると，同僚が [自分のコンピュータがうまく機能しなかったと言って] 私のを使っているのに気づいた」▶to return finding ～ *doing*「戻って～が…しているのに気づく」は〔結果〕を表すto不定詞句。

📁 科学・技術 [コンピュータ]

① 1週間前，私は9歳の娘を自分のパソコンで適当に遊ばせていた。そのとき，自分のメールのページの1つが画面に現れ，クレジットカードの請求書が出ているのにたまたま気づいた。② この子はどうやってその画面を出したのだろう。③ 私はパソコンをブランク画面にして，アカウントからログアウトしたはずなのに。④ 本人にはどうやって私の個人ページに入ったのか説明できなかった。⑤ このような情報は，アクセスが特定のID とパスワードにより管理される形で保存されている，と私はそれまで思っていた。

⑥ 後になって思い出したのだが，仕事場で自分のブースを出て戻ると，同僚が自分のパソコンが故障したと言って私のパソコンを使っていたことが何度かあった。⑦ こうしたことが今までに何回起きていたのだろうかと私は推測し始め，きっと何回もあったのだろうという結論に至った。

⑧ 同様に，今では私もネットのニュースや経験から知っているが，ファイルを削除しても何も完全には消去されず，結果的に個人情報が全部表に出てしまう。⑨ 私には隠すような怪しい秘密はない。⑩ しかし，無数の「防犯」カメラに監視されて都心の我が家に歩いて帰るとき，あの機械にとって，私と同じ境遇の住人や私がどれほどの関心事であるのかと，私は思うのだ。⑪ 私たちは安全への脅威なのか，それとも監視の標的なのだろうか。

---

⑦ [(v) **began to estimate** (O)[**how often this may have occurred**]] and [(v) **concluded** (O)[**that it happened quite frequently**]] 「[[これまで何回こんなことが起こっていたのだろうか] と推定し始め], [[かなり頻繁に起こったのだ] と結論を下した]」

⑧ [**deleting files notwithstanding**], **nothing is ultimately destroyed, therefore everything is ultimately published** 「[ファイルを削除しても], 何も究極的には消去されず，それゆえに結局すべてが公にされる」▶realize の目的語として働く that 節。～ notwithstanding（＝in spite of ～)「～にもかかわらず」

⑩ **walking to my urban home, surveyed by countless "security" cameras** 「無数の『防犯』カメラに監視されて，都会の我が家に歩いて戻るとき」▶I wonder ...? を修飾する分詞構文。〔時〕を表す。
of what interest are fellow residents and I to these machines? 「隣人たちや私が，この機械にどんな興味を抱かせるのか」▶wonder の目的語に相当する疑問文。of interest「興味を引く」（＝interesting)

149

📔 単語の意味を確認しよう。

---

511 **bill** [bɪl]	名 請求書；英 勘定書（≒米 check）；法案 ▶ pass a bill 法案を可決する 動 に請求書を送る
512 **blank** [blǽŋk]	形 空白の；無表情な；がらんとした ▶ a blank face うつろな表情 名 空白，余白；（心の）空白，空虚 blánkly 副 ぼんやりと，うつろに
513 **slip** [slɪp]	動 滑る；滑り落ちる；そっと動く ▶ slip into a room こっそり部屋に入る 名 滑ること；ちょっとしたミス；紙片；メモ用紙
514 **store** [stɔ:r]	動 を保存する；を蓄える 名 店；蓄え；蓄積
515 **colleague** 発 アク [ká(:)li:g]	名 （職場の）同僚 ▶ colleague は主に「専門職・公職での同僚」を表し，coworker, fellow worker は一般に「職場での同僚，仕事仲間」を表す。
516 **estimate** 発 [éstɪmèit]	動 と推定する；を見積もる；を評価する 名 [éstɪmət] 見積もり；評価 èstimátion 名 見積もり；評価 éstimàted 形 見積もりの
517 **likewise** [láɪkwàɪz]	副 同様に（≒ in the same way）
518 **file** [faɪl]	名 ファイル；（書類の）とじ込み 動 （書類など）をファイルする；（申請書など）を提出する；（訴訟など）を提訴する ▶ file a suit against him 彼を相手に訴訟を起こす

525

519

destroy
㋐ [dɪstrɔ́ɪ]

動 を破壊する；(人)を破滅させる
▶ 修復が不可能なまでに破壊することを意味する。damage は「に損傷を与える」を意味し，その損傷は修復可。
destrúction 图 破壊，破滅
destrúctive 形 破壊的な

520

publish
[pʌ́blɪʃ]

動 を出版する；を公表する
▶ 語源は「何かを public「公の」にする」。
pùblicátion 图 出版(物)；公表

521

urban
[ə́:rbən]

形 都市の；都会的な (⇔ rúral→663)
subúrban 形 郊外の
súburb 图 近郊，郊外
ùrbanizátion 图 都市化

522

survey
㋐ [sərvéɪ]

動 を調査する；をじろじろ見る；を概観する
图 [sə́:rveɪ] (意識・統計) 調査；概観
▶ conduct [do, make] a survey 調査を行う
survéillance 图 (囚人などの) 監視；見張り

523

interest
㋐ [íntərəst]

图 興味；利子；利害
have an interest in ~ 「~に興味がある」
動 に興味を起こさせる
ínterested 形 興味を持った

524

resident
[rézɪdənt]

图 居住者；滞在者
▶ a Japanese resident in Britain 在英日本人
形 (~に) 住んでいる (in)；住み込みの
rèsidéntial 形 居住に適した；居住の；寄宿制の
résidence 图 住居，住宅；屋敷；居住

525

threat
㋹ [θret]

图 脅威；(悪い) 兆し；脅迫
▶ pose [present] a threat to ~ 「~にとって脅威となる」
▶ a threat of famine 飢饉の恐れ
thréaten 動 (を) 脅す；の恐れがある
thréatening 形 威嚇的な
thréatened 形 絶滅の危機にさらされている

旧友の皮肉な一言で，筆者は自分のレジ袋を隠す羽目になる。レジ袋って目障りなもの？

① Plastic grocery bags can offend not only by sound but also by sight.

② I was driving to meet an old friend last seen decades before in college. ③ There he was an athlete famous throughout the region. ④ And despite modest origins, he emerged from college as one who, without in any way seeming to promote himself, talked, dressed, and seemed to do everything with style. ⑤ Also, by the time of our reunion, he apparently had realized his dreams. ⑥ He had succeeded well in financial matters and had an active interest in charities for people stricken by disasters. ⑦ Furthermore, he was a widely recognized figure about town, highly regarded by those of influence, who liked to associate with him.

⑧ We met in a nice and tidy private room at a fancy restaurant he had chosen. ⑨ I set my briefcase down on the bench, and then beside it, a plastic grocery bag. ⑩ "Nice plastic bag," my old friend said. ⑪ I got the hint. ⑫ I quickly moved the bag out of sight, where neither he nor any of the restaurant's staff would have to see it.

◎ 語法・構文・表現 ∾∾∾∾∾∾∾∾∾∾∾∾∾∾∾∾∾∾∾∾∾∾∾∾∾∾∾∾∾∾∾∾∾∾∾∾∾∾∾

① **offend**〔➡426〕圓「(物が) 人の気に障る」

② **last seen decades before in college**「何十年も前に大学で最後に会った」▶old friend を修飾する過去分詞句。

③ **famous throughout the region**「その地域に名を馳せる」▶athlete を修飾する形容詞句。

④ **emerged from college as one who ...**「…人として大学を出た」
who,〔without in any way seeming to promote himself,〕talked, dressed, and seemed to do everything with style「〔自分を売り込むようには少しも見えず，〕優雅に話し，着こなし，あらゆることを品よくこなすように見える」▶one「人」にかかる関係詞節。without in ... himself は挿入。with style「優雅に，格好よく」

⑥ **stricken by disasters**「災害に打撃を受けた」▶people を修飾する過去分詞句。

⑦ **highly regarded by those of influence**「有力者に大いに尊重された」▶主語 (he) のその時の状態を示す分詞句。〔付帯状況〕を表す。of influence「影響力のある」(＝ influential 圏「大きい影響を及ぼす，有力な」)

📁 日常生活［人間関係］

① ビニールの買い物袋は，それが立てる音によってだけでなく，それが<u>目に入ること</u>によっても人の気分を害しかねない。

② 私は，大学の頃から<u>何十年</u>も会っていない旧友に会うために，車を運転していた。③ 大学時代の彼は，<u>地元</u>で名の通ったスポーツマンだった。④ そして，庶民の<u>出</u>であったにもかかわらず，大学を<u>卒業する</u>頃には，自分を<u>売り込む</u>ようには全く見えず，話し方も服装も垢抜けており，何をしても粋に見える人物になっていた。⑤ また，私たちが再会した頃には，彼はすでに自分の夢を<u>実現していた</u>ようだ。⑥ <u>金銭面</u>で十分な<u>成功を収めた</u>彼は，<u>災害</u>に見舞われた人々のための慈善活動に<u>積極的な</u>関心を持っていた。⑦ その上，彼は広く<u>知られた</u>町の名士であり，彼と好んで<u>付き合って</u>いた<u>有力者</u>たちに高く評価されていた。

⑧ 私たちは，彼が選んだ高級レストランのとても<u>整然とした</u>個室で会った。⑨ 私は書類かばんを長椅子に置き，その脇にビニールの買い物袋を置いた。⑩「いいビニール袋だね」と旧友は言った。⑪ 彼が何を言いたいのかを私は察した。⑫ 私はビニール袋を素早く隠した。彼が，あるいはレストランのスタッフの誰かがそれを見なくてすむように。

---

who liked to associate with him「彼らは彼と交わるのを好んだ」 ▶先行詞those of influenceに関して付加的情報を述べる非制限用法の関係詞節。

⑧ **he had chosen**「彼が選んだ」 ▶fancy restaurantにかかる関係詞節。

⑨ **a plastic grocery bag** ▶set down「～を下に置く，～を降ろす」の目的語。

⑫ **where neither he nor any of the restaurant's staff would have to see it**「そこなら彼もレストランのスタッフの誰かもその袋を見る必要がないだろう」 ▶先行詞out of sight「見えないところに」を補足する非制限用法の関係詞節。wouldは〔過去時における推量〕を表す。

● 「句動詞」

show upは〈自動詞＋副詞〉で自動詞，get over ～は〈自動詞＋前置詞〉で他動詞，call up ～は〈他動詞＋副詞〉で他動詞，make up for ～は〈動詞＋副詞＋前置詞〉で他動詞として働く。「句動詞」とは，動詞を含む複数の語で1つの動詞の働きをするものを言う。

📕 単語の意味を確認しよう。

526	
sight (発) [saɪt]	图 光景;名所;<u>見(え)ること</u>;視野;視力 ▶ in sight 見える範囲に (⇔ out of sight 見えない所に) ▶ catch sight of ～ ～を見つける (⇔ lose sight of ～ ～を見失う) ▶ at first sight 一見したところ;一目見て ▶ at (the) sight of ～ ～を見ると síghtsèeing 图 見物,観光 形 観光(用)の

527	
decade (発) [dékeɪd]	图 <u>10年間</u> ▶ for decades 数十年の間;何十年も

528	
region (発) [ríːdʒən]	图 <u>地域</u>;領域;部位 ▶ a brain region 脳内の部位 régional 形 地域の;局部的な

529	
origin (アク) [ɔ́(ː)rɪdʒɪn]	图 起源;源;<u>出身</u> ▶ in origin 元来は,起源は oríginal 形 最初の;独創的な;原作の oríginàte 動 起こる,始まる

530	
emerge (アク) [ɪmə́ːrdʒ]	動 <u>現れる</u>;明らかになる;台頭する emérgence 图 出現,発生 emérgency 图 緊急(事態)

531	
promote (アク) [prəmóut]	動 を促進する;〔通例受身形で〕昇進する ▶ He was promoted to ～. 彼は～に昇進した。 promótion 图 昇進;(販売)促進 ▶ get a promotion 昇進する

532	
realize [ríːəlàɪz]	動 に気づく;を実現する realize that ... 「…ということに気づく」 ▶ realize one's ambition 夢を実現する rèalizátion 图 理解;実現 reálity 图 現実(性)

533	
succeed (アク) [səksíːd]	動 <u>(～に)成功する (in)</u>,(～を)継承する (to) ▶ succeed him as president 社長として彼の跡を継ぐ succéss 图 成功 succéssful 形 (～に)成功した (in) succéssion 图 連続;継承,相続 succéssive 形 連続的な

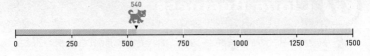

| 0 | 250 | 500 | 750 | 1000 | 1250 | 1500 |

534

financial
発 [fənǽnʃəl]

形 財政 (上) の；財界の

▶ have financial problems 財政問題を抱えている
fináncially 副 財政的に (は)
fínànce 名 財政

535

active
[ǽktɪv]

形 積極的な；活動的な；効力のある

actívity 名 活動；活発，活気
áctivàte 動 を活性化する
act 動 行動する；演じる 名 行為；法令；(劇などの) 幕
áction 名 行為；働き；作用

536

disaster
⑦ [dɪzǽstər]

名 災害；惨事

▶ cause a disaster 災害を引き起こす
▶ a disaster area 被災地
disástrous 形 悲惨な；壊滅的な

537

recognize
発 ⑦ [rékəgnàɪz]

動 を識別できる；を認める

▶ 「見て [聞いて] それとわかる」の意。
rècognítion 名 見分けがつくこと；認識；承認

538

influence
⑦ [ínfluəns]

名 影響 (力)

▶ 「人の行動や思考，事態の進展に影響する力」の意。
have an influence on ～ 「～に影響を与える」

動 に影響を及ぼす，を左右する

ìnfluéntial 形 大きな影響を及ぼす，有力な

539

associate
発 [əsóuʃìeìt]

動 を結び付けて考える；(～と) 交際する (with)

associate A with B 「AをBと結び付けて考える」

名 [əsóuʃiət] 仲間；提携者

形 [əsóuʃiət] 準～，副～

assòciátion 名 協会；交際；連想

540

tidy
[táɪdi]

形 きちんとした，整頓された；相当の

▶ a tidy person きれい好きな人
▶ a tidy sum of money 相当な金
動 を片づける (≒ tidy up)

---

37 Clone Business

遺伝的に同一のものをつくるクローン技術。植物や動物に応用されているが，人へは…。

① Do you remember Dolly, the cloned sheep, "born" in July, 1996? ② Her brother and sister were "born" in July, 2007. ③ They were cloned from the same ancestor as Dolly's to which they were identical in terms of cells and genes. ④ That was a monumental achievement for genetic engineering.

⑤ Today it seems as easy to clone animals, even extinct ancient animals, as to mold them from clay. ⑥ Advances in cloning technology enable genetic engineers to clone various animals, such as police dogs, racehorses, pet dogs, etc. ⑦ These engineers often work for ventures established to conduct clone business, where successful results are compulsory. ⑧ It is reported that an American woman had such a venture clone her dead pet dog from its skin cells preserved for this purpose.

⑨ It is significant that you prepare theoretical backing before you discuss whether cloning is to be identified with scientific progress or with wrongdoing. ⑩ The authorities may examine the technical aspects of cloning in detail, thereby deciding that there is nothing unethical about it, but this does not mean that engineers can take responsibility for such an incredible act of creating life.

語法・構文・表現

③ **to which they were identical in terms of cells and genes**「細胞と遺伝子の点で同一の」▶same ancestor as Dolly's「ドリー（の先祖）と同じ先祖」にかかる関係詞節。

④ **a monumental achievement for genetic engineering**「遺伝子工学にとって不朽の業績」

⑤ (仮S)**it** (V)**seems** (C)**as easy** (真S)[to clone animals, even extinct ancient animals], (比較節)[as (真S')[to mold them from clay]]「[[たとえ絶滅した古代の動物であっても，クローン動物を作ること]は，[[粘土で動物を作ること]と同じくらい]容易であるように思える」▶as ～ as ...の同等比較構文。

⑦ **where successful results are compulsory**「そこでは成果をあげることが義務的である」▶先行詞 [ventures [established to conduct clone business]]「[[クローン事業を行うために設立された]ベンチャー企業]」に関して付加的情報を述べる非制限用法の関係詞節。

クローン・ビジネス

英文レベル ☆☆ 186 words

📁 科学・技術［創造］

①1996年7月に「誕生」したクローン羊のドリーを覚えているだろうか。②その弟と妹は2007年7月に「誕生」した。③2頭はドリーと同じ<u>先祖</u>から作られたクローンであり，<u>細胞</u>も<u>遺伝子</u>もドリーの先祖とまったく同じだった。④これは遺伝子工学にとって不朽の業績だった。

⑤今日では，動物のクローンを作ることは，たとえ絶滅した<u>古代の動物</u>であっても，粘土でそれらの動物を作るのと同じくらい簡単である。⑥クローン技術の進歩のおかげで，遺伝子工学者は警察犬，競走馬，ペットの犬など，様々な動物のクローンを作る<u>ことができる</u>。⑦これらの技術者は，クローン・ビジネスを行うために<u>設立された</u>ベンチャー企業に勤めていることが多いが，これらの企業では成功は<u>義務</u>である。⑧報道によれば，そうしたベンチャー企業の1つが，あるアメリカ人女性の依頼を受けて，愛犬が死んだときにクローンを作成するために<u>保管して</u>おいた皮膚細胞からクローン犬を作ったという。

⑨クローンの作成が科学的進歩と<u>結び付けて考えられる</u>べきか，それとも悪事と結び付けて考えられるべきかを論じる前に，理論的な裏付けを<u>準備して</u>おくことが<u>大切</u>である。⑩<u>専門家</u>は，クローン作成の技術面を詳細に<u>検討し</u>，それによってクローン作成は何ら倫理に反していないと結論付けるかもしれないが，だからといって，生命を創り出すというこの信じがたい行為に対して技術者が責任を取れる<u>ということにはならない</u>のだ。

〰〰〰

⑧ (v) **had** (O) **such a venture** (C) **clone her dead pet dog**「そうしたベンチャー企業に，死んだペット犬のクローンを作らせた」▶have ~ *do*「~に…させる」
  its skin cells [preserved for this purpose]「[この目的のために保存された] 犬の皮膚細胞」

⑨ **whether cloning is to be identified [with scientific progress] or [with wrongdoing]**「クローン作成が科学的進歩と結び付けて考えられるべきか，それとも悪事と結び付けて考えられるべきか」▶discussの目的語として働くwhether節。

⑩ **there is nothing ~ about ...**「…が~だということは全くない」
  this does not mean that ...「これは…であることを意味するわけではない」
  take responsibility for ~「~に対して責任を取る」
  such an incredible act of creating life「生命を創り出すというこのような信じがたい行為」▶of は〔同格〕を表す。

37 Clone Business

単語の意味を確認しよう。

541

ancestor
⑦ [ǽnsèstər]

图 <u>祖先</u>（⇔descéndant 子孫）；原型
▶ evolve from a common ancestor 共通の祖先から進化する
ancéstral 形 祖先の

542

cell
[sel]

图 <u>細胞</u>；独房；電池
▶ a cell phone 携帯電話（＝ cellphone，cellular phone，mobile phone）
céllular 形 細胞の

543

gene
発 [dʒi:n]

图 <u>遺伝子</u>
▶ gene manipulation [recombination] 遺伝子操作 [組み換え]
genétic 形 遺伝子の；遺伝（学）の
genome [dʒí:nòum] 图 ゲノム

544

ancient
発 [éɪnʃənt]

形 <u>古代の</u>；昔からの
▶ an ancient civilization 古代文明
图 古代の人，昔の人
áncèstor 图 祖先

545

enable
発 ⑦ [ɪnéɪbl]

動 <u>(人) が…できるようにする</u>；を可能にする
enable ～ to *do* 「～が…できるようにする」
enábling 形 特別の権限を与える

546

establish
⑦ [ɪstǽblɪʃ]

動 <u>を確立する</u>；<u>を設立する</u>
estáblished 形 確立した，定着した
estáblishment 图 確立；設立；組織

547

compulsory
[kəmpʌ́lsəri]

形 <u>義務的な</u>，<u>強制的な</u>（⇔vóluntàry→10）
compúlsive 形 抗しがたい；衝動的な
compúlsion 图 衝動；強制

548

preserve
発 ⑦ [prɪzə́:rv]

動 <u>を保存する</u>；を保持する；を保護する
▶ preserve the environment 自然環境を保護する
图 ジャム；自然保護区
prèservátion 图 保護；保存
presérvative 形 保存の 图 防腐剤，保存剤

158

555

549

significant
⑦ [sɪgnífɪkənt]

形 重要な，重大な；意義深い
▶ It is significant to *do* …することが重要である
significance 图 重要性；意味
▶ a matter of great significance とても重大な問題

550

prepare
⑦ [prɪpéər]

動 を準備する；を調理する；(～のために) 準備をする (for)
▶ prepare A は A そのものを用意することを表し，prepare for A は A に備えて準備を整えることを表す。
▶ prepare A for B A (人) に B の準備 [心構え] をさせる
prèparátion 图 準備；調理
prepáred 形 心構えができた；準備された

551

identify
⑨ [aɪdéntəfàɪ]

動 を特定する；を (～と) 同一視する (with)
▶ identify A as B「A を B だと特定する，確認する」
idèntificátion 图 身分証明書；身元確認；同一視
idéntity 图 身元，正体；自己同一性
idéntical 形 同一の；よく似た；一卵性の

552

authority
⑦ [ə:θɔ́:rəti]

图 〔通例the ～ties〕(関係) 当局；権威；権限
▶ contact the authorities 関係当局と連絡を取る
áuthorìze 動 (人) に (…する) 権限を与える (to *do*)
authóritàtive 形 権威のある

553

examine
⑨ [ɪgzǽmɪn]

動 を調べる；を診察する；を尋問する
▶ critically examine a new idea 新しい考えを批判的に考察する
exàminátion 图 試験；検査
▶ medical examination 健康診断

554

detail
⑨ [díːteɪl]

图 〔～s〕詳細 (な情報)，細部
▶ in detail「詳細に」
détailed 形 詳細な

555

mean
[miːn]

動 を意味する；(…する) つもりである (to *do*)
mean that ...「…ということを意味する」
▶ I mean it. 私は本気で (そう) 言っているのよ。

♀ 自動車死亡事故の裁判で，被告人は無罪を主張。裁判の争点はどこに絞られたか。

① A mother and her daughter fell **victim** to a vehicle **collision** on a **narrow** road. ② Both were killed instantly. ③ The driver was arrested for reckless driving. ④ According to the criminal **code**, he was **judged** to be a criminal.

⑤ When he appeared in **court**, however, he pled not guilty. ⑥ He **insisted** that he was not to blame because he fainted while driving because of a **dose** of cold medicine he had taken two hours before. ⑦ He tried to **convince** the judge that he had no responsibility for the accident, because he was unconscious.

⑧ The police, who **investigated** the case, meanwhile, testified that it is illegal to drive under the influence of a medicine that, medical studies **demonstrate**, might cause loss of consciousness. ⑨ The driver's **lawyer** protested that it is quite **legal** to drive after taking over-the-counter cold medicine, and that he could not have expected himself to be affected that way.

⑩ The **entire** case narrowed down to a single point: whether the driver had known before driving that he might be affected by the medicine he had taken. ⑪ The verdict was "guilty" and the driver immediately **appealed** the decision to a higher court.

◎ 語法・構文・表現 ～～～～～～～～～～～～～～～～～～～～～～～～～～～～～～～～～

① **fall victim to ～**「～の犠牲になる」

③ **be arrested for ～**「～のかどで逮捕される」 **reckless driving**「無謀運転」

④ **the criminal code**「刑法」 **be judged to be ～**「～（である）と判断される」

⑤ **plead not guilty**「無実を申し立てる」

⑥ **he was not to blame**「自分は悪くない，自分には非はない」
he had taken two hours before「彼が2時間前に飲んだ」 ▶dose of cold medicine「一服のかぜ薬」にかかる関係詞節。

⑧ **who investigated the case**「この事案を調査した」 ▶The policeに関し付加的情報を述べる非制限用法の関係詞節。**testify that ...**「…であると証言する」
under the influence of ～「～の影響を受けて」
that, medical studies demonstrate, might cause loss of consciousness「意識の喪失を引き起こすかもしれないと医学的研究が証明する」 ▶medicine「薬剤」に

160

📁 社会 [司法]

①ある母親とその娘が, 狭い道路で自動車衝突事故の犠牲になった。②2人とも即死だった。③運転手は危険運転で逮捕された。④刑法の定めに従って, 彼は犯罪者と判断された。

⑤しかし, 法廷に現れると, 彼は自分の無実を主張した。⑥2時間前に飲んだ一服のかぜ薬のせいで運転中に気を失ったのだから, 自分は悪くないと彼は主張した。⑦自分は意識不明だったので事故に対する責任はない, と彼は判事を説得しようとした。

⑧一方, 事件を調査した警察は, 飲むと意識を失うことがあると医学的に実証されている薬を飲み, その影響が残っている状態で車を運転するのは違法だと証言した。⑨運転手の弁護人は, 市販のかぜ薬を飲んだ後で運転するのはまったく合法であり, そのような影響を受けることを彼が予想することは不可能だったと主張した。

⑩訴訟全体の論点は1点に絞り込まれた。飲んだ薬の影響を受けるかもしれないということを, 運転手が運転の前に知っていたかどうかという点である。⑪評決は「有罪」であり, 運転手は直ちにその決定を不服として高等裁判所に上訴した。

~~~~~~

かかる関係詞節。medical studies demonstrate は挿入節。

⑨ **protested that it is quite legal to drive ..., and that he could not have expected ...**「…運転することはまったく合法的であり, 彼には…予想することができなかったであろうと主張した」 ▶2つの that 節は protested の目的語として働く。
over-the-counter cold medicine「店頭販売かぜ薬, 市販薬」
expect himself to be affected that way「自分がそのように影響されることを予想する」 ▶that way は副詞句。

⑩ **narrow down to ~**「~に絞られる」
whether the driver had known before driving that he might be affected by the medicine he had taken「運転者が自分の飲んだ薬によって影響されることを運転前にわかっていたかどうか」 ▶a single point「1つの論点」の内容を示す同格節。he had taken は medicine にかかる関係詞節。

📘 単語の意味を確認しよう。

556
victim
[víktɪm]

名 犠牲 (者)，被害者
▶ fall victim to ~ ~の犠牲 [えじき] になる
víctimìze 動 を犠牲にする

557
collision
[kəlíʒən]

名 衝突；対立
▶ be on a collision course with ~ ~と衝突進路にある
▶ come into collision with ~ ~と衝突 [対立] する
collíde 動 (~と) 衝突する (with)

558
narrow
[nǽrou]

形 狭い；細い；限られた
▶ by a narrow margin 僅差で
動 を狭める，を制限する；狭まる
名 〔~s〕幅の狭い所

559
code
[koud]

名 規範；暗号；法典
動 を暗号にする；を法典化する
encóde 動 を暗号化する

560
judge
発 [dʒʌdʒ]

動 (を) 判断する；に判決を下す
▶ judge A (to be) B A を B と判断 [推定] する
▶ judging from [by] ~ ~から判断すると
名 裁判官；審査員
júdgment 名 判断；裁判；判決

561
court
[kɔːrt]

名 裁判所，法廷；裁判；宮廷；中庭
▶ go to court 裁判に訴える

562
insist
[ɪnsíst]

動 (を) 強く主張する；要求する
insist on [upon] ~ 「~を強く主張する」
▶ insist that A (should) do A が…するように強要する
insístence 名 主張；強要
insístent 形 強く言い張る；しつこい

563
dose
発 [dous]

名 (薬の 1 回分の) 服用量；放射線の照射量
▶ be exposed to high doses of radiation 大量の放射線を浴びる
動 に (~を) 投薬する (with)

570
🐈

| 0 | 250 | 500 | 750 | 1000 | 1250 | 1500 |

564

convince
㋐ [kənvíns]

動 を納得 [確信] させる
convince ～ that ... 「～に…と確信させる」
▶ convince ～ to *do* ～に…するよう納得させる
convínced 形 信念の固い；確信に満ちた
convíncing 形 納得のいく

565

investigate
㋐ [ɪnvéstɪgeɪt]

動 を調査する；を究明する；(～を) 調査する (into)
invèstigátion 名 調査，捜査
▶ the Federal Bureau of Investigation（米国）連邦捜査局（FBI）
invéstigàtor 名 捜査員

566

demonstrate
㋐ [démənstrèɪt]

動 を論証 [証明] する；デモをする
▶ demonstrate that ... 「…であることを証明する」
dèmonstrátion 名 実証；実演；デモ
demónstrative 形 感情を表に出す；例証的な

567

lawyer
㋓ [lɔ́:jər]

名 弁護士
▶ 弁護士一般を指す。法廷弁護士は米counselor，英barrister。
事務弁護士は米attorney，英solicitor。

568

legal
㋓ [lí:gəl]

形 法律の；合法の (⇔ illégal 違法の)
legálity 名 適法，合法性
lègislátion 名 〔集合的に〕法律；立法

569

entire
[ɪntáɪər]

形 全体の，全部の (≒ whole)；完全な
▶ the entire staff 全従業員
entírely 副 まったく，完全に

570

appeal
[əpí:l]

動 訴える；抗議する；(上級審に) 上訴する
appeal to ～ 「～に訴える」
名 訴え，懇願；上訴
appéaling 形 魅力的な
appéllate 形 上訴の

学校で漁業は学べるが漁師にはしてくれない。教育を受けたらそれを生かすのは自分だ。

① Schools and universities have systems and facilities to educate young people. ② Teachers and professors make use of these systems and facilities and organize their classes and lectures. ③ They engage mainly in teaching the basic principles and typical phenomena of their subject. ④ They teach what is to be discussed in their field and how to combine theories to settle the differences between them. ⑤ They aid their students in finding relevant documents and statistics to carry out independent studies on their own. ⑥ They sometimes stimulate their students by introducing them to extreme opinions prevalent among populist commentators or to the newest findings that have been published in important articles and conferences. ⑦ Schools and universities, however, often face difficulties inherent in training students into becoming full-fledged professionals, artists and craftspersons. ⑧ In other words, they can teach young people philosophy and religion, agriculture and fishery, but they cannot turn them into practical thinkers, preachers, farmers or fishermen. ⑨ It takes many years of personal effort and experience to truly reach high levels of professionalism.

語法・構文・表現

① **to educate young people**「若者を教育する（ための）」▶systems and facilities「制度と施設」を修飾する形容詞用法のto不定詞句。

② **organize their classes and lectures**「自分の授業や講義を組み立てる」

③ **teaching the [basic principles] and [typical phenomena] of their subject**「自分の学科の［基本原理］と［典型的な現象］を教えること」▶in の目的語。

④ **teach [what is to be discussed in their field] and [how to combine theories to settle the differences between them]**「［自分の分野で何が論じられるべきか］，また［どのように理論を組み合わせて理論間の相違を調整するべきか］を教える」

⑤ **aid ~ in** *doing*「～が…するのを助ける［手伝う］」
relevant〔→851〕 形「関連がある；適切な」
carry out ~「～を行う，～を実行する」

⑥ **stimulate their students by** *doing*「…することにより自分の学生を刺激する」

① 学校や大学は，若者を<u>教育する</u>システムと設備を持つ。② そのシステムと設備を使って，教師や教授は授業や<u>講義</u>を<u>組み立てる</u>。③ 彼らは主として，担当教科の基本的な原理と一般的な現象を教えることに<u>従事する</u>。④ その教科で議論の的になることや，複数の理論を<u>組み合わせて</u>理論間の相違を<u>調整する</u>方法を彼らは教える。⑤ また，学生が自分で独自の研究を行うために関連<u>文書</u>や<u>統計</u>を見つける<u>手助け</u>もする。⑥ ときには，学生に刺激を与えるために，大衆に人気のある解説者がよく使う<u>極論</u>や，また，重要な論文や<u>学会</u>で発表された最新の成果を彼らに紹介することもある。⑦ しかし，学校や大学は，学生を一人前の専門家や芸術家や職人に育て上げることの<u>本来的な</u>難しさにしばしば直面する。⑧ 言い換えれば，若者に<u>哲学</u>，<u>宗教</u>，農業，漁業を教えることはできるが，彼らを実践的思想家，牧師，農民，漁民に変えることはできない。⑨ 各人の長年にわたる努力と経験によってのみ，高いレベルの専門的技術に到達できるのである。

by introducing them [to extreme opinions prevalent among populist commentators] or [to the newest findings that have been published in important articles and conferences]「［庶民派解説者の間で流行している極端な意見］とか［重要な論文や学会で発表された最新の研究成果］を彼らに紹介することによって」▶introduce ～ to …「～（人）に…を紹介する，体験させる」

⑦ face [difficulties [inherent in training students into becoming full-fledged professionals, artists and craftspersons]]「[[一人前の専門家，芸術家，工芸家になるように学生を訓練することに内在する]困難]に直面する」

⑧ turn A into B「AをBに変える」

⑨ It takes many years of personal [effort] and [experience] to do「…するには長年にわたる個人的［努力］と［経験］が必要である」▶many years of ～「長年の［何年もの］～」

📖 単語の意味を確認しよう。

571

educate
㋣ [édʒəkèɪt]

動 を教育する；に教える；(能力など) を養う
▶ educate ~ to do ~に…するように教える
　èducátion 图 教育；教養

572

organize
[ɔ́ːrɡənàɪz]

動 を準備する；を組織する
▶ organized crime 組織犯罪
　òrganizátion 图 組織；構成

573

lecture
[léktʃər]

图 講義，講演；説教
▶ attend a lecture 講義に出席する

動 (に) (~について) 講演 [講義] する (on)；に説教する
　lécturer 图 講演者，講師

574

engage
[ɪnɡéɪdʒ]

動 を従事させる；を (~として) 雇う (as)；(~に) 従事する (in / with)
　be engaged in ~ 「~に従事している」
　engágement 图 婚約；取り決め；雇用 (期間)
　engáged 　形 従事して；婚約して

575

combine
[kəmbáɪn]

動 を (~と) 結び付ける (with)；(~と) 結び付く (with)
▶ A and B combined AとBを合わせたもの
　còmbinátion 图 結合，組み合わせ

576

settle
[sétl]

動 を解決する；(に) 移り住む；を落ち着かせる
▶ be settled (in ~) (~に) 落ち着く，居を定める (≒ settle oneself)
▶ settle down 落ち着く，静まる；身を固める
▶ settle down to do 腰を据えて…することに取り掛かる
　séttlement 图 解決；合意；入植 (地)

577

aid
[eɪd]

動 を援助する，助ける (≒ help)

图 援助；助手；補助器具

585

| 0 | 250 | 500 | 750 | 1000 | 1250 | 1500 |

578
document
㋐ [dá(:)kjumənt]

㊁ (公) 文書, 書類；記録, 資料
▶ leak classified documents 機密文書を漏洩する

㊌ を記録する；を (証拠書類で) 立証する
dòcuméntary ㊢ 事実に基づく, 実録の
㊁ ドキュメンタリー番組 [映画]

579
statistics
㋐ [stətístɪks]

㊁ 統計；統計学
▶ 「統計」の意味では複数扱い, 「統計学」の意味では単数扱い。
▶ 単数形 statistic は「統計値, 統計項目」の意。
statístical ㊢ 統計 (上) の；統計学 (上) の

580
extreme
[ɪkstríːm]

㊢ 極端な；極度の, 過激な

㊁ 極端；極度；極端な手段
▶ go to extremes 極端に走る
extrémely ㊌ 極端に, 非常に

581
conference
㋐ [ká(:)nfərəns]

㊁ 会議；協議
▶ a press conference 記者会見
confer [kənfə́ːr] ㊌ 相談する；協議する；を (〜に) 授与する (on)

582
inherent
㋰ [ɪnhíərənt]

㊢ 生来の, 本来的に備わっている
inhérence ㊁ 本来性, 生得
inhére ㊌ (〜に) 本来備わる (in)

583
philosophy
㋐ [fəlá(:)səfi]

㊁ 哲学；原理；人生観
▶ philo- 愛する＋ sophy 知 (恵)
phìlosóphical ㊢ 哲学 (者) の
philósopher ㊁ 哲学者

584
religion
㋰ [rɪlídʒən]

㊁ 宗教；信条；信仰 (心)
▶ practice one's religion 宗教の教えを実践する
relígious ㊢ 宗教の；敬虔な

585
agriculture
㋐ [ǽgrɪkʌ̀ltʃər]

㊁ 農業；農学, 畜産
▶ agri- 畑＋ culture 耕作
▶ slash-and-burn agriculture 焼き畑式農業
àgricúltural ㊢ 農業の；農学の

自由貿易はいいことずくめなのか？　自由貿易のメリット・デメリットを読み取ろう。

① Free trade, it's argued, is great — for the "man in the street," for the "elite," for everyone.　② Countries favored with certain resources can sell them at prices easily affordable to other countries, yet providing themselves with adequate profit.　③ It seems like a "win-win" situation.　④ However, in developing countries, the mass of the population, not satisfied with the current state, might be vocal in their discontent with the status quo and ask: "Why then do we still suffer poverty?　⑤ Why are living standards declining though we work harder?"　⑥ Perhaps those who "win" are only their rulers, perhaps what has direct responsibility for their plight is regional conflict or cultural factors, and so on.

⑦ Developed countries, on the other hand, while respecting free-trade theory, don't altogether trust it.　⑧ Each country claims to have, at least one, specific native product so uniquely involved with its culture that it must be protected.　⑨ Name a product, and one can guess a country connected with it: wine, cheese, olive oil....　⑩ For Japan, this product is preeminently rice.　⑪ The question then becomes: how many "uniquely special" products can be protected, excepted from free-trade accords, while still having free trade?

語法・構文・表現

① **the man in the street**「一般の人，庶民」
the elite「選り抜きの人々，エリート」

② **favored with certain resources**「ある資源に恵まれた」 ▶Countriesを修飾する過去分詞句。favor A with B「AにBで好意を示す」
yet providing themselves with adequate profit「しかもなお十分な利益を自国にもたらす」 ▶sell them at prices easily affordable to other countries「その資源を手頃な値段で他国に売る」を修飾する分詞句。〔付帯状況〕を表す。

③ **a "win-win" situation**「『ウィンウィン』の状況」 ▶輸出国も輸入国も潤う状況。

④ **be vocal in ～**「～を遠慮なく口に出す」

⑥ **what has direct responsibility for their plight**「彼らの窮状に直接の責任があるもの」 ▶is regional conflict or cultural factors, and so on「地域紛争や文化的要因などである」の主語として働く独立関係詞節。

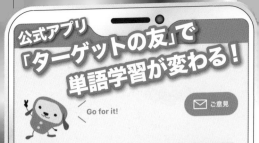

公式アプリ「ターゲットの友」で単語学習が変わる！

Go for it!

ご意見

共通テスト1日目まであと236日

学習記録カレンダー
目標管理もできる！

毎日のミニテストで
やる気キープ！

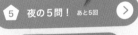

5 夜の5問！ あと5回

文 今週の英文

スマホで手軽にリスニング！

英単語選手権に挑戦！

📁 産業［貿易］

① 自由貿易は，「一般大衆」にも「エリート」にも，誰にとってもすばらしいものだと主張されている。② 一定の資源に恵まれた国々は，それを手頃な価格で他国に売り，それでもなお十分な利益を自国にもたらすことができる。③ これは，「お互いが得をする」状況のように思われる。④ しかし，発展途上国では国民の大半が現状に満足せず，現状への不満を露わにして「それなら，私たちが今でも貧困を抱えているのはなぜなのか？」と問うかもしれない。⑤「私たちは以前より熱心に働いているのに，生活水準はなぜ下がっているのか？」と。⑥ もしかしたら，「得をする」人は統治者だけかもしれないし，人々の苦境の直接の原因は，地域内での紛争や文化的要因などかもしれない。

⑦ 一方，先進国は自由貿易主義を尊重しているが，それを全面的に信じているわけではない。⑧ 各国は，自国の文化との間に独自の関連性を持つので，（自由貿易から）保護されなければならない特定の原産品を少なくとも1つ持っていると主張する。⑨ 産物の名前を挙げれば，その品から連想される国を言い当てられるはずだ。例えば，ワイン，チーズ，オリーブ油，などなど。⑩ 日本の場合，その産物は間違いなく米だろう。⑪ そうすると，次の疑問が浮かぶ。自由貿易を維持したまま，自由貿易協定の例外として保護することのできる「独自の価値を持つ」産物は，一体いくつあるのだろうか。

---

⑦ **while respecting free-trade theory**（＝while they respect free-trade theory）「自由貿易理論を尊重する一方で」 ▶whileは〔対照〕を表す接続詞。

⑧ **claim to have ～**「～を持っていると主張する」
so uniquely involved with its culture that it must be protected「自国の文化と独特に絡んでいるので保護されなければならない」 ▶at least one, specific native product「少なくとも1つの，特別な自国原産物」を修飾する分詞句。

⑨ **Name ～, and one can *do*.**「～を挙げてみなさい。そうすれば…できるだろう」
guess a country connected with it（＝a product）「その産物と結びついた国を推測する」

⑪ **how many "uniquely special" products can be [protected], [excepted from free-trade accords], while still having free trade**「一体いくつの『独特に特別な』産物が［保護され］，［自由貿易協定から除外され］て，それでも自由貿易を有するということになりうるか」 ▶The question then becomes: の補語。

📖 単語の意味を確認しよう。

---

586 **trade** [treɪd]	名 貿易；商売，取引 ▶ conduct [carry on] trade 商売をする 動 取引をする；を交換する tráder 名 貿易業者；商人

587 **argue** [ɑ́ːrgjuː]	動 と主張する（≒ claim, maintáin）；議論する argue that ... 「…と主張する」 ▶ argue for [against] ~ ~に賛成 [反対] の意見を述べる árgument 名 論争；論拠

588 **resource** 発 [ríːsɔːrs]	名〔通例~s〕資源；〔通例~s〕資金；才覚 ▶ human resources 人的資源 resóurceful 形 工夫に富む

589 **profit** [prɑ́(ː)fət]	名 利益；収益（率）；得 ▶ net [gross] profit 純利益 [粗利益] 動 (~から) 利益を得る (from / by)；の益になる prófitable 形 利益になる；有益な

590 **mass** [mæs]	形 大規模な，大量の；大衆 (向け) の ▶ the mass media マスメディア，マスコミ 名 (大きな) かたまり；大量；一般大衆 mássive 形 大きくて重い；非常に多い

591 **current** ア [kə́ːrənt]	形 現在の；現代の；通用している 名 流れ；風潮；電流 cúrrently 副 現在(は)　cúrrency 名 通貨；流通；通用

592 **vocal** [vóukəl]	形 声の，発声の；はっきりものを言う ▶ the vocal cords 声帯 名 ボーカル (パート)，声楽 (曲)，歌唱 vócalist 名 歌手，ボーカリスト

593 **suffer** [sʌ́fər]	動 苦しむ；患う；(苦痛など) を経験する suffer from ~ 「~で苦しむ；~の病気を患う」 súffering 名 苦しみ；苦痛

600

0 250 500 750 1000 1250 1500

594 **decline** [dikláin]	動 減少する；衰退する；を断る
	▶ decline his offer 彼の申し出を断る
	名 衰退；下落

595 **conflict** ⑦ [ká(:)nflìkt]	名 争い；論争；不一致
	▶ be in conflict with ～ ～と一致しない，矛盾している
	動 [kənflíkt] (～と) 対立 [矛盾] する (with)
	conflícting 形 矛盾する，一致しない

596 **respect** [rispékt]	動 を尊敬する；を尊重する
	名 尊敬，敬意；考慮；点
	▶ with respect to ～ ～に関して
	▶ in this respect この点で
	respéctful 形 敬意を表する
	▶ respectable「立派な」，respective「それぞれの」と区別。
	respéctively 副 それぞれ

597 **native** [néitiv]	形 出生地の；原産の；生得の
	▶ a native speaker ネイティブスピーカー，母語話者
	▶ be native to ～ ～の原産である
	名 その土地 [国] に生まれた人

598 **involve** [invá(:)lv]	動 を関与させる；を伴う
	▶ be involved in ～「～にかかわる」
	▶ A involves B. は，B は A (活動・状況など) の一部や結果。
	invólvement 名 関与；没頭

599 **connect** [kənékt]	動 をつなぐ；を関連づける
	▶ connect A to [with] B「A を B とつなぐ，結び付ける」
	connéction 名 関連；結合，接続
	▶ in connection with ～ ～に関連して

600 **accord** [əkɔ́:rd]	名 一致；合意，協定
	▶ in accord with ～「～と一致して」
	▶ of one's own accord 自発的に
	動 (人) に (～を) 与える；(～と) 一致する (with)
	▶ according to ～ ～によると；～に従って

171

🔑 筆者はコインランドリーで出会った相撲取りたちから逃げ出したかった。一体なぜ？

① On my way to a coin laundry, I saw approaching five or six men resembling *sumo* wrestlers. ② I was puzzled whether they were really *sumo* wrestlers or mere out-of-season Halloweeners. ③ Their hair style, dress of plain *yukata* and floppy sandals, above all their size, declared their profession as *sumo* — though, by their youth, I suspected "minor-league" *sumo*. ④ They seemed out to kill time. ⑤ An hour later, my clothes were washed. ⑥ But the clothes loaded in the three time-expired driers had yet to be claimed. ⑦ What to do? ⑧ As if by telepathy, the laundry owner appeared. ⑨ She pulled from a drier still damp clothes including an enormous pair of boxer-shorts and heaped them on the shelf above the washers. ⑩ Oh great, I sarcastically mumbled; just what I need. ⑪ However, when the *sumo* wrestlers return, they, with logic, will think I piled their clothes into these clumps as if they were rubbish. ⑫ On cue, they staggered in. ⑬ They couldn't have been nicer, urging me to share the beverage they had brought back. ⑭ But I was anxious and eager to leave.

🎯 語法・構文・表現

① **on *one's* way to ~**「~へ向かう [行く] 途中で」
saw approaching five or six men resembling *sumo* wrestlers「力士に似た5, 6人の男性が近づいてくるのを見た」▶see ~ *doing*「~が…しているのを見る」の *doing* が " ~ " の前に移動した構造。

② **was puzzled whether they were really *A* or *B***「彼らが本当に*A*であるのか, それとも*B*であるのか (わからなくて) 当惑した」▶whether の前に as to「~に関して」を補って考える。

③ **above all**「とりわけ, 何よりも」
declare *A* as *B* (= declare *A* (to be) *B*)「*A*が*B*であると宣告する」
by their youth「彼らの若さからして」▶by は〔基準〕を表す。

④ **kill time**「時間をつぶす」

⑥ **loaded in the three time-expired driers**「3台の時間が切れた乾燥機に詰め込まれた」▶clothes にかかる過去分詞句。

相撲取りとの出会い

📁 日常生活 [人間関係]

① コインランドリーへ行く途中で，力士に<u>似た</u> 5，6 人の男が私に近付いてくるのが見えた。② 本物の力士なのか，それとも<u>ただの</u>季節外れのハロウィーンのコスプレなのか，私は<u>当惑した</u>。③ 髪型，<u>地味な</u>浴衣に草履という服装，そして何よりも体格が，彼らの<u>職業</u>が相撲取りであることを<u>示していた</u>。ただ，まだ若そうだったので，「マイナー<u>リーグ</u>」（幕下）の力士<u>ではないか</u>と思った。④ 彼らは外で時間をつぶしているようだった。⑤ 1 時間後，私の服の洗濯は終わった。⑥ しかし，時間切れの 3 台の乾燥機に<u>入っている</u>服の持ち主たちは，まだ引き取りに来ていなかった。⑦ さて，どうしたものか？⑧ すると，まるでテレパシーが通じたかのように，店のオーナーが現れた。⑨ 彼女は特大のボクサー・ショーツなどの生乾きの衣類を乾燥機から引っ張り出し，洗濯機の上の棚に積み上げた。⑩ やった，と私はやや皮肉っぽくつぶやいた。ちょうどよかった。⑪ しかし，力士たちが戻ったら，自分たちの服をまるで<u>ゴミ</u>のようにこんな固まりにして<u>積み上げた</u>のは私だと，<u>論理</u>を働かせて，思うだろう。⑫ まさにそのとき，彼らがふらふらと入って来た。⑬ 彼らはこの上なく親切で，持ち帰った<u>飲み物</u>を一緒に飲もうと勧めた。⑭ しかし，私はその場を<u>立ち去る</u>ことを<u>切望し</u>，そうしたくて<u>たまらなかった</u>。

---

had yet to be claimed「まだ（持ち主が）取りに来ていなかった」▶claim「（落し物・忘れ物など）を取りに行く」

⑨ **still damp clothes**「まだ湿っている服，生乾きの服」
heap A on B「Bの上にAを積み上げる」

⑩ **sarcastically** [sɑːrkǽstɪkli] 副「いやみっぽく，皮肉を込めて」
mumble 自「つぶやく，ぶつぶつ言う」
just what I need「まさに私の必要とするもの」▶justの前にthis isを補って考える。

⑪ **pile A into B**「AをBの状態に積み上げる［重ねる］」

⑫ **on cue**「タイミングよく」

⑬ **They couldn't have been nicer**「彼らは最高に親切だった」▶「彼らはそれ以上親切にすることはできなかっただろう」が字義どおりの意味。
they had brought back「彼らが持ち帰った」▶beverageにかかる関係詞節。

■ 単語の意味を確認しよう。

601
resemble
[rizémbl]

動 に似ている
- ▶ resemble ～ in character「性格が～に似ている」
- resémblance 图 類似 (点)；似ている人 [物]
- ▶ bear [have] a resemblance to ～ ～に似ている

602
puzzle
[pázl]

動 を当惑させる
- ▶ be puzzled by [about, as to, at] ～ ～に当惑する

图 なぞ，難問；パズル

603
mere
発 [mɪər]

形 単なる，ほんの
- mérely 副 単に (≒ ónly)

604
plain
[pleɪn]

形 明らかな；平易な；飾りのない；率直な
- ▶ to be plain with you 率直に言えば

图〔しばしば～s〕平野，平原
- pláinly 副 はっきりと；率直に；〔文修飾〕明らかに

605
declare
[dɪkléər]

動 を宣言する；を申告する；を明らかにする
- ▶ declare martial law 戒厳令を布告する
- dèclarátion 图 宣言；公表；申告
- ▶ the Declaration of Independence (米国) 独立宣言

606
profession
[prəféʃən]

图 職業；専門職；同業者仲間
- ▶ enter the teaching profession 教職に就く
- proféssional 形 職業的な，専門的な 图 専門家
- ▶ turn professional プロに転向する

607
suspect
ア [səspékt]

動 ではないかと思う；(人) を疑う
- suspect that ...「…ではないかと思う」
- ▶ suspect A of B A に B の疑いをかける

图 [sáspekt] 容疑者

形 [sáspekt] 疑わしい；不審な
- suspícion 图 疑い
- suspícious 形 疑わしい

615

608
league
[líːg]

名 (競技) 連盟；同盟
- ▶ the American League（野球の）アメリカンリーグ
- ▶ in league with ～　～と同盟して；～とぐるになって

609
load
[lóud]

動 に積む；に負わせる
- load A with B 「AにBを積む」
- ▶ load boxes into a car　箱を車に積み込む

名 (積み) 荷；重荷；負担；負荷

610
logic
[lá(ː)dʒɪk]

名 論理；道理；論理学
- ▶ 語源はギリシャ語の logike「理性的思考の技法」。
- lógical 形 論理的な；当然の

611
pile
[páɪl]

動 を積み重ねる；積み重なる

名 積み重ねた山；大量
- ▶ a pile of ～　たくさんの～

612
rubbish
[rʌ́bɪʃ]

名 英 ごみ（≒米 gárbage）；つまらないもの
- ▶ a pile of rubbish　ごみの山

形 (～が) 下手な (at)

613
beverage
発 [bévərɪdʒ]

名 (水以外の) 飲み物，飲料
- ▶ alcoholic beverages　アルコール飲料

614
anxious
[ǽŋkʃəs]

形 心配して；切望して
- be anxious about ～ 「～を心配している」
- ▶ be anxious to do …することを切望している
- anxiety [æŋzáɪəti] 名 不安，心配；切望

615
eager
[íːgər]

形 (～を) 熱望して (for)；熱心な
- be eager to do 「しきりに…したがる」
- ▶ eager for fame　しきりに名声を求めて
- éagerly 副 熱望して；熱心に
- éagerness 名 熱望，熱心

♀ ジャズ演奏者の「カウンター歩き」とはどのようなことだったのかを読み取ろう。

① From 1945 to 1965, owners of small jazz and blues clubs often imposed on musicians not just that they play a good session, but, with enthusiasm, put on an intense show to delight the audience. ② An extreme form, to stand on the bar and play while dancing, gyrating, posing, was called "walking the bar." ③ Some musicians understandably felt it was a demeaning compromise and abuse of their music and honor. ④ However, to get a steady venue to play, to earn a little toward the rent, and perhaps to launch a career, they had not the luxury to refuse; they had to justify and endure it.

⑤ Even greatest, later legendary ones, such as John Coltrane, recalled a time of being forced to "walk the bar." ⑥ For some, like Louis Armstrong, a bit of showmanship was not artificial, but natural instinct. ⑦ Thus he once praised a young trumpeter's playing of the high notes, then added: "But you make it look too easy."

◎語法・構文・表現

① **impose on 〜 that S (should) do**「〜（人）に対しSが…するように強いる」
  ▶that 節内の動詞は〈should ＋原形〉，または仮定法現在。
  not just that ... but ...「…することだけでなく，…することも」 ▶not just A but B「A だけでなく B もまた」の構造。

② **to stand on the bar and play while** (one was) **dancing, gyrating, posing**「カウンターに立ち，踊ったり，旋回したり，ポーズをとったりしながら演奏すること」
  ▶直前の An extreme form「極端な形態」の内容を表す同格語。

③ **understandably** 圖「もっともなことだが」
  felt it was [a demeaning compromise] and [abuse of their music and honor]「その演奏形態が［品位を落とす妥協］であり，［自分の音楽と名誉の乱用］であると感じた」 ▶and で等位接続された2つの名詞句は it was の補語。

④ **venue** 图「開催地，会場」
  rent 〔➡730〕图「家賃，賃貸料」
  career [kəríər] 图「経歴；職業」
  they had not the luxury to refuse「彼らには断る贅沢は許されなかった」 ▶had not＝did not have。to refuse は luxury の内容を示す to 不定詞句。

⑤ **recall a time of** *doing*「…した時代を思い出す」

176

📁 文化 [音楽]

① 1945 〜 65 年には，小さなジャズやブルースのクラブのオーナーはしばしば演奏者に，優れた<u>セッション</u>をするだけでなく，客を<u>喜ばす</u>ために<u>強烈な</u>ショーを，<u>熱狂</u>的に演じるように<u>強要した</u>。② カウンターの上に立って，演奏中に踊ったり，ぐるぐる回ったり，<u>ポーズをとったり</u>する極端な形態は，「カウンター歩き」と呼ばれた。③ それが品位を汚す妥協であり，自らの音楽と<u>名誉</u>の<u>乱用</u>だと考える演奏者たちも当然いた。④ しかし，<u>確実な</u>演奏会場を確保し，家賃のために少し稼ぎ，おそらくは経歴の<u>第 1 歩</u>を踏み出すために，演奏者たちにはオーナーの要求を断る<u>贅沢</u>は許されなかった。彼らはそれを<u>正当化し</u>，<u>我慢する</u>しかなかったのだ。

⑤ ジョン・コルトレーンら後に伝説と呼ばれた名人たちも，「カウンター歩き」を強要された時代を回想した。⑥ ルイ・アームストロングのような人にとって，ちょっとした芝居っ気は<u>作為的な</u>ものではなく，生まれながらの<u>本能</u>であった。⑦ そんな彼は，かつて若いトランペット奏者が高い音を吹くのを聴いて，褒めた後でこう付け加えた。「でも，君の演奏は簡単に見えすぎるね。」

---

be forced to *do* 「…せざるをえない」

⑥ **showmanship** 图「興行的手腕，芝居っ気，演出術」

⑦ **praise** 〔➡889〕 他「〜を称賛する」
　you make it look too easy 「君は自分の演奏をあまりに簡単に見えるようにする」
　▶ make 〜 *do* 「〜に…させる」の構造。

● 「session を考える」
　本文の session はジャズの jam session 「ジャムセッション」(144 ページ) を表す。もともと session は，ラテン語の sedere 「座る」の分詞語幹である sess- に「状態」を表す ion が結合してできた語なので，特に集団が座って行う活動を表すことが多い。「(議会・法廷などの) 開会，開廷」「会期」「会合，集まり，飲み会」「学期，授業」など語義は多岐にわたるが，「集団が座ってすること」と覚えておけば意外と簡単に『使える語』になる。また session は座って行う活動の時間を表す。a question-and-answer session 「質疑応答の時間」，a training session 「訓練時間；講習会」，an autograph session 「サイン会 (の時間)」などはよく使われる表現である。

42 Walking the Bar

単語の意味を確認しよう。

616
impose [ɪmpóuz]
動 を課す；を押しつける
impose *A* on *B* 「*B*に*A*を課す」
ìmposítion 名 課税；負担

617
session [séʃən]
名 集まり；(議会の) 会期；(開会中の) 議会；(音楽の) セッション
▶ a drinking session 飲み会
▶ a summer session 夏期講習会；夏学期
▶ in [out of] session 開会 [閉会] 中で

618
enthusiasm アク [ɪnθjúːziæ̀zm]
名 (〜への) 熱情，熱意 (for)
▶ with enthusiasm 熱狂して，熱意を持って
enthùsiástic 形 熱狂的な　enthúsiàst 名 熱狂者；ファン

619
intense [ɪnténs]
形 強烈な；熱烈な
inténsity 名 強烈さ　inténsifỳ 動 を強化する，増す
inténsive 形 集中的な

620
delight [dɪláɪt]
動 を喜ばせる；(〜を) 大いに喜ぶ (in)
名 大喜び，楽しみ；喜びを与えるもの
delíghted 形 喜んで
▶ be delighted to *do* 喜んで…する；…して喜ぶ
delíghtful 形 喜びを与える，愉快な

621
pose [pouz]
動 (危険) を引き起こす；(問題など) を提起する；ポーズをとる；(〜を) 装う (as)
▶ pose as a doctor 医師を装う
名 ポーズ；見せかけ

622
abuse 発 [əbjúːs]
名 乱用；虐待
▶ child abuse 児童虐待
動 [əbjúːz] を乱用 [悪用] する；を虐待する

623
honor 発 [ɑ́(ː)nər]
名 光栄；名誉 (⇔ dishónor 不名誉)；敬意
▶ in honor of 〜 〜を記念して；〜に敬意を表して
▶ do 〜 the honor of *doing* …して〜の名誉を保つ
▶ graduate with honors 優等で卒業する
動 に栄誉を与える；を敬う

630

0　　　250　　　500　　　750　　　1000　　　1250　　　1500

			624
steady
発 [stédi]

形 着実な，一定の；安定した
▶ a steady job [income] 安定した職業 [収入]

動 を安定させる

名 決まった恋人

stéadily　副 着実に
stéadiness　名 安定；着実

			625
launch
発 [lɔːntʃ]

動 を開始する；を売り出す；を発射する

名 発射；進水；開始

			626
luxury
アク [lʌ́gʒəri]

名 ぜいたく（品）；〔形容詞的に〕豪華な
▶ live in luxury ぜいたくに暮らす
▶ a luxury hotel [car] 高級ホテル [車]
luxúrious　形 ぜいたくな，豪華な

			627
justify
[dʒʌ́stɪfàɪ]

動 を正当化する
▶ justify doing …することを正当化する
jùstificátion　名 正当化，弁明
▶ in justification (of ~) (~を) 正当化して
jùstifíable　形 正当と認められる，当然の

			628
endure
[ɪndjúər]

動 に耐える（≒put up with）；(に) 持ちこたえる
endúrance　名 忍耐；持久力
endúring　形 永続的な；忍耐強い

			629
artificial
アク [à:rtɪfíʃəl]

形 人工の（⇔nátural 自然の）；不自然な
▶ artificial intelligence「人工知能 (AI)」
ártful　形 巧みな，ずるい；人為的な

			630
instinct
アク [ínstɪŋkt]

名 本能；勘，直感；(自然に起こる) 衝動
by instinct「本能的に」
▶ maternal instincts 母性本能
instínctive　形 本能的な

179

ミツバチの CCD 現象とは何か。それは私たちの生活にどんな影響を及ぼすのだろうか。

①Around 2006 it was noticed that many bee hives were shrinking; bee colonies were "collapsing." ②That is, there were weakened, ill, or dead bees within — or strangely, worker bees had simply disappeared. ③This condition has become so prevalent worldwide, as to deserve a common name: "colony collapse disorder (CCD)." ④This has caused great concern among biological experts, because so much world food depends on bees, especially honeybees, conveying pollen.

⑤The uninformed response may be: "So what? That doesn't annoy me. I don't like honey anyway." ⑥Well then, chew on this. ⑦About one third of our diet, hence nutrition, depends largely on bee pollination. ⑧Even beef cattle are fed alfalfa pollinated by bees. ⑨(Massive CCD would make grocery shopping a lot less fun.) ⑩Therefore, food producers, university faculty, federal governments, scientists, in cooperation are striving to find the prime cause of CCD (perhaps, pesticide use), so that bee colonies may recover and blossom again.

◎語法・構文・表現

① collapse〔➡788〕 圓「崩壊する，壊れる」

③ has become so prevalent worldwide, as to deserve a common name「一般名がつくに足るほど世界中に広まった」▶so ～ as to do「…するほど～，とても～なので…する」

④ cause great concern among ～「～の間に大きな懸念を引き起こす」
conveying pollen「花粉を運ぶ」▶直前の bees, especially honeybees を修飾する現在分詞句。

⑤ The uninformed response may be:「十分な情報がない状態での反応は次のようであるかもしれない」▶後続の "So what? ... anyway." により response の内容が示される。

⑥ chew on＝chew over「を熟考する」

⑦ About one third of our diet, hence nutrition「私たちの食べ物，したがって栄

コロニー崩壊障害

英文レベル ☆☆ **153 words**

📁 自然［動物］

① 2006 年頃，多くのミツバチの巣が<u>縮小し</u>，ハチのコロニーが「崩壊」していることがわかった。② すなわち，巣の中のハチは弱ったり，病気にかかっていたり，死んだりしていた。また，働きバチが全くいなくなったという奇妙な例もあった。③ この状況は世界中に広がり，今では「蜂群崩壊症候群 (CCD)」という通称に<u>値する</u>までになった。④ これは，<u>生物学者</u>たちの大きな関心を呼んだ。世界中の非常に多くの食べ物が，<u>花粉</u>を<u>運ぶ</u>ハチ，特に，ミツバチの働きに頼っているからである。

⑤ 事情を知らない人は，「だから何？ それで自分が<u>困る</u>わけじゃない。どうせ私はハチミツが嫌いだから」と答えるかもしれない。⑥ それなら，次のことを<u>よく考えてみる</u>とよい。⑦ 私たちの食べ物，つまり，<u>栄養</u>の約 3 分の 1 は，主にミツバチによる授粉に頼っている。⑧ 肉牛でさえ，ハチが授粉させたアルファルファをエサにしている。⑨（大規模な CCD が起きれば，（食品の種類が減るので）<u>食料品</u>の買い物はまるで楽しくなくなるだろう。）⑩ そういうわけで，食料生産者，大学の<u>教員</u>，<u>連邦</u>政府，科学者が<u>協力</u>して，ミツバチのコロニーが回復し，再び<u>成長する</u>よう，CCD の<u>主因</u>（可能性の 1 つは<u>殺虫剤</u>の使用だが）の発見に努めているのだ。

養物の約3分の1」▶dependsの主語。
bee pollination（= pollination by bees）「ミツバチによる授粉」▶depends ... on の目的語。

⑧ *A is fed B*「*A* は *B* をエサとして与えられる」▶feed *A B* の受身形。

⑨ **would make grocery shopping a lot less fun**「食料品の買い物をずっとおもしろくないものにするだろう」▶would は主語 Massive CCD を条件として（「大規模な CCD が起こるなら，それは…」），〔事態の仮想〕を表す。

⑩ **(in cooperation) are striving to find the prime cause of CCD**「（協力して）CCD の主たる原因を発見しようと努力している」▶主部（food producers, ... scientists）に対する述部。strive to *do*「…しようと懸命に努力する」
so that bee colonies may [recover] and [blossom again]「ミツバチのコロニーが［回復し］，［再び成長する］ように」▶〔目的〕を表す副詞節。

■ 単語の意味を確認しよう。

631

shrink
[ʃrɪŋk]

動 縮む，縮小する；減少する；ひるむ
▶ 活用：shrink - shrank [shrunk] - shrunk [shrunken]
shrínkage 图 収縮，減少

632

deserve
発 [dɪzə́:rv]

動 に値する
▶ deserve to do「…するに値する，…して当然である」
▶ deserve doing …されるに値する

633

biological
[bàɪəlá(:)dʒɪkəl]

形 生物学（上）の
▶ one's biological mother 生みの母
▶ a biological weapon 生物兵器
biólogy 图 生物学；生態
biólogist 图 生物学者

634

convey
アク [kənvéɪ]

動 を伝える；を運ぶ，運搬する
▶ convey a message to ～ ～にメッセージを伝える
convéyance 图 運搬；伝達

635

pollen
アク [pá(:)lən]

图 花粉
▶ a pollen allergy 花粉アレルギー（≒ hay fever）
póllinàte 動 に授粉する

636

annoy
[ənɔ́ɪ]

動 を悩ます；〔受身形で〕腹が立つ
▶ be annoyed about [at, by] ～ ～にいらいらする，腹が立つ
annóyance 图 いら立ち；腹立たしい事［人］

637

chew
[tʃu:]

動 （を）かむ；をかみ砕く；〔chew on で〕を熟考する
▶ chewing gum チューインガム
图 かむこと；一口
chéwy 形 （よく）かむ必要のある

638

nutrition
[njutríʃən]

图 栄養（の摂取）
nútrient 图 栄養素
nutrítious 形 栄養のある
màlnutrítion 图 栄養失調

645

0　　250　　500　　750　　1000　　1250　　1500

639 grocery [gróusəri]	名〔〜ies〕食料雑貨；食料雑貨店
	▶ a plastic grocery bag　ビニールの買い物袋
	grócer　名 食料雑貨商人

640 faculty [fǽkəlti]	名 能力，機能；学部；教授陣
	▶ the faculty of speech　言語能力
	▶ the Faculty of Law　法学部

641 federal [fédərəl]	形 連邦（政府）の
	▶ the Federal Court　連邦裁判所

642 cooperation [kouà(:)pəréiʃən]	名 協力，共同
	▶ international cooperation　国際協力
	coóperàte　動 協力する
	coóperative　形 協力的な

643 prime [praim]	形 主要な，最も重要な；最適な；極上の
	▶ a matter of prime importance　最も重要な問題
	名〔通例 the 〜〕全盛期
	prímàry　形 最も重要な；第1の；初等教育の

644 pesticide [péstɪsàɪd]	名 殺虫剤；除草剤（≒ hérbicìde）
	▶ -(i) cide は「殺す（もの，人）」の意。例：suicide「自殺」

645 blossom [blá(:)səm]	動 花が咲く（≒ bloom）；発展する
	名（果樹の）花；開花（期）
	▶ in full blossom　（花などが）満開の

フェビアン協会は 19 世紀後半に英国で創設され，漸進的な社会改革を目指した。

①In *Revolution*, The Beatles sing about a desire to change the world. ②At the same time, they sing about their unwillingness to cause destruction.

③This describes principles explicitly stated by the Fabian Society in the 1880's. ④The Society took its name and methods from a Roman general, Fabius Maximus, who avoided big destructive battles against Hannibal, in favor of small advances here and there. ⑤The target of the Fabians was "to change the world." ⑥But they were determined to do so without violence. ⑦In political terms, they were patient. ⑧For them the issue was not sudden, necessarily violent attainment of the goal, but rather, by degrees, progress toward it. ⑨Each and every small step ahead meant retreat was harder, advancement less hard.

⑩The Fabians included "big" names — George Bernard Shaw, H. G. Wells, Virginia Woolf, and others — but never forced themselves to gain fame or wealth. ⑪They chose to remain unrelated to any official recognition of their achievements. ⑫If others claimed credit, they did not complain or object. ⑬The achievement stood. ⑭The Fabians, without being triumphant, triumphed.

◎ 語法・構文・表現

①**a desire to change the world**「世界を変えたいという強い願望」

②**their unwillingness to cause destruction**「破壊を引き起こすのは望まないこと」

③**explicitly stated by the Fabian Society in the 1880's**「1880 年代にフェビアン協会により明示的に述べられた」▶principles を修飾する過去分詞句。

④**who avoided big destructive battles against Hannibal, in favor of small advances here and there**「彼はハンニバルとの大きな破壊的戦闘を避け，あちこちでの小さな前進を選んだ」▶先行詞 a Roman general, Fabius Maximus に関して付加的情報を述べる非制限用法の関係詞節。in favor of ～「～の方を選んで」

⑥**be determined to** *do*「…することを決意している」

⑦**in political terms**「政治的な観点からは，政治的に言えば」

⑧**was not sudden, necessarily violent attainment of the goal, but rather,**

📁 文化［歴史］

①「レボリューション（革命）」という曲の中で，ビートルズは世界を変えたいと歌う。②同時に彼らは，破壊したくないと歌う。

③この曲は，1880年代にフェビアン協会が明言した信条を表現している。④この協会の名称と基本方針は，古代ローマの将軍ファビウス・マクシムスに由来する。彼はハンニバルに対して破壊を伴う大きな戦闘を避け，各地で少しずつ優位を広げる戦法を選んだ。⑤フェビアン協会の会員たちの目的は「世界を変えること」だった。⑥しかし，彼らは暴力に頼らずにそれを実現することを決意していた。⑦政治的に見れば，彼らは持久戦法を取った。⑧彼らにとって，問題は過激な（そのためには必然的に暴力を使う）目標の達成ではなく，むしろ目標に向けて少しずつ前進することだった。⑨小さな前進を積み重ねるたびに，後退はさらに難しくなり，前進はさらに容易になった。

⑩フェビアン協会の会員には，ジョージ・バーナード・ショー，H.G.ウェルズ，ヴァージニア・ウルフらの「大物」もいたが，彼らは名声や富を得ることを自らに強いることは決してなかった。⑪彼らは自らの業績のあらゆる正式な承認と無縁でいることを選んだ。⑫それは自分の功績だと他者が主張しても，彼らは不満を述べたり反論したりしなかった。⑬業績自体は残っているのだから。⑭フェビアン協会の会員たちは勝ち誇った態度を見せなかったが，確かに勝利を収めたのだ。

---

by degrees, progress toward it「突然の，必然的に暴力的な目標達成ではなく，むしろ漸次的な，目標に向けての前進であった」▶〈not A, but rather B〉の構造。

⑨**Each and every small step ahead meant [retreat was harder], [advancement (was) less hard].**「前方へのどの小さな歩みもすべて［後退はもっと難しく］，［前進はそれほど難しくない］ことを意味した」

⑩**force *oneself* to *do***「無理やり…する」

⑪**remain unrelated to any official recognition of their achievements**「自らの業績に対するいかなる公式の承認にも無縁なままでいる」

⑫**claim credit**「功績を自分のものだと主張する」

⑬**The achievement stood.**「業績はそのまま残った」

⑭**without being triumphant, triumphed**「勝ち誇ることなく，勝利を得た」

44 The Fabians

■ 単語の意味を確認しよう。

646 **revolution** [rèvəlúːʃən]	名 革命;回転;(天体の) 公転 (⇔ rotátion 自転) ▶ the Industrial Revolution 産業革命 revólve 動 回る　rèvolútionàry 形 革命の
647 **describe** [dɪskráɪb]	動 について述べる, を説明する ▶ describe A as B A を B と述べる [称する] descríption 名 記述, 描写 ▶ beyond description 言葉で言い表せないほど descríptive 形 (～を) 描写した (of), 記述的な
648 **principle** [prínsəpəl]	名 原則, 原理;主義, 信条 ▶ principal「主要な」と同音。 ▶ in principle 原則的には;理論的には
649 **target** [táːrɡət]	名 (到達・攻撃) 目標;的 ▶ hit the target 的 [標的] に当たる 動 を目標 [対象] とする
650 **political** [pəlítɪkəl]	形 政治 (上) の pólitics 名 政治 (活動);政治学 pólicy 名 政策, 方針　pòlitícian 名 政治家
651 **issue** [íʃuː]	名 問題 (点);発行 (物);発表 ▶ the latest issue of ～ ～の最新号 [版] 動 を発行する;(声明など) を出す
652 **progress** ⑦ [prá(ː)ɡrəs]	名 進歩;前進 make progress「進歩する」 ▶ in progress 進行中で 動 [prəɡrés] 進歩する;前進する progréssive 形 進歩的な
653 **force** [fɔːrs]	動 に強いる;を強要する force ～ to do「～に…することを強いる」 名 力;影響力;軍隊 ▶ by force 力ずくで;武力で enfórce 動 (法律など) を実施する;を強制する

186

0	250	500	750	1000	1250	1500

654

gain
[geɪn]

動 を獲得する；(を) 増す
▶ gain access to ～「～にアクセスする，近づく」
▶ gain entrance [entry] to ～ ～に入場する；入学する

名 増加；利益 (を得ること)

655

wealth
(発) [welθ]

名 富；資源；富裕
▶ a wealth of experience [knowledge] 豊富な経験 [知識]
wéalthy 形 裕福な；豊富な

656

unrelated
[ʌnrɪléɪtɪd]

形 無関係の；血縁関係がない
be unrelated to ～「～と無関係である」
▶ connect unrelated matters 無関係な事柄を結び付ける

657

official
(ア) [əfíʃəl]

形 公用の；公式の；役所の
▶ an official record 公式記録

名 公務員；役員，職員
óffice 名 事務所；公職；役所
ófficer 名 将校；警官

658

claim
[kleɪm]

動 と主張する；を (自分のものとして) 要求する；を自分のものだと主張する
claim that ...「…と主張する」
▶「立証されてはいないがあることを主張する」の意。
▶ claim A from B B に A を (当然の権利として) 要求する

名 主張；権利 (の主張)；要求

659

complain
[kəmpléɪn]

動 (と) 不平 [苦情] を言う；訴える
▶ complain of [about] ～「～のことで不平を言う」
compláint 名 不平，苦情

660

object
(ア) [əbdʒékt]

動 反対する，(…) と言って反対する (that節)
object to ～「～に反対する」

名 [á(:)bdʒekt] 物；対象；目的
objéction 名 反対；異議
objéctive 形 客観的な 名 目標

---

45 Global Issues

🔑 世界的な問題にはどういったものがあるか。大きく２つに分けて考えてみよう。

① There are major global issues we have difficulty dealing with, like frequent droughts, heavy rainstorms and the melting of glaciers. ② Most of these problems seem to stem from the burning of fossil fuels and global warming resulting from this. ③ People living in rural and farming areas with a river flowing through them, for example, are forced to keep a wary eye on the weather, worrying about both drought and flooding.

④ There are other major issues that we might be able to solve if we select the best way to tackle them. ⑤ They include the genetic modification of plants and animals which might make them evolve into unwanted creatures, medical and ethical questions concerning organ transplant, laboratory tests of animals to develop new medicine, safety standards for the study of how viruses behave, and so forth.

⑥ As regards the former, global warming-related issues, governments may be criticized because they insist negligence is not in their vocabulary, yet they have not made enough efforts. ⑦ For the latter, solvable issues, experts may be criticized because they have refused to listen to opposition they have encountered.

語法・構文・表現 ∿∿∿

① **we have difficulty dealing with**「私たちが対処するのに苦労する」▶直前の major global issues「主要な世界的問題」にかかる関係詞節。
  like frequent droughts, heavy rainstorms and the melting of glaciers「頻発する干ばつ, 激しい暴風雨, 氷河の融解のような」▶major global issues の例。

② **stem from [the burning of fossil fuels] and [global warming resulting from this]**「[化石燃料の燃焼] と [それに起因する地球温暖化] から生じる」

③ **with a river flowing through them**「川が (その) 中を流れる (状態の)」
  keep a wary eye on ～「～に警戒の目を光らせる」
  worrying about both drought and flooding「干ばつと洪水の両方を気にしながら」▶〔付帯状況〕を表す分詞句。

④ **that we might be able to solve if we select the best way to tackle them**「私たちが最高の取り組み方を選択するなら解決できるかもしれない」▶関係詞節。

⑤ **[the genetic modification of plants and animals which might make**

188

📁 社会 [社会問題]

① 頻発する干ばつ，激しい暴風雨，氷河の融解など，いくつかの世界的大問題の対処に私たちは苦労している。② これらの問題の大半は，化石燃料の燃焼と，それに起因する地球温暖化から生じているように思われる。③ 例えば，河川の流域の農村部で暮らす人々には，干ばつと洪水の両方を警戒しながら天候を注視し続けなければならない事態が生じている。

④ また，最善の対策を選択すれば，解決が可能な大問題が他にもいくつかある。⑤ 例えば，動植物を進化させて不都合な生物を作りかねない遺伝子組み換え技術，臓器移植に関する医学的および倫理的な疑問，新薬開発のための，実験室での動物実験，ウイルスの活動研究のための安全基準などである。

⑥ 前者の地球温暖化に関する諸問題については，各国政府が批判されるかもしれない。怠慢という語は自分たちの語彙にはないと主張し，それでいて十分な努力をしてこなかったからである。⑦ 後者は解決できる問題であり，自らが遭遇した反論を無視したという理由で，各分野の専門家たちが批判の対象になり得るだろう。

---

them evolve into unwanted creatures], [medical and ethical questions concerning organ transplant], [laboratory tests of animals to develop new medicine], [safety standards for the study of how viruses behave]
「[植物や動物を望まれぬ生物へと進化させるかもしれないそれらの遺伝子組み換え]，[臓器移植に関する医学的，倫理的問題]，[新薬を開発するための動物の実験室試験]，[ウイルスの活動方法に関する研究のための安全基準]」 ▶ include の目的語として働く名詞句の等位接続。

⑥ **as regards ~**「～に関しては」
because [they insist negligence is not in their vocabulary], **yet** [they have not made enough efforts]「[怠慢という語は自分たちの語彙にはない（＝自分たちは怠慢だったわけではない）と主張し]，それでいて [十分な努力をしてこなかった] ので」 ▶〔理由〕を表す副詞節。

⑦ **refuse to** *do*「…することを拒む」
they have encountered「自分たちが直面した」 ▶ opposition にかかる関係詞節。

📙 単語の意味を確認しよう。

661
glacier
発 [gléɪʃər]

名 氷河
glácial 形 氷河 (期) の
► the glacial epoch [period] 氷河期

662
fossil
発 [fá(:)səl]

名 化石；時代遅れの人 [物]
形 化石の
► a fossil fuel 化石燃料
fóssilìze 動 を化石化する；を時代遅れにする

663
rural
[rúərəl]

形 田舎の (⇔úrban→521)，田園の
► rural areas 田園地帯，農村地域
rústic 形 田舎の；素朴な

664
flow
[floʊ]

動 流れる；(~から) 生じる (from)
► flow は規則動詞。「飛ぶ」の fly - flew - flown と区別。
名 流れ，循環；よどみない動き
flówing 形 流れ (出) る，よどみない，なだらかな

665
select
[səlékt]

動 を選ぶ，えり抜く
► 最適なものをじっくり選ぶことを意味する。
形 選抜された；えり抜きの
seléction 名 選抜；選ばれた物 [人]；精選品
► natural selection 自然選択 [淘汰]
seléctive 形 選択的な；えり好みする

666
evolve
[ɪvá(:)lv]

動 (徐々に) 発展する；進化する
èvolútion 名 進化；発展；展開
èvolútionàry 形 進化の；発展的な

667
organ
発 [ɔ́:rgən]

名 器官，臓器；組織；(パイプ) オルガン
► an organ transplant [donor] 臓器移植 [提供者]
orgánic 形 有機体の；有機栽培による；臓器の
órganìsm 名 有機体，(微)生物；有機的組織体

668
laboratory
アク [lǽbərətɔ̀:ri]

名 実験室，研究室
► 口語では lab と略す。
► a laboratory test 実験室試験；臨床検査

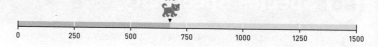

| 0 | 250 | 500 | 750 | 1000 | 1250 | 1500 |

669
virus
(発) [váiərəs]

图 <u>ウイルス</u>；(感染症の) 病原体
▶ computer virus コンピュータウイルス
víral 形 ウイルスの [による]

670
behave
(発) [bɪhéɪv]

動 <u>振る舞う</u>；作動する
▶ behave *oneself* (子供が) 行儀よくする
behávior 图 行動；作動
behávioral 形 行動の

671
forth
[fɔːrθ]

副 <u>前へ，先へ</u>；それ以降；〔〜 and so forth で〕
～など
▶ back and forth「前後に，行ったり来たり」
▶ fòrthcóming 形 来るべき，今度の

672
criticize
(発) [krítəsàɪz]

動 <u>を批判する</u>；を批評する
criticize A for B「A を B のことで批判する」
críticìsm 图 批評，批判
crític 图 批評家；批判者
crítical 形 批判的な；決定的な

673
vocabulary
(発)(アク) [voʊkǽbjʊlèri]

图 <u>語彙</u>
▶ expand [increase] *one's* vocabulary 語彙を増やす

674
latter
[lǽtər]

形 <u>後者の</u>（⇔fórmer 前者の），後半の
▶ the latter half of the 20th century 20世紀後半
图〔the 〜〕<u>（二者のうちの）後者</u>（⇔the former 前者）
▶ 受ける名詞が単数なら単数扱い，複数なら複数扱い。

675
encounter
(アク) [ɪnkáʊntər]

動 <u>に遭遇する</u>；に（思いがけず）出会う
▶ encounter problems [difficulties] 問題 [困難] に遭遇する
图 <u>遭遇，（偶然の）出会い</u>

191

46 Species Specificity

🔑 人間の特性とは一体何だろう。他の動物が共有しないある特徴があるようだ。

①We are humans and as such we have common humanity.
②This does not mean that we have the same personality traits, but
that irrespective of race or tribe, we have common distinctive
features that other creatures don't share. ③We speak a systematic
language and talk about our cognitive experience. ④We decide
what we intend to do and try to achieve it, not just act reflexively,
inspired by natural instinct. ⑤We are fascinated by what strikes
us as beautiful. ⑥We make reasonably accurate predictions about how
things will turn out. ⑦Among such features, it must be emphasized,
the ability to fight evil is most uniquely human. ⑧We are so
sensitive to what might cause us harm that we have legal systems
that protect us from this. ⑨We have facilities to provide shelter for
deprived children and refugees. ⑩The police remind people to obey
the law by launching campaigns to crack down on certain
wrongdoings and offenses, even if not requested by citizens.

🎯 語法・構文・表現 ∘∘∘

①**as such we have common humanity**「そうしたもの（＝人間）として私たちは
共通の人間性を有する」▶as such「そういうものとして，そういう資格で」

②**this does not mean that ~ , but that ...**「これは～ということではなく，…とい
うことである」
have the same personality traits「同じ人格特性を持っている」
irrespective of race or tribe「人種や種族に関係なく」
that other creatures don't share「他の生物が共有しない」▶common
distinctive features「共通の弁別的特徴」にかかる関係詞節。

③**speak a systematic language**「組織的言語を話す」

④**decide what we intend to do and try to achieve it, not just act
reflexively, inspired by natural instinct**「単に生得的本能に駆られ，反射的に
行動するのではなく，自分が何をするつもりかを決定し，それを達成しようとする」
▶inspired ... instinctは主語weの状態を示す分詞句。

⑤**what strikes ~ as ...**「～に…という印象を与えるもの」

⑥**make a prediction about ~**「～について予測する」
how things will turn out「事態がどうなるか」▶aboutの目的語として働く疑問
詞節。

192

① 私たちは人間であり，人間として共通の<u>人間性</u>を持っている。② これは，万人が共通の人格的<u>特徴</u>を持つという意味ではなく，人種や<u>民族</u>の違いを超えて，他の生物にはない顕著な特徴を共有しているということである。③ 私たちは体系的な言語を話し，<u>認知的経験</u>を語り合う。④ 私たちは自然の本能に<u>刺激され</u>反射的に行動するのではなく，自分が何を<u>しようとしている</u>かを決定し，それを達成しようとする。⑤ 私たちは美しいと<u>感じる</u>ものに<u>心を惹かれる</u>。⑥ 私たちは事態の成り行きに関してかなり<u>正確な</u>予測をする。⑦ その中で<u>特筆すべき</u>は，悪と戦う力こそ，人間と他の生物を区別する最大の特徴だということだ。⑧ 私たちは自分に危害を及ぼすかもしれないものにとても<u>敏感で</u>，そうしたものから身を守る法体系を持っている。⑨ 私たちは貧しい子供や難民を<u>保護</u>するための<u>施設</u>を持っている。⑩ 警察は，市民から<u>要請され</u>なくても，特定の不正行為や犯罪の取り締まり<u>活動</u>を始めることによって，人々に法律の遵守を思い起こさせている。

⑦ **it must be emphasized**「ということが強調されなければならない」▶挿入節。it は the ability ... human を受ける。
the ability to fight evil「悪と戦う能力」▶to fight evil は ability の内容を示す。

⑧ **are so sensitive to [what might cause us harm] that ...**「[私たちに危害を及ぼすかもしれないもの]に非常に敏感なので…」▶so ~ that ...「とても~なので…」の構造。
that protect us from this「そのもの（＝what ... harm）から私たちを守る」▶legal systems「法律制度」にかかる関係詞節。

⑨ **to provide shelter for deprived children and refugees**「恵まれない子供たちや難民に保護を与えるための」▶facilities を修飾する形容詞用法の to 不定詞句。

⑩ **The police**「警察」▶複数扱い。
remind ~ to do「~に…することを気づかせる」
by launching campaigns to do「…する（ための）キャンペーンを開始することによって」▶〔手段〕を表す前置詞句。
crack down on ~「~を厳しく取り締まる」
even if (the police are) not requested by citizens「市民により要請されなくても」

📕 単語の意味を確認しよう。

□□□ **676** **humanity** ア [hjumǽnəti]	名 人類；人間性；〔(the) ~ties〕人文科学 ▶ appeal to our common humanity 共通の人間性に訴える 　húman 形 人間の；人間的な 名 人間 　humane [hjuméɪn] 形 人間味のある
□□□ **677** **trait** [treɪt]	名 特性 (≒ féature) ▶ a genetic trait 遺伝特性 [形質] ▶ a personality [character] trait 性格特性
□□□ **678** **tribe** [traɪb]	名 部族；仲間 ▶ 同一の人種から成り，首長に統率される社会集団。 　tríbal 形 部族の，種族の
□□□ **679** **cognitive** ア [ká(ː)gnətɪv]	形 認知の ▶ cognitive ability 認知能力 ▶ mild cognitive impairment 軽度認知障害 (MCI) 　cognítion 名 認識，知覚
□□□ **680** **intend** [ɪnténd]	動 を意図する 　intend to *do* 「…するつもりである」 ▶ intend ~ to *do* ~に…させるつもりである 　inténtion 名 意図，意向 　inténtional 形 意図的な
□□□ **681** **inspire** ア [ɪnspáɪər]	動 (人) を奮起させる；を喚起する 　inspire ~ to *do* 「…するよう~を奮起させる」 　inspíred 形 霊感を受けた (ようにすばらしい) 　ìnspirátion 名 創造的刺激 (となるもの)；霊感
□□□ **682** **fascinate** 発 [fǽsɪnèɪt]	動 を魅了する ▶ be fascinated by [with] ~ ~に魅了される 　fàscinátion 名 魅力；魅了
□□□ **683** **strike** [straɪk]	動 の心を打つ，を襲う；を打つ；(に) ぶつかる 　be struck by ~ 「~に心を打たれる」 ▶ 活用：strike - struck - struck [stricken] ▶ *A* strikes him as *B*. *A* は彼に *B* だという印象を与える。 名 ストライキ；殴打；(野球の) ストライク 　stríking 形 著しい；目立つ

194

690

| 0 | 250 | 500 | 750 | 1000 | 1250 | 1500 |

684

accurate
(発)(ア) [ǽkjərət]

形 正確な；精密な
▶ an accurate copy of ~ ~の正確な模写
　accuracy 名 正確さ；精度
　ináccurate 形 不正確な；間違った

685

emphasize
(発) [émfəsàɪz]

動 を強調する；を重視する
▶ emphasize the importance of ~ ~の重要性を強調する
▶ emphasize that ... …ということを強調する
　émphasis 名 強調，重視
▶ put [place, lay] emphasis on ~ ~に重点を置く

686

sensitive
[sénsətɪv]

形 敏感な；神経質な；微妙な
　be sensitive to ~ 「~に敏感である」
　sènsitívity 名 感受性；神経過敏
　insénsitive 形 無神経な，冷淡な；無関心な

687

facility
(ア) [fəsíləti]

名 施設，設備；機能；才能
▶ community facilities コミュニティ施設
　fácile 形 容易な，たやすく得られる
　facílitàte 動 を容易にする

688

shelter
[ʃéltər]

名 避難（所），保護
　find [take] shelter 「避難する」
▶ provide shelter for ~ ~を保護する
▶ food, clothing and shelter 衣食住

動 を保護する；をかくまう

689

campaign
(発) [kæmpéɪn]

名 運動；軍事行動
▶ 社会的・政治的・商業的な運動。特に選挙運動を指す。
▶ an advertising campaign 広告キャンペーン

動 （社会的・政治的な）運動をする

690

request
[rɪkwést]

動 に（…するように）頼む (to do)；を要請する
　request ~ to do 「~に…するように頼む」
▶ A is requested to do の形でも用いられる。
▶ request that A (should) do A が…するよう要請する

名 要請，依頼；頼み事
▶ at ~'s request ~の依頼により (= at the request of ~)

195

47 Drones Hovering above You

ドローンは救助や捜索に使われる一方で，軍事作戦にも必要不可欠になりつつある。

① Nowadays there is an infinite variety of drones, and depending on their actual use, the visual look of drones seem to vary. ② Drones as instruments for aerial photography and filming, for example, appear as multi-rotor helicopters, and drones in the category known as unmanned combat aerial vehicles (UCAV), which can be credited to scientific innovation and military technology, are designed like fighter aircraft themselves.

③ Critics have proposed that the use of combat drones should be restricted because attacking with remote-controlled robotic flying stuff can easily lead to indiscriminate killing. ④ They say that robots killing humans in combat should be distinguished from humans killing humans.

⑤ The situation is further complicated if humans can be killed by an autonomous version of attacks. ⑥ Some drones have the capability to make attacks all on their own. ⑦ Such drone attacks not only destroy buildings and humans, but cause severe psychological damage to people in targeted areas. ⑧ Psychologists conclude that children in Gaza suffer deep psychological trauma because of the continual exposure to the buzzing sounds of drones.

語法・構文・表現

① **depending on ~**「～によって」
the visual look of drones「ドローンの視覚的外観」

② **as instruments for aerial photography and filming**「空中で写真や映画を撮影する道具としての」
multi-rotor helicopters「マルチコプター」
known as unmanned combat aerial vehicles「無人戦闘機として知られる」
▶categoryを修飾する過去分詞句。
which can be credited to scientific innovation and military technology
「これは科学的革新と軍事技術の所産と考えられ得る」 ▶先行詞dronesに関して付加的情報を述べる非制限用法の関係詞節。be credited to ~「～のおかげである」
fighter aircraft themselves「戦闘機そのもの」

③ **restrict**「～を制限する」

頭上を舞うドローン

英文レベル
☆ ☆
172
words

📁 科学・技術［機械］

①近頃ではドローンの種類は<u>無数</u>にあり，<u>実際</u>の利用法によってその<u>見た目</u>の形も<u>異なる</u>ように思われる。②例えば，空中で写真や映画を撮影する<u>道具</u>として使うドローンは，マルチコプターのように見えるし，科学的<u>革新</u>と軍事技術の<u>賜物である</u>無人戦闘機(UCAV)として知られている<u>タイプ</u>のドローンは，戦闘機そのもののようにデザインされている。

③遠隔操作されたロボット飛行物による攻撃は，無差別殺人を引き起こしやすいとして，反対派は戦闘用ドローンの使用を制限すべきだと<u>提案</u>している。④戦闘中のロボットによる殺人は，人間による殺人とは<u>区別</u>すべきだと彼らは言う。

⑤(操縦者のいない)自律制御<u>型</u>のシステムを使った攻撃で人間が殺された場合，事態はさらに<u>複雑</u>になる。⑥一部のドローンは，(操縦者がいなくても)自力で攻撃を行う機能を持っている。⑦そのタイプのドローンによる攻撃は，建物を破壊し人を殺すだけでなく，攻撃目標地域の人々に<u>深刻</u>な精神的ダメージを与える。⑧(パレスチナの)ガザ地区の子供たちは，ドローンのブンブン唸る音に絶えずさらされることで，(いつドローンに攻撃されるか分からないという恐怖心から)心に深い傷を負っている，と心理学者たちは<u>結論</u>を<u>下し</u>ている。

(S) attacking with remote-controlled robotic flying stuff (V) can easily lead (adv) to indiscriminate killing 「遠隔操縦されたロボット飛行物による攻撃は無差別殺人に容易につながりかねない」

⑤ an autonomous version of attacks 「自律制御型攻撃」

⑥ have the capability to *do* 「…する能力を有する」▶ to *do* は capability の内容を示す。
(all) on *one's* own 「自力で」

⑦ cause severe psychological damage to 〜 「〜に深刻な心理的損傷を与える」
targeted areas 「攻撃目標(にされた)地域」

⑧ suffer deep psychological trauma 「重い心的外傷を被る」
the continual exposure to the buzzing sounds of drones 「ドローンのブンブン唸る音に絶えずさらされること」

197

📖 単語の意味を確認しよう。

691

infinite
発 ア [ínfɪnət]

形 無限の（⇔ fínite 有限の）；無数の；莫大な
- infinite sums of money 莫大な金額
- infínity 名 無限

692

actual
[ǽktʃuəl]

形 実際の，現実の
- áctually 副 実際に；〔文修飾〕実は
- àctuálity 名 現実（性）；〔~ties〕現状

693

visual
ア [víʒuəl]

形 視覚の；目に見える
- visual effects 視覚効果
- a visual image 目に見える姿［画像］
- vísualìze 動 を想像する；を視覚化する

694

vary
発 [véəri]

動 さまざまである；変わる；を変える
- vary with the season 季節により変動する
- váried 形 さまざまな
- vàriátion 名 変化，変動；変異

695

instrument
ア [ínstrəmənt]

名 器具；楽器（≒ musical instrument）
- a set of surgical instruments 手術器具一式
- ìnstruméntal 形 助けになる；楽器用の 名 器楽曲

696

category
ア [kǽtəgɔ̀:ri]

名 部類，区分；範疇
- fall into the category of ~ ～の部類［範疇］に入る
- cátegorìze 動 を分類する
- sùbcátegory 名 下位区分

697

credit
[krédət]

動 （功績など）を（~に）帰する (to)；を信じる
- credit A to B 「A（の功績）をBのおかげだと思う」
- credit B with A と言い換えられる。

名 評判；功績；信用；貸付金
- on credit クレジットで，掛け売りで

698

innovation
[ìnəvéɪʃən]

名 革新；新機軸
- introduce technical innovations 技術的新案を導入する
- ínnovàte 動 革新する
- ínnovàtive 形 革新的な

705

699

propose
[prəpóuz]

動 を提案する；をもくろむ；結婚を申し込む

propose that *A* (should) *do* 「*A*が…するように提案する」

propósal 图 提案，提議；結婚の申し込み
pròposítion 图 主張，提案；命題

700

stuff
[stʌf]

名 (漠然と) 物；素材；素質

▶ some powdery stuff 何か粉末状の物

動 を (〜に) 詰める (in / into)；を (〜で) いっぱいにする (with)

▶ a stuffed animal 縫いぐるみの動物

701

distinguish
発 [dɪstíŋgwɪʃ]

動 を区別する

distinguish *A* from *B* 「*A*を*B*と区別する，見分ける」
▶ distinguish between *A* and *B* *A*と*B*とを区別する
distínction 图 区別，識別；相違 (点)
distínguished 形 著名な；卓越した

702

complicate
[ká(:)mpləkèɪt]

動 を複雑にする

▶ to complicate matters (further) さらに厄介なことには
cómplicàted 形 複雑な
còmplicátion 图 複雑にする要因；紛糾；合併症

703

version
[vɔ́:rʒən]

名 (本・製品などの) 版；解釈

▶ the latest version of 〜 〜の最新版 [型]

704

severe
発 [sɪvíər]

形 (人・規律・事態・天気などが) 厳しい；猛烈な

▶ severe criticism 厳しい批判
sevérity 图 厳しさ；深刻さ

705

conclude
[kənklú:d]

動 と結論づける；を締めくくる；を締結する

conclude that ... 「…と結論づける」
conclusion 图 結論；締結
▶ in conclusion 結論として
conclúsive 形 決定的な，明確な

🔑 日本では1999年のJAS法改正に伴って，有機JAS認証制度が導入された。

①Twenty years ago, it was common practice for farmers to use pesticides and herbicides to produce harvests of undamaged grains, beans and other agricultural crops. ②There was growing alarm at using a large quantity of chemicals, but farmers believed this was the most convenient way to obtain good harvests and generate profits. ③The situation began to change in the 1990s, when more and more people were frightened by the fact that a small proportion of these chemicals might remain in crops. ④Government agencies recommended that a bigger budget be allocated to the promotion of organic farming. ⑤Having found ways to overcome the fundamental problem of protecting crops from disease and pest damage without using chemicals, farmers began to grow corn, wheat, rice, soybeans and other crops organically. ⑥As a result, the area of organic farmland in the U.S., for example, doubled from 1995 to 2000, to about 1.8 million acres. ⑦This was a rare case where farmers abandoned their conventional way of farming in favor of the protection of the environment.

◉ 語法・構文・表現 〰〰〰〰〰〰〰〰〰〰〰〰〰〰〰〰〰〰〰〰〰〰〰〰〰〰〰〰〰〰〰〰〰

① **it was common practice for ～ to *do*** 「～が…するのは一般的な慣行であった」
  ▶for ～ to *do*は真主語。
  to use pesticides and herbicides to produce harvests of undamaged grains, beans and other agricultural crops 「傷んでいない穀物，豆類，他の農作物の収穫を生むために殺虫剤や除草剤を使うこと」 ▶to produce ... cropsは〔目的〕を表す。

② **There was growing alarm at *doing*** 「…することに不安が高まっていた」
  this was the most convenient way [to [obtain good harvests] and [generate profits]] 「それが［［大収穫を得］，［利益を生み出す］ための］最も便利な方法であった」

③ **The situation began to change in the 1990s, when ...** 「状況が変わり始めたのは1990年代に，…時であった」 ▶when ...は非制限用法の関係詞節。
  more and more people were frightened by ～ 「ますます多くの人が～に恐れをなした」
  that a small proportion of these chemicals might remain in crops 「この化

有機農業

英文レベル ☆☆ **171 words**

📁 産業 [農業]

① 20年前の農家では，殺虫剤や除草剤を使って，無傷の穀物，豆類，その他の農作物の収穫を生み出すのが普通だった。② 化学薬品の大量使用への危機感は高まっていたが，豊作を確保して利益を生むには，それが最も便利な方法だと農家は信じていた。③ その状況は1990年代に変化し始めた。当時，これらの化学薬品が作物の中に少量残る場合があるという事実を不安に思う人が増えていた。④ 政府機関は，有機農業の促進に充当する予算の増額を勧告した。⑤ 化学薬品を使わずに作物を病気や害虫による損傷から守るという根本的な課題を克服する方法が発見され，農家はトウモロコシ，小麦，米，大豆などの作物の有機栽培を始めた。⑥ その結果，例えば，米国の有機栽培用農地の面積は，1995年から2000年の間に倍増し，約180万エーカーに達した。⑦ これは，農家が環境保護を優先して従来の農法を止めるという珍しい事例だった。

学薬品の一部が少量ながら作物に残ることがあるという」▶factの内容を示す同格節。

④ **recommended that a bigger budget be allocated to the promotion of organic farming**「より多くの予算が有機農業の促進に割り当てられるように勧告した」▶recommend that ~ (should) *do*「~が…するように勧告 [推奨] する」では，shouldを用いない場合の動詞形は仮定法現在。

⑤ **Having found ways to overcome the fundamental problem of *doing***「…するという根本的問題を克服する方法を発見した後」▶完了分詞構文。
protecting crops from disease and pest damage without using chemicals「化学薬品を使わずに作物を病気や害虫から守る (こと)」

⑥ **doubled from 1995 to 2000, to about 1.8 million acres**「1995年から2000年にかけて倍増し，約180万エーカーになった」▶double 圓「2倍になる」

⑦ **where farmers abandoned their conventional way of farming in favor of the protection of the environment**「農民が環境保護を支持して従来の農法を捨てた」▶rare case「まれな例」にかかる関係詞節。in favor of ~「~に賛成して」

201

❹❽ Organic Farming

📖 単語の意味を確認しよう。

---

706 **harvest** ⟨ア⟩[háːrvɪst]	名 収穫（物）；収穫期；漁獲高 ▶ a bumper [poor] harvest 豊作 [不作] ▶ the harvest of the sea 漁獲高 動 を収穫する；（成果など）を収める
707 **grain** [greɪn]	名 穀物；粒；きめ ▶ a grain of ～ 〔否定文で〕ほんのわずかな～（もない）
708 **alarm** [əláːrm]	名 不安，恐れ；警報装置 ▶ express [feel, cause] alarm 不安を表す [抱く，引き起こす] ▶ a fire alarm 火災報知器 動 をぎくりとさせる；に警戒させる
709 **quantity** [kwá(ː)ntəti]	名 量（⇔quálity→277）；分量 ▶ a large [small] quantity of ～ 多 [少] 量の～ 　quántitàtive 形 量の，量的な
710 **convenient** ⟨発⟩⟨ア⟩[kənvíːniənt]	形 便利な，都合のいい ▶ if it is convenient for [to] you ご都合がよろしければ (if you are convenient は誤り) 　convénience 名 便利，便宜
711 **obtain** [əbtéɪn]	動 を得る ▶ 「自分の努力や技量によって欲しいものを手に入れる」の意。 ▶ obtain information from ～ ～から情報を得る
712 **generate** [dʒénərèɪt]	動 を生み出す；（電気など）を発生させる ▶ generate profits [electricity] 利益 [電気] を生み出す 　gènerátion 名 世代；発生，発電 　géneràtor 名 発電機
713 **frighten** ⟨発⟩[fráɪtən]	動 （人）を怖がらせる ▶ be frightened at [by] ～ 「～にぎょっとする，おびえる」 ▶ be frightened of ～ ～を怖がっている 　fríghtening 形 恐ろしい 　fright 名 激しい恐怖

720

| 0 | 250 | 500 | 750 | 1000 | 1250 | 1500 |

714

proportion
[prəpɔ́ːrʃən]

名 割合;部分;釣り合い
- in proportion to ~ ~に比例して;~のわりには
  propórtional 形（~に）比例した (to)
- be directly [inversely] proportional to ~ ~に正 [反] 比例する

715

recommend
⑦ [rèkəménd]

動 を勧める
recommend that A (should) do 「Aが…するように勧める」
- recommend doing …することを勧める
  rècommendátion 名 勧告;推薦

716

budget
[bʌ́dʒət]

名 予算;経費
- below [under, within] budget 予算内で

形 安い, お徳用の
- a budget flight 格安航空便

動 を予算に計上する

717

overcome
⑦ [òuvərkʌ́m]

動 を克服する
- 活用：overcome - overcame - overcome
- be overcome by [with] ~ ~に圧倒される

718

fundamental
発 [fʌ̀ndəméntəl]

形 基本的な;必須の

名〔通例~s〕（~の）基本, 原理 (of)
  fùndaméntalìsm 名 原理主義
  fùndaméntalist 名 原理主義者

719

rare
[reər]

形 まれな, 珍しい;希少な
- rare earth レアアース, 希土類元素 (= rare-earth element)
  rárely 副 めったに~ない
  rárity 名 珍品;珍しさ

720

abandon
[əbǽndən]

動 を捨てる;を放棄する, 断念する
- abandon one's own child 自分の子供を捨てる
  abándonment 名 遺棄, 放棄

203

🖋 Ig Nobel は ignoble「下品な」のもじりだ。どのような発明に贈られるのかみていこう。

①The Ig Nobel Prizes, parodies of the Nobel Prizes, were established in 1991. ②The **aim** of the award is to "honor achievements that first make people laugh, and then make them think." ③Thus opportunities **exist** for people with a **positive mental** attitude to research to win a prize.

④Among such people are scholars and inventors with inquisitive minds. ⑤They are **supposed** to devote themselves to serious studies for which the Nobel Prizes might be awarded, but they **reveal** their true nature when their curiosity has been aroused, starting to investigate any trivial phenomenon. ⑥They even conduct **experiments** if necessary. ⑦They do not care whether they are on the right **track**.

⑧I have a friend who is interested in Icelandic phonetics. ⑨He is so **mobile** that he flies to Reykjavik, **rents** a car and drives around the island, collecting unique speech sounds. ⑩Another friend tries to give an **account** of how a nation justifies invading another nation. ⑪Yet another earns money from making computer **chips** which help **compute** the optimal timing of fireworks **displays**. ⑫I **treat** them as eccentric, but someday the organizers of the Ig Nobel Prizes might nominate them as prize winners.

語法・構文・表現

②**that first make people laugh, and then make them think**「まず人々を笑わせ，それから彼らに考えさせる」▶achievements「業績」にかかる関係詞節。

③**opportunities exist for people with ... to win a prize**「…人々には賞を獲得する機会がある」▶to win a prize は opportunities の内容を示す to 不定詞句。
a positive mental attitude to research「研究に対する前向きな心構え」

⑤**devote** *oneself* **to ～**「～に専念する [打ち込む]」
for which the Nobel Prizes might be awarded「ノーベル賞が授与される対象となるかもしれない」▶serious studies「真面目な研究」にかかる関係詞節。
reveal their true nature when their curiosity has been aroused「好奇心が掻き立てられると本性を現す」▶starting to investigate any trivial phenomenon「どんな些細な現象でも調査し始める」はこの動詞句を修飾する分詞構文で，〔付帯状況〕を表す。

イグ・ノーベル賞

📁 文化［学問］

① ノーベル賞のパロディーであるイグ・ノーベル賞は，1991 年に創設された。② 賞の<u>目的</u>は「まず人々を笑わせ，続いて考えさせる業績を称える」ことである。③ したがって，<u>積極的な心</u>構えを持って研究する人には受賞のチャンスが<u>ある</u>。

④ そのような人々の中には，探究心を持った学者や発明家がいる。⑤ 彼らは本来なら，ノーベル賞をもらえるかもしれない堅い研究に専念する<u>はず</u>だが，好奇心を刺激されて何らかの瑣末な事象を研究し始めると，本性を<u>現す</u>。⑥ 必要なら<u>実験</u>を行うこともある。⑦ 自分の研究<u>方針</u>が正しいかどうかは気にしない。

⑧ 私にはアイスランド語の音声学に興味を持つ友人がいる。⑨ 彼は非常に<u>行動的で</u>，飛行機に乗ってレイキャビークへ行き，レンタカーを<u>借りて</u>島を走り回って，独特の言語音を集めている。⑩ 別の友人は，ある国家が他国への侵攻をどのように正当化するかを<u>説明</u>しようとしている。⑪ また別の友人は，花火<u>大会</u>の最適なタイミングを<u>計算</u>するのに役立つコンピューター・<u>チップ</u>を作って金を稼いでいる。⑫ 私は彼らを変人<u>扱い</u>しているが，いつの日か，イグ・ノーベル賞の主催者が彼らを受賞者に推薦するかもしれない。

⑦ **do not care whether they are on the right track**「自分たちが本道にいるかどうかは気にしない」 ▶ be on the right track「正しい軌道にいる」⇒「方向［方針；進路］が正しい」

⑧ **Icelandic phonetics**「アイスランド語音声学」

⑨ **collecting unique speech sounds**「特異な言語音声を収集する」

⑩ **give an account of ～**「～を説明する」
[(adv) how [(S) **a nation** (V) **justifies** (O) **invading another nation**]]「国家が他国への侵略をどう正当化するか」 ▶ of の目的語として働く疑問詞節。

⑪ **which help compute the optimal timing of fireworks displays**「花火大会の最適な時間調整を計算する助けとなる」 ▶ computer chips にかかる関係詞節。

⑫ **nominate ～ as ...**「～を…に指名する」

📗 単語の意味を確認しよう。

721
aim
[eɪm]

名 目的, 目標；狙い
動 を (~に) 向ける (at)；(~を) 目標とする (at)
▶ aim to *do* …しようと目指す
▶ be aimed at ~ ~を対象 [目標] にしている

722
exist
発 [ɪgzíst]

動 存在する；生存する
▶ 「特定の場所や状況に生じる, 存在する」 の意。
▶ ex- 外に＋ (s) ist 場を占める
exístence 名 存在 (≒ béing)；生存
▶ come into existence 生まれ出る, 生ずる

723
positive
[pá(:)zətɪv]

形 肯定的な；積極的な；確信して；(検査結果が) 陽性の
▶ be positive about [of] ~ ~を確信している
pósitively 副 明確に, きっぱりと；確かに

724
mental
[méntəl]

形 精神の (⇔physical→267)；知能の；頭の中で行う
▶ mental arithmetic [calculation] 暗算
mentálity 名 ものの考え方；知能

725
suppose
[səpóuz]

動 と思う；と仮定する
▶ Suppose that ... 「…だと仮定しよう」
▶ be supposed to *do* …することになっている
supposedly [səpóuzɪdli] 副 たぶん, おそらく
sùpposítion 名 推測；仮定

726
reveal
[rɪvíːl]

動 を明らかにする；を見せる
▶ be revealed as [to be] ~ ~であることが明らかになる
rèvelátion 名 新事実；暴露；啓示

727
experiment
[ɪkspérɪmənt]

名 (~を対象とする) 実験 (on)
動 [ɪkspérɪmènt] (~の) 実験をする (on / with / in)
expèriméntal 形 実験 (用) の；実験的な

728
track
[træk]

名 跡；軌道；米 (鉄道の) 番線；走路
keep track of ~ 「~の経過 [動向] を追う」
▶ lose track of ~ 「~を見失う」
動 の (足) 跡を追う；をたどる

735

729 **mobile** [発] [móʊbəl]	形 可動 [移動] 式の；流動性のある；動き回る 名〔主に 英〕携帯電話（＝mobile phone） mobílity 名 可動 [移動] 性
730 **rent** [rent]	動 を賃借りする；を賃貸しする ▶ rend (を引き裂く) の過去 (分詞) 形と区別。 名 地代，家賃；レンタル料 réntal 名 賃貸料 形 賃貸の
731 **account** [əkáʊnt]	名 説明；勘定；口座 ▶ take ~ into account；take into account ~「~を考慮する」 ▶ on account of ~ ~のせいで 動〔account for で〕を説明する；(割合) を占める accóuntable 形 (~の)(説明) 責任がある (for)
732 **chip** [tʃɪp]	名 小片，破片；欠けた箇所；集積回路 ▶ make a chip in a cup カップの縁を欠く 動 (物の表面・縁など) を欠く；を削り取る；欠ける
733 **compute** [kəmpjúːt]	動 (を) 計算する；コンピュータを使う còmputátion 名 計算 (法)；計算結果 compúting 名 コンピュータの利用 [使用]
734 **display** [ア] [dɪspléɪ]	動 を示す；を発揮する；を展示 [陳列] する 名 (感情などの) 表れ；展示；ディスプレー画面 ▶ on display 展示中で，展示されて
735 **treat** [発] [triːt]	動 を扱う；を治療する ▶ treat him well [kindly] 彼を適切に [親切に] 処遇する 名 もてなし；楽しみ；お祝い tréatment 名 処遇，待遇；治療 (法)

核を保有している国は9ヵ国といわれている。そのうち2ヵ国は日本の近隣国である。

① Japan has long been under the shelter of the U.S. nuclear umbrella. ② It bans the production, possession and bringing in of nuclear weapons. ③ It opposes other nations developing and testing nuclear weapons, but accepts the possession of nuclear weapons by the U.S. as a barrier that prevents other countries from attacking Japan. ④ Japan is not a military ally of the U.S. in the strictest sense of the words, but definitely its political ally. ⑤ Whenever an international dispute arises, the Japanese government stands by the U.S. government as a matter of routine. ⑥ It is a false accusation, however, to say that Japan only follows the procedure of accepting U.S. policy, just as a priest performs the ritual of a wedding ceremony. ⑦ It is also a myth that Japan is under the U.S.'s thumb. ⑧ It is just that Japan ensures that the U.S. is prepared to act for the safety and defense of Japan. ⑨ In an ideal world, there would be no dispute or conflict, but in the real world there is no denying that Japan could become involved in a dispute with other countries. ⑩ Though Japan reserves the right to fight back when attacked, it cannot exercise the right of collective self-defense unconditionally.

語法・構文・表現

① **be under the shelter of 〜**「〜に守られている」
the U.S. nuclear umbrella「米国の核の傘」 ▶米国の核兵器による保護のこと。

② **bans the [production], [possession] and [bringing in] of nuclear weapons**「核兵器の［製造］，［保有］，［持ち込み］を禁止する」 ▶日本の「非核3原則」のこと。bringing in は名詞的動名詞。「（〜の）持ち込み」を表す。

③ **oppose 〜 doing**「〜が…するのに反対する」
accept A as B「A を B として認める」
as a barrier [that prevents other countries from attacking Japan]「［他国が日本を攻撃するのを防ぐ］防護壁として」 ▶that ... Japan は関係詞節。

④ **a military ally of the U.S. in the strictest sense of the words**「（この語の）最も厳密な意味での米国の軍事同盟国」 ▶ally [ǽlài]「同盟国，盟邦」

⑤ **an international dispute**「国際紛争」 ▶dispute「争い」＝ disagreement「不和」
stand by 〜「〜に味方する」

📁 社会 [政治]

① 日本は長い間，米国の核の傘の下で守られてきた。② そして，核兵器の製造，保有，持ち込みを禁じている。③ 日本は他国の核兵器開発や実験には反対するが，他国から日本への攻撃を防ぐ防壁として，米国が核兵器を保有することを認めている。④ 日本は，最も厳密な意味では，米国の軍事的同盟国だとは言えないが，米国の政治的同盟国であることは間違いない。⑤ 国際紛争が起きれば必ず，日本政府はいつも決まって米国政府を支持する。⑥ しかし，まるで司祭が結婚式の儀式を行うかのように日本は米国の方針を認める手続きに忠実に従っているに過ぎないと言うなら，それは間違った非難である。⑦ また，日本が米国の言いなりだというのも作り話である。⑧ 日本は，米国が日本の安全と防衛のために行動する準備が整っていることを確認しているだけのことである。⑨ 理想的な世界であれば，紛争や対立はないだろうが，現実の世界では，日本が他国との紛争に巻き込まれる可能性を否定できない。⑩ 日本は，攻撃されれば反撃する権利を留保するが，無条件で集団的自衛権を行使することはできないのだから。

---

as a matter of routine「いつもどおり [おきまり] のこととして」

⑥ **It is a false accusation ... to say that ...**「…と言うことは誤った非難である」 ▶to say that ... は真主語。

follows the procedure of accepting U.S. policy, [just as a priest performs the ritual of a wedding ceremony]「[ちょうど司祭が結婚式の儀式を行うように]，米国の政策を受け入れる手順を踏む」 ▶just as 節は〔様態〕を表す。

⑦ **that Japan is under the U.S.'s thumb**「日本が米国の言いなりになっているということ」 ▶真主語として働くthat節。

⑧ **the U.S. is prepared to act for the safety and defense of Japan**「米国が日本の安全と防衛のために行動する準備ができている」

⑨ **there is no** *doing*「…することはできない」
become involved in ~「~に巻き込まれる」

⑩ **the right to fight back when** (it is) **attacked**「攻撃されたとき反撃する権利」

50 Nuclear Umbrella

📘 単語の意味を確認しよう。

736 **ban** [bǽn]	動 を (法的に) 禁止する；を締め出す ▸ ban ~ from *doing* 「~に…することを禁じる」 名 (~に対する) 禁止 (令)(on)；(世論による) 非難
737 **weapon** 発 [wépən]	名 兵器, 武器 (≒ arms) ▸ arms は「戦争用の武器」, weapon は「武器全般」の意。 ▸ weapons of mass destruction 大量破壊兵器 ▸ nuclear weapons 核兵器
738 **oppose** アク [əpóuz]	動 に反対する；を対抗 [対比] させる oppósed 形 反対で, 逆で ▸ as opposed to ~ ~に対して, ~とは対照的に òpposítion 名 反対, 対立；抵抗 ▸ in opposition to ~ ~に反対して；~に対して ópposite 形 反対の 名 反対のもの 前 ~の向かい側に
739 **barrier** [bǽriər]	名 (~に対する) 障壁 (against / to)；防壁 ▸ the removal of trade barriers 貿易障壁の撤廃 bàrrier-frée 形 障壁がない；(段差などの) 障害がない
740 **ally** 発 [ǽlài]	名 同盟国；提携者；援助者；盟友 動 〔通例受身形または ally *oneself* で〕(~と) 同盟 [連合] する (with)；同盟 [連合] する allíance 名 同盟；提携；連合 állìed 形 同盟 [提携] している；連合の
741 **strict** [stríkt]	形 (規則などが) 厳しい；厳格な；厳密な ▸ strict discipline [rules] 厳しい規律 [規則] stríctly 副 厳格に；厳密に ▸ strictly speaking 厳密に言えば
742 **arise** [əráiz]	動 生じる arise from [out of] ~ 「~から生じる」 ▸ 活用：arise - arose - arisen
743 **routine** 発 アク [ru:tí:n]	名 決まり切った仕事；いつもの手順 ▸ (a) daily routine 「日課」 形 決まり切った；日常の

750 🐱

0	250	500	750	1000	1250	1500

744

false
[fɔːls]

形 <u>間違った</u>；虚偽の；偽の
▶ a false assumption about 〜　〜に関する間違った仮定
fálseness 图 誤り；虚偽；不実

745

ritual
[rítʃuəl]

图 <u>儀式</u>；（日常の）習慣的行為
▶ a mysterious initiation ritual　神秘的な入会の儀式

形 儀式の；儀式的な
rite 图 儀式

746

myth
[mɪθ]

图 <u>作り話</u>；神話
▶ an urban myth　都市伝説
mythólogy 图〔集合的に〕神話；通説

747

ensure
[ɪnʃúər]

動 <u>を確実にする</u>（≒ make sure）；を守る
ensure that ...　「…ということを確実にする」
insure [ɪnʃúər] 動 に保険をかける

748

ideal
発 アク [aɪdíːəl]

形 <u>理想的な</u>；観念的な
▶ be ideal for 〜　〜にとって理想的である

图 理想

749

deny
[dɪnáɪ]

動 <u>を否定する</u>；を拒む
▶ deny doing「…することを否定する，…していないと言う」
▶ deny A B　A に B を与えない（= deny B to A）
denial 图 否定；拒否

750

reserve
発 [rɪzə́ːrv]

動 <u>を予約する</u>；<u>を取っておく</u>；（判断など）を保留する
▶ reserve a good spot for her　彼女のためにいい場所を取っておく

图 蓄え；遠慮；保護区
resérved 形 遠慮した；予約した
rèservátion 图 予約；遠慮

公認会計士が襲われ，重傷を負った。目撃証言や監視カメラから浮上した容疑者とは…。

① A certified public accountant who had just finished the annual audit for a company which manufactures hybrid cars was attacked and seriously wounded while he was walking along a street with a row of houses on either side. ② He said that for several minutes before the attack he felt someone staring at him. ③ A witness told the police that there seemed to be a car following him. ④ Another witness said that he heard a speech that sounded like a southern dialect. ⑤ The captain of the police department commanded his team to make an immediate check on the surveillance cameras installed above the front door and emergency exit of an office building on the street. ⑥ Data collection of such information in relation to criminal investigation by the police is permitted. ⑦ As a result, a man from Louisiana turned up as a suspect. ⑧ He was found to be a clerk in an organization which advocates the elementary principles of economic equality and at the same time invests in overseas stocks on the accountant's advice. ⑨ He said he had done justice to the accountant. ⑩ Now the very idea of justice seems to be melting away.

語法・構文・表現

① **who had just finished the annual audit for a company which manufactures hybrid cars**「ハイブリッド車を製造する会社の年次監査をちょうど終えた」▶直前の certified public accountant「公認会計士」にかかる関係詞節。
with a row of houses on either side「両側に家が1列に立ち並ぶ」▶streetを修飾する前置詞句。

② **feel ~ doing**「~が…している気がする」

③ **there seems to be ~ doing**「~が…しているように思える」▶" ~ " と doing の間に主述関係が成立している。

④ **that sounded like a southern dialect**「南部方言のように聞こえた」▶speech「言葉」にかかる関係詞節。

⑤ **The captain of the police department**「市警察の警部」
make a check on ~「~を点検［調査］する」
the surveillance cameras installed above the front door and emergency

📁 社会 [事件・犯罪]

①ハイブリッド車を製造する会社の年次監査を終えたばかりの公認会計士が，両側に家が並んだ通りを歩いているとき，襲われて重傷を負った。②襲われる数分前から誰かが自分を見つめている気がした，と彼は言った。③ある目撃者は，彼を尾行する車がいたようだと警察に語った。④別の目撃者は，南部の訛りが混じった言葉を聞いたと言った。⑤市警察の警部は部下に命じて，その通りのオフィスビルの正面玄関と非常口の上部に設置された監視カメラをすぐに点検させた。⑥警察の犯罪捜査に関係するこの種の情報データの収集は，公に許可されている。⑦調査の結果，ルイジアナ州出身の男が容疑者として浮上した。⑧彼はある団体の事務員と判明した。その団体は経済的平等の基本的原則を唱道し，同時にこの会計士の勧めで外国株に投資していた。⑨男は，（会計士が勧めた投資に失敗した報復として）会計士に正当な仕打ちをしたのだと言った。⑩今や「正当」という概念自体が消滅しかけているようだ。

exit of an office building on the street「通りのオフィスビルの正面玄関と非常口の上に設置された監視カメラ」▶onの目的語として働く名詞句。

⑥Data collection of such information [in relation to criminal investigation by the police]「[警察の犯罪捜査に関連する] こうした情報のデータ収集」▶主語。

⑦turn up as a suspect「容疑者として浮上する」

⑧be found to be ～「～であることがわかる」
which [advocates the elementary principles of economic equality] and at the same time [invests in overseas stocks on the accountant's advice]「[経済的平等の基本的原則を唱道し]，同時に [この会計士の勧めで外国株に投資する]」▶organizationにかかる関係詞節。

⑨do justice to ～「～を正当に扱う [評価する]」

⑩seems to be melting away「消え失せているように思える」

📖 単語の意味を確認しよう。

751 **annual** [ǽnjuəl]	形 年1回の，例年の；1年間の ▶ annu (← annus) 年 + -al の (性質の) ▶ an annual meeting 年次総会 ánnually 副 毎年，年に1回
752 **company** [kʌ́mpəni]	名 会社；〔集合的に〕仲間；(仲間と) 一緒にいること；一座 ▶ I enjoyed your company. ご一緒できて楽しかったです。
753 **manufacture** 発 [mæ̀njufǽktʃər]	動 を製造する；をでっち上げる ▶ manufacture a story [an excuse] 話 [口実] をでっち上げる 名 製造，(大量) 生産；〔通例〜s〕製品 mànufácturer 名 製造業者
754 **hybrid** [háibrɪd]	形 ハイブリッドの；雑種の；混成の 名 ハイブリッド車；(動植物の) 雑種；混成物
755 **row** 発 [roʊ]	名 列；(建物が並ぶ) 通り ▶ 同じつづりの row [rau] 「口論」，row 「こぐ」と区別。 ▶ a row of houses 家並み ▶ (for) five days in a row 5日間続けて
756 **stare** [steər]	動 じっと見る；を見つめる stare at 〜 「〜をじっと見る」 ▶ stare him in the face 彼の顔を見つめる 名 じっと見つめること
757 **witness** [wítnəs]	名 目撃者 (≒ éyewìtness)；証人；証拠，証言 ▶ give [bear] witness to 〜 〜の証言をする，〜の証拠となる 動 を目撃する
758 **dialect** [dáiəlèkt]	名 方言 ▶ dialect に代わって variety 「変種」も用いられる。例：the American variety of English 「アメリカ英語」 dìaléctic 名 論法；弁証 (法)

765

759

command
[kəmænd]

動 を命じる；を指揮する；（景色）を見渡せる

名 命令；指揮（権）；（言語の）運用能力

▶ have a good command of English 英語を自在に使いこなせる

760

immediate
(発) [ɪmíːdiət]

形 即座の；当面の；すぐそばの；直接の

▶ one's immediate concerns 当面の関心事

immédiately 副 すぐに；直接に

▶ immediately before [after] ～ ～の直前 [直後] に

761

emergency
[ɪmə́ːrdʒənsi]

名 緊急（事態）

in an emergency 「緊急の場合に」

▶ cope with an emergency 緊急事態に対処する

emérgent 形 緊急の；新興の

762

permit
(ア) [pərmít]

動 を許可する（≒ allów）（⇔ forbíd→820）

permit ～ to do 「～に…するのを許す」

名 許可証；免許証

permíssion 名 許可

763

invest
[ɪnvést]

動 (を) 投資する；に (～を) 与える (with)

invest A in B 「A（金など）をBに投資する」

▶ invest in ～ ～に投資する

invéstment 名 投資；投入

invéstor 名 投資家

764

overseas
[òuvərsíːz]

副 海外へ [に，で]（≒ abróad）

▶ from overseas 海外から

形 海外の，海外への [からの]

765

melt
[melt]

動 溶ける，なごむ；を溶かす，<u>徐々に消え失せる</u>

▶ a melting pot（人種の）るつぼ

méltdòwn 名 炉心溶融；株価の大暴落

「トクトク切符」を不正使用した外国人に，販売代理店はどんな応対をしたのだろうか。

① Last week, a foreigner bought a special "Happy" 30-day discount ticket for unlimited travel within the prefecture. ② Yesterday, the ticket was confiscated by our agent in another prefecture, from a woman claiming to be his sister, who had tried to use it. ③ Today the ticket purchaser came back here to our office. ④ He explained that his sister had used the ticket to go and rescue a desperate friend in trouble. ⑤ So he wanted his sister's fares, there and back, refunded, and his Happy Ticket restored.

⑥ After he had recounted his incredible story, we explained that the Happy Ticket clearly specified its use — only in our prefecture, and not in any external, or even immediately surrounding areas — and by him alone, not even his sibling. ⑦ When I had to explain rules of using the ticket, he became irate, and something of a sensation (though perhaps entertaining) to other customers. ⑧ I assured him that we were not reluctant to help him, and that we did not want to have him "arrested." ⑨ We only wanted to enhance his visit to our prefecture. ⑩ As he was leaving, he spilled the water he was drinking out of a bottle near his Happy Ticket. ⑪ Luckily, the liquid didn't come into contact with the ticket itself, as the pass is not waterproof.

語法・構文・表現

① **for unlimited travel within the prefecture**「県内無制限旅行用の」▶special "Happy" 30-day discount ticket「30日間有効特別『トクトク』割引切符」を修飾。

② **confiscate A (from B)**「(Bから) Aを没収 [押収] する」

④ **to go and rescue a desperate friend in trouble**「非常に困っている友人を救助しに行くために」▶〔目的〕を表すto不定詞句。

⑤ (V)**wanted** (O)**his sister's fares, there and back,** (C)**refunded, and** (O)**his Happy Ticket** (C)**restored**「姉のそこまでの往復料金が払い戻され，彼のトクトク切符が返還されることを望んだ」▶want ~ *done*「~が…されるのを望む」

⑥ **only in our prefecture, and not in any external, or even immediately surrounding areas**「私たちの県の中でのみ有効で，他の県では，すぐ周りを取り巻く地域でも無効である」

トクトク切符

① 先週ある外国人が，県内の列車なら乗り放題の 30 日間有効の特別「トクトク」割引切符を購入した。② 昨日，他県にある当社の代理店がその切符を没収した。切符を利用しようとした女性は購入者の姉だと主張した。③ 今日，切符の購入者が当事務所に再び現れた。④ 彼が言うには，自分の姉はすごく困っている友人を救うために切符を使ったのだ，ということだった。⑤ だから，姉が払った往復運賃を払い戻し，自分のトクトク切符を返してほしいと彼は言った。

⑥ 彼がそのうさんくさい話を長々と語り終えた後，我々はそのトクトク切符には使用規定が明記されていると説明した。切符の使用は県内に限定されており，たとえ隣接した県であっても他県では使えない。また，使えるのは本人のみであり，兄弟姉妹でも使えない，と。⑦ 私が切符の使用のルールを説明しなければならなかったとき，彼は激高し，他の客にとってちょっとした騒ぎになった（ひょっとすると彼らを楽しませていたのかもしれないが）。⑧ 私は彼を安心させようとして，自分たちは彼を助けるのが嫌なわけではなく，彼が「逮捕」されることを望んでいるわけでもないと言った。⑨ 私たちとしては，彼の当県での滞在を充実させたかっただけなのだ。⑩ 立ち去るときに，彼は飲んでいたボトルの水をトクトク切符の近くにこぼした。⑪ 切符は防水性がないのだが，幸い，水は切符にはかからなかった。

---

by him alone, not even his sibling「購入者本人しか使用できず，兄弟姉妹でさえ使用できない」

⑦ (v)**became** (C)**[irate]**, and (C)**[something of a sensation (though perhaps entertaining) to other customers]**「腹を立て，他の客にとって（ひょっとすると彼らを楽しませていたかもしれないが）ちょっとした騒ぎになった」▶2つの補語の等位接続。something of a ～「ちょっとした～」

⑧ **have him arrested**「彼を逮捕してもらう，彼が逮捕される」

⑩ **the water he was drinking out of a bottle**「彼がボトルから飲んでいた水」▶he was ... bottleはwaterにかかる関係詞節。

⑪ **the liquid didn't come into contact with the ticket itself**「その液体は切符そのものとは接触しなかった」▶come into contact with ～「～と接触する」

52 Happy Ticket

📖 単語の意味を確認しよう。

766

discount
⑦ [dískaunt]

名 割引
▶ at a discount 「割引して」
動 を割り引く；を軽視する

767

prefecture
発 [prí:fektʃər]

名 (日本の) 県，府；(フランスなどの) 県
▶ Kanagawa [Hokkaido] Prefecture 神奈川県 [北海道]

768

rescue
[réskju:]

動 を救う
▶ rescue hostages 人質を救出する
名 救助，救出
▶ go to ~'s rescue ～の救助に行く

769

fare
[feər]

名 (乗り物の) 料金
▶ a taxi fare タクシー料金
動 〔well, badly などを伴って〕(うまく [まずく]) やっていく

770

restore
[rɪstɔ́:r]

動 を回復させる；を修復する
▶ restore law and order 法と秩序を回復させる
　 rèstorátion 名 回復；修復
▶ the Meiji Restoration 明治維新

771

incredible
[ɪnkrédəbl]

形 信じられない；すばらしい
▶ her incredible piano performance 彼女の見事なピアノ演奏
　 incrédibly 副 信じられないほど

772

external
[ɪkstɔ́:rnəl]

形 外部の (⇔ intérnal → 468)；対外的な
▶ external observation 外部からの観察
▶ (a department of) external affairs 外事 (課)
　 extérnally 副 外部に；外見上

773

surround
[səráund]

動 を取り巻く；にまつわる
　 be surrounded by [with] ~ 「～に囲まれている」
名 囲い；〔通例~s〕周辺
　 surróunding 名 〔~s〕周囲の状況，環境 形 周囲の，付近の

218

| 0 | 250 | 500 | 750 | 1000 | 1250 | 1500 |

774

sibling
[síblɪŋ]

名 きょうだい（の1人）
▶ 男女の別なく用いる。
▶ sibling rivalry きょうだい間の争い［競争心］

775

sensation
[senséɪʃən]

名 感覚；大評判；大騒ぎ
▶ cause a sensation センセーションを巻き起こす
　sensátional 形 衝撃的な
▶ a sensational crime 衝撃的な犯罪

776

entertain
⑦ [èntərtéin]

動 を楽しませる；をもてなす
　èntertáinment 名 娯楽；興行；もてなし
▶ provide entertainment for guests 客をもてなす
　èntertáiner 　名 客をもてなす人；芸人

777

reluctant
[rɪlʌ́ktənt]

形 気が進まない，嫌がる（⇔wílling→324）
　be reluctant to do 「…することに気が進まない」
　relúctance 名 気乗りしないこと
　relúctantly 副 嫌々ながら

778

arrest
[ərést]

動 を逮捕する；を止める；（注意）を引く
名 逮捕；阻止
▶ You're under arrest. あなたを逮捕します。

779

enhance
[ɪnhǽns]

動 （価値など）を高める，増す
▶ improve, increase の意味を持つ。
　enhÁncement 名 （価値などの）向上，増強
　enhÁnced 　形 （価値や性能が）強化された

780

liquid
発 [líkwɪd]

名 液体
▶ 「固体」は solid，「気体」は gas と言う。
形 液体の；流動体の（≒flúid）
　líquidìze 動 を液状にする

ガラガラの列車でなぜか筆者の隣に座った男。男は地球の危機について語り始める…。

① Once on the JR, a couple got on my car, and though almost all seats were empty, the man sat down next to me, and the woman directly across the aisle from him. ② A bit strange. ③ During our thirty minutes together, the man told me the following. ④ In our galaxy there are billions of asteroids, many of them flying past us quite close every day. ⑤ Given our globe's immense gravity, it is only natural, our fate, to attract an asteroid sooner or later. ⑥ Then it will crash into our precious planet, and the Earth will be eliminated, or will collapse, or else simply be ruined for millennia. ⑦ Against such tragedy, the man concluded, it is crucial to defend ourselves. ⑧ It is vital that international world-wide research and experiments exhaust all the possibilities.

⑨ Was the man serious? ⑩ He seemed stable and well-read. ⑪ Or was he simply practicing his English, perhaps to impress his companion? ⑫ Or was he putting me on, perhaps to amuse her?

語法・構文・表現

① **the woman** (sat down) **directly across the aisle from him**「女性は通路を挟んで男性の真向かいに座った」▶the woman の後に sat down を補って読む。

③ **During our thirty minutes together**「私たちが一緒にいた30分の間に」
the following「次 [下記] のこと [もの]」

④ **many of them flying past us quite close every day**「その多くは毎日私たちのすぐ近くを通り過ぎている」▶there are billions of asteroids を修飾する独立分詞構文 (=主語付き分詞句)。〔付帯状況〕を表す。

⑤ **Given our globe's immense gravity**「私たちの地球の途方もない重力を考慮するなら [認めるなら]」▶Given は前置詞的に働く過去分詞。
it is [only natural], [our fate], to attract an asteroid「小惑星を引き寄せることは [しごく当然で] あり, [私たちの運命] である」▶to attract 以下が真主語。our fate は only natural の言い換え。
sooner or later「遅かれ早かれ, そのうち」

⑥ **crash into ~**「~に衝突する」

小惑星を気に病んで

英文レベル
☆ ☆

163 words

📁 自然［宇宙］

---

① 以前，JR の車内で，あるカップルが私の車両に乗り込んだ。ほとんどの席が空いていたが，男は私の隣に座り，女は通路を挟んで男の向かいに座った。② ちょっと変である。③ 同席していた 30 分の間，男は私にこんな話をした。④ 銀河には数十億の小惑星があり，その多くは毎日私たちの間近を通り過ぎている。⑤ 地球の途方もない重力を考えると，いつかは小惑星を引き寄せるのがごく当然であり，私たちの運命である。⑥ そのとき小惑星は私たちの大切な地球に衝突し，地球は消滅するか，崩壊するか，もしくはただただ何千年もの間荒廃するだろう。⑦ そうした悲劇から身を守ることが極めて重要だ，と言って男は話をまとめた。⑧ 国際的な規模の研究と実験によって，すべての可能性を試し尽くすことが必須だというのだ。

⑨ 男は真剣だったのだろうか。⑩ 彼は落ち着きがあり，博識に見えた。⑪ それとも，もしかしたら連れの気を引くために，英語の練習をしていただけなのだろうか。⑫ あるいは，もしかして，私をからかって彼女を楽しませようとしていたのだろうか。

~~~~~~

[will be eliminated], or [will [collapse], or else [simply be ruined for millennia]]「［排除されることになる］か，［崩壊する］か，さもなければ［単に数千年にわたり荒廃する］ことになるだろう］」 ▶2種類の等位接続に注意。

⑦ **it is crucial to defend ourselves**「自分の身を守ることは必須である」

⑧ **it is vital that ～ (should)** *do*「～ が…することが肝要である」
international world-wide [research] and [experiments] exhaust all the possibilities「世界中の国際的［研究］や［実験］がすべての可能性を試しつくす」 ▶exhaustは仮定法現在。

⑩ **well-read** 形「博識の」

⑪ **perhaps to impress his companion**「ひょっとすると自分の連れを感心させるために」 ▶副詞用法のto不定詞句。〔目的〕を表す。

⑫ **put ～ on**「～（人）をからかう，かつぐ」 ▶通例進行形で用いる。
perhaps to amuse her「ひょっとすると彼女を楽しませるために」 ▶副詞用法のto不定詞句。〔目的〕を表す。

221

📘 単語の意味を確認しよう。

---

781 **galaxy** [gǽləksi]	名 星雲，銀河；〔the G〜〕銀河系 ▶ the Galaxy は the Milky Way「天の川」とも言う。

---

782 **asteroid** ⑦ [ǽstərɔ̀ɪd]	名 小惑星 (≒ mìnor plánet)；ヒトデ (= stárfìsh)

---

783 **globe** [gloʊb]	名 地球 (≒ earth)；世界；球 glóbal 形 全世界的な ▶ protect the global environment 地球環境を守る glóbalìsm 名 グローバリズム，世界主義 glòbalizátion 名 グローバル化

---

784 **gravity** [grǽvəti]	名 重力，引力；重量；重大さ ▶ the law of gravity 重力の法則

---

785 **fate** [feɪt]	名 運命；結末；最期 ▶ 語源はラテン語の fatum「運命」：amor fati「運命愛」 ▶ by an irony [a twist] of fate 運命のいたずらで fátal 形 致命的な；破滅的な fatálity 名 不慮の死；死亡者 (数)

---

786 **crash** [kræʃ]	動 衝突する，墜落する；をぶつけて壊す crash into 〜「〜に衝突する」 ▶ clash「対立する；ぶつかる」，crush「を押しつぶす」と区別。 名 衝突；墜落

---

787 **eliminate** ⑦ [ɪlímɪnèɪt]	動 を取り除く ▶ eliminate A from B「B から A を取り除く」 elìminátion 名 除去，排除

---

788 **collapse** ⑨ [kəlǽps]	動 崩壊する；(人が) 倒れる；を折り畳む ▶ collapse on a sofa ソファーに倒れ込む 名 崩壊；衰弱 ▶ the collapse of prices 物価の大暴落

795

0	250	500	750	1000	1250	1500

789

ruin
発 [rúːɪn]

動 をだめにする；を破滅させる；破滅する
▶ ruin one's health 健康を損なう

名 破滅；〔~s〕廃墟
▶ go to [fall into] ruin 破滅する，荒廃する
▶ in ruins 荒廃して

790

millennium
[mɪléniəm]

名 千年間，千年紀
▶ 複数形は ~s または millennia [mɪléniə]。
▶ the third millennium 2001年以降の千年，第3千年紀
míllenàry 形 千年の；千年記念の 名 千年間

791

crucial
発 [krúːʃəl]

形 重要な
▶ be crucial in [to] doing …するうえで重要である
▶ at a crucial moment 重大な時に

792

defend
[dɪfénd]

動 を防御する；を弁護する
▶ defend oneself「自衛する；自己弁護する」
defénse 名 防御 (⇔offénse 攻撃)
defénsive 形 防御の
deféndant 名 被告 (⇔pláintiff 原告)

793

vital
発 [váɪtəl]

形 必要不可欠な；活気のある；生命にかかわる
be vital to ~「~にとって必要不可欠である」
▶ It is vital that A (should) do = It is vital for A to do A が
…することは必要不可欠だ
vitálity 名 活力；活気
vítalìze 動 に生命を与える；を活気づける

794

exhaust
発 [ɪgzɔ́ːst]

動 を疲れ果てさせる；を使い尽くす；排気する
▶ be exhausted by [from] ~「~で疲れ果てる」

名 排気 (ガス)
exháustion 名 疲労困憊

795

stable
[stéɪbl]

形 安定した (⇔ùnstáble 不安定な)；理性的な

名 馬小屋；同一組織に属する人々
stábilìze 動 を安定させる
stabílity 名 安定 (性)(⇔ìnstabílity 不安定)

223

54 Soil Conservation

① Soil conservation means preventing soil loss from erosion or reduction in fertility, but there are many obstacles to the prevention. ② One classic example is logging for the purpose of exporting wood to earn precious foreign currency. ③ This practice and the slash-and-burn method of land clearance lead to deforestation which might cause erosion on a large scale. ④ Another major obstacle is irrigation with salty water; if water evaporates from the soil, it leaves salt behind, which breaks down the soil structure and crop metabolism, often entailing erosion.

⑤ There is no point in punishing farmers for failure to make soil conservation efforts or suing the government for allowing logging and slash-and-burn farming. ⑥ What is important is to classify soil conservation as high on the agenda and bring about a permanent change in agricultural policy. ⑦ The government should recommend that sustainable farming methods that help lessen the effects of farming on the environment be used prior to other methods which are designed only to meet the temporary needs of farmers and growers. ⑧ Contour farming, no-till farming and crop rotation are a few examples of such sustainable methods.

⑨ It is worthwhile to substitute living organisms for chemicals to keep fertility. ⑩ Earthworm casts help a selection of minerals and plant nutrients turn into a form that roots can absorb, and some fungi assist in organic decay.

◎ 語法・構文・表現 ◇◇

① preventing [soil loss from erosion] or [reduction in fertility]「[浸食による土壌消失] や [肥沃度の低下] を防止すること」 ▶means の目的語。

② (S)One classic example (V)is (C)logging for the purpose of *doing*「(障害の)典型例の1つが，…する目的での木材伐採である」

③ which might cause erosion on a large scale「大規模な浸食を引き起こすかもしれない」 ▶deforestation「森林破壊」にかかる関係詞節。

④ (S)which (V)breaks down (O)the soil structure and crop metabolism, often entailing erosion「その塩が土壌構造と作物代謝を壊し，しばしば浸食をもたらす」

224

土壌保全

📁 自然［環境］

① 土壌保全とは，浸食による土地消失や肥沃度の低下を防ぐことだが，その防止には多くの障害がある。② 典型的な障害の1つは，貴重な外貨を稼ぐために木材を輸出する目的で木を伐採することである。③ このような行いや焼畑式の土地開墾法は森林破壊を招き，それが大規模な浸食の原因になることもある。④ もう1つの大きな障害は，塩水を使った灌漑である。土壌から水が蒸発すれば，塩が残る。塩は土壌の構造と作物の代謝を損ね，浸食を引き起こすことが多い。

⑤ 土壌保全の努力を怠ったとして農家を罰したり，木材の伐採や焼畑農業を許したとして政府を裁判に訴えたりするのは無意味だ。⑥ 重要なのは，土壌保全の問題を最重要課題と位置付け，農業政策に永続的な変化をもたらすことである。⑦ 政府は，農家や栽培者の一時的な需要だけを満たすよう考案された他の農法よりも先に，農業が環境に与える影響を抑えるのに役立つ持続可能な農法を利用することを推奨すべきだ。⑧ 例えば，等高線耕作，不耕起栽培，輪作などが，そういった持続可能な農法の例である。

⑨ 生物を化学物質の代わりに使って肥沃度を保つことには価値がある。⑩ ミミズの糞は，様々なミネラルや植物の栄養素を根が吸収できる形に変える働きを持ち，一部の菌類は有機物の腐敗を促進する。

---

⑤ punishing farmers for failure to *do*「…しなかったことで農民を罰すること」

⑥ classify 〜 as high on the agenda「〜を重要課題に分類する」

⑦ help lessen the effects of 〜 on ...「〜の…への影響を減らす助けとなる」
prior to [other methods [which are designed only to meet 〜]]「[[〜を満たすことだけを意図した] 他の方法] に先立って」

⑩ (S) Earthworm casts (V) help (O) a selection of 〜 (C) turn into ...「ミミズの糞は，様々な〜が…に変わるのを助ける」

📘 単語の意味を確認しよう。

796
soil
[sɔɪl]

名 土地，土壌；(悪事などの) 温床
▶ fertile [rich] soil 肥沃な土地

動 を汚す；(名誉など) を傷つける

797
conservation
[kà(:)nsərvéɪʃən]

名 (動植物などの) 保護；保存
  cònservátionist 名 自然保護論者
  consérve 動 (環境・資源) を保護する
  consérvative 形 保守的な 名 保守的な人

798
obstacle
⑦ [á(:)bstəkl]

名 (~に対する) 障害 (物)(to)
▶ put obstacles in the way of ~ ~を妨げる

799
export
⑦ [ɪkspɔ́:rt]

動 (を) 輸出する (⇔ impórt→87)

名 [ékspɔ:rt] 輸出 (品)
  èxportátion 名 輸出

800
precious
[préʃəs]

形 貴重な；高価な (≒ váluable)
▶ a precious stone 宝石

801
irrigation
[ìrɪgéɪʃən]

名 灌漑
▶ 田畑に水を引くこと。
▶ irrigation canals 用水路
  írrigàte 動 を灌漑する

802
punish
[pʌ́nɪʃ]

動 を罰する；に損傷を与える
▶ punish A for B「A を B のことで罰する」
  púnishment 名 刑罰；処罰

803
sue
[sju:]

動 を告訴する；(~を求めて) 訴訟を起こす (for)
▶ sue for damages 損害賠償を求めて訴訟を起こす
  suit 名 訴訟 (= láwsùit)
▶ file [bring] a suit against ~ ~を相手に訴訟を起こす

810

| 0 | 250 | 500 | 750 | 1000 | 1250 | 1500 |

804
classify
[klǽsɪfàɪ]

動 を**分類する**；を機密扱いにする
　clássified 形 分類された；極秘の
▶ classified documents 機密文書
　clàssificátion 名 分類，格付け

805
agenda
[ədʒéndə]

名 **協議事項（リスト）**；議事日程（表）；（政治
　上の）課題
▶ high on the agenda 重要課題で

806
permanent
[pə́ːrmənənt]

形 **永続的な**（⇔témporàry→807）
　pérmanently 副 永久に；いつも

807
temporary
[témpərèri]

形 **一時的な**（⇔pérmanent→806）
▶ tempor- 時間＋-ary ～の
▶ a temporary job 臨時の仕事
　tèmporárily 副 一時的に
　témporal 形 時間の；世俗の

808
worthwhile
⑦ [wə̀ːrθhwáil]

形 **価値がある**；立派な
▶ It is worthwhile *doing* [to *do*]「…する価値がある」
▶ a worthwhile book 読む価値のある本
　wórthless 形 価値のない

809
substitute
⑦ [sʌ́bstɪtjùːt]

動 を**代わりに使う**；（～の）代理をする (for)
　substitute A for B 「B の代わりに A を使う」

名 代理，代用品

形 代理の，代用の
　sùbstitútion 名 代理，代用

810
mineral
[mínərəl]

名 **鉱物**；ミネラル

形 鉱物（質）の，鉱物を含む
▶ mineral water ミネラルウォーター

💡 富士山に登るときの準備やマナー，そして注意すべきことを見ていこう。

①If you want to climb Mt. Fuji, you will need a lot of elaborate preparation. ②Cast an eye on the instructions on how to climb Mt. Fuji, and you will learn several rules. ③First, you need to get accustomed to walking slowly and steadily, taking regular breaks, and drinking enough fluids. ④Second, never dump any trash on the mountain, nor make a mess in the natural surroundings by walking off the track. ⑤Pitching a tent is prohibited, but you can stay in a hut at the 8th stage and resume climbing several hours before dawn if you want to watch the sunrise from the summit. ⑥There are always so many climbers and spectators of the rising sun flocking to the summit that you may have difficulty in finding an empty patch. ⑦Climbing in winter is not completely forbidden, but officials strongly do not recommend it; inexperienced climbers may slip on snow-clad icy slopes and crack a bone in the leg. ⑧Even if you are a competent climber and feel brave enough to climb in the snow, you still have to be extremely careful and well-prepared. ⑨If you have only a vague idea of climbing in winter, you may misjudge the situation. ⑩Any misjudgment could spell disaster for you.

語法・構文・表現

①**need a lot of elaborate preparation**「多くの入念な準備を必要とする」▶動詞句。

②**Cast an eye on the instructions on how to climb Mt. Fuji, and you will *do***「富士山の登り方に関する指示に目を向けるなら，…するだろう」▶〜（命令文），and ...「〜せよ。そうすれば…」

③**get accustomed to *doing***「…するのに慣れる」
take regular breaks「定期的に休憩をとる」

④**make a mess**「汚す；損なう；散らかす」
off the track「登山道を外れて」

⑤**Pitching a tent is prohibited**「テントを張ることは禁止されている」▶Pitching a tent は主語として働く動名詞句。
resume climbing several hours before dawn「夜明けの数時間前に登山を再開

富士山登山法

英文レベル ☆☆ 208 words

📁 日常生活［娯楽］

①富士山に登りたければ，多くの入念な準備が必要だろう。②富士登山の方法に関する説明書に目を<u>やれ</u>ば，いくつかのルールが分かるはずだ。③まず，ゆっくり1歩ずつ歩き，定期的に休憩し，十分な<u>水分</u>を取ることに<u>慣れる</u>必要がある。④次に，山にゴミを<u>捨て</u>たり，登山道を外れて歩き，自然環境を<u>荒らし</u>たりするのは厳禁である。⑤テントを<u>張る</u>ことは禁止されているが，山頂から日の出を見たければ，8合目で山小屋に泊まり，夜明けの数時間前に登山を再開するとよい。⑥いつも多くの登山客やご来光を<u>見物する人</u>が山頂に<u>群がる</u>から，空いた<u>スペース</u>を見つけるのに苦労するかもしれない。⑦冬の登山は完全には<u>禁止されて</u>いないが，当局は断固としてそれを推奨しない。経験不足の登山者は雪に覆われ凍りついた斜面で滑って転び，脚の骨に<u>ひびが入る</u>こともある。⑧たとえあなたが<u>有能な</u>登山者であって，雪の中を登るに十分な<u>勇気がある</u>と感じても，それでも非常に注意深くし，また十分な心構えができていなければならない。⑨冬の登山について<u>ぼんやり</u>としかわからないと，状況判断を誤ることがある。⑩どんな判断ミスも，自分に災いを<u>及ぼす</u>可能性があるのだ。

する」 ▶resume *doing*「（中断の後）…することを再開［続行］する」

⑥ (adv) There (V) are (adv) always (S) [(S') so many climbers and ... sun (V') flocking (adv') to the summit] (adv) [that ...]「いつも多くの登山者や…が山頂に群がるから…」 ▶ 〈so ～ that ...〉構文。
  have difficulty in *doing*「…するのに苦労する」

⑦ **crack a bone in the leg**「脚の骨にひびが入る」

⑧ [are a competent climber] and [feel brave enough to climb in the snow]「［有能な登山者であり］，［雪の中を登るに足る勇気があると思う］」 ▶2つの動詞句の等位接続。

⑨ **misjudge the situation**「状況の判断を誤る」

⑩ **spell disaster for ～**「～に災難［不運］をもたらす」

229

■ 単語の意味を確認しよう。

811 **cast** [kæst]	動 <u>を投じる</u>；に役を当てる ▶ cast doubt on ～「～に疑問を投げかける」 ▶ 活用：cast - cast - cast 名 配役；ギプス；鋳型
812 **accustom** [əkʌ́stəm]	動 <u>(人) を慣れさせる</u> be accustomed to ～ 「～に慣れている」 ▶ get accustomed to ～ ～に慣れる
813 **fluid** [flúːɪd]	名 流動体，<u>液体</u> ▶ brake fluid ブレーキオイル 形 流動体の；流動性の；滑らかな
814 **dump** [dʌmp]	動 <u>を投棄する</u>；をどさっと落とす 名 ごみ捨て場；ごみの山 dúmper 名 ごみを捨てる人 [機械]
815 **mess** [mes]	名 <u>散らかった状態 [物]</u>；混乱状態 ▶ be in a mess 散らかっている；窮地に陥っている 動 を散らかす，汚す méssy 形 散らかった；面倒な；不注意な
816 **pitch** [pɪtʃ]	動 <u>を投げる</u>；倒れる；縦揺れする；<u>を設定 [設置] する</u> ▶ pitch forward [backward] 前に [後ろに] 倒れる 名 投球；(感情などの) 程度；(音・声の) 高低 ▶ a wild pitch 暴投
817 **spectator** ⑦ [spékteɪtər]	名 <u>(試合などの) 観客</u> ▶ a spectator sport 見て楽しむスポーツ spéctacle 名 (際立った) 光景，壮観；見世物
818 **flock** [flɑ(ː)k]	動 群がる，集まる 名 群れ；群衆 ▶ a flock of sheep 羊の群れ

825

| 0 | 250 | 500 | 750 | 1000 | 1250 | 1500 |

819
patch
[pætʃ]

图 (～の) 部分，斑点；継ぎ；貼り薬；小区画
の土地
▶ an elbow patch ひじ当て

動 に継ぎを当てる
pátchwòrk 图 パッチワーク

820
forbid
[fərbíd]

動 を禁じる (⇔permít→762)
▶ 活用：forbid - forbade - forbidden
▶ forbid ～'s doing 「～に…することを禁じる」(= forbid ～
to do, forbid ～ from doing)
forbídden 形 禁じられた，禁断の

821
crack
[kræk]

動 ひびが入る；にひびを入れる
▶ crack down on ～ ～を厳しく取り締まる

图 割れ目；鋭い音

822
competent
(発)(ア) [ká(:)mpətənt]

形 有能な；適任の；満足できる
▶ be competent to [at, in] ～ ～に適任である
cómpetence 图 能力，力量；権限
▶ his competence as a manager 経営者としての彼の能力

823
brave
[breɪv]

形 勇敢な (⇔cówardly 臆病な)；見事な
▶ It is brave of ～ to do 「…するとは～は勇気がある」
▶ put on a brave face 無理に平気なふりをする

動 に勇敢に立ち向かう
brávery 图 勇敢 (な行動)

824
vague
(発) [veɪg]

形 漠然とした，あいまいな；おぼろげな
váguely 副 漠然と，あいまいに
vágueness 图 漠然，あいまいさ

825
spell
[spel]

動 (語) をつづる；という語になる；の結果を招
く

图 呪文；(ある天候の続く) 期間；発作
▶ a spell of sunny weather 晴天続き
spélling 图 つづること；(語の) つづり (方)

> ラグタイムは 19 世紀末に流行したピアノ音楽だ。その変遷をたどってみよう。

① In the 1890's, among Afro-Americans, a piano music arose featuring a steady "left-hand" beat accompanying a syncopated "right-hand" melody. ② The mood might vary greatly; but the mode, the left-hand / right-hand contrast, did not. ③ Due to this "ragged" contrast, it was called ragtime. ④ The virtual "inventor" of this style was Scott Joplin. ⑤ "Rags" he composed, such as *Maple Leaf Rag* (1899) and *The Entertainer* (1902), received a royal welcome. ⑥ The U.S. in the early 1900's passionately embraced the new style. ⑦ But ragtime was a sudden blaze that soon went out. ⑧ Blues and jazz took over, creating the bias that ragtime was primitive. ⑨ When Joplin was buried in 1914, so, it seemed, were memories of him and his music.

⑩ However, sixty years later, a film featuring Joplin's music, *The Sting*, won huge, admiring audiences, and the Oscar — and fostered an incredible Joplin revival. ⑪ Old/new, pop/classical artistic boundaries were gone. ⑫ Young folks reading this article may not have a clue what I'm writing about. ⑬ But when you hear *The Entertainer*, you will find you know it, and are humming along.

語法・構文・表現

① **featuring a steady "left-hand" beat accompanying a syncopated "right-hand" melody**「『左手の』一定した拍が『右手の』シンコペーションの旋律に伴うのを特徴とする」▶piano musicを修飾する現在分詞句。accompanying ... melodyは動名詞句で，a steady "left-hand" beatはその主語。

② **vary**〔➡694〕圓「変化する；さまざまである」
the left-hand / right-hand contrast「左手と右手の対照」▶the mode「(作曲)技法，旋法」の同格語。
did not（= did not vary）「変化しなかった」

③ **due to ～**「～のせいで，～が原因で」
ragged [rǽgɪd] 圈「不揃いの；ぎざぎざの，ごつごつの」

④ **The virtual "inventor" of this style**「この形式の事実上の『発明者』」▶was Scott Joplinの主語として働く名詞句。

⑤ **he composed**「彼が作曲した」▶"Rags"「ラグ (タイムの曲)」にかかる関係詞節。

ラグタイム

📁 文化 [音楽]

①1890年代にアフリカ系アメリカ人の間で,「左手」の一定したビートが「右手」のシンコペーションの旋律に伴うのを特徴とするピアノ音楽が生まれた。②曲の雰囲気は様々に変化しても,左手と右手の違いを際立たせる旋法は同じだった。③この「ラギッド(不揃い)な」対比によって,その手法はラグタイムと呼ばれた。④この手法の事実上の「発案者」はスコット・ジョプリンだった。⑤「メイプル・リーフ・ラグ(1899)」「エンターテイナー(1902)」など,彼が作曲した「ラグ」は大ヒットした。⑥1900年代初期のアメリカはこの新しい形式を熱狂的に受け入れた。⑦しかし,ラグタイムは一瞬輝いて,すぐに消えていった。⑧ブルースとジャズがこれに取って代わり,ラグタイムは古臭いという偏見を生み出した。⑨1914年にジョプリンが葬られたとき,彼と彼の音楽の思い出もまた葬られたように思われた。

⑩しかし,60年後,ジョプリンの音楽を大きく扱った映画「スティング」が,圧倒的多数の観客に賞賛されてオスカーを獲得し,そして信じがたいジョプリンの復活を引き起こしたのである。⑪新旧の境界も,ポップスとクラシックの芸術的境界もなくなった。⑫この記事を読んでいる若い人たちには,私が何を話しているのかを知る手がかりがないかもしれない。⑬しかし,「エンターテイナー」を耳にすれば,その曲に聞き覚えがあると思うはずだし,曲に合わせて自然にハミングしているだろう。

⑦**that soon went out**「すぐに消えた」▶sudden blaze「突然の輝き」にかかる関係詞節。

⑧**take over**「取って代わる,引き継ぐ」
creating the bias that ragtime was primitive「ラグタイムは旧式だという偏見を生み出した」▶Blues and jazz took overを修飾する分詞句。〔結果〕を表す。

⑨**so, it seemed, were memories of him and his music**(= memories of him and his music were also buried)「彼と彼の音楽の思い出もまた葬られたように思えた」▶it seemedは挿入節。

⑩**revival** 图「復活」▶revive〔➡1445〕他「~を復活させる」 自「復活する」

⑪**be gone**「なくなった,消え去った」

⑫**may not have a clue what I'm writing about**「私が何について書いているか見当もつかないかもしれない」▶not have a clue「手がかりがない」

📖 単語の意味を確認しよう。

---

826 **accompany** [əkʌ́mpəni]	動 に同行する；に付随する；の伴奏をする
	▶ be accompanied by ~「~に付き添われる；~が伴う」
	accómpaniment 名 伴奏；添え物

827 **mood** 発 [mu:d]	名 気分；機嫌；雰囲気
	▶ in a good [bad] mood 上 [不] 機嫌の
	móody 形 不機嫌な；気分屋の

828 **mode** [moʊd]	名 方式；気分；形態；流行；〔音楽〕旋法
	▶ put one's smartphone in silent mode スマホをマナーモードにする

829 **compose** [kəmpóʊz]	動 を構成する；を創作する；を鎮静する
	be composed of ~ 「~から成る」
	còmposítion 名 構造；作文；作曲

830 **royal** [rɔ́ɪəl]	形 王の；特上の
	▶ a royal palace 王宮
	róyalty 名 王族；王権；〔~ties〕印税
	régal 形 王にふさわしい；威厳ある

831 **embrace** [ɪmbréɪs]	動 を受け入れる；(を) 抱擁する；を包含する
	▶ embrace an offer 申し出を快諾する
	名 受諾，受け入れ；抱擁

832 **bias** [báɪəs]	名 偏見；傾向
	▶ have a strong bias against ~ ~に強い偏見を持つ
	動 を偏らせる
	▶ be biased (against ~) (~に対して) 偏見を持っている

833 **primitive** 発 [prímətɪv]	形 原始的な；未開の
	▶ primitive people 原始人

0	250	500	750	1000	1250	1500

834

bury
(発) [béri]

動 を埋める；を埋葬する；を隠す
▶ be buried in a graveyard 墓地に埋葬される
　burial [bériəl] 图 埋葬

835

admire
[ədmáiər]

動 に (~のことで) 敬服 [感心] する (for)
▶ admire what one sees 自分の目に入るものに見とれる
　àdmirátion 图 感嘆；賞賛 (の的)
　admírer 图 崇拝者
　admirable [ǽdmərəbl] 形 賞賛に値する

836

foster
[fá(:)stər]

動 をはぐくむ；を養育する；を心に抱く；を促進する

形 養育の，育ての
▶ a foster father [mother] 養父 [母]

837

artistic
[ɑːrtístɪk]

形 芸術的な
　art 图 (~s) 芸術；美術；技術；人工
　ártistry 图 芸術的才能

838

boundary
[báundəri]

图 境界 (線)；〔通例~ries〕限界
▶ draw a boundary 境界線を引く

839

folk
(発) [fouk]

图 人々；〔~s〕皆さん；〔one's ~s〕家族
▶ Welcome, folks! ようこそ，皆さん！

形 民間伝承の；(音楽が) フォークの
　fólklòre 图 民間伝承；民俗学

840

clue
[kluː]

图 (~の) 手がかり (to / about)；(パズルの) ヒント
▶ not have a clue about ~ ~について何も知らない
　clúeless 形 何も知らない，愚かな

235

🔦 金儲けに対する欲望に取りつかれた2人の日本人起業家。彼らが行き着いた先は…。

① Do people tend to learn from "educational heritage" left by popular heroes? ② During the first decade of the 21st century, two young Japanese entrepreneurs created a sensation in the Japanese economy. ③ The two were not partners, but both had a deep craving to make money early on, and ventured into stock exchange. ④ They did not hesitate to make profit trying every possible means as if they had the privilege of doing so, or God had granted them liberty in the world of economy. ⑤ The media praised them as genuine investors and chased after them day after day. ⑥ The prosperity they had acquired was apparently not adequate for them, and their appetite for money was never satisfied; they kept their money-making machine in high gear until finally it broke down. ⑦ In the end, they committed crimes: one was charged with the conspiracy relevant to creative accounting and the other with insider trading. ⑧ Both proved to be guilty. ⑨ The former found himself in jail, but the latter, after paying a large bail, took prompt action to flee Japan and migrated to a foreign country. ⑩ The door to fortune swung shut.

📎 語法・構文・表現 ◇◇

① **tend to** *do*「…する傾向がある」
left by popular heroes「時代の寵児によって残された」▶educational heritage「教育的遺産」にかかる過去分詞句。

② **entrepreneur** [à:ntrəprənə́:r] 图「起業家」
create a sensation「センセーションを巻き起こす」

③ **have a deep craving to** *do*「…することを渇望する」
ventured into stock exchange「株式取引に果敢にも進出した」▶venture into 〜「思い切って〜に進出［着手］する」

④ **make profit**「もうける，利益を出す」
trying every possible means「可能なすべての手段を試して」▶make profitを修飾する分詞句。〔手段〕を表す。
as if ... God had granted them liberty in the world of economy「神が経済の世界での自由を彼らに授与したかのように」▶had grantedは仮定法過去完了。

⑤ **praise** *A* **as** *B*「*A*を*B*ともてはやす」

236

金の亡者

📁 社会［経済］

① 人々は，時代の寵児が残した「教育的遺産」から学ぶ傾向があるのだろうか。② 21 世紀初めの 10 年の間に，2 人の若い日本人起業家が日本経済の中で大評判になった。③ 2 人は協力関係にはなかったが，どちらも早くから蓄財に強い意欲を持ち，株式取引に挑戦した。④ 彼らは考え得るあらゆる手段を試して利益を上げることをためらわなかった。自分にはそうした活動をする特権がある，あるいは，神が自分に経済界での自由を与えたと言わんばかりだった。⑤ マスコミは彼らを本物の投資家ともてはやし，連日追いかけ回した。⑥ しかし，彼らにとって，手にした莫大な財はどうやら十分ではなかったようで，金銭欲が満たされることはなかった。彼らは金もうけ装置を高速ギアに入れ，ついにはそれが壊れるまで入れ続けた。⑦ 結局，彼らは罪を犯した。1 人は粉飾決算に関与した共謀罪で告訴され，もう 1 人はインサイダー取引で告訴された。⑧ そして，両者は有罪判決を受けた。⑨ 前者は投獄され，後者は多額の保釈金を支払い，日本を脱出するため即座の行動を起こし，外国へ移住した。⑩ 富への扉はばたんと閉じたのだ。

---

⑥ **they had acquired**「彼らが手に入れた」▶prosperity「繁栄，成功」にかかる関係詞節。**satisfy**〔➡34〕 他「（欲求など）を満たす，叶える」

⑦ **in the end**「最後に，結局は」 **commit a crime**「罪を犯す」
be charged with ～「～のかどで告訴される」
relevant to creative accounting「粉飾決算に関連した」▶conspiracy「共謀」を修飾する形容詞句。
the other (was charged) **with insider trading**「もう 1 人はインサイダー取引のかどで（告訴された）」

⑧ **prove to be ～**「～であることが判明する」

⑨ **the former**「前者」(⇔**the latter**「後者」)
find *oneself* **in jail**「刑務所に入れられる」▶find *oneself* in ～「（気がつくと）～にいる」
pay a large bail「多額の保釈金を払う」
take prompt action to *do*「…するための即座の行動を起こす」

57 Obsessed with Money

単語の意味を確認しよう。

841

heritage
発 [hérətɪdʒ]

名 遺産
► 後世に残すべき文化，自然環境など。
► a World Heritage (site)「世界遺産」

842

venture
[véntʃər]

動 危険を冒して進む；を思い切ってする
► venture to *do* 思い切って…する

名 冒険的事業，投機
► venture capital 投機資本，危険負担資本
► a joint venture 合弁 [共同] 事業

843

hesitate
[hézɪtèɪt]

動 躊躇する，ためらう
hesitate to *do*「…するのをためらう」
hèsitátion 名 躊躇，ためらい
hésitant 形 ためらいがちな

844

privilege
発 ア [prívəlɪdʒ]

名 特権，特典
► grant him certain privileges 彼に一定の特権を与える
prívileged 形 特権 [特典] のある
► the privileged classes 特権階級

845

genuine
発 [dʒénjuɪn]

形 本物の (≒ authéntic, réal)；偽りのない
► a genuine Renoir 本物のルノワールの作品
► (a) genuine interest 純粋な興味

846

chase
[tʃeɪs]

動 (を) 追跡する；(を) 追求する
► chase *one's* dream 自分の夢を追う

名 追跡；追求

847

adequate
発 ア [ǽdɪkwət]

形 十分な；適切な (⇔ inádequate 不適切な)
► provide adequate food 十分な食料を提供する
ádequacy 名 適性；適切さ

848

appetite
ア [ǽpɪtàɪt]

名 食欲；欲求
► A good appetite is the best sauce. 食欲は最高のソース，
空腹にまずいものなし。(ことわざ)
áppetizer 名 (前菜・食前酒など) 食欲を増進させるもの

0	250	500	750	1000	1250	1500

849

gear
[gɪər]

名 用具（一式），器具；歯車；<u>ギア</u>
▶ shift [change] gears ギアチェンジする

動 を適合させる
▶ be geared to ～ ～に適合する，～向きである

850

crime
[kraɪm]

名 罪，犯罪；違法行為
▶ commit a crime「罪を犯す」
▶ a juvenile crime 少年犯罪
  críminal 形 犯罪の；刑事上の 名 犯罪者，犯人
▶ a criminal case 刑事事件

851

relevant
⑦ [réləvənt]

形 <u>関係がある</u>；適切な
▶ be relevant to ～「～と関係がある」
  rélevance 名 関連（性）；妥当性
  irrélevant 形 （～と）無関係の（to）；不適切な

852

prompt
[prɑ(:)mpt]

形 <u>即座の，迅速な</u>

動 を促す；を駆り立てる

副 英（時間）きっかりに（米sharp）

853

flee
[fli:]

動 （から）<u>逃げる</u>
▶ flee to [from] ～「～へ [から] 逃げる」
▶ 語源は古英語の fleon「飛ぶ」。
▶ 活用：flee - fled - fled

854

migrate
発 [máɪgreɪt]

動 <u>移住する</u>；（鳥などが）渡る
  migrátion 名 移住；移動，渡り
  mígrant 名 出稼ぎ [季節] 労働者，移住者；渡り鳥
  mígratòry 形 移住性の

855

swing
[swɪŋ]

動 を揺らす，振る；揺れる；（行動に）さっと
  移る；<u>一変する</u>
▶ 活用：swing - swung - swung
▶ swing into action さっと行動を開始する

名 揺れ；ブランコ；（ゴルフなどの）スイング

239

🔑 誰にでも失態をおかした経験はあるだろう。筆者はどんな失態を演じたのだろう。

① My worst faux pas? ② There are many candidates. ③ Well, for at least the dumbest, probably this.

④ Forty years ago, my wife and I were out having a glass or two of wine with a Spanish woman of 45 to 50. ⑤ Over our wine, I remarked about a man, of 30 to 35, I had seen with her, whom I took to be her son. ⑥ After a slight pause the woman corrected me: "No, he's my brother." ⑦ But despite frequent grimaces from my wife, I resisted arrest, and kept insisting I meant her "son"!

⑧ To apologize would only have emphasized my error. ⑨ I could have tried pleading not being fluent in Spanish, not having a good working knowledge of Spanish usage. ⑩ But I was too embarrassed, in a trap of my own making, to make retreat. ⑪ The woman, however, stayed calm.

⑫ She graciously had sympathy for me and embraced me in the lovely Spanish custom, relieving my embarrassment a little. ⑬ Ever since, I try to monitor my mouth, and at a minimum follow the proverb, "Look before you leap."

語法・構文・表現

① **faux pas** [fòu pá:] 「失態, 失言, 過失」▶an embarrassing mistake と同義。

③ **dumb** [dʌm] 厖「間抜けな」▶dumbest [dʌ́məst] は最上級。

④ **having a glass or two of wine with a Spanish woman of 45 to 50**「45～50歳のスペイン人女性とワインを1, 2杯飲んだ」▶were out「外出し (てい) た」を修飾する分詞句。〔付帯状況〕を表す。

⑤ **[(whom) I had seen with her], [whom I took to be her son]**「〔彼女と一緒のところを私が見かけ〕,〔彼女の息子だと (私が) 思った〕」▶a man, of 30 to 35「30～35歳の男性」にかかる関係詞節。2つの関係詞節が並置されている。

⑥ **correct** 動「~ (人) に誤っていると言う, ~の誤りを正す」

⑦ **despite frequent grimaces from my wife**「妻の頻繁なしかめ面にもかかわらず」
resisted arrest「(妻の) 制止に抵抗した」
kept insisting I meant her "son"「私は彼女の『息子』のことを言っているのだと主張し続けた」▶keep *doing*「…し続ける」

⑧ **To apologize would only have emphasized my error.**「謝ることはただ私の

📁 日常生活［人間関係］

① 人生最悪の失態は何かって？ ② 候補はたくさんある。③ しかし，少なくとも一番間抜けなのは，次の話だろう。

④ 40 年前，私は妻と外出して，45 ～ 50 歳のスペイン人女性とワインを 1，2 杯飲んでいた。⑤ ワインを飲みながら，私は 30 ～ 35 歳のある男性を<u>話題にした</u>。彼女と一緒のところを見たことがあり，彼女の息子だと思った男性である。⑥ <u>少し間を置いてから</u>，その女性は「いいえ，それは私の弟よ」と私の間違いを正した。⑦ しかし，妻が<u>何度も顔をしかめて</u>止めようとしたのに，私はその制止を<u>振り切って</u>，自分が言っているのはあなたの「息子さん」のことだと言い張り続けた。

⑧ もし謝れば，自分の失敗が目立つだけだっただろう。⑨ 自分はスペイン語が<u>上手</u>でなく，スペイン語の実際の<u>使い方</u>をよく知らないのですと言い訳してもよかった。⑩ しかし，自分で招いた<u>窮地</u>に陥り，恥じ入る気持ちが強すぎて，私は<u>後に引くこと</u>ができなかった。⑪ 一方，女性の方は，終始穏やかだった。

⑫ 彼女は愛想よく私に同情を寄せ，素敵なスペインの習慣に倣って私を抱きしめ，私のばつの悪さを少し<u>和らげて</u>くれた。⑬ それ以来，私は常に言葉に<u>気をつけ</u>，<u>少なくとも</u>「<u>跳ぶ前に見よ［転ばぬ先の杖］</u>」という<u>ことわざ</u>に従うようにしている。

〜〜

間違いを目立たせることになっただろう」▶ To apologize は仮定条件を兼ねる主語。

⑨ **could have tried pleading [not being fluent in Spanish], [not having a good working knowledge of Spanish usage]**「［スペイン語が流暢でないこと］，［スペイン語の用法に関する十分な実用知識をもっていないこと］を言い訳にしてみることもできただろう」▶ plead not *doing*「…しない［でない］と言い訳する」

⑩ **was too embarrassed ... to make retreat**「あまりにばつが悪くて引き下がることができなかった」▶〈too ～ to *do*〉の構造。
of *one's* own making「～自身が招いた」

⑫ **relieving my embarrassment a little**「それが私のきまり悪さを少し和らげた」
▶ She graciously had sympathy for me and embraced me in the lovely Spanish custom「彼女は愛想よく，私に同情を寄せ，素敵なスペインの習慣に倣い私を抱きしめた」を修飾する分詞句。〔結果〕を表す。

⑬ **ever since**「それ以来ずっと」 **at a minimum**「最低でも」
Look before you leap.「跳ぶ前に見よ［転ばぬ先の杖］」▶ことわざ。

📖 単語の意味を確認しよう。

---

856 **candidate** ⑦ [k&aeligndɪdèɪt]	名 (〜の) 候補 (者)(for)；志願者 ▶ put up a candidate 候補者を立てる ▶ a poor candidate for 〜 〜にふさわしくない人
857 **remark** [rɪmáːrk]	動 と述べる；(〜について) 意見を述べる (on) remark that ... 「…と述べる」 名 意見 (≒ cómment)；発言 ▶ make a cutting remark 辛辣な意見を述べる remárkable 形 注目に値する
858 **slight** [slaɪt]	形 わずかな；取るに足らない ▶ a slight headache 軽い頭痛 slíghtly 副 わずかに
859 **frequent** ⑦ [fríːkwənt]	形 頻繁な 動 [frɪkwént] をよく訪れる fréquently 副 しばしば，頻繁に fréquency 名 頻度；頻発；周波数
860 **resist** ⑧ [rɪzíst]	動 に抵抗する；〔通例否定文で〕を我慢する ▶ resist temptation 誘惑に負けない resístance 名 抵抗，反抗，妨害 resístant 形 抵抗力のある，耐性のある
861 **apologize** ⑦ [əpá(ː)lədʒàɪz]	動 (〜に；〜のことで) 謝る (to；for)；弁明する apólogy 名 謝罪；弁明 ▶ I owe you an apology. あなたに謝らなければいけません。
862 **fluent** [flúːənt]	形 流ちょうな be fluent in 〜 「〜が流ちょうである」 ▶ a fluent speaker 能弁な話し手，能弁家 flúency 名 流ちょうさ ▶ with fluency 流ちょうに flúently 副 流ちょうに
863 **usage** ⑧ [júːsɪdʒ]	名 (使) 用法；語法；習慣 ▶ current English usage 現代英語の語法 use 動 [juːz] を使う 名 [juːs] 使用

870

| 0 | 250 | 500 | 750 | 1000 | 1250 | 1500 |

864
trap
[træp]

名 わな；苦境
▶ fall into a trap「わなにはまる」
▶ set a trap for ～ ～にわなをしかける

動 を閉じ込める；をわなで捕らえる

865
retreat
[rɪtríːt]

名 後退, 退却；(計画・決定などの) 撤回

動 後退 [退却] する
▶ retreat into the country 田舎に引っ込んで暮らす

866
relieve
[rɪlíːv]

動 を和らげる；〔受身形で〕(…して) 安心する (to *do*)；を解放する
▶ feel relieved (to *do*)「(…して) ほっとする」
▶ relieve *A* of *B* *A* (人) を *B* (苦痛など) から解放する
　relíef 名 安心；緩和；救済

867
monitor
[mɑ́(:)nətər]

動 を監視する；を傍受する
▶ Your phone calls are monitored. あなたの通話は傍受されている。

名 監視テレビ；監視員

868
minimum
[mínɪməm]

名 最小限度 (⇔máximum→1485)
▶ at a minimum 最低でも

形 最小 (限度) の, 最低限の
　mínimal 形 最小の
　mínimalìsm 名 ミニマリズム, 最小限主義

869
proverb
⑦ [prɑ́(:)vəːrb]

名 ことわざ (≒ sáying)
▶ as the proverb says [goes] ことわざにもあるとおり
　provérbial 形 ことわざの (ような)

870
leap
[liːp]

動 跳ぶ；さっと動く；急上昇する
▶ 活用：leap - leaped [leapt] - leaped [leapt]
▶ leap to *one's* feet 急に立ち上がる

名 跳躍；飛躍
▶ a leap year うるう年

243

59 Ecology-Related Problems

> 人間の経済活動によって生態系が乱されている。ミツバチの実例を見ていこう。

① There are some ecology-related problems — like drought, coral reef dying — that cannot necessarily be attributed to human enterprise. ② On the other hand, there are other such problems for which it is easy to see that we humans are guilty. ③ In 1956, a particularly aggressive type of African bee was brought to Brazil to crossbreed with domestic bees, as part of a project to increase honey production. ④ In 1957, due to a careless keeper, the African bees had the good fortune to escape, spread and, having no ethnic prejudices, to crossbreed on their own with local bees.

⑤ The bees could not be captured again, isolated or persuaded to return to Africa. ⑥ Instead, they have spread through tropical lands into the northern hemisphere, through Mexico into the southern United States. ⑦ This has been a steady advance (150-300 km/year) that we have been unable to interrupt. ⑧ But here's the problem. ⑨ These bees are much more aggressive than normal bees, in the speed and distance at which they'll pursue, and their tendency to swarm.

語法・構文・表現

① **that cannot necessarily be attributed to human enterprise**「必ずしも人間の経済活動のせいにすることができない」▶ecology-related problems「生態系関連の問題」にかかる関係詞節。

② **for which it is easy to see that we humans are guilty**「私たち人間に罪があると見て取るのがたやすい」▶other such problems「他のこのような問題」にかかる関係詞節。to see that we humans are guilty (for which) は真主語。

③ **a particularly aggressive type of African bee**「特に攻撃的なタイプのアフリカミツバチ」▶was brought to Brazil「ブラジルに持ち込まれた」の主語。
to crossbreed with domestic bees「自国のミツバチと異種交配させるために」▶〔目的〕を表すto不定詞句。
as part of a project to do「…する計画の一環として」

④ **had the good fortune [to escape, spread] and, having no ethnic prejudices, [to crossbreed on their own with local bees]**「幸運にも〔脱出して、はびこり〕、種族的偏見がないまま、〔地元のミツバチと自分で交配した〕」
▶having no ethnic prejudices はto crossbreed ... local beesを修飾する分詞句。〔付帯状況〕を表す。

244

📁 自然［動物］

①生態環境に関連する問題の中には，干ばつやサンゴ礁の死滅など，必ずしも人間の活動のせいとは言えないものもある。②一方で，生態環境関連問題の中には，私たち人間に非があると容易にわかるものもある。③1956年に，特に凶暴なタイプのアフリカ産のハチが，ハチミツを増産する計画の一環として，国内産のハチと異種交配させるためブラジルに持ち込まれた。④1957年に，ある養蜂家の不注意から，このアフリカ産のハチが運よく巣を抜け出して繁殖し，異種に対する偏見もなく，自力で現地のハチと異種交配した。

⑤そのハチたちを再度捕獲したり，隔離したり，アフリカへ戻るよう説得したりすることは不可能だった。⑥逆にハチは，熱帯地方を通り抜けて北半球へと，メキシコを抜けて合衆国南部へと広がった。⑦ハチは（1年に150～300キロの速さで）着実に広がっており，人間は今のところそれを食い止めることができていない。⑧しかし，ここで問題がある。⑨このハチは（獲物を）追いかける速度と距離，それに群れを作る習性の点で，普通のハチよりもはるかに攻撃的なのだ。

⑤ could not be [captured again], [isolated] or [persuaded to return to Africa]「［再び捕獲される］ことも，［隔離される］ことも，［アフリカに戻るよう説得される］こともできなかった」▶The bees に対する述部。

⑦ that we have been unable to interrupt「私たちが中断させることができなかった」▶steady advance「着実な前進」にかかる関係詞節。

⑨ in [the speed and distance at which they'll pursue], and [their tendency to swarm]「［それらが追跡する際の速度と距離］，そして［それらが群れを成して動く傾向］において」▶are much more aggressive than normal bees「普通のミツバチよりもっとずっと攻撃的である」を修飾する前置詞句。

●「ミツバチとハチミツ酒」

ミツバチを表す bee の語源は古英語の beo。印欧祖語の bhei-「震える」につながる語である。ミツバチと言えば蜂蜜だが，蜂蜜から作られる酒 mead（古英語の medu/meodu）は古英語時代にはすでに飲まれており，"Beowulf"（英雄譚）などの叙事詩にも登場する。糖分のある所に酒ありなのだ。

📖 単語の意味を確認しよう。

---

871 **ecology** [ɪ(ː)kálədʒi]	名 生態学；生態系；環境保護 ecólogist 名 生態学者 ècológical 形 生態(学)の；環境保護の
872 **drought** 発 [draʊt]	名 干ばつ；(慢性的な) 不足 ▶ draught [drɑːft] 「國下書き」(=米 draft) と区別。
873 **reef** [riːf]	名 (岩や砂の) 礁；暗礁 ▶ a coral reef 「サンゴ礁」
874 **attribute** ア [ətríbjùːt]	動 (結果など) を (~に) 帰する (to) attribute A to B 「A を B のせいにする，A を B のお かげと見なす」 名 [ǽtrɪbjùːt] 属性，特性；象徴 àttribútion 名 帰属；属性；権限
875 **enterprise** ア [éntərpràɪz]	名 企業，事業；企画；進取の気性；経済 [企業] 活動 ▶ a multinational enterprise 多国籍企業 ▶ embark on a joint enterprise 共同企画に乗り出す
876 **guilty** 発 [gílti]	形 罪悪感のある；(~について) 有罪の (of) (⇔ ínnocent→1390) feel guilty 「気がとがめる」 ▶ a guilty conscience 良心のとがめ ▶ plead not guilty 無罪の申し立てをする guilt 名 有罪；罪悪感
877 **project** ア [prá(ː)dʒekt]	名 計画；事業；研究計画 ▶ undertake a construction project 建設計画に着手する 動 [prədʒékt] を計画する；を見積もる；を投影する
878 **fortune** [fɔ́ːrtʃən]	名 財産；幸運 (≒ luck)；運命 make a fortune 「一財産作る」 ▶ a man of fortune 財産家 ▶ by good [bad] fortune 運よく [悪く] fórtunate 形 幸運な，幸せな fórtunately 副 〔文修飾〕幸いなことに

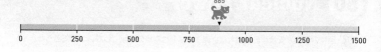

| 0 | 250 | 500 | 750 | 1000 | 1250 | 1500 |

879

ethnic
[éθnɪk]

形 民族の，人種の；民族特有の
▶ an ethnic minority （ある社会の）少数民族集団
　ethnícity 图 民族性

880

capture
[kǽptʃər]

動 をとらえる；をとりこにする
▶ a captured soldier 捕虜になった兵士

图 捕獲，逮捕；捕虜
　cáptive 形 とらわれた 图 捕虜

881

isolate
[áɪsəlèɪt]

動 を孤立させる
▶ be isolated from ～ ～から孤立している
　ìsolátion 图 孤立，分離
▶ in isolation ほかと切り離して；孤立して
　ísolàted 形 孤立した

882

persuade
発 [pərswéɪd]

動 を説得する；に確信させる
　persuade ～ to do 「～を説得して…させる」
▶ 説得が成功してその行動をとらせたことを意味する。成功
　したかどうかわからない場合は try to persuade と言う。
▶ persuade ～ into doing と言い換えられる。
　persuásion 图 説得（力）
　persuásive 形 説得力のある

883

tropical
[trá(:)pɪkəl]

形 熱帯の
▶ a tropical (rain) forest 熱帯（雨）林
　trópic 图 回帰線；〔the ～s〕熱帯地方

884

interrupt
発 アク [ìntərʌ́pt]

動 を中断させる；(の) 邪魔をする
▶ I'm sorry to interrupt you. お話し中すみません。
　ìnterrúption 图 中断；妨害

885

pursue
アク [pərsjúː]

動 を追求する；に従事する；を追う
▶ pursue a career in ～ ～（の分野）で仕事に従事する
　pursúit 图 追求；遂行
▶ in pursuit of ～ ～を追求 [追跡] して

🔑 原発の事故で安全神話は崩れた。原子力はもはや負の遺産でしかないのだろうか。

①I remember, more than fifty years ago visiting Japan's first nuclear power station in Tokaimura as a part of a school excursion. ②There we were informed that nothing else could compete with nuclear power, in supplying electric power stably. ③It seemed that people all over Japan praised nuclear scientists and engineers for their feat and celebrated the advent of the nuclear age. ④Thus nuclear power came to enjoy widespread support and was a source of national pride. ⑤Who would have imagined that, decades later, our blessed nuclear power would transform the peaceful landscape and the demographic structure of the society in the Tohoku District; that nuclear power would become an agent that requires huge sacrifice of citizens and a heavy burden on future generations? ⑥Just imagine how large a fee our children and grandchildren will have to pay to have the thick layer of contaminated waste and debris disposed of. ⑦It is time we listened to what the disaster implies, and faced what nuclear power breeds.

◎ 語法・構文・表現

① **remember** *doing*「…したことを覚えている」
more than fifty years ago visiting Japan's first nuclear power station in Tokaimura as a part of a school excursion「50年以上前に,修学旅行の一環として東海村にある日本初の原子力発電所を訪れたこと」▶この動名詞句はrememberの目的語。

② **nothing else could compete with nuclear power**「ほかの何物も原子力に太刀打ちできないだろう」▶couldは〔過去時における推量〕を表す。
in supplying electric power stably「安定的に電力を供給する上で」▶in *doing*「…する上で,…するに際して」

③ **praised nuclear scientists and engineers for their feat**「核科学者や核工学者をその偉業ゆえに称賛した」▶praise *A* for *B*「*A*を*B*のことで称賛する」
the advent of ~「~の到来」

④ **was a source of national pride**「国家的自尊心の源であった」

⑤ **Who would have imagined that ~ would** *do*?「~が…すると誰が想像しただろうか」▶「誰も想像しなかった」を意味する修辞疑問文。

英文レベル
☆☆

166
words

📁 科学・技術 [エネルギー]

① 記憶によれば，私は 50 年以上前に，修学旅行の途中で，東海村にある日本初の原子力発電所を訪れたことがある。② そこで私たちは，電力の安定供給という点で，原子力にかなうものはないと教えられた。③ 日本中の人が原子力科学者，工学者の偉業を称え，原子力時代の到来を祝福しているように思われた。④ そのようにして，原子力は幅広く支持され，国の誇りの源となった。⑤ この尊い原子力が，数十年後に東北地方の平和な景色と人口統計的社会構造を一変させ，国民に多大な犠牲を求める元凶となり，未来の世代にとっても大きな負担になることを，当時誰が想像しただろうか？⑥ 厚く積もった汚染されたゴミやがれきの処分のために，私たちの子や孫が支払わなければならない費用の額を想像してみればよい。⑦ 私たちはこの災害が暗に意味することに耳を傾け，原子力(開発)がもたらす結果を直視してもよい頃である。

[[the peaceful landscape] and [the demographic structure of the society] in the Tohoku District]「[東北地方の [平和な風景] と [人口統計的社会構造]]」▶ transform〔➡495〕他「～を一変させる」の目的語。

nuclear power would become [an agent that requires huge sacrifice of citizens] and [a heavy burden on future generations]「原子力が [国民に多大な犠牲を求める動因] となり，[未来の世代に対する重い負担] となるだろう」▶ nuclear power would become の補語が2つある。that ... citizens は agent にかかる関係詞節。

⑥ to have [the thick layer of contaminated waste and debris] disposed of「[[汚染された廃物と瓦礫の厚い層] を処分してもらうのに」▶〔目的〕を表す。have ～ done「～が…されるようにする，～を…してもらう」。dispose of ～「～を処分する」

⑦ listened to what the disaster implies, and faced what nuclear power breeds「この災害が含意することに耳を傾け，原子力が生み出すものに直面する」▶2つの動詞句が and により等位接続されている。what ... implies と what ... breeds は共に独立関係詞節。

📙 単語の意味を確認しよう。

886

nuclear
(発) [njúːkliər]

形 核の, 原子力の

nuclear energy 「核エネルギー, 原子力」
▶ a nuclear plant 原子力発電所
▶ a nuclear family 核家族
núcleus 图 核, 中心；母体

887

inform
[ɪnfɔ́ːrm]

動 に知らせる；情報を提供する

inform A of B 「B について A に知らせる」
▶ inform ~ that ... ~に…と伝える
infórmed 形 博識の (≒ wèll-infórmed)；情報に基づく
ìnformátion 图 情報
infórmant 图 情報提供者；資料提供者

888

compete
[kəmpíːt]

動 競う；〔通例否定文で〕(~に) 匹敵する (with)

compete with [against] ~ 「~に対抗して競う」
còmpetítion 图 競争, 競合
compétitive 形 競争の (激しい)；競争力のある
compétitor 图 競争相手；(競技の) 参加者

889

praise
(発) [preɪz]

動 を (~のことで) 賞賛する (for)；賛美する

▶ 後期ラテン語 pretiare「値をつける」→古期仏語 preisier

名 賞賛；賛美

práisewòrthy 形 賞賛に値する, 感心な

890

celebrate
(ア) [séləbrèɪt]

動 を祝う；を挙行する

▶ celebrate the Requiem Mass 死者のためのミサを挙行する
cèlebrátion 图 お祝い；祝賀会；賞賛
célebràted 形 有名な, 著名な
celébrity 图 有名人, セレブ

891

widespread
[wáɪdsprèd]

形 広範囲にわたる；広く普及した

892

landscape
[lǽndskèɪp]

名 風景；領域；状況

▶ 名詞＋-scape で「~の景色」という意味の語を作る。
  例：snowscape「雪景色」
▶ the political [social] landscape 政治 [社会] 状況

0	250	500	750	1000	1250	1500

893

demographic

[dèməgrǽfɪk]

形 人口統計学の
▶ demographic transition 人口統計的遷移
demógraphy 图 人口統計学

894

agent

[éɪdʒənt]

名 仲介者，代理人；薬剤
▶ a real estate agent 不動産業者
ágency 图 代理店；(行政府の) 局，庁

895

sacrifice

発 [sǽkrɪfàɪs]

名 犠牲；いけにえ
▶ at the sacrifice of ～ ～を犠牲にして
動 を犠牲にする；(を) いけにえとしてささげる

896

burden

[bə́ːrdən]

名 負担；(重い) 義務；積み荷
▶ bear [carry] a burden 重荷を背負う；責任を負う
▶ share a burden 責任 [負担] を分担する
動 に負担をかける；を悩ます

897

fee

[fiː]

名 料金；謝礼
▶ 入場・入会のための料金や各種専門職に払う料金を指す。
サービスに対する料金は charge，交通機関の料金は fare。
▶ charge a fee 料金を請求する

898

layer

[léɪər]

名 層
▶ the ozone layer オゾン層
動 を層にする

899

imply

発 アク [ɪmpláɪ]

動 を暗に意味する；を必然的に伴う
▶ Good hospitality implies friendliness. 親切なもてなしは
友好関係があるということである。
ìmplicátion 图 言外の意味；影響

900

breed

[briːd]

動 を繁殖させる，育てる；繁殖する；をもたらす
▶ 活用：breed - bred - bred
▶ be bred to do …するように育てられる
名 品種，系統；種類

◦ どのような人を「知的エリート」と呼ぶのか。批評家や学者とはどこが違うのだろう。

① Public opinion is influenced by the intellectual elite who often appear on TV and express their personal views. ② They have a reputation for being strategic thinkers and political activists. ③ They mostly don't look or sound aggressive, nor seem evil, as they talk calmly and clearly even about controversial issues, ranging from topics such as immigration to ultraviolet rays. ④ They hardly ever pretend to know all the answers, but interact very well with other commentators and panelists. ⑤ Some have been given major awards, and you can see at a glance their successful careers. ⑥ In debate they argue with their opponents but never trip them up with their inappropriate remarks. ⑦ They often come up with stimulating ideas and breathe life into an otherwise dull discussion. ⑧ What makes them differ from ordinary critics, commentators or scholars is the great confidence and ability with which they construct new theories of the distant future.

◎ 語法・構文・表現 ∿∿

① **who often appear on TV and express their personal views**「しばしばテレビに出て自分の個人的見解を表明する」 ▶intellectual elite「知的エリート」にかかる関係詞節。節内では2つの動詞句がandにより等位接続されている。

② **have a reputation for being strategic thinkers and political activists**「戦略的思想家で政治的行動家であるという評判である」

③ **don't look or sound aggressive, nor seem evil**「攻撃的に見えたり聞こえたりしないし，また邪悪に思えもしない」
   as they talk calmly and clearly「彼らが穏やかに，はっきりと話すとき［ので］」
   controversial 形「異論の多い，物議をかもす」
   issue〔→651〕 图「問題，争点」 ▶社会的・政治的な事柄に関して議論の焦点となる問題。
   ranging from topics such as immigration to ultraviolet rays「移民のような話題から紫外線（のような話題）に至るまで様々な」

④ **interact very well with other commentators and panelists**「ほかの解説者や討論者と非常にうまく相互作用する」

⑤ (V) **have been given** (O) **major awards**「大きな賞を授与された」 ▶major awards

① 世論に影響を与えるのは，テレビに頻繁に出演して個人的見解を語る知的エリートたちである。② 彼らは戦略的思想家で政治的行動家であるとの評判を得ている。③ 彼らはたいてい外見も口調も攻撃的ではなく，悪人にも見えない。移民から紫外線（の影響）まで多岐にわたる話題の，物議をかもす問題についても，落ち着いて明快に語るからである。④ 何でも知ったかぶりをすることはまずなく，他の解説者や討論相手とのやり取りが非常に巧みである。⑤ 中には，大きな賞を授与された人もおり，輝かしい経歴を持つことは一目瞭然である。⑥ 討論では相手と論争するが，相手の不適切な発言をとらえて揚げ足を取ることは決してしない。⑦ 興味をそそる考えを持ち出して，さもなければ退屈な議論を活気づけることもよくある。⑧ 彼らが凡庸な批評家，解説者，学者と異なるその原因は，遠い未来に関する新しい理論を構築する基盤となる強い自信と高い能力である。

は保留目的語。

can see at a glance their successful careers「ちょっと見ただけで彼らの成功した経歴を見て取ることができる」

⑥ **trip them up with their inappropriate remarks**「相手の不適切な意見を捉えて揚げ足を取る」 ▶trip ～ up「～（人）の揚げ足を取る」

⑦ **[come up with stimulating ideas]** and **[breathe life into an otherwise dull discussion]**「[刺激的な考えを思いつき]，[さもなければ退屈な議論を活気づかせる]」 ▶2つの動詞句がandにより等位接続されている。come up with ～「～を思いつく」

otherwise 圖「そうでなければ」 ▶「彼らから刺激的な考えが出なければ」の意。

⑧ **What makes them differ from ordinary critics, commentators or scholars**「彼らを普通の批評家や解説者や学者と異ならせるもの」 ▶主語として働く独立関係詞節。make ～ do「～に…させる」

with which they construct new theories of the distant future「自らが遠い未来に関する新理論を構築する（際の）基盤となる」 ▶great confidence and ability「大きな自信と能力」にかかる関係詞節。

61 An Intellectual Elite

単語の意味を確認しよう。

901
elite
[ɪlíːt]

名 〔通例the ～〕〔集合的に〕エリート
▶ He is one [a member] of the elite. 彼はエリートだ。

形 エリートの，えり抜きの
▶ an elite corps えり抜きの集団

902
reputation
[rèpjutéɪʃən]

名 評判；名声
▶ have a reputation for ～「～という評判がある」
repúte 動 〔be reputed to beで〕～であると評される
名 評判；名声

903
aggressive
[əgrésɪv]

形 攻撃的な；意欲的な
aggréssion 名 侵略；侵害

904
evil
発 [íːvəl]

形 邪悪な；有害な
▶ be possessed by an evil spirit 悪霊にとりつかれる

名 害悪；悪
▶ a necessary evil 必要悪

905
immigration
[ìmɪgréɪʃən]

名 (他国からの) 移民，移住；入国管理
▶ immigration control 入国管理
▶「(他国への) 移民」には emigration を用いる。
ímmigrant 名 (他国からの) 移住者，移民
ímmigràte 動 (他国から) 移住する
mígrate 動 移動する，渡る

906
ray
[reɪ]

名 光線；ひらめき，一筋の光明
▶ X-ray X線；レントゲン写真；レントゲン検査

動 光を放つ；(考えなどが) ひらめく

907
pretend
アク [prɪténd]

動 (の) ふりをする
pretend to *do* 「…するふりをする」
pretense [príːtens] 名 ふり，見せかけ；弁明

908
interact
発 [ìntərǽkt]

動 影響し合う；相互に作用する；交流する
interact with ～ 「～と互いに影響し合う，交流する」
ìnteráction 名 相互作用
ìnteráctive 形 相互に作用し合う；双方向の

915

| 0 | 250 | 500 | 750 | 1000 | 1250 | 1500 |

909
award
発 [əwɔ́:rd]

名 (~の) 賞 (for)；(証書などの) 授与
▶ an Academy Award アカデミー賞

動 に (~の) 賞を与える，授与する
▶ award A B A (人) に B (賞など) を与える (= award B to A)

910
glance
[glæns]

名 (~を) ちらっと見ること (at)
▶ at a glance「ちょっと見ただけで」
▶ take [have] a glance at ~ ~をちらっと見る

動 (~を) ちらっと見る (at)
▶ glance over one's shoulder 肩越しにちらりと見る

911
debate
[dɪbéɪt]

名 討論，論争；討論会
▶ have a debate 討論する
▶ under debate 論争中で

動 (を) 討論する，論争する；(を) 熟慮する

912
opponent
発 ⑦ [əpóʊnənt]

名 (試合・論争などの) 相手；反対者

形 反対の；対立する

913
breathe
発 [bri:ð]

動 呼吸する；を吸う；(活力など) を吹き込む
　bréathing 名 呼吸；息遣い
　breath [breθ] 名 呼吸，息
▶ take a deep breath 深呼吸をする

914
differ
⑦ [dífər]

動 異なる
　differ from ~「~と異なる」
　dífference 名 相違 (点)
▶ make no difference 差を生じない；重要でない
　dífferent 形 異なる，違った

915
construct
⑦ [kənstrʌ́kt]

動 を建設する (= build)；を構成する
▶ construct a theory (based on data) (データに基づいて) 理論を構成する

名 [ká(:)nstrʌkt] 建造物，構成物；構成概念
　constrúction 名 建設 (工事)；建造物；構成
▶ under construction 工事中で [の]

🔑 国会議事堂に開店した牛丼屋。限定メニューの「牛重」はどうしたら食べられるのか？

①A few years ago, a "*gyudon*" restaurant chain astonished Japanese diners when it opened a restaurant in the Diet Building. ②The Diet is the Japanese equivalent of the U.S. congress and the British parliament. ③The restaurant features not only the regular "*gyudon*" but also a dish called "*gyuju*," a box of rice topped with *sukiyaki* beef fried in a shallow pan. ④The beef used for this dish comes from cattle born and probably nurtured with special care in Japan. ⑤The problem with this specialty, however, is that you have little chance to eat it. ⑥Since the entry of people into the Diet Building is tightly regulated, if you want to taste this special dish, you have to register yourself and obtain an admission ticket. ⑦Or you might ask a friend of yours who happens to be on intimate terms with a member of the Diet to take one outside for you. ⑧A woman who got the chance to eat the limited "*gyuju*" gave a generous compliment on the Internet, portraying the virtues of the dish in terms of flavor and texture. ⑨This dish costs four times more than the ordinary "*gyudon*," but it seems to tempt many people in the Diet Building. ⑩Good news for food lovers! ⑪Now we can get "*gyuju*" at a chain restaurant in Haneda International Airport.

🄲 語法・構文・表現 ◇◇◇

②**the Japanese equivalent of ～**「日本で～に当たる［相当する］もの」

③**feature**〔➡ 303〕 個「～を売り［目玉商品］にする」
 a box of rice topped with *sukiyaki* beef fried in a shallow pan「浅い鍋で炒めたすき焼き牛肉がご飯の上にのった重箱」 ▶a dish called "*gyuju*"「『牛重』と呼ばれる料理」と同格。

④**[born] and [probably nurtured with special care] in Japan**「日本で［生まれ］，［おそらくは特別な注意を払って育てられた］」 ▶cattle を修飾する過去分詞句。

⑤**specialty** 图「特別料理；特製品，名物」
 have little chance to *do*「…する機会がほとんどない」

⑥**the entry of people into the Diet Building**「国会議事堂への人々の入場」
 register *oneself*「(名簿に) 登録する」

⑦**who happens to be on intimate terms with a member of the Diet**「国会議

「丼」対「重」

📁 日常生活 [料理・食事]

① 数年前，ある「牛丼屋」チェーンが国会議事堂に店を出し，日本の食事客たちを<u>驚かせた</u>。② 日本の国会は，米国<u>連邦議会</u>や英国<u>議会</u>に相当する。③ この店は，普通の「牛丼」だけでなく，「牛重」という名の料理（重箱に入れたご飯の上に，<u>浅い鍋</u>ですき焼きにした牛肉を載せた料理）を売り物にしている。④ この料理に使われる牛肉は，日本で生まれ，おそらくは大事に<u>育てられた牛</u>の肉である。⑤ しかし，この名物料理の問題点は，普通の人はまず食べられないということだ。⑥ 国会議事堂への一般人の入場は厳しく<u>制限されて</u>いるので，この名物料理を味わいたいなら，名簿に<u>登録</u>して，入館証を手に入れる必要がある。⑦ あるいは，国会議員とたまたま<u>親しい間柄</u>にある友人に頼んで，料理をテイクアウトしてもらってもよい。⑧ 限定品の「牛重」を食べる機会があった，ある女性は，インターネット上で<u>惜しみない賛辞</u>を送り，その料理の<u>味</u>と食感の<u>すばらしさ</u>を<u>ありありと表現した</u>。⑨ この料理の値段は，普通の「牛丼」の４倍だが，国会議事堂の多くの人々がこれに<u>引か</u>れているらしい。⑩ グルメな人々にはよいニュース！⑪ 羽田国際空港のチェーン店で「牛重」が食べられるようになったのだ。

員とたまたま親しい間柄である」▶friend of yoursにかかる関係詞節。be on ～ terms with ...「…と～な関係である」
take one outside for you「あなたのために（牛重を）１つ持ち出す」

⑧ **who got the chance to eat the limited "gyuju"**「限定『牛重』を食べる機会に恵まれた」▶womanにかかる関係詞節。
portraying the virtues of the dish in terms of flavor and texture「味と食感の点でこの料理の美点を描写した」▶gave a generous compliment on the Internet「インターネットで惜しみない賛辞を呈した」を修飾する分詞句。〔付帯状況〕を表す。in terms of ～「～の点では」

⑨ **cost four times more than ～**「～の４倍の値段である」
tempt many people in the Diet Building「国会議事堂内の多くの人々を引きつける」

62 Bowl versus Box

📖 単語の意味を確認しよう。

916
astonish
[əstá(:)nɪʃ]

動 を驚かす
▶ be astonished at [by] ～「～に驚く」
　astónishing 形 驚くべき
　astónishment 名 驚き
▶ in astonishment びっくりして

917
congress
⑦ [ká(:)ŋgrəs]

名 (米国などの) 議会；会議
▶ 日本の「国会」は the Diet。
▶ an international congress 国際会議
　cóngressman 名 〔C-〕 困 国会議員，下院議員

918
parliament
発 [pá:rləmənt]

名 (英国などの) 議会；国会議員 (団)
▶ 国の議会 (国会) を指し，州などの地方議会は assembly。
▶ the House of Parliament (英国) 国会議事堂

919
shallow
[ʃǽlou]

形 浅い (⇔deep 深い)；浅薄な
▶ a shallow, selfish person 浅はかで自己中心的な人間
▶ a shallow-fried fish 少量の油で揚げた魚

920
cattle
[kǽtl]

名 〔集合的に〕牛
▶ 複数扱い。a cattle，cattles は不可。

921
nurture
[nə́:rtʃər]

動 をはぐくむ；を養成する；育てる

名 養育；(しつけ・教育などの) 環境
▶ nature and nurture 生まれと育ち

922
regulate
[régjəlèit]

動 を規制する；を調整する
　règulátion 名 規制；規則
▶ comply with the regulations 規則に従う
　régular 形 規則正しい；定期的な
　régularly 副 規則正しく

923
register
⑦ [rédʒɪstər]

動 を記録する，登録する；(～に) 登録する (for)
▶ register a birth [marriage] 出生 [婚姻] 届を出す

名 登録；名簿；レジ
　régistry 名 登記所 [簿]；記載
　règistrátion 名 登録，記載

930

924

intimate
(発) [íntəmət]

形 親密な；密接な
- be on intimate terms with ～ ～と親密な関係にある
  íntimacy 图 親しさ，親密さ；〔通例 an ～〕深い理解
- an intimacy with Japan 日本通

925

generous
[dʒénərəs]

形 寛大な；気前のよい (⇔ stíngy けちな)；豊富な
- generous with *one's* time 時間を惜しまない
  gènerósity 图 寛容；気前のよさ
- appreciate ～'s generosity ～の寛大さに感謝する
  génerously 副 気前よく

926

compliment
(発) [ká(:)pləmənt]

图 賛辞；表敬
- deserve a compliment 賛辞に値する

動 [ká(:)mpləmènt] を褒める
  còmpliméntary 形 賞賛する，お世辞の；贈呈された

927

portray
(ア) [pɔːrtréɪ]

動 を描く；(の役) を演じる
  pórtrait 图 肖像 (画)
- a portrait painter 肖像画家
  portráyal 图 描写；肖像

928

virtue
(発) [vɔ́ːrtʃuː]

图 美徳 (⇔ vice→476)；長所；効能
- by virtue of ～ ～のおかげで
  vírtuous 形 有徳の；立派な
- lead a virtuous life 立派な生活をする

929

flavor
[fléɪvər]

图 風味；特色
- artificial flavor 人工香味料

動 に風味をつける；に趣を与える

930

tempt
[tempt]

動 を (…する) 気にさせる (to *do*)；を引きつける
- be tempted to *do*「…したくなる，…する気になる」
  temptátion 图 誘惑，衝動
- yield [give way, give in] to temptation 誘惑に負ける
  témpting 形 魅力的な

259

発明家になってお金持ちになりたい！　素人が発明のアイデアを形にするためには…。

① The fantasy would thrill you: you design a brilliant invention, get a patent, and from the royalties of its commercialization become a millionaire. ② Narratives about your success would be an incentive for future inventors and boost their motivation. ③ Once you have invented something, all you need is to find a company who will assess the commercial value of your invention and give you consent to commercialize it. ④ It seems so simple. ⑤ But in reality, most people find it difficult to think up original ideas exceeding those of others. ⑥ Those who succeed are equipped with the trick of embodying ideas, and with dynamic personalities, which help reinforce their inspiration. ⑦ For example, if you want to invent a cosmetic device which gets rid of all the wrinkles on your face, or a pair of sunglasses that improve your eyesight just by wearing them, not only ideas but also profound scientific reality enters the equation. ⑧ So amateur inventors should confine themselves to low-tech things, as a Japanese housewife demonstrated when she came up with the idea of heeless slippers for light exercise.

● 語法・構文・表現

① you [design a brilliant invention], [get a patent], and [from the royalties of its commercialization become a millionaire] 「[すばらしい発明を考案し], [特許を取り], [その商品化による特許権使用料で百万長者 (＝金持ち) になる] という」 ▶fantasy「空想」の内容を示す同格節。

② motivation 图「動機 (づけ)；意欲」

③ all you need is to *do* 「あなたが必要とするのは，ただ…することだけである」
who will [assess the commercial value of your invention] and [give you consent to commercialize it] 「[あなたの発明の商品価値を査定し], [それを商品化する同意をあなたに与える] ことになる」 ▶company「会社」にかかる関係詞節。

⑤ in reality 「実際には，本当は」
find it difficult to *do* 「…することが難しいのに気づく，…するのに苦労する」
think up ~ 「~を思いつく，考え出す」
exceeding those of others 「他人の独創的発想に勝る」 ▶original ideasを修飾する現在分詞句。those＝original ideasである。

⑥ are equipped [with the trick of embodying ideas], and [with dynamic

独創的な発明家

📁 科学・技術 [創造]

① 自分がすばらしい発明品を考案し，特許を取り，それを商品化して特許権使用料で大金持になるという空想は人をわくわくさせることだろう。② あなたの成功談は，未来の発明家たちの励みとなり，彼らの意欲を高めるだろう。③ 何かを発明したら，その発明品の商品価値を査定し，商品化に同意してくれる会社を見つけさえすればよい。④ 実に簡単そうだ。⑤ しかし，実際には，ほとんどの人が他人に勝る独創的なアイデアを思いつくのに苦労する。⑥ 成功する人はアイデアを具現化するこつを心得ていて，その上に進取の気性にも富み，その気性が発想力を高めるのに役立つ。⑦ 例えば，顔のしわを全部取り除く美容器具や，かけるだけで視力がよくなるサングラスを発明したければ，アイデアだけでなく，難解な科学的事実もその問題にかかわってくる。⑧ だから，素人発明家は，簡単な技術で作れるものに的を絞るほうがよい。ある日本人の主婦が，軽い運動用にかかとのないスリッパというアイデアを思いついたのは，その好例である。

personalities]「[着想を具体化するこつ] と，[精力的な性格] を備えている」▶be equipped with ~「~（才能・技術など）を備えている，身につけている」
which help reinforce their inspiration「それが彼らのひらめきを強化するのに役立つ」▶dynamic personalities に関して付加的情報を述べる非制限用法の関係詞節。

⑦ **which gets rid of all the wrinkles on your face**「顔のしわをすべて取り除く」▶cosmetic device「美容器具」にかかる関係詞節。
that improve your eyesight「視力を改善する」▶pair of sunglasses にかかる関係詞節。
not only [ideas] but also [profound scientific reality]「[着想] だけでなく [難解な科学的事実] もまた」▶enters the equation「等式に入り込む＝関係する，問題にかかわる」の主語として働く名詞句。

⑧ **confine** *oneself* **to ~**「~に限定する [限る]」
as a Japanese housewife demonstrated「ある日本人主婦が実証したように」
come up with ~「~を思いつく」

📖 単語の意味を確認しよう。

931 **fantasy** [fǽntəsi]	名 <u>空想</u>；幻想；幻想的作品 ▶ indulge in fantasies 空想にふける 動 を空想する，思い描く fantástic 形 すばらしい；空想的な
932 **thrill** [θrɪl]	動 <u>をぞくぞくさせる</u>；わくわくする ▶ be thrilled to *do* 「…してぞくぞくする」 名 ぞくぞくする感じ，スリル thríller 名 スリラー小説 [映画]
933 **brilliant** [bríljənt]	形 <u>すばらしい</u>；才能にあふれた；きらめく ▶ an absolutely brilliant work 非常にすばらしい作品 brílliance 名 輝き；見事さ
934 **patent** 発 ア [pǽtənt]	名 <u>特許 (権)</u>；特許品 ▶ apply for a patent 特許を申請する ▶ hold a patent 特許権を持つ 形 特許の 動 の特許を得る
935 **narrative** 発 [nǽrətɪv]	名 <u>物語，話</u>；（小説の）叙述部分，地の文 （⇔díalògue→1193） 形 物語の；話術の narrátion 名 語り；物語
936 **incentive** [ɪnséntɪv]	名 <u>動機 (づけ)</u>；報奨金 an incentive to *do* 「…するための動機 (づけ)」 形 駆り立てる；励みになる
937 **boost** [buːst]	動 <u>を押し上げる</u>；を増加させる 名 押し上げること，高めること；励まし bóoster 名 昇圧器；補助推進ロケット
938 **assess** [əsés]	動 <u>を評価する</u>；を査定する ▶ assess the impact of ~ ~の影響を評価する asséssment 名 評価；査定

0	250	500	750	1000	1250	1500

939

consent
⑦ [kənsént]

名 同意，承諾
▶ informed consent インフォームド・コンセント（治療の前に患者側が説明を受けた上で同意すること）

動 (〜に) 同意する，(〜を) 承諾する (to)
consénsus 名 総意；合意

940

exceed
⑦ [ɪksíːd]

動 を超える；に勝る
▶ exceed expectations 期待を上回る
excéedingly 副 非常に，極度に
excéss 名 超過，過多；行きすぎ
excéssive 形 過度の，極端な

941

trick
[trɪk]

名 こつ；策略；いたずら；芸当
▶ play a trick on 〜 〜にいたずらをする

動 をだます；をだまして (〜) させる (into)
trícky 形 慎重な扱いを要する；巧妙な；ずるい

942

dynamic
⑦ [daɪnǽmɪk]

形 活動的な，精力的な；動的な (⇔ static → 1314)
▶ a dynamic market 活況を呈する市場
dynámics 名 動力学；原動力
dýnamìsm 名 活力，力強さ

943

reinforce
発 ⑦ [rìːɪnfɔ́ːrs]

動 を強化する；を補強する
▶ reinforced concrete 鉄筋コンクリート
rèinfórcement 名 強化，補強

944

cosmetic
[kɑ(ː)zmétɪk]

形 化粧の，美容の；うわべの
▶ cosmetic surgery「美容（整形）外科」
▶ makeup は「化粧；化粧品」を表す。

名〔通例〜s〕化粧品

945

confine
[kənfáɪn]

動 を限定する；〔通例受身形で〕閉じ込められる
confine A to B「A を B（範囲）に限定する」

名 [kɑ(ː)nfàɪn] 境界；限界，限度
confínement 名 監禁；制限 (されること)
confíned 形 限られた，狭い

263

64 Prediction of Natural Hazards

地震がいつ起こるのか予知できればいいのに…。地震に対して人々が思うことは様々だ。

① We all know that modern science can never predict when and where natural hazards like earthquakes will occur. ② We now understand the tectonic impulse that **triggers** a specific earthquake, while a future earthquake and its **probable** result can only be **forecast** in the long run. ③ People living in an area with a high probability of being hit by an earthquake are naturally under a lot of **stress**. ④ Some suffer from mental **fatigue** caused by a seemingly **random** occurrence of earthquakes. ⑤ Some are constantly **scanning** various sites on the **Web** and **straining** to get whatever information they encounter there about quakes. ⑥ What they probably discover is that there is a 20%, 60% or 90% probability that a big earthquake occurs in 10, 30 or 50 years respectively. ⑦ That so many **advocate** this finding means many others are trying to **cultivate** people's minds so that they will prepare for earthquakes. ⑧ Some are too **indifferent** to take action. ⑨ Some are obsessed by the **illusion** or **fancy** that there will be no big earthquake for at least another 10 years. ⑩ Those who are highly **optimistic** believe that they can survive any big earthquake. ⑪ But right now no one knows what they should do.

語法・構文・表現

① **predict when and where ～ will do**「いつどこで～が…するかを予測する」

② **that triggers a specific earthquake**「特定の地震の引き金となる」▶tectonic impulse「構造上の衝撃」にかかる関係詞節。 **in the long run**「長期的に（見ると）」

③ **living in an area with a high probability of being hit by an earthquake**「地震が起こる確率の高い地域に住む」▶Peopleを修飾する現在分詞句。with ... earthquakeはareaを修飾する前置詞句。**naturally** 圖「当然のことながら」

④ **suffer from ～**「～に苦しむ；～（病気など）にかかっている」
caused by a seemingly random occurrence of earthquakes「地震の一見無作為に思われる発生によって引き起こされる」▶mental fatigueを修飾する過去分詞句。

⑤ **constantly** 圖「常に，絶えず」 **whatever information they encounter there about quakes**「彼らがそこで出くわす地震関連のどんな情報も」▶get の目的語として働く独立関係詞節。there ＝ on various sites on the Web

⑥ **What they probably discover**「彼らがおそらく発見すること」▶is that ...

自然災害（地震）予知

📁 自然［災害］

① 誰もが知っているように，現代科学は地震などの自然災害がいつどこで起こるかを，決して予測できない。② 私たちは，今日，特定の地震を<u>引き起こす</u>地質構造上の衝撃を理解している。しかし，未来の地震と，その<u>ありそうな</u>結果は，長期的にしか<u>予測</u>できない。③ 地震に見舞われる確率が高い地域に住む人々は，当然ながら，多くの<u>ストレス</u>にさらされる。④ 地震が見たところ<u>不規則</u>に発生するせいで，精神的<u>疲労</u>に苦しむ人もいる。⑤ 常に様々な<u>ウェブ</u>上のサイトを<u>調べ</u>，そこで目にする地震関連のあらゆる情報を得る<u>努力を怠らない</u>人もいる。⑥ そういった人々がおそらく見つけるのは，大地震が 10 年，30 年，50 年以内に起こる確率は，それぞれ 20%，60%，90% だという情報である。⑦ これほど多くの人がこのことを<u>主張している</u>ことから考えて，人々の精神を<u>養い</u>地震に備えさせようとしている人たちが他にも大勢いるはずだ。⑧ <u>無関心</u>すぎて，行動を起こさない人もいる。⑨ 大地震は少なくとも今後 10 年間は起こらないという<u>錯覚</u>や<u>妄想</u>を抱く人もいる。⑩ 極めて<u>楽観的な</u>人は，どんな大地震が起きても自分は生き残ることができると信じている。⑪ しかし，現時点では，自分がなすべきことを知っている人は誰もいない。

---

respectively の主語として働く独立関係詞節。

there is a 20%, 60% or 90% probability that ...「…である確率は 20%，60% あるいは 90% である」 ▶that ... は probability の内容を示す同格名詞節。

⑦ **That so many advocate this finding**「かくも多くの人がこの研究成果を唱道するということ」 ▶means の主語として働く名詞節。

means (that) many others are trying to cultivate people's minds「ほかに多くの人が人々の精神を陶冶しようとしているということである」

⑧ **are too indifferent to take action**「あまりに無関心で行動を起こすことができない」 ▶too ～ to *do*「あまりに～なので…することができない」

⑨ **be obsessed by ～**「～に取りつかれている」

that there will be no big earthquake for at least another 10 years「少なくともあと 10 年は大地震は起こらないという」 ▶illusion or fancy「錯覚や幻想」の内容を示す同格名詞節。

⑩ **who are highly optimistic**「非常に楽観的である」 ▶Those にかかる関係詞節。

64 Prediction of Natural Hazards

単語の意味を確認しよう。

946 **trigger** [trígər]	動 を引き起こす；のきっかけとなる 名 引き金；(~の) 誘因 (for) ▶ pull the trigger 引き金を引く
947 **probable** [prá(:)bəbl]	形 十分にありそうな It is probable that ... 「…は十分ありそうだ」 pròbabílity 名 見込み；確率　próbably 副 たぶん
948 **forecast** ⑦ [fɔ́:rkæst]	動 を予想 [予測] する ▶ 活用：forecast - forecast [forecasted] 　　　　- forecast [forecasted] 名 予想；予報
949 **stress** [stres]	名 ストレス；圧力；強調 ▶ be under stress ストレスを受けている ▶ reduce [relieve] stress ストレスを減らす [和らげる] 動 を強調する；に圧力を加える stréssful 形 ストレスの多い
950 **fatigue** ⑰ [fətí:g]	名 疲労 (≒ exháustion) ▶ metal fatigue 金属疲労 動 を疲れさせる
951 **random** [rǽndəm]	形 無作為の；手当たり次第の ▶ a random guess 当て推量 ▶ at random 無作為に；手当たり次第に
952 **scan** [skæn]	動 を走査する；をざっと見る；を精査する ▶ scan the headlines 見出しにざっと目を通す 名 精査，走査 scánner 名 スキャナー
953 **web** [web]	名 〔the W-〕ウェブ；(クモの) 巣 ▶ the World Wide Web ワールドワイドウェブ (www) ▶ surf the Web ネットサーフィンをする 動 (に) 巣を張る；をクモの巣状におおう

960

954

strain
[streɪn]

動 に負担をかける；を緊張させる；を漉す；(…しようと) 最大限に努力する (to *do*)
▶ strain *one's* ears [eyes] 耳を澄ます [目を凝らす]

名 緊張，ストレス；重圧
▶ physical and mental strain 心身の緊張

955

advocate
⑦ [ǽdvəkèɪt]

動 を主張する；を擁護する
▶ advocate *doing*「…することを主張する」

名 [ǽdvəkət] 主張者；擁護者；弁護士
▶ an advocate of free trade 自由貿易の主張者
ádvocacy 名 擁護，支持

956

cultivate
[kʌ́ltɪvèɪt]

動 を養う；を耕す；を栽培する
▶ cultivate empathy for others 他者への感情移入を養う
cùltivátion 名 育成；栽培
cúltivàtor 名 栽培者

957

indifferent
[ɪndífərənt]

形 無関心な (≒ ùnínterested)
be indifferent to ~「~に無関心である」
indífference 名 無関心；冷淡
▶ show indifference to art 芸術に無関心である

958

illusion
[ɪlúːʒən]

名 錯覚，思い違い；幻想
▶ create an illusion 錯覚を起こす
illúsory 形 錯覚による；幻想的な

959

fancy
[fǽnsi]

名 (気まぐれな) 好み；空想；思いつき
take a fancy to ~「~が気に入る」

動 を好む；を想像する；と思う

形 装飾的な；高級な；見事な
▶ a fancy restaurant 高級レストラン

960

optimistic
[à(:)ptɪmístɪk]

形 楽観的な (⇔ pèssimístic 悲観的な)
óptimìsm 名 楽観 [楽天] 主義
óptimist 名 楽観主義者

♀ 発展途上国には劣悪な環境で暮らしている子供たちがいる。その事実をどうとらえるか。

① Children in developing countries confront poor living conditions. ② One out of three cannot receive elementary school education and therefore is not qualified to get a decent job. ③ About 215 million children are forced to work and are exploited by their employers. ④ Infrastructure in those countries is so faulty that water and electricity supplies are often cut off and drains are clogged up with harmful waste, causing children to catch serious infections. ⑤ Children fall victim to famine and starve to death. ⑥ It seems that developing countries are bound to be affected by those multiple problems, entirely in chaos. ⑦ Some people may feel distress to know of there being insufficient funds to resolve these situations, and others think that we must not distract our minds from this reality and commit to making donations to help them enjoy a moderate quality of life. ⑧ Or some might advocate fair trade. ⑨ But think again, what it is that we are really facing. ⑩ We must not be so selfish as to deceive ourselves into believing that we are helping those children by giving them money, or supporting fair trade. ⑪ It's a shame if we are.

語法・構文・表現 〰〰〰〰〰〰〰〰〰〰〰〰〰〰〰〰〰〰〰〰〰〰〰〰〰〰〰〰〰〰〰

① **a developing country**「発展途上国」 **confront**〔➡1029〕 他「〜に直面する,〜に立ち向かう」 **living conditions**「生活環境」

② **one out of ~**「〜人に1人」 **get a job**「仕事に就く」

③ **be forced to** *do*「…せざるを得ない」
employer 名「雇用者」⇔employee 名「被雇用者, 従業員」

④ **is so faulty that ...**「ひどく欠陥があるので…」 **supply**〔➡63〕名「供給；供給量〔数〕；供給物」 **cut off ~ / cut ~ off**「〜（供給など）を断つ；〜を切り離す」 **drain**〔➡1244〕名「排水管, 下水溝」 **be clogged up with ~**「〜で詰まる」 **harmful waste**「有害廃棄物」 **causing children to catch serious infections**「それが, 子供が重症の感染症にかかる原因となる, そのせいで子供が重症の感染症にかかる」▶water ... harmful wasteを意味上の主語とする分詞句。〔結果〕を表す。

⑤ **fall victim to ~**「〜の犠牲となる」

⑥ **be bound to** *do*「必ず…する」 **affect**〔➡1416〕他「〜に影響を及ぼす」
entirely in chaos「完全に無秩序状態にある」▶主語の状態を示す。

恵まれない子供たち

📁 社会 [社会問題]

① 発展途上国の子供は，劣悪な生活環境に直面している。② 3人に1人は小学校教育を受けられず，したがって，まともな仕事に就く資格を持っていない。③ 約2億1,500万人の子供が労働を強制され，雇用者に搾取されている。④ こうした国々では，インフラに欠陥が多いために，水や電気の供給が頻繁に中断したり，排水管が有害な廃棄物で詰まって，子供が重い伝染病にかかったりする。⑤ 子供は飢饉の犠牲となって，餓死する。⑥ 発展途上国は，そうした多くの問題の影響を被り，完全に混乱状態に陥るのは必至のように思われる。⑦ こうした状況を解決するための資金が不十分だということを知って，心を痛める人がいる。また，私たちはこの現実から目を背けてはならないという思いから，子供が普通の水準の生活を送る手助けをするために寄付をすると固く誓う人もいる。⑧ あるいは，フェアトレードを広めようと言う人もいる。⑨ しかし，考え直してみよう。私たちが本当に直面しているものは何だろうか。⑩ お金をあげたり，フェアトレードを支持したりすることで，子供たちを助けていると自分を欺いて信じ込むほど利己的であってはならない。⑪ もしそうなら，残念なことである。

〜〜

⑦ **to know of there being insufficient funds to resolve these situations**「こうした状況を解決するには資金が不十分であることを知って」▶feel distress を修飾する。〔感情の原因〕を表す。there being は there is [are] の動名詞形。
commit to *doing*「…することを誓う [約束する]」

⑧ **fair trade**「(発展途上国における適正価格を反映する価格での) フェアトレード (= alternative trade)；公正取引」

⑨ **what it is that ...**「…であるのは何なのか」▶強調構文。what は that 節内の動詞 facing の目的語の位置から移動している。

⑩ **be so selfish as to** *do*「…するほど利己的である」
deceive *oneself* **into believing that ...**「自分を欺いて…であると信じ込ませる，…であると都合よく思い込む」

⑪ **if we are**「もし私たちがそれほど自己中心的であるならば」▶後ろに so selfish as to deceive ourselves ... fair trade を補って考える。

📘 単語の意味を確認しよう。

961
qualify
[kwá(:)lɪfài]

動 **(人) に資格を与える；資格がある**

qualify A for B 「A に B の資格を与える」
- ▶ be qualified to *do* …する資格がある
- quàlificátion 图 資格；免許状
- quálified 形 資格のある；適任の
- quálifier 图 有資格者，適任者

962
exploit
[ɪksplɔ́ɪt]

動 **を活用する；を搾取する，につけ込む**

- ▶ exploit workers 労働者を搾取する
- èxploitátion 图 活用；搾取

963
infrastructure
⑦ [ínfrəstrʌ̀ktʃər]

图 **インフラ，基本的施設；(経済) 基盤**

- ▶ an economic infrastructure 経済基盤

964
infection
[ɪnfékʃən]

图 **感染 (症)**

- ▶ 医学的には infection は「水や空気による間接感染」を表し，「接触による感染」は contagion と言う。
- inféctious 形 感染性の (≒ commúnicable)
- ▶ an infectious disease 伝染病
- inféct 動 に感染させる

965
famine
発 [fǽmɪn]

图 **飢饉 (き きん)；(食糧・物資の) ひどい不足**

966
starve
[stɑːrv]

動 **飢える；(～を) 渇望する (for)；を飢えさせる**

- ▶ starve to death 「餓死する」
- starvátion 图 餓死；飢餓
- ▶ die of [from] starvation 餓死する

967
bind
[baɪnd]

動 **を縛る；を束縛する；を結び付ける**

- ▶ 活用：bind - bound - bound
- ▶ be bound to [by] ～ ～に縛られている，束縛されている
- ▶ be bound to *do* きっと…する；…する義務がある

968
multiple
[mʌ́ltɪpl]

形 **多様な；種々雑多な**

- ▶ multiple-choice questions 多肢選択式の問題
- múltiplỳ 動 を増やす；(数を) かける
- ▶ Two multiplied by four is eight. 2かける4は8。

975

969
chaos
発 [kéɪɑ̀(:)s]

名 混沌, 大混乱
こんとん
- economic chaos 経済的混乱
- in (total) chaos (まったくの) 大混乱で
  chaótic 形 混沌とした

970
distress
アク [dɪstrés]

名 苦悩；苦痛；困窮
- be in distress 苦しんでいる；困っている

動 を悩ます；を苦しめる
  distréssful 形 苦しい, 悲惨な

971
insufficient
[ìnsəfíʃənt]

形 不十分な；不適当な
- insufficient supplies 必需品の不足
  ìnsufficiency 名 不十分；不適当
  ìnsufficiently 副 不十分に；不適当に

972
distract
[dɪstrǽkt]

動 (注意など) をそらす
- distract A from B 「A の気を B からそらす」
  distráction 名 注意散漫；娯楽, 気晴らし

973
moderate
発 アク [mɑ́(:)dərət]

形 適度な；穏健な

動 [mɑ́(:)dərèɪt] を和らげる, 加減する；和らぐ
- moderate inflation インフレを緩和する
  mòderátion 名 適度；穏健

974
deceive
[dɪsíːv]

動 をだます (≒ take in)
- deceive ~ into *doing* 「~をだまして…させる」
- deceive *oneself* (自分に都合がいいように) 自分をごまかす
  decéption 名 欺瞞, 詐欺
  decéptive 形 欺瞞的な；当てにならない
  decéit 名 欺くこと

975
shame
[ʃeɪm]

名 恥；残念なこと
- It is a shame that ... …ということは残念である

動 (人) を恥じ入らせる, 気恥ずかしくさせる
  shámeful 形 恥ずべき

271

66 Christian Faith

🔍 夫を亡くした筆者の友人は，信仰によって「死」をどのように受け入れたのだろうか。

① Christians go to church practically every Sunday to hear a sermon preached by the priest or minister. ② The priest or minister helps his followers with spiritual matters by giving a lecture on a moral subject, or citing phrases and passages from the Bible, and telling them how to get through critical phases in their lives, how to rear children, etc. ③ True believers, with no margin for disbelief, believe that their troubled hearts are healed if they obey the teaching of God's word.

④ When a Christian friend of mine suffered the loss of her husband, she grieved but refused to undergo psychiatric treatment. ⑤ She said that she would overcome her grief by modifying her way of thinking about her husband's death, making it meaningful to her according to her faith in Christianity. ⑥ Many of those who attended the funeral had the courtesy to offer their sympathy to her and cheer her up. ⑦ My friend had an appearance of calm and dignity. ⑧ She seemed composed, even noble, sure that her husband's soul would return to God.

語法・構文・表現

① **practically**「ほとんど，事実上」▶everyを修飾。
preached by the priest or minister「司祭や牧師により説かれる」▶sermon「説教」を修飾する過去分詞句。

② **help A with B**「Bのことで A (人) を助ける」 **matter**〔→48〕图「事，事柄」
give a lecture on ～「～について講話 [講義] する」
a moral subject「道徳的な話題 [論題]」
get through critical phases in their lives「人生の重大な局面を切り抜ける」

③ **disbelief** 图「不信，疑惑」 **their troubled hearts**「自分の千千に乱れた心」
the teaching of God's word「神の言葉の教え」

④ **suffer the loss of ～**「～ (人) の死という痛手を被る，～ (人) を亡くす」
grieve 圓「深く悲しむ」 **refuse to do**「…するのを拒む，…しようとしない」
psychiatric treatment「精神医学的治療」

⑤ **overcome one's grief**「悲しみを乗り越える [克服する]」
by modifying her way of thinking about her husband's death, making it meaningful to her according to her faith in Christianity「夫の死に関する

272

①キリスト教徒は日曜日にはたいてい教会へ行き，司祭や牧師が行う説教を聞く。②司祭や牧師は，信者の心の問題の解決を手助けするために，道徳的なテーマの講話をしたり，聖書の言葉や一節を引用したり，生きていく上での重大な局面を乗り切る方法や，子育ての方法などを語ったりする。③本当の信者は不信の余地なく，神の言葉の教えに従えば自分の乱れた心が癒されると信じている。

④キリスト教徒のある友人が夫を亡くしたとき，深く悲しんだけれど，精神医学の治療は受けようとはしなかった。⑤彼女は，夫の死に対する考え方を修正し，キリスト教の信仰に従い，夫の死を自分にとって意味があるものにすることで，悲しみを克服するつもりだと言った。⑥葬儀参列者の多くは，丁重にお悔やみの言葉をかけ，彼女を励ました。⑦本人は取り乱すことなく，堂々としているように見えた。⑧彼女は落ち着き払って，気高い雰囲気さえ漂わせ，夫の魂が神のもとに帰ることを確信しているようだった。

〰〰〰〰〰〰〰〰〰〰〰〰〰〰〰〰〰〰〰〰〰〰〰〰〰〰〰〰〰〰〰〰〰

自らの考え方を修正し，自らのキリスト教信仰に従ってその死を自分にとって意味あるものにすることによって」▶〔手段〕を表す前置詞句。overcome her grief を修飾する。making ... Christianity は modifying ... death を意味上の主語とする分詞句。〔結果〕を表す。

⑥ **Many of those who attended the funeral**「葬儀に列席した人々の多く」▶who attended は those にかかる関係詞節。

have the courtesy to _do_「礼儀正しくも…する」▶to _do_ は courtesy の内容を示す to 不定詞句。「…する礼儀正しさを持っている」が逐語訳。

offer _one's_ sympathy to ~「~にお悔やみを言う」

cheer ~ up / cheer up ~「~を元気づける，~を慰める」

⑦ **have an appearance of ~**「~の様子を呈する」

calm 图「冷静，落ち着き」

⑧ **seemed [composed], [even noble], [sure that ...]**「〔落ち着き〕，〔気高くさえ〕見え，〔…であるのを確信している〕ように見えた」▶並置された3つの形容詞（句）は seemed の補語。composed 囮「落ち着いた，平静な」 soul 图「魂，霊魂」

66 Christian Faith

📖 単語の意味を確認しよう。

976

priest
[priːst]

名 聖職者

977

spiritual
[spírɪtʃuəl]

形 精神の（⇔matérial→49）；霊的な
- spiritual welfare 精神的幸福
- spíritually 副 精神的に；高尚に
- spírit 名 精神；魂

978

cite
[saɪt]

動 を引き合いに出す；を引用する
- ある事柄を論拠や参考例として挙げることを意味する。
- cite biblical passages 聖書の章句を引用する
- citátion 名 引用；表彰

979

phase
発 [feɪz]

名 段階，局面；側面
- enter a new phase「新しい局面に入る」

動 〔通例受身形で〕段階的に実行される
- phase out ~ ~を段階的に廃止する

980

rear
発 [rɪər]

動 (人・動物・植物)を育てる（≒raise）
- rear a family（子供を含む）家族を養う

名 〔the ~〕後部

形 後方の
- a rear-view mirror（車の）バックミラー

981

heal
[hiːl]

動 (人・傷など)を治す；治る
- 「自然の力や祈禱を用いて病気の人を治す」の意。
- heal him of his disease 彼の病気を治す
- héaler 名 癒す人［物］

982

obey
アク [oʊbéɪ]

動 に従う；に服従する
- obey the rules「規則に従う」
- obédient 形 従順な
- obédience 名 従順，服従

983

undergo
アク [ʌndərɡóʊ]

動 を経験する；(手術など)を受ける；に耐える
- 活用：undergo - underwent - undergone
- undergo medical treatment 医学的治療を受ける

274

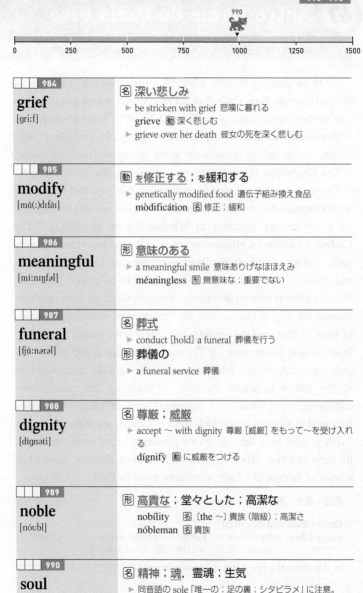

990

| 0 | 250 | 500 | 750 | 1000 | 1250 | 1500 |

984

grief
[gri:f]

名 深い悲しみ
▶ be stricken with grief 悲嘆に暮れる
grieve 動 深く悲しむ
▶ grieve over her death 彼女の死を深く悲しむ

985

modify
[má(:)dɪfàɪ]

動 を修正する；を緩和する
▶ genetically modified food 遺伝子組み換え食品
mòdificátion 名 修正；緩和

986

meaningful
[mí:nɪŋfəl]

形 意味のある
▶ a meaningful smile 意味ありげなほほえみ
méaningless 形 無意味な；重要でない

987

funeral
[fjú:nərəl]

名 葬式
▶ conduct [hold] a funeral 葬儀を行う
形 葬儀の
▶ a funeral service 葬儀

988

dignity
[dígnəti]

名 尊厳；威厳
▶ accept ～ with dignity 尊厳 [威厳] をもって～を受け入れる
dígnify 動 に威厳をつける

989

noble
[nóubl]

形 高貴な；堂々とした；高潔な
nobílity 名 〔the ～〕貴族（階級）；高潔さ
nóbleman 名 貴族

990

soul
発 [soul]

名 精神；魂，霊魂；生気
▶ 同音語の sole「唯一の；足の裏；シタビラメ」に注意。
▶ the immortality of the soul 霊魂の不滅

パリのノートルダム大聖堂が火災に見舞われた。人々の嘆きはいかばかりであったか。

① On the evening of April 15, 2019, a fire broke out in the attic of Notre-Dame de Paris Cathedral in Paris, which enjoys great fame as part of the "Paris, Banks of the Seine" UNESCO World Heritage Site. ② Due to their inability to use aerial firefighting, the firefighters went inside, using deluge guns with water pumped from the Seine. ③ The fire swept through the attic, destroying the roof and spire. ④ The spire was undergoing renovation. ⑤ It is said that restoration works increase fire risk: in this sense the fire was not unprecedented, as a similar fire occurred in Windsor Castle in 1992. ⑥ The Cathedral's artworks, religious relics and other treasures were mostly safe. ⑦ Some had been removed in preparation for the renovation and most of the sacred relics were held in a special chamber. ⑧ Some experts believe the spire's electric bells might have sparked, causing the fire. ⑨ Debris from the burning roof contained hundreds of tons of lead, and the settling dust might have raised the surface level of lead in the area. ⑩ The traffic was disrupted around the area cordoned off, and inhabitants and tourists alike crammed into nearby places to watch the fire. ⑪ Watching the spire aflame collapsing, even those in a positive frame of mind might have lamented that things which look solid and strong are actually fragile. ⑫ Those who have faith in divine provision might have wondered, for them and their offspring, why their precious treasure, marked as a proof of faith in Our Lady, was taken away by God.

◉ 語法・構文・表現

② **Due to their inability to** *do*「…することができなかったために」
using deluge guns with water pumped from the Seine「水はセーヌ川からポンプで吸い上げ，放水銃を用いて」▶〔付帯状況〕を示す分詞構文。

⑤ **in this sense the fire was not unprecedented**「この意味でこの火災は前例がないわけではなかった」

⑦ **had been removed in preparation for the renovation**「改修に備えてほかの場所に移されていた」▶過去完了形は，改修前に移動が完了していたことを示す。

📁 社会 [事件]

① 2019 年 4 月 15 日の夜,「パリのセーヌ河岸」ユネスコ世界遺産の一部として名声の高い, パリのノートルダム大聖堂の屋根裏から火災が発生した。② 空中消火の手段を使用できなかったために, 消防隊は建物の中に入り, 水をセーヌ川からポンプでくみ上げて放水銃を使用した。③ 火は屋根裏全体に燃え広がり, 屋根と尖塔を破壊した。④ 尖塔は改修中だった。⑤ 修復作業は火事の危険性を高めると言われている。この意味では, この火災は前例のないものではなかった。1992 年にウィンザー城でも似たような火事が起きたからである。⑥ 大聖堂所蔵の芸術作品, 宗教的遺物, その他の宝物はほとんど無事であった。⑦ 一部は改修に備えて移動されていたし, 聖遺物の大半はもともと特別な部屋に収容されていたのだ。⑧ 一部の専門家は, 尖塔の電気仕掛けの鐘がスパークして, 火事を起こしたのかもしれないと考えている。⑨ 燃えていた屋根の残骸には何百トンもの鉛が含まれていたし, 積もった粉じんがこの地域の鉛の地表濃度を上げた可能性もある。⑩ 封鎖された地域周辺の交通は混乱し, 住民も観光客も火事を見ようと近くの場所に詰めかけた。⑪ 炎に包まれた尖塔が崩れ落ちるのを見て, 前向きな心の状態にある人たちでさえ, 固くて頑丈そうに見える物でも実際にはもろいものだと嘆いたかもしれない。⑫ 神の摂理を信じる人々は, 自分や子供たちのために, 聖母マリアへの信仰の証として特徴づけられる彼らの貴重な宝物が, いったいなぜ神によって奪い去られたのだろうと思ったかもしれない。

---

most of the sacred relics were held in a special chamber「聖遺物の大半は特別な部屋に保管されていた」▶過去形は, 聖遺物の出火時の状態を示す。

⑧ **the spire's electric bells might have sparked, causing the fire**「尖塔の電動鐘が火花を発し, 火災を引き起こしたのかもしれない」▶ causing the fire は〔結果〕を示す分詞構文。

⑪ **even those in a positive frame of mind**「肯定的な考え方をする人でさえ」

⑫ **marked as a proof of faith in Our Lady**「聖母マリアへの信仰の証として特徴づけられる」▶ their precious treasure を修飾する過去分詞句。

277

📘 単語の意味を確認しよう。

991 **fame** [feɪm]	名 **名声** ▶ come to fame 有名になる fámous 形 (〜で) 有名な (for) famed 形 (〜で) 名高い, 有名な (for)
992 **inability** [ìnəbíləti]	名 無能, <u>無力</u> ▶ inability to *do*「…することができないこと」 unáble 形 (…すること) ができない (to *do*)
993 **pump** 発 [pʌmp]	動 **(液体・気体) をポンプで送り込む；をくみ出 す；を注ぎ込む** 名 **ポンプ** ▶ a gasoline pump 給油ポンプ
994 **sweep** [swi:p]	動 **(を) 掃く；を一掃する；<u>さっと通過する</u>** ▶ 活用：sweep - swept - swept 名 **掃除；一掃** ▶ at one [a] sweep 一挙に
995 **unprecedented** 発 [ʌnprésədentɪd]	形 **前例のない；空前の** ▶ an unprecedented economic crisis 前例のない経済危機 precéde 動 に先行する précedent 名 前例
996 **chamber** 発 [tʃéɪmbər]	名 **(特定の目的の) 部屋；議場；〔the 〜〕議院** ▶ a chamber of commerce 商工会議所 chámberlain 名 (宮廷の) 侍従；(貴族の) 家令
997 **spark** [spɑːrk]	動 **を引き起こす；を刺激する；<u>スパークする</u>** 名 **火花；ひらめき；(事件などの) きっかけ** spárkle 動 きらきら光る；火花を散らす 名 きらめき；火花
998 **debris** 発 [dəbríː]	名 **(破壊された後の) 残骸, 瓦礫_{がれき}；がらくた** ▶ space debris 宇宙ごみ

1005

0　250　500　750　1000　1250　1500	

999
disrupt
[dɪsrʌ́pt]

動 を混乱させる；を分裂させる
▶ disrupt *one's* attention 人の注意を混乱させる
disrúption 图 混乱；妨害
disrúptive 形 （～に）混乱をもたらす (to)

1000
cram
[kræm]

動 に詰め込む；詰め込み勉強をする；詰めかける
cram *A* with *B* 「*A* に *B* を詰め込む」
▶ cram *A* into *B* *A* を *B* に詰め込む

图 すし詰め（状態）；詰め込み勉強
▶ a cram school 学習塾，予備校

1001
frame
[freɪm]

图 枠，（額）縁；骨組み；体格
▶ a frame of mind 「心の状態，考え方」
▶ a frame of reference 準拠体系，価値観

動 を枠にはめる；を組み立てる

1002
fragile
発 [frǽdʒəl]

形 壊れやすい；虚弱な
▶ a fragile economy 脆弱な経済
fragílity 图 もろさ；虚弱

1003
divine
[dɪváɪn]

形 神の；神にささげる

動 を推測する，見抜く
▶ a divining rod（水脈などを捜すためのY字型の）占い棒
divínity [dɪvínəti] 图 神性；神

1004
offspring
⑦ [ɔ́(:)fsprìŋ]

图 子孫，子；成果
▶ 集合的に人・動物の子や子孫を指す。単数でも an は用いない。

1005
mark
[mɑːrk]

動 に印をつける；を（記号で）示す；に汚れをつける；を（～として）特徴づける (as)
mark *A* with *B* 「*A* に *B* で印 [汚れ] をつける」

图 跡；汚れ；印；点（数）；的

🔑 筆者には他人のお金についてやけに知りたがる友人が1人いる。その彼の職業は…。

① A friend of mine is a prominent example of a curious person.
② When conversing with new people, he manages to shift the topic of the conversation to money matters, and starts to talk about his own moneymaking scheme and financial circumstances so that he will impress the other people in hope that they will find him honest and straightforward. ③ He might be stretching the facts, but it seems certain that he is not telling big lies. ④ Then suddenly he inquires in a casual manner, "What do you do for a living?"

⑤ Of course, you do not have to answer this personal question, but you cannot refuse to either, having learned about his most private matter. ⑥ So you will tell him what you think is a fragment of your money matters, mostly what kind of job you have or had. ⑦ For a curious person like him, however, this piece of information may be the missing link in the formation of a story of your financial reality.

⑧ He possesses the ability to guess from your appearance and manner of speaking, in a fraction of a second, what kind of person you are, but to draw up the skeleton outline of your financial situation, he says, he needs to know what your occupation is. ⑨ Believing that your occupation has a lot to do with your personal finances, he, the banker, decides how he should associate with you.

◎ 語法・構文・表現 ∽∽

② **When** (he is) **conversing with new people**「初対面の人と話しているとき」
so that he will impress the other people in hope that they will find him honest and straightforward「相手が自分を正直で率直だと思うことを願って相手を感心させるように」

③ **stretch the facts**「事実を誇張する」

④ **in a casual manner**「打ち解けた方法で，さり気なく」
What do you do for a living?「生活のために何をしていますか？」⇒「職業は何ですか？」

⑤ **having learned about his most private matter**「彼の最も個人的な事柄について知ってしまったので」▶〔理由〕を表す完了形の分詞構文。

⑥ **what** [(S)**you** (V)**think** (O)[**is a fragment of your money matters**]]「[[自分

詮索好きな男

英文レベル ☆☆ **234 words**

📁 日常生活［交友・人間関係］

①私の友人の1人は，好奇心の強い人間の顕著な例だ。②初対面の人と話すとき，彼は会話の話題をうまく変えて，金の話に持ち込む。そして，自らの金儲けの計画と財政状況について話し始め，相手が自分を正直で率直だと思ってくれるように相手を感心させる。③彼は事実を誇張しているかもしれないが，大ぼらを吹いていないことは確かに思える。④それから彼は不意に，「ところで，お仕事は何ですか？」と何気なく相手に尋ねるのだ。

⑤もちろん，聞かれたほうはそんな個人的な質問に答える必要はないのだが，彼自身の最もプライベートな問題について知ってしまった以上，返事を拒むこともできない。⑥そこで，自分の金銭事情のほんの一部だと自分では思っている情報を彼に教える。それは主に，自分の現在または過去の職業である。⑦しかし，彼ほどの詮索好きにとっては，その情報は，彼が相手の金回りの実情に関して1つのストーリーを作り上げるための最後のピースかもしれない。

⑧相手の風貌と話し方から，その人がどんなタイプかを彼は一瞬のうちに推測する能力を持っている。しかし，相手の財政状況の大まかな概略を作り上げるには，本人の職業を知る必要があると彼は言う。⑨職業はその人の個人的な財政状況と大いに関係があるという信念のもとに，銀行員である彼は，相手との付き合い方を決めるのである。

の金銭事情の断片］と自分には思える］こと」 ▶関係詞whatはisの主語として働く。

⑦ **this piece of information may be the missing link in the formation of a story of your financial reality**「この情報は，こちらの経済的実態の話を作り上げる際の『失われた環』（＝問題解決に必要な情報）であるのかもしれない」

⑧ **to (V) guess from your appearance and manner of speaking, in a fraction of a second, (O) what kind of person you are**「こちらの外見や話し方からすぐさま，こちらが何者であるかを推測する」 ▶ability「能力」の内容を表すto不定詞句。 **to draw up the skeleton outline of your financial situation**「こちらの財政状況の骨子を作り上げるためには」 ▶〔目的〕を表す副詞用法のto不定詞句。

⑨ **Believing [that your occupation has a lot to do with your personal finances]**「［職業が個人的な財政状況と大いに関係がある］と信じて」 ▶〔付帯状況〕を表す分詞構文。have a lot to do with ～「～と大いに関係がある」

■ 単語の意味を確認しよう。

1006

prominent
[prá(:)mɪnənt]

形 卓越した；<u>目立つ</u>
▶ pro-「前へ」+ min (e)「突き出る」+ -ent「状態で」
próminence 名 顕著，目立つこと；卓越
próminently 副 目立って

1007

curious
[kjúəriəs]

形 好奇心の強い；奇妙な
cùriósity 名 好奇心
▶ out of curiosity 好奇心から
cúriously 副 好奇の目で；奇妙に

1008

shift
[ʃɪft]

動 を変える，移す；変わる；移動する
▶ shift the focus (from A) to B（A から）B に焦点を移す

名 変化；移動；（交替制の）勤務時間
▶ work in three shifts 3交代制で働く

1009

scheme
発 [skiːm]

名 計画（≒ plan）；体系；陰謀
▶ the scheme of things 物事の仕組み，体制
▶ a scheme to get a lot of money 大金をつかむ計画

動 をたくらむ

1010

impress
ア [ɪmprés]

動 を感動させる；に印象を与える
be impressed with [by] ~「~に感動する」
impréssion 名 印象；感銘　　impréssive 形 印象的な

1011

straightforward
ア [strèɪtfɔ́:rward]

形 単純な；<u>率直な</u>

副 率直に
stràightfórwardly 副 率直に；まっすぐに

1012

stretch
[stretʃ]

動 を伸ばす；を広げる；伸びる；及ぶ
▶ stretch one's patience to the limit 我慢の限界に達する

名 （一続きの）広がり；期間；伸ばすこと
strétcher 名 担架，ストレッチャー

1013

casual
発 [kǽʒuəl]

形 <u>何気ない</u>；形式ばらない
▶ a casual get-together 気の置けない集まり
cásually 副 何気なく
cásualty 名 （事故や戦争の）死傷者（数）

1020

| 0 | 250 | 500 | 750 | 1000 | 1250 | 1500 |

1014

fragment
⑦ [frǽgmənt]

名 <u>断片</u>
▶ fragments of broken pottery 壊れた陶器の破片

動 [frægmént] をばらばらにする；分裂する
frágmentàry 形 断片的な

1015

formation
[fɔːrméiʃən]

名 形成；構成（物）；隊列
▶ the formation of character 人格形成
form 動 を形成する；を組織する
fórmat 名 形式；（本などの）型；書式

1016

possess
発⑦ [pəzés]

動 <u>を所有している</u>；の心をとらえる
▶ be possessed by [with] ~ ~に取りつかれている
posséssion 名 所有；〔~s〕財産

1017

fraction
[frǽkʃən]

名 <u>わずか（≒ bit），一部；分数</u>
▶ for a fraction of a second「ほんの一瞬（の間）」
fráctional 形 わずかな

1018

draw
[drɔː]

動 <u>を引き出す；を引く；を描く；近づく；を作成する</u>
draw a conclusion (from ~)「（~から）結論を出す」
▶ draw attention [interest] to ~「~に注意［関心］を引きつける」
dráwing 名 素描；絵を描くこと；引くこと

1019

skeleton
発 [skélitən]

名 骨格；骨組み；概略
▶ a skeleton key マスターキー（= a master key），親かぎ
▶ the skeleton of a project 計画の概略［骨子］

1020

decide
[disáid]

動 <u>を決める</u>；に決着をつける
decide to *do*「…することに決める」
decision [disíʒən] 名 決定，決心；（法廷での）判決
decisive [disáisiv] 形 決定的な；断固とした

深層学習を利用する神経回路網を備えた AI プログラムが碁の名人を打ち負かした。

① Until several years ago there was little **prospect** that a computer program would win against a human professional Go player. ② But in March 2016, an AI program equipped with a neural network using deep learning **dominated** a five-game match and **secured** a four-games-to-one victory over a Go champion who was thought to be **superior** to most professional players. ③ This **illustrates** how much faster knowledge in the field of AI is developing than we might think: we thought it **rational** to assume that it was almost impossible for computers to do well in Go with its large branching strategic factor. ④ We underestimated the **merit** of an AI game program using deep learning. ⑤ It can train itself via self-play, become stronger and **accomplish** an amazing feat. ⑥ Unlike human players it never flinches when **confronted** with a strong opponent. ⑦ It does not care what **nationality** its opponent has, or what **geography** the venue for the match has. ⑧ The old **ethic** of winning strategies seems to have given way to a new ethic of deep learning. ⑨ A good program can **calculate** with ease how to defeat a human player who depends on the conventional strategy which he or she believes to be **equivalent** to the equation for his or her victory.

⑩ To do **justice** to the Go champion who lost to the AI program, it must be noted that he did win a game after losing three games in succession. ⑪ His winning a game against the AI program was a feat if you take into account the fact that virtually all human players who have already tried to play against AI have been defeated.

語法・構文・表現

③ (S) **we** (V) **thought** (仮O) **it** (C) **rational** (真O) [to assume that ...]「私たちは [⋯と想定するのが] 理にかなうと思っていた」
in Go with its large branching strategic factor「戦略的分枝因子が多岐にわたる碁において」 ▶ with ... factor は Go を修飾する形容詞的前置詞句。

⑥ (S) **it** (V) **never flinches** (adv) [when (it is) **confronted with a strong opponent**]「それは [強敵と対面しても] 決してひるまない」

📁 科学・技術 [コンピュータ]

① 数年前までは，コンピュータのプログラムが人間である囲碁のプロ棋士に勝つ<u>見込み</u>はほとんどなかった。② ところが，2016 年 3 月，深層学習を利用する神経回路網を備えた AI プログラムが 5 番勝負を<u>支配し</u>，ほとんどのプロ棋士に<u>勝る</u>と目されていた囲碁の王者に対し 4 対 1 の勝利を<u>確保した</u>のだ。③ これは，AI の分野の知識が，私たちが考えるよりずっと急速に高まっていることを<u>例示している</u>。私たちは，コンピュータが戦略上の分岐因子の多い囲碁で好成績を収めるのはほとんど不可能だと思うのが<u>合理的</u>だと考えていた。④ 私たちは深層学習を利用した AI 搭載ゲームのプログラムの<u>利点</u>を過小評価していたのだ。⑤ それは自分との対局を通じて自己鍛錬し，より強くなり，驚くべき偉業を<u>達成する</u>ことができる。⑥ 人間とはちがって，強敵に<u>直面しても</u>決してひるむことはない。⑦ 相手の<u>国籍</u>がどこであれ，対戦の開催場所の<u>地理</u>がどのようであれ，おかまいなしである。⑧ 古くからの必勝法の倫理が新しい深層学習の倫理に取って代わられたように見える。⑨ よくできたプログラムは，勝利の方程式に<u>相当する</u>と自ら信じる従来の戦略に頼る人間の棋士を，どのように負かすか簡単に<u>計算する</u>ことができる。

⑩ AI のプログラムに負けた囲碁の王者に対し<u>公平</u>を期すためには，彼が 3 戦連敗した後で 1 つ勝利を収めたことを述べなければならない。⑪ すでに AI との対戦を試みたほとんどすべての人間の棋士が敗れ去ってきたことを考えると，その AI のプログラムに対する彼の勝利は偉業であった。

---

⑧ **The old ethic of winning strategies seems to have given way to a new ethic of deep learning.**「勝利のための戦略という古い倫理は深層学習という新しい倫理に取って変わられたように思える」

⑨ [which [(S') he or she (V') believes (O') which) (C') to be equivalent to the equation for his or her victory]]「自らが自身の勝利の方程式に等しいと信じる」
▶conventional strategy にかかる関係詞節。

Self-Training Computer Programs
69

📕 単語の意味を確認しよう。

1021

prospect
[prá(:)spekt]

名 <u>見込み</u>；〔~s〕(未来への) 展望；有望な人
- a job with prospects 将来性のある仕事
- in prospect 予期されて，見込みがあって
- prospéctive 形 有望な；未来の

1022

dominate
[dá(:)mɪnèɪt]

動 <u>を支配する</u>；(~より) 優勢である (over)
- dominate the oil industry 石油産業を支配する
- dòmination 名 支配；優勢
- dóminant 形 支配的な，優勢な
- dóminance 名 優勢

1023

secure
⑦ [sɪkjúər]

動 <u>を確保する</u>；を守る
- secure A B A のために B を手に入れる (= secure B for A)

形 確かな；安全な；安心した
- secúrity 名 安全 (保障)；警備

1024

superior
発 [supíəriər]

形 <u>よりすぐれた</u> (⇔inférior →1408)
- be superior to ~ 「~よりすぐれている」

名 すぐれた人；上役；先輩
- supèriórity 名 優越

1025

illustrate
⑦ [íləstrèɪt]

動 <u>を説明する</u>；に挿絵を入れる
- ìllustrátion 名 挿絵；例；説明

1026

rational
[rǽʃənəl]

形 <u>理性的な</u>；<u>合理的な</u>
- rátionalìsm 名 合理主義
- rátionalìze 動 を合理化する
- irrátional 形 不合理な；分別のない

1027

merit
[mérət]

名 <u>利点</u> (⇔dèmérit 欠点)；功績；真価
- judge ~ on its (own) merits ~をその真価で判断する

動 に値する
- mèritócracy 名 実力主義

1028

accomplish
[əká(:)mplɪʃ]

動 <u>を成し遂げる</u>
- be accomplished in [at] ~ ~に熟達している
- accómplishment 名 達成；業績

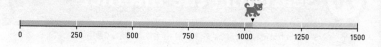

0	250	500	750	1000	1250	1500

1029

confront
[kənfrʌ́nt]

動 に立ち向かう；(困難などが) に立ちはだかる
▶ be confronted with ～「～に直面する」
cònfrontátion 名 対決；対立

1030

nationality
[næ̀ʃənǽləti]

名 国籍；国民；国民性
▶ acquire Japanese nationality 日本国籍を取得する
nátionalìsm 名 国家主義
nátionalist 名 国家主義者
nátionalìze 動 を国有化 [国営化] する

1031

geography
⑦ [dʒiá(:)grəfi]

名〔the ～〕地理；地理学
▶ political geography 政治地理学
gèográphical 形 地理学的な (≒ gèográphic)
geógrapher 名 地理学者

1032

ethic
[éθɪk]

名 倫理，道徳；〔～s〕倫理 [道徳] 規範
▶ business ethics ビジネス倫理
éthical 形 倫理的な，道徳的な

1033

calculate
⑦ [kǽlkjulèɪt]

動 を計算する；を予測する
càlculátion 名 計算；予測
▶ make [do] a calculation 計算する
cálculàtor 名 計算機

1034

equivalent
⑦ [ɪkwívələnt]

形 等しい，相当する
be equivalent to ～「～と等しい，～に相当する」

名 (～に) 相当する [等しい] もの (for / of)
▶ FRB is the American equivalent of the Bank of Japan. FRB はアメリカで日本銀行に相当するものである。

1035

justice
[dʒʌ́stɪs]

名 公正，正義；司法
▶ do ～ justice ～を公正に扱う (≒ do justice to ～)
▶ social justice 社会正義
jústify 動 を正当化する
jùstificátion 名 正当化 (の根拠)
injústice 名 不公平；不正

287

⑦⓪ **Searching the Internet**

① The Internet has high practical utility in that you can use it to get information about virtually any subject. ② You can search for and buy a present on your 10th wedding anniversary, and a coffee mill for yourself. ③ Before you travel to London, you can learn about which exhibits to see and which to exclude at the National Gallery, so that you can spend your time wisely without getting irritated. ④ If you are looking for a trustworthy day nursery for your child, or a private clinic for treating diabetes for yourself, it would be wise to find out their reputations on the Net. ⑤ Thus the Internet helps you diminish the trouble of getting necessary information. ⑥ But it is inevitable that it will be used for wrong purposes. ⑦ Some otherwise decent people may use Twitter to insult people they don't know with rude words, or to offer harsh criticism about someone's opinion. ⑧ Someone may electronically rob you of the money in your bank account using mean tricks. ⑨ Such conduct as the last example evidently violates the law, but it is a shame that very little can be done about it at the moment.

◎ 語法・構文・表現 ∞∞∞∞∞∞∞∞∞∞∞∞∞∞∞∞∞∞∞∞∞∞∞∞∞∞∞∞∞∞∞∞∞∞∞∞∞∞∞

① **has high practical utility in that ...**「…という点で高い実際的有用性を有する」
▶in that ... = because ...

② (V) **search for and** (V) **buy** (O) **a present on your 10th wedding anniversary, and** (O) **a coffee mill for yourself**「結婚10周年記念日に［プレゼント］を，自分自身のために［コーヒーミル］を［探し］て［買う］」▶〈他動詞＋他動詞〉，〈目的語＋目的語〉の等位接続。

③ **about [[which exhibits to see] and [which (exhibits) to exclude] at the National Gallery]**「［国立美術館で［どの展示品を見るべきか］，また［どれを除外するべきか]] に関して」▶learnを修飾する。
without getting irritated「いらいらせずに」▶spend ... wiselyを修飾する。

④ **it would be wise to find out their reputations on the Net**「インターネットでそれらの評判を探り出すのが賢明であろう」▶to find out ... the Netが真主語。

📁 科学・技術 [通信]

①インターネットは，ほとんどすべてのテーマの情報を得るのに使えるという点で，極めて**実用性**が高い。②結婚 10 周年**記念日**のプレゼントや，自分用のコーヒー**ミル**を探して買うことができる。③ロンドンへ旅行する前には，(順番待ちで)**いらいらせ**ずに時間を賢く使うために，**国立美術館**でどの展示物を見て，どれを**省く**べきかを知ることができる。④我が子を入れるのに信頼できる託児所や，自分の**糖尿病**を治療する個人**医院**を探しているなら，インターネットで評判を確かめるのが賢明だろう。⑤このように，インターネットは必要な情報を得る手間を**減らして**くれる。⑥一方で，不正な目的に使われるのも**避けられない**。⑦普段は**まともな**人が，ツイッターを使うと，無作法な言葉で知らない人を**侮辱し**たり，他人の意見を**厳しく**批判したりすることがある。⑧卑劣な手段で，他人の銀行口座から電子取引で金を**奪う**者もいる。⑨最後の例のような行為は明らかに法律に**違反する**が，残念なことに，現状では対策がほとんどない。

⑤the Internet helps you diminish the trouble of getting necessary information「インターネットは必要な情報を得る手間を減らすのに役立つ」
　▶help 〜 *do*「〜が…するのを助ける [手伝う]」

⑦Some otherwise decent people may use Twitter [to insult people they don't know with rude words], or [to offer harsh criticism about someone's opinion].「他の点ではまともな人がツイッターを使い，[無礼な言葉で自分が知らない人々を侮辱する] とか，[誰かの意見に関して辛辣な批判を述べる] こともある」　▶use 〜 to *do*「…するのに〜を使う，〜を使って…する」

⑧electronically rob [you] of [the money in your bank account] using mean tricks「卑劣な策略を使い [あなた] から [あなたの銀行口座の金] を電子的に奪う」　▶rob A of B「A (人・場所) から B (物) を奪う，盗む」

⑨it is a shame that ...「…なのは残念である」
　very little can be done about 〜「〜に関してできることはほとんどない」

70 Searching the Internet

単語の意味を確認しよう。

1036 **utility** (発) [juːtíləti]	名 公共事業；公共料金；実用性 形 多目的な；実用的な útilìze　動 を (効果的に) 利用する utìlitárian　形 実用的な 名 功利主義者
1037 **anniversary** [æ̀nɪvə́ːrsəri]	名 (〜周年) 記念日 ▶ the 10th anniversary of a magazine 雑誌創刊10周年記念日
1038 **mill** [mɪl]	名 製造工場；製粉所；粉ひき機 ▶ a cotton [steel] mill 紡績 [製鋼] 工場 動 を粉にする ▶ mill wheat into flour 小麦をひいて粉にする
1039 **exclude** [ɪksklúːd]	動 を除外する (⇔ inclúde→283) be excluded from 〜 「〜から除外される」 exclúsion　名 除外 exclúsive　形 排他的な exclúsively　副 もっぱら
1040 **gallery** [gǽləri]	名 美術館，画廊；観客，ギャラリー；回廊 ▶ an art gallery 美術館
1041 **irritate** [írɪtèɪt]	動 をいらいらさせる；をひりひりさせる ìrritátion　名 いら立ち írritàting　形 いらいらさせる írritable　形 怒りっぽい，いらいらする
1042 **clinic** [klínɪk]	名 診療所，クリニック；(病院内の) 〜科 ▶ a psychiatric clinic 精神科センター clínical　形 臨床の；診療所の ▶ a clinical test 臨床試験
1043 **diabetes** (発) [dàɪəbíːtiːz]	名 糖尿病 dìabétic　形 糖尿病の 名 糖尿病患者

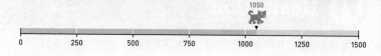

| 0 | 250 | 500 | 750 | 1000 | 1250 | 1500 |

1044
diminish
[dɪmínɪʃ]

動 を減らす；減少する（≒ dècréase）
▶ diminish in size 縮小する

1045
inevitable
(発)(ア) [inévətəbl]

形 避けられない
▶ It is inevitable that ... …ということは避けられない
inévitably 副 必然的に，当然
inèvitabílity 名 不可避

1046
decent
(発)(ア) [dí:sənt]

形 まずまずの；きちんとした；上品な
▶ do the decent thing 道義的に行動する；責任を取る
décency 名 礼儀正しさ，品位
décently 副 きちんと

1047
insult
(発)(ア) [ɪnsʌ́lt]

動 を侮辱する（≒ affrónt）
▶ insult ~'s intelligence ～の知性を侮る

名 [ínsʌlt] 侮辱（行為）（≒ affrónt）
insúlting 形 侮辱的な

1048
harsh
[hɑːrʃ]

形 厳しい；（光・色・味などが）不快な
▶ a harsh reality 厳しい現実
▶ a harsh color どぎつい色

1049
rob
[rɑ(ː)b]

動 から（金品を）奪う
rob A of B 「A から B を奪う」
róbbery 名 強盗（事件）
róbber 名 強盗

1050
violate
[váɪəlèɪt]

動 （法律・規則など）に違反する；を侵害する
▶ violate traffic regulations 交通規則に違反する
vìolátion 名 違反（行為）；侵害
▶ a violation of privacy プライバシーの侵害

291

🔑 医者に勧められた手術を受けるべきか否か。葛藤するエミーの心情を読み取ろう。

　① At 15, Emmy was such an outdoor type that she would mount a horse and gallop across a friend's estate on the prairie. ② Sometimes she felt pain in every joint of her body, but never consulted a doctor. ③ When she turned 20, however, she went to see an orthopedist. ④ The doctor showed her an MRI of her spine and explained that the damaged spine might affect her sensory organs. ⑤ She felt as if she would be deprived of what was left of her vigor, so managed to ask if she could get by with medication. ⑥ The doctor answered in the negative, pronouncing, "I'm afraid you need to have an operation." ⑦ She had anticipated a result like this, but fear suddenly gripped her when she wondered what would happen if the operation failed and her body became twisted. ⑧ The doctor continued, "You'll be alright after the operation." ⑨ She came near to accepting the suggestion on impulse, but intuition told her that there was not a particle of truth in what the doctor said, and that it was ridiculous to give an instant answer as to whether to have an operation. ⑩ "I'll think it over for a few days," was all she could say after a long interval.

◎ 語法・構文・表現

① **Emmy was such an outdoor type that she would ... prairie.**「エミーは相当なアウトドア派（であったの）で，よく…したものだった」▶such 〜 that ...構文。would は〔過去の習慣的動作〕を表す助動詞。

would [mount a horse] and [gallop across a friend's estate on the prairie]「［馬に乗り］，［大草原にある友人の広大な敷地を駆け回った］ものだった」

② **consult a doctor**「医者に診察してもらう」(= see a doctor「医者に診てもらう」)

③ **orthopedist** 图「整形外科医」

④ **an MRI of 〜**「〜のMRI画像」▶MRI = magnetic resonance imaging「磁気共鳴映像法［画像］」

spine (= backbone) 图「背骨，脊柱」　**organ**（➡667）图「器官，臓器」

⑤ **She felt as if she would be deprived of 〜**「彼女は〜を奪われるかのように感じた」▶would は〔過去時における未来〕を表す（時制の一致）。

what was left of her vigor「自分の活力の（うち）残っているもの，残っている活力」▶of の目的語として働く独立関係詞節。

get by「何とかやっていく，何とか暮らす」

① 15歳の頃のエミーは，外で遊ぶのが大好きで，友人が所有する大草原の<u>敷地</u>内を，馬に<u>乗って</u>駆け回ったものだった。② 彼女は時々，体の<u>節</u>々に痛みを感じたが，医者へは行かなかった。③ しかし，20歳になったとき，彼女は整形外科医の診察を受けに行った。④ 医師は，彼女に背骨のMRI写真を見せ，背骨の傷が<u>感覚器官</u>に影響を与えるかもしれないと説明した。⑤ 彼女は，残っている元気を<u>奪われ</u>そうな気がし，それで薬を飲みながらなんとかやっていけないかと，やっとの思いで尋ねた。⑥ 医師の答えはノーであり，「残念ですが，手術が必要です」と<u>宣告</u>した。⑦ 彼女はそうした答えを<u>予想して</u>いたが，手術が失敗して体が<u>ねじ曲がって</u>しまったらどうなるだろうかと思ったとき恐怖が突然彼女を<u>とらえた</u>。⑧ 医師は「手術すれば大丈夫ですよ」と付け加えた。⑨ 彼女はその提案を<u>衝動</u>的に受け入れそうになったが，医師の言葉には<u>一かけ</u><u>ら</u>の真実もなく，手術を受けるかどうかすぐに返事するのは<u>ばかげている</u>と<u>直</u><u>観</u>的に思った。⑩ 長い<u>間</u>の後「2，3日よく考えてみます」と言うのが，彼女には精一杯だった。

---

with medication「薬を服用することで」 ▶get byを修飾する副詞的前置詞句。

⑥ **pronouncing, "I'm afraid ... operation."**「『残念ながら，…』と宣言した」
▶answered in the negativeを修飾する分詞句。〔付帯状況〕を表す。

⑦ **what would happen if [the operation failed] and [her body became twisted]**「［手術が失敗し］て［自分の体がゆがん］だらどうなるか」 ▶if節内で2つの文が等位接続されている。

⑨ **come near to** *doing*「…しそうになる」
intuition told her that ...「直観は…と彼女に告げた」
there is not a particle of truth in ～「～には一片の真実もない」
to give an instant answer as to whether to have an operation「手術を受けるかどうかに関して即答すること」 ▶真主語として働くto不定詞句。

⑩ **"...," was all she could say after a long interval.**「『…』が，長い間の後彼女が言えるすべてであった，彼女には長い間の後『…』としか言えなかった」 ▶she could say after a long intervalはallにかかる関係詞節。

71 Hesitation

単語の意味を確認しよう。

1051 **mount** (発) [maʊnt]	動 を据えつける；に着手する；(自転車など)に乗る；増える 名 台紙；台 móunting 形 増えている 名 台紙, 台
1052 **estate** (アク) [ɪstéɪt]	名 (動産・不動産などの) 財産；私有地 ▶ real estate 不動産 ▶ administer an estate 屋敷を管理する
1053 **joint** [dʒɔɪnt]	名 関節；接合 (部) ▶ out of joint 関節がはずれて；調子が狂って 形 共同の ▶ issue a joint statement 共同声明を出す 動 を接合する
1054 **sensory** [sénsəri]	形 感覚の ▶ a sensory neuron 知覚ニューロン sense 名 感覚；認識力, 観念；意味 ▶ a sixth sense 第六感
1055 **deprive** [dɪpráɪv]	動 から (権利などを) 奪う deprive A of B 「A から B を奪う」 depríved 形 恵まれない dèprivátion 名 剥奪；損失
1056 **pronounce** (発)(アク) [prənáʊns]	動 を発音する；を宣言する ▶ pronounce sentence on ～ ～に判決を下す pronùnciátion 名 発音
1057 **anticipate** (アク) [æntísɪpèɪt]	動 を予期する；楽しみに待つ ▶ anticipate doing …することを予期する [楽しみに待つ] antìcipátion 名 予期；期待
1058 **grip** [grɪp]	動 を握る；をとらえる ▶ be gripped by fear 恐怖心にとらわれる 名 把握；支配 (力)；制御；理解 (力) ▶ get a grip on ～ ～を把握 [支配, 理解] する

1065
🐆

| 0 | 250 | 500 | 750 | 1000 | 1250 | 1500 |

1059
twist
[twɪst]

動 をねじる，ひねる；を歪曲する
▶ twist the cap off a bottle 瓶のふたを回してはずす

名 ねじること；歪曲；急展開
twísted 形 ねじれた；ひねくれた

1060
impulse
発 ア [ímpʌls]

名 衝動；刺激
▶ on (an) impulse「衝動的に」
▶ impulse buying 衝動買い
impúlsive 形 衝動的な

1061
intuition
発 ア [ìntjuíʃən]

名 直観 (力)，直感
▶ by intuition 直観で
intúitive 形 直観的な

1062
particle
[páːrtɪkl]

名 (微) 粒子；ほんのわずか
▶ an elementary particle 素粒子

1063
ridiculous
ア [rɪdíkjʊləs]

形 ばかげた；法外な
▶ Don't be ridiculous. ばかなことを言わないで。
rídicùle 動 をあざける 名 あざけり，冷やかし
▶ an object of ridicule 嘲笑の的

1064
instant
ア [ínstənt]

形 即時の，すぐの；即席の

名 一瞬，瞬時；瞬間
▶ for an instant 一瞬の間
▶ the instant that ... …するとすぐに

副 直ちに，すぐに

1065
interval
ア [íntərvəl]

名 (時間の) 間隔；合間；隔たり；小休止
▶ at intervals 折に触れて
▶ a sunny interval 晴れ間

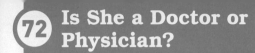

72 Is She a Doctor or Physician?

一口に「医者」と言ってもいろいろな分野に分かれている。内科医や外科医，専門医…。

① The word "physician" is an American term for a doctor with a medical license. ② So in America people talk about a "family physician," "qualified physician," "general physician," etc. ③ Physicians see patients, make diagnoses, treat those with minor or chronic illnesses, and refer those with serious conditions to a specialist or a hospital.

④ Surgeons are doctors who do operations in a hospital. ⑤ They exhibit great manual skill handling a blade, lancet, pair of tweezers, etc. ⑥ They are, so to speak, star players in the medical theater.

⑦ Specialists are doctors who have special knowledge about a particular disease, part of the body, or type of treatment. ⑧ Those who specialize in stem cell therapy or medical research into molecules in living cells are specialists. ⑨ Anesthesiologists who are often quoted as controllers for an operation, oncologists who endeavor to kill cancer cells by delivering toxic agents to the cells, pathologists who spend most of their time peering at specimens through the microscope are also specialists.

⑩ Doctors have many different things to deal with, and their thoughts may float toward a variety of things, but we laypersons want them to attend their patients, stimulated by a strong urge to cure them, and make correct diagnoses by detecting any deviation from what is known to be normal.

語法・構文・表現

① **an American term for a doctor with a medical license**「医師免許を持つ医者を表すアメリカの用語」

③ **make diagnoses**「診断をする」▶diagnoses は diagnosis の複数形。
treat those with minor or chronic illnesses「軽い病気や慢性的な病気の人を治療する」
refer those with serious conditions to a specialist or a hospital「重篤な病状の患者を専門医や総合病院に紹介する」

⑥ **star players in the medical theater**「医療劇場 [手術室] における花形役者 [主役]」

⑧ **Those who specialize in ~**「~を専門にする医師」

この人は "Doctor" か
"Physician" か？

英文レベル
☆☆☆

211
words

📁 日常生活［医療］

　①「physician（医師／内科医）」という言葉は，医師免許を持つ医者を指すアメリカの用語である。②だから，アメリカ人は「かかりつけ医師」「有資格医師」「総合診療医師」などと言う。③医師は患者と面会し，診断を行い，軽い病気や慢性的な病気の患者を治療し，重症の患者は専門医や総合病院にまわす。

　④外科医は，病院で手術をする医者である。⑤彼らはメス（の刃），ランセット（刃針），ピンセットなどの扱いでは見事な手先の器用さを発揮する。⑥彼らは，いわば医療という舞台の主役だ。

　⑦専門医とは，特定の病気・体の部位・治療方法に関する専門知識を持つ医者である。⑧幹細胞治療や，生細胞分子の医学的研究を専門に行う人は，専門医だ。⑨手術の管理者としてよく引き合いに出される麻酔専門医，細胞に毒物を入れて癌細胞を殺そうとする腫瘍学者，顕微鏡で検体を観察することに時間の大半を費やす病理学者も，また専門医である。

　⑩医者には対処すべき多くの異なる問題があり，医者の思考は様々な方向へ流れて行くこともあるが，私たち素人が医者に望むのは，治したいという強い思いに駆られて患者の診察に当たり，正常な状態から少しでも外れた点があれば，それを発見することで正確な診断を下すことである。

〰〰

⑨ **Anesthesiologists**[ænəsθiːziá(ː)lədʒist] **who are often quoted as controllers for an operation**「しばしば手術の制御者として引き合いに出される麻酔医」
oncólogists who endeavor to kill cancer cells by delivering toxic agents to the cells「細胞に毒物を届けることで細胞を殺そうと努める腫瘍学者」
pathólogists who spend most of their time peering at specimens through the microscope「顕微鏡で検体を見つめて時間の大半を費やす病理学者」

⑩ **stimulated by a strong urge to cure them**「患者を治すという強い衝動に刺激されて」　▶them「医師」の状態を表す述定的要素。
by detecting any deviation from [what [is known to be normal]]「［［正常であると分かっている］状態］からのいかなる逸脱をも見つけることによって」

72 Is She a Doctor or Physician?

✏ 単語の意味を確認しよう。

1066 **physician** [fɪzíʃən]	名 〔主に 米〕 医師 (≒ dóctor)；内科医 ▶ physicist「物理学者」と区別。 ▶「外科医」は surgeon。
1067 **license** [láɪsəns]	名 免許 (証)；許可 ▶ grant a license to him 彼に免許を与える 動 を認可する，に許可を与える
1068 **chronic** [krá(:)nɪk]	形 慢性の (⇔acúte→1476)；長引く；常習の ▶ a chronic illness [disease]「慢性疾患，持病」
1069 **exhibit** 発 アク [ɪgzíbət]	動 を示す，見せる；を展示する ▶ exhibit Picasso's paintings ピカソの絵画を展示する 名 展示品；米 展覧会 　èxhibítion 名 展示；〔主に 英〕展覧会；発揮
1070 **manual** アク [mǽnjuəl]	形 体 [手] を使う；手の；手動式の ▶ manual labor「肉体労働」 名 説明書，マニュアル ▶ an instruction manual 使用説明書
1071 **blade** [bleɪd]	名 刃；(プロペラなどの) 羽根；(草などの) 葉 ▶ a steel blade 鋼鉄の刃 ▶ the blades of wind turbines 風力タービンの羽根
1072 **knowledge** 発 アク [ná(:)lɪdʒ]	名 知識；知っていること；認識 ▶ It's common knowledge that ... …ということはだれもが 　知っている 　knówledgeable 形 物知りの；(～を) よく知っている 　(about)
1073 **specialize** [spéʃəlàɪz]	動 専門とする；英 (～を) 専攻する (in) (≒ 米 májor) 　specialize in ～ 「～を専門に扱う」 　spécialist 名 専門家 　spécialty 名 専門；名物；特色 　spécially 副 特に

| 0 | 250 | 500 | 750 | 1000 | 1250 | 1500 |

1074

stem
[stem]

名 (草木の) 茎, 幹
▶ a stem cell 幹細胞

動 (～から) 生じる, (～に) 由来する (from)

1075

molecule
発 ア [má(:)lıkjù:l]

名 分子；微粒子
molécular 形 分子の
▶ molecular biology 分子生物学

1076

quote
発 [kwoʊt]

動 を引用する；を引き合いに出す
▶ だれかの言葉をそのまま引くことを意味する。
▶ quote a passage from a novel 小説の一節を引用する
quotátion 名 引用 (文)

1077

toxic
[tá(:)ksɪk]

形 有毒な；中毒性の

名 有毒物質
toxícity 名 毒性
intóxicàte 動〔受身形で〕酔っ払う；夢中になる

1078

peer
[pɪər]

動 (～を) じっと見る (at / into)
▶ peer into the distance 遠くをじっと見る

名 同輩；仲間；貴族

1079

float
[floʊt]

動 漂う, 浮かぶ；を浮かべる

名 浮くもの；浮き；ブイ
flóating 形 漂っている；(資本などが) 流動的な

1080

stimulate
ア [stímjulèıt]

動 を刺激する
▶ simulate「をシミュレーションする, まねる」と区別。
stímulus 名 刺激
▶ 複数形は stimuli [stímjulàɪ]。

🔑 将来就きたい職業への理想を語る学生と，現実を諭す相談員とのやり取りを見ていこう。

① Our high school held this semester's Career Night, to help students evaluate their career plans. ② The counselor said: "You say you want an expedition. ③ Well, you know, we all want to see the world. ④ But, Hope, exactly what do you mean?" ⑤ Hope explained what she called her modest ambitions: "I don't mean 'see,' I mean 'discover.' ⑥ Like, for example, old architecture is so cool, right? ⑦ So, I'd like to discover fabled, buried cities, like Schliemann did at Troy and Mycenae. ⑧ But I'm not restricting myself to finding ruins: I could also make marine discoveries, like Heyerdahl's aboard *Kon-Tiki*, or like sunken treasures."

⑨ The counselor said: "You cannot attach yourself to heroic outcomes, or simply imitate people like that. ⑩ Their discoveries did not merely derive, but were made because of decades of preparation. ⑪ You must not be so eager that you neglect preparation. ⑫ As I teach my Scouts: 'Be prepared!'" ⑬ "I don't want to be rude, Sir," protested Hope. ⑭ "But neither do I want to get in queue to follow the herd. ⑮ I want discovery now!"

📝 語法・構文・表現 ◇◇

① **to help students evaluate their career plans**「学生が自らの職業計画を評価するのを助けるために」▶副詞用法のto不定詞句。〔目的〕を表す。

② **counselor** 图「相談員，助言者」

④ **Hope, exactly what do you mean?**「ホープさん，いったいどういうことですか？」▶Hopeは女性の名前。exactly「正確に，具体的に」はwhatに対する強意語。

⑤ **what she called her modest ambitions**「彼女の言う控えめな野心」
▶explained の目的語として働く独立関係詞節。

⑦ **fabled, buried cities**「伝説で名高い，埋もれた都市」
like Schliemann did at Troy and Mycenae [maɪsíːni]「シュリーマンがトロイやミケーネで発見したように」▶did = discovered

⑧ **restrict** *oneself* **to** *doing*「自らを…することに限定する，自分が…することだけを許す」

📁 文化［学校］

① 本高校では，生徒が自らの就職計画を評価する手助けをするために，今学期の「就職相談の夕べ」を催した。② 相談員は次のように言った。「君は探検をしたいそうだね。③ 確かに，私たちは誰でも世界を見て回りたいと思っている。④ でもね，ホープさん，君は具体的に何をしたいの？」⑤ ホープは本人が言うところの控えめな抱負を説明した。「『見』たいんじゃなくて，『見つけ』たいんです。⑥ 例えば，古い建築はとてもかっこいいですよね？⑦ だから，私は，歴史に埋もれた伝説の都市を見つけたいと思っています。シュリーマンがトロイやミケーネで見つけたみたいに。⑧ でも，遺跡の発見に自分を縛るつもりはありません。コン・ティキ号に乗ったヘイエルダールの発見とか，海中に沈んだ財宝の発見とか，海での発見をすることだってできると思います」

⑨ 相談員は言った。「そんな英雄的な業績にこだわったり，単に偉人のまねをしたりではいけないよ。⑩ その人たちの発見は，自然に生まれたわけじゃない。何十年も準備したから成し遂げられたんだ。⑪ 情熱だけが強すぎて，準備がおろそかになってはいけない。⑫ 私が教え子のスカウトたちに言っているように，『備えよ，常に』だよ」⑬「先生，失礼なことは言いたくないのですが」とホープは反論した。⑭「私は，順番待ちの列に並んで他の人と同じことをしたいとは思いません。⑮ 今，発見したいんです！」

---

like Heyerdahl's（discovery）aboard *Kon-Tiki*, or like sunken treasures
「コン・ティキ号に乗ってのヘイエルダールの発見のような，あるいは海底に沈んだ財宝のような」 ▶marine discoveries「海洋での発見」の例を示す。

⑨ attach *oneself* to ～「～に愛着する，～にしがみつく」

⑩ did not merely derive, but were made because of decades of preparation
「単に出てきたのではなく，数十年の準備ゆえになされた」 ▶not merely *A* but *B*「単に*A*ではなく*B*」の構造。

⑪ must not be [so eager [that you neglect preparation]]「[熱望するあまり [準備を怠る]] ことがあってはならない」 ▶so ～ that ...「とても～なので…」

⑭ neither do I want to get in queue to follow the herd「また私は群れに従うために列につきたくもない」 ▶neither do I *do*「私はまた…しない」

📙 単語の意味を確認しよう。

1081 **semester** ⑦ [səméstər]	名 〔主に 米〕（2学期制の）学期 ▶ 3学期制の「学期」は〔主に 英〕で term，米 で trimester と言う。 ▶ the fall semester 秋学期
1082 **evaluate** [ɪvǽljuèɪt]	動 を評価する；を査定する ▶ evaluate a property 不動産物件を査定する evàluátion 名 評価，査定
1083 **expedition** [èkspədíʃən]	名 遠征（隊），探検（隊） ▶ an Everest expedition エベレスト遠征隊
1084 **modest** [má(:)dəst]	形 謙虚な（≒ húmble）；適度な；質素な ▶ be modest in *one's* demands 要求が控えめである ▶ a modest living つつましい暮らし módesty 名 謙虚；適度；質素
1085 **architecture** ⑨ [á:rkətèktʃər]	名 建築；建築様式；構造 ▶ Gothic architecture ゴシック様式建築 ▶ the architecture of the human brain 人間の脳の構造 àrchitéctural 形 建築上の árchitèct 名 建築家
1086 **restrict** [rɪstríkt]	動 を制限する ▶ be restricted to ～「～に制限 [限定] されている」 restríction 名 制限；規制 restríctive 形 制限する
1087 **marine** ⑦ [mərí:n]	形 海の；船舶の ▶ mar- (← mare) 海＋ -ine ～の ▶ a marine chart 海図 名 海兵隊員
1088 **treasure** ⑨ [tréʒər]	名 宝物，財宝；財産 動 を大切にする tréasury 名 宝庫；国庫，公庫 ▶ the Treasury 米 財務省；英 大蔵省

| 0 | 250 | 500 | 750 | 1000 | 1250 | 1500 |

1095 ▼

1089
attach
[ətǽtʃ]

動 を(取り)付ける；を付与する；を慕わせる
attach A to B 「B に A を付ける」
▶ be attached to ~ ～に愛着を抱いている
▶ attach importance to ~ ～を重視する
attáchment 图 取り付け；付属品；愛着

1090
imitate
⑦[ímɪtèɪt]

動 をまねる；を模造する
▶ imitate one's parents 親を見習う
ìmitátion 图 模倣；模造品

1091
neglect
⑦[nɪɡlékt]

動 をおろそかにする，怠る；を無視する
▶ neglect to do …するのを怠る

图 放置，怠慢；無視
▶ child neglect 育児放棄
négligence 图 怠慢，手抜かり
négligent 形 怠慢な，不注意な

1092
rude
[ruːd]

形 無礼な（⇔políte 礼儀正しい）；粗野な
▶ It is rude of A to do「…するとは A は失礼である」(= A is rude to do)

1093
protest
⑦[prətést]

動 (に)抗議する；を主張する
protest against ~ 「～に抗議する」

图 [próʊtest] 抗議(運動)，異議
▶ express a protest 異議を唱える

1094
queue
発[kjuː]

图 英(順番を待つ)列(≒米 line)
▶ wait in a queue 列を作って待つ

動 列に並ぶ；順番を待つ
▶ queue (up) for a taxi タクシーに乗るために並ぶ

1095
herd
発[həːrd]

图 (牛などの)群れ；群衆
▶ a herd of cattle [elephants]「牛 [ゾウ] の群れ」
▶ the (common) herd 一般大衆

動 を集める；を群れで移動させる

303

74 We Are Similar

🔍 日本人とイギリス人の類似点と相違点はなんだろう。筆者の考えを見ていこう。

① Japan and Britain have many things in common. ② Both are island countries and have a mild climate. ③ Both like cereal for breakfast and tea anytime, and foods and drinks with an acid flavor. ④ Both appreciate the value of small local shops, and at the same time enjoy shopping at huge shopping malls. ⑤ Generally, the British are as humble and honest as the Japanese. ⑥ Indeed, taxi drivers in Britain are famous for not cheating their customers. ⑦ Both value their traditions and manners which have been transmitted from generation to generation. ⑧ Mothers in both countries try not to spoil their children. ⑨ Both peoples avoid expression of their true feelings, and may even get disgusted by others' display of strong emotions.

⑩ However, there are obvious differences. ⑪ British couples tend to share household chores, which is not the case with their Japanese counterparts. ⑫ The British value privacy and individuality, while the Japanese place more emphasis on group interests and collective responsibility. ⑬ A sense of humor is a real asset to the British; they always seem ready and equipped to amuse others with clever, wry jokes.

◎ 語法・構文・表現 ∽∽∽∽∽∽∽∽∽∽∽∽∽∽∽∽∽∽∽∽∽∽∽∽∽∽∽∽∽∽∽∽∽∽∽∽

① have many things in common「多くの共通点がある」

③ like [cereal for breakfast] and [tea anytime], and [foods and drinks with an acid flavor]「[朝食にシリアル（＝穀物加工食品）] を，[いつでも茶] を好み，[酸味の利いた食べ物や飲み物] を好む」▶目的語として働く3種類の名詞句の等位接続。最初の2つには副詞（句）が付加されている。

④ appreciate the value of ～「～の価値を正当に評価する」

⑤ are as humble and honest as the Japanese (are)「日本人と同じように謙虚で，正直である」▶同等比較。

⑥ are famous for not *doing*「…しないことで有名である」

⑦ which have been transmitted from generation to generation「世代から世代へ伝えられてきた」▶traditions and manners「伝統や作法」にかかる関係詞節。

私たちは似ている

📁 文化 [風俗]

① 日本とイギリスには共通点が多い。② 両国とも島国で，気候が<u>温暖</u>である。③ どちらも朝食には<u>シリアル</u>を好み，いつでもお茶を好んで飲み，<u>酸っぱい</u>味の飲食物を好む。④ どちらも地元の小さな商店の価値を重んじているが，同時に巨大なショッピング<u>モール</u>での買い物も楽しむ。⑤ 一般に，イギリス人は日本人と同じくらい，<u>謙虚</u>で正直だ。⑥ 事実，イギリスのタクシー運転手は，客を<u>だまさ</u>ないことで有名である。⑦ どちらの国民も，世代から世代へ<u>受け継がれた</u>伝統や作法を大切にする。⑧ どちらの国でも，母親は我が子を<u>甘やかさ</u>ないよう努める。⑨ 本当の気持ちを表に出すのを避け，他人が強い感情を態度で示すだけでも<u>不快</u>になることがあるという点でも，共通している。

⑩ しかし，両国民の間には明らかな違いもある。⑪ イギリス人夫婦は，家事を分担することが多いが，日本人の<u>ほう</u>はそうではない。⑫ イギリス人はプライバシーと個性を重視するが，日本人は集団の利益と<u>連帯</u>責任をより強調する。⑬ <u>ユーモア</u>のセンスは，イギリス人の貴重な<u>財産</u>である。彼らは常に，気の利いた皮肉っぽいジョークで他人を<u>楽しませる</u>用意ができていて，またその<u>素養</u><u>がある</u>ように思える。

---

⑨ **get disgusted by others' display of strong emotions**「他人の強い感情の表出に嫌悪感を覚える」▶display of 〜「〜（感情など）の表出，表れ；〜の陳列」

⑪ **share household chores**「家の雑事を分担する」
be not the case with 〜「〜には当てはまらない」
their Japanese counterparts「日本人で彼ら（＝イギリス人夫婦）に相当する者」⇒「日本人夫婦」

⑫ **place more emphasis on group interests and collective responsibility**「（プライバシーや個性よりも）集団の利益と共同責任のほうに重点を置く」

⑬ **seem [ready] and [equipped] to amuse others with clever, wry jokes**「巧みな，ひとひねりしたジョークで他人をおもしろがらせる [準備が整い]，[その素養がある] ように思える」▶be equipped to do「…する素養がある」。wry jokesは「悪い状況にありながらちょっと笑えるようなジョーク」を表す。

📖 単語の意味を確認しよう。

1096

mild
[maɪld]

形 穏やかな；(程度が) 軽い
▶ a mild fever 微熱

1097

cereal
発 [síəriəl]

名 〔通例〜s〕穀物；シリアル (穀物加工食品)

1098

acid
[ǽsɪd]

形 酸性の；酸っぱい；辛辣な
acid rain 「酸性雨」
▶ an acid remark 辛辣な意見

名 酸；酸っぱい物
acídity 名 酸性度

1099

mall
[mɔːl]

名 〔主に 米〕モール，ショッピングセンター

1100

humble
[hʌ́mbl]

形 謙虚な；質素な；身分が低い

動 を謙虚にさせる；を卑しめる
húmbly 副 謙遜して
▶ humbly born 低い身分の生まれで

1101

cheat
[tʃiːt]

動 をだます；不正をする
▶ cheat A (out) of B 「A から B をだまし取る」

名 ぺてん (師)；不正，カンニング

1102

transmit
アク [trænsmít]

動 を伝える；(電波・信号など) を送る
▶ transmit knowledge to the next generation 次世代に知識を伝える
transmíssion 名 伝達，伝送
transmítter 名 発信器

1103

spoil
[spɔɪl]

動 を台無しにする；を甘やかす；だめになる
▶ 活用：spoil - spoiled [spoilt] - spoiled [spoilt]
▶ spoil a child 子供を (甘やかして) だめにする
spóilage 名 損傷，腐敗

1110

1104
disgust
[dɪsgʌ́st]

動 をむかつかせる；に愛想を尽かせる
▶ be disgusted with [by] ～「～にむかつく，～が嫌になる」

名 嫌悪，反感
▶ to ～'s disgust ～がうんざりしたことに
disgústing 形 うんざりさせる

1105
counterpart
[káuntərpɑ̀ːrt]

名 相当する物 [人]
▶ a counterpart to ～「～に対応 [相当] する人 [物]」

1106
collective
[kəléktɪv]

形 集団の，共同の
▶ the right to [of] collective self-defense 集団的自衛権

名 集合体，共同体
colléctivìsm 名 集団主義；集産主義
▶ individualism「個人主義」と対比して用いられる。

1107
humor
[hjúːmər]

名 ユーモア；気分，機嫌；気質
▶ a sense of humor「ユーモアのセンス」
húmorous 形 ユーモアのある，ひょうきんな

1108
asset
⑦ [ǽsèt]

名 〔通例～s〕資産；価値のあるもの；利点
▶ assets and liabilities 資産と負債

1109
equip
⑦ [ɪkwíp]

動 に備えつける
be equipped with ～ 「～を備えている」
▶ be equipped to do …する素養 [実力] がある
equípment 名 装備；設備；備品；能力

1110
amuse
[əmjúːz]

動 をおもしろがらせる，楽しませる
▶ be amused at [by] ～ 「～をおもしろがる」
amúsement 名 楽しみ；娯楽
▶ in amusement おもしろがって
amúsing 形 愉快な，おもしろい

(75) You Can't Stay Young Forever

♟ 自分の若さを過信して不摂生を続けていると，いつかその付けが回ってくるかも…。

① Young people pay little attention to the radical principles of a healthy lifestyle. ② They smoke. ③ They go out after work and drink beer or a mixture of *shochu* and fruit juice, forgiving themselves for drinking too much. ④ Next morning, they commute two hours to their office feeling very sick. ⑤ They underestimate the importance of keeping regular hours and turn a deaf ear to medical advice given by experts. ⑥ They continue this lifestyle until they wind up in the hospital. ⑦ The doctor will advise them to cut down on their daily intake of alcohol, to eat more food rich in fiber, and to get regular exercise to make their circulation a shade better.

⑧ They should realize that they are no longer adolescents, and that it is unwise of them to deposit the result of their medical checkup in their desk drawer and conceal the truth from themselves. ⑨ Otherwise they will feel bitter about the days spent in such a ridiculous way.

Ⓒ 語法・構文・表現 〰〰〰〰〰〰〰〰〰〰〰〰〰〰〰〰〰〰〰〰〰〰〰〰〰〰〰

① **pay little attention to ~**「~にほとんど注意を払わない」

③ **drink [beer] or [a mixture of *shochu* and fruit juice]**「[[ビール] や [焼酎とフルーツジュースの混合物] を飲む]」
   forgiving themselves for drinking too much「飲み過ぎたことについて自分を許す」 ▶ drink ... juice を修飾する分詞句。〔付帯状況〕を表す。

④ **feeling very sick**「ひどく吐き気がする（状態で）」 ▶ commute two hours to their office「2時間かけて会社に通う」を修飾する分詞句。〔付帯状況〕を表す。

⑤ **underestimate the importance of keeping regular hours**「規則正しい生活をすることの重要性を軽く見る」
   turn a deaf ear to [medical advice [given by experts]]「[[専門家により与えられた] 医学的助言] に聞こえない耳を向ける（＝耳を貸さない）」

⑥ **until they wind up in the hospital**「結局入院する破目になるまで」 ▶ wind [waɪnd] up in ~ ＝ end up in ~「結局~に入る [陥る] ことになる」

⑦ **advise them [to cut down on ...], [to eat more food ...], and [to get**

308

いつまでも若くはいられない

英文レベル ☆☆☆ 160 words

📁 日常生活［健康・医療］

① 若者は，健康的な生活スタイルの<u>基本</u>原理にほとんど注意を払わない。② 彼らはタバコを吸う。③ 仕事が終わると，ビールや酎ハイ（焼酎とフルーツジュースを<u>混ぜたもの</u>）を飲みに出かけ，飲み過ぎても自分を<u>許して</u>しまう。④ 翌朝は二日酔いのまま，2 時間かけて会社へ<u>通勤</u>する。⑤ 彼らは規則正しい生活をすることの重要性を<u>軽く見て</u>，専門家からの医療に関する助言に<u>耳を貸さない</u>。⑥ 彼らは，最後には病院に<u>行きつく</u>まで，この生活スタイルを続ける。⑦ 医者は彼らに，毎日のアルコール<u>摂取</u>量を減らし，食物<u>繊維</u>が豊富な食品をもっと食べ，定期的に運動して，<u>血行</u>を<u>少し</u>でも改善するよう助言するだろう。

⑧ 彼らは，自分がもう<u>青年</u>ではないことを悟り，健康診断の結果を机の引き出しに<u>しまい込んで</u>，自分の目から真実を<u>隠す</u>のは賢明でないと自覚すべきだ。⑨ さもなければ，このような愚かな方法で過ごした日々のことで<u>つらい</u>思いをすることだろう。

---

regular exercise ...」「彼らに ［…を減らし］，［…食べ物をもっとたくさん食べ］，［…定期的な運動をする］ように助言する」 ▶ 〈advise 〜 to *do*〉の構造。

⑧ **it is unwise of them to [deposit the result of their medical checkup in their desk drawer] and [conceal the truth from themselves]**「［健康診断の結果を机の引き出しに仕舞い込んで］，［自分の目から真実を隠す］とは彼らは賢明でない」 ▶ it is unwise of 〜 to *do*「…するとは〜は賢明でない」

⑨ **feel bitter about 〜**「〜のことでつらい思いをする」

● 「人の行為に対する評価」

「…するとは〜（人）は賢明である［ない］，思いやりがある，優しい」など，「〜」（人）の行為に対する話し手の評価を表すには，it is wise [unwise, thoughtful, kind] of 〜 to *do*という形式主語・真主語構文を用いる。またこの文は，〜 is wise [unwise, etc.] to *do*に置き換えることができる。

📙 単語の意味を確認しよう。

1111 **radical** [rǽdɪkəl]	形 **急進的な；根本的な** ▶ a radical principle 基本原理 名 **急進主義者** 　rádicalìsm 名 過激［急進］主義 　rádically 副 根本的に；徹底的に
1112 **mixture** [míkstʃər]	名 **混合（物）** ▶ a mixture of ~ 「~の混合（物）」 　mix 動 を混ぜる，混合する
1113 **forgive** [fərgív]	動 **を許す；を免除する** 　forgive A for B 「A の B（過ちなど）を許す」 ▶ B には doing / having done がくることもある。 ▶ 活用：forgive - forgave - forgiven 　forgíving 形 寛大な；優しい
1114 **commute** [kəmjúːt]	動 **通勤［通学］する** 名 **通勤，通学** 　commúter 名 通勤［通学］者
1115 **underestimate** (発) [ʌndəréstɪmèɪt]	動 **(を) 過小評価する**（⇔ òveréstimate (を) 過大評価する）；**(を) 軽く見る**；を少なく見積もる 名 [ʌndəréstɪmət] 過小評価，軽視；過小見積もり
1116 **deaf** (発) [def]	形 **耳が聞こえない**（≒ hard of hearing） ▶ turn a deaf ear to ~ 「~に耳を貸さない」 ▶ 「話すことができない」は dumb，「目の不自由な」は blind。 　déafening 形 耳をつんざくような
1117 **wind** (発) [waɪnd]	動 **(ねじなど) を巻く；(道などが) 曲がりくねる；巻きつく；〔wind up〕行きつく** ▶ 活用：wind - wound [waʊnd] - wound ▶ wind up doing …して終わる，最終的に…する（ことになる） 名 **曲がり，うねり；巻くこと** 　wínding 形 曲がりくねった

1125

1118

intake
⑦ [íntèɪk]

名 摂取量；受け入れ数；取り入れること
▶ his alcohol intake 彼のアルコール摂取量

1119

fiber
発 [fáɪbər]

名 繊維（質）；本質；精神力
▶ synthetic fibers 合成繊維
▶ fiber optics 光ファイバー通信

1120

circulation
[sə̀ːrkjuléɪʃən]

名 循環；流通；（新聞・雑誌の）発行部数
▶ in circulation 流通して
círculàte 動 循環する；広まる

1121

shade
[ʃeɪd]

名 (日) 陰；色合い；日よけ；微妙な相違，〔a shade (＋比較級・too)で〕ごくわずかに
▶ shades of meaning 意味の微妙なニュアンス

動 を日陰にする；に陰影をつける
▶ shade *one's* eyes (from the sun) with *one's* hand (s) 手をかざして（日光から）目を守る

1122

adolescent
⑦ [æ̀dəlésənt]

名 青年
▶ 通例13〜18歳の若者を指す。
形 青年期の，思春期の
àdoléscence 名 青年期，思春期

1123

deposit
[dɪpá(ː)zət]

動 を置く；を預ける；を堆積させる
▶ deposit valuables in 〜 〜に貴重品を預ける
名 保証金；預金；堆積（物）
▶ make a deposit in a bank 銀行に預金をする
depósitòry 名 保管場所，貯蔵所

1124

conceal
[kənsíːl]

動 を隠す（≒hide）；を秘密にする（⇔ùncóver→1498)
▶ 化粧品の「コンシーラー（concealer）」は派生語。
concéalment 名 隠すこと，隠匿

1125

bitter
[bítər]

形 苦い，つらい；辛辣（しんらつ）な；怒りっぽい
▶ taste bitter 苦い味がする
bítterly 副 ひどく，激しく
▶ I was bitterly shocked. 私はひどくショックを受けた。

🔎 地名の由来はその土地の歴史だ。米国の地名にはどんな歴史が刻まれているだろうか。

① U.S. place names are like an index woven into the fabric of U.S. history. ② Flip over the pages of an encyclopedia, and you will find interesting anecdotes about the place names. ③ For example, the Dutch preceding the English to the island of Manhattan, called it New Amsterdam. ④ The English took over, and changed the name to New York. ⑤ The name seemed to have a magnetic appeal, and nowadays millions of diverse people in the workforce inhabit the city.

⑥ In 1803, Thomas Jefferson bought territory of Louisiana from Napoleon, incorporating Missouri into the young U.S. republic. ⑦ This triangular river basin is bounded by French names on its east side, New Orleans, Saint Louis, Prairie du Chien, and at the territory's northwestern apex, Coeur d'Alene, and the Teton Mountains.

⑧ Several decades later an imperial U.S. was bold enough to attain Hispanic domains of the southwest. ⑨ The area was chopped up rectilinearly into states, which still retain the Spanish names for their magnificent scenery: Colorado, Arizona, Nevada, California (respectively: colorful; dry-arid; snowy; warm and sunny and perfect for making movies). ⑩ Time erases, but the names still evoke the peoples that came before.

語法・構文・表現

② **Flip over the pages of an encyclopedia, and you will find 〜**「百科事典のページをめくってみれば、〜を見つけるだろう」▶〈命令文＋and〉の構造。

③ **preceding the English to the island of Manhattan**「イギリス人より先にマンハッタン島に来た」▶ the Dutch「オランダ人」を修飾する現在分詞句。

④ **took over, and changed the name to New York**「(オランダ人に代わって)領有し、名前をニューヨークに変えた」▶ 2つの動詞句の等位接続。

⑥ **incorporating Missouri into the young U.S. republic**「ミズーリ(州)を若きアメリカ共和国に併合した」▶ bought territory of Louisiana from Napoleon「ナポレオンからルイジアナ準州を買収した」を修飾する分詞句。〔付帯状況〕を表す。

⑦ **is bounded by French names on its east side**「その東側でフランス語の地名と接している」▶ be bounded by 〜「〜と境を接する」
and (is bounded by French names) **at the territory's northwestern apex**「ま

米国の地名

自然［地理］

英文レベル
☆☆☆

189
words

① 米国の地名は，米国の歴史という<u>布地</u>に<u>織り</u>込まれた<u>目印</u>のようなものだ。② <u>百科事典</u>のページを<u>めくって</u>みれば，地名についての興味深い逸話をいくつも見つけられるだろう。③ 例えば，イギリス人より<u>先</u>にマンハッタン島へ<u>来た</u>オランダ人は，そこをニューアムステルダムと呼んだ。④ イギリス人がその地を奪い，名前をニューヨークに変えた。⑤ その名前は<u>人を引きつける</u>魅力があるらしく，今日では<u>労働人口</u>に属する何百万もの多様な人々がその都市に<u>住んでいる</u>。

⑥ 1803 年，トマス・ジェファーソンはナポレオンからルイジアナの領地を買収し，ミズーリを建国して間もないアメリカ<u>共和国</u>に<u>併合した</u>。⑦（ミシシッピ川の）この三角形の流域はフランス語の名を持つ場所に囲まれており，東隣にはニューオーリンズ，セントルイス，プレーリードゥシアン，その地域の北西端にはコーダリーン，ティートン山脈がある。

⑧ 数十年後，<u>威圧的な</u>アメリカは，大胆にも南西部のスペイン系領地を<u>獲得した</u>。⑨ その地域は直線的に細かく区分けされ，いくつかの州となった。それらは今なおその<u>壮大な景色</u>を表すスペイン語の名前を保持している。それはコロラド，アリゾナ，ネバダ，カリフォルニア（それぞれ「色とりどりの」「乾いて荒れた」「雪が多い」「暖かく日当りのよい（，よって映画製作に最適な）」を意味する）である。⑩ 時は消え去るが，これらの地名は，その地に先着した民族の記憶を今も呼び起こすのだ。

たその地域の北西方向先端で（フランス語の地名と接している）」▶apex [éɪpeks] 图「頂点，先端；絶頂」

⑧ **an imperial U.S. was bold enough to attain Hispanic domains**「威圧的なアメリカは大胆にもスペイン系領土を獲得した」

⑨ **The area was chopped up rectilinearly into states**「その地域は直線的に切り刻まれていくつかの州に分けられた」▶chop up ～ into ...「～を…に切り刻む」。rectilinearly [rèktɪlíniərli] 圖「直線的に」
which still retain the Spanish names for their magnificent scenery「それらの州はその壮大な景色を表すスペイン語の地名を今なお保持している」▶先行詞 states に関して付加的情報を述べる非制限用法の関係詞節。retain〔➡ 1369〕他「～を保持する，保つ」
perfect for making movies「映画を作るのにうってつけの」

⑩ **that came before**「（時間的に）先に来た」▶peoples にかかる関係詞節。

📗 単語の意味を確認しよう。

	1126
index ⑦ [índeks]	名 **指標；索引；指数** ▶ 複数形は indexes または indices [índɪsìːz]。 ▶ an index finger 人さし指 動 (本など) に索引をつける

	1127
weave [wiːv]	動 **を織る；(計画・物語など) を作り上げる** ▶ 活用：weave - wove - woven ▶ woven cloth 織物 (≒ textile)

	1128
fabric [fǽbrɪk]	名 **織物，布 (地)；構造** ▶ the fabric of society 社会の構造 fábricàte 動 を製造する；をでっち上げる

	1129
flip [flɪp]	動 **を (ぱっと) 裏返す；を軽くはじく；(ページ など) を (ぱらぱらと) めくる** ▶ flip a coin コインをはじく (表か裏かで何かを決める) 名 指ではじくこと；急な動き 形 軽薄な；生意気な

	1130
encyclopedia ⑦ [ɪnsàɪkləpíːdiə]	名 **百科事典** ▶ encyclopaedia とつづることもある。 encỳclopédic 形 百科事典の；博学な

	1131
precede [prɪsíːd]	動 **に先行する；に優先する** ▶ pre- 前に + cede (←ラテン語 cedere) 行く ▶ A precedes B.「A は B に先行する」は A is followed by B. 「A の後に B が続く」と言い換えられる。 precedence [présɪdəns] 名 先行；優位 precedent [présɪdənt] 名 先例

	1132
magnetic [mægnétɪk]	形 **磁気の；磁石の；人を引きつける** ▶ magnetic force 磁力 ▶ a magnetic personality 魅力的な性格 mágnet 名 磁石；(人を) 引きつけるもの

0	250	500	750	1000	1250	1500

1133

workforce

[wɔ́rkfɔ̀rs]

名 労働人口，総労働力；全従業員 (数)

▶ increase the workforce by 10 percent 従業員を10パーセント増やす

▶ workforce adjustment 雇用調整 (＝大幅な人員削減)

1134

inhabit

[ɪnhǽbɪt]

動 に住んでいる；に宿る，存する

▶ inhabit は他動詞で，live in と同義。

inhábitant 名 居住者，住民；棲息動物

1135

incorporate

[ɪnkɔ́ːrpərèɪt]

動 を取り入れる；を法人にする；合併する

形 会社組織の

incórporàted 形 法人の

incòrporátion 名 合併，統合；会社

1136

republic

[rɪpʌ́blɪk]

名 共和国；共和制

repúblican 形 共和国の

名 共和制支持者；〔R〜〕(米国の) 共和党党員

1137

imperial

(発) [ɪmpíəriəl]

形 帝国の；皇帝の；尊大な

▶ the imperial family 皇室

impérialìsm 名 帝国主義

émpìre 名 帝国；帝政 (期)

émperor 名 皇帝；天皇

1138

attain

[ətéɪn]

動 を獲得する，達成する；に達する

▶ attain popularity 人気を博する

attáinment 名 達成，実現

1139

magnificent

(ア) [mægnífɪsənt]

形 壮大な；見事な

magníficence 名 壮大，荘厳

mágnifỳ 動 を拡大する；を増大させる

1140

scenery

[síːnəri]

名 〔集合的に〕景色；背景

▶ look at the picturesque scenery 絵のような景色を眺める

scene 名 現場；(映画などの) 場面；光景

scénic 形 景色のよい；風景の

315

📍 趣味ですることがプロの域に達することもあれば，真の趣味人だけができる技もある。

① "Hobby" I define as something done for no need, only pleasure. ② One may **own** ample clothing, but sew or knit for pure pleasure. ③ Others may truly love the laundry and **neat** storage of their clothes. ④ One's hobby may be **sculpture** — not marble, like the David of Michelangelo — but simply a beach sand castle, gone by sunset. ⑤ For some, the hobby of daily bathing in one's own tub while watching a small plastic toy duck **bobbing** up and down is a **supreme** hobby.

⑥ Collecting certain things could be an enjoyable hobby. ⑦ Some may collect craftworks, Japanese or **Aboriginal** or whatever. ⑧ Some may collect stamps, pens, watches, or even cars.

⑨ Making something is another interesting hobby. ⑩ A friend of mine enjoys making electric **motors** suitable for his miniature cars; another makes lotion designed to prevent mosquitoes from **biting** you. ⑪ I heard that dresses which a lady makes as a hobby **highlight** her skill in **measuring** her "clients" and accordingly tailoring to what they want to wear. ⑫ Recently, the hobby of home-brewing of distinctive beer for friends (or even **retail** outlets) has become a virtual industry. ⑬ Maybe you want to participate, like with a **troop** of amateur actors or in a **community** orchestra. ⑭ You may join a social dance club and have a good time showing exquisite steps and swaying and twisting **motions**. ⑮ You may have heard someone **yell** an inherited stage title like "Narikomaya" or "Naritaya" when a Kabuki actor strikes a dramatic pose on the stage: this yelling is a hobby that only true Kabuki connoisseurs are entitled to.

語法・構文・表現

⑤ **while watching a small plastic toy duck bobbing up and down**「小さなプラスチック製のおもちゃのアヒルが上下に揺れているのを眺めながら」 ▶bathing in one's own tubを修飾する副詞節。

⑦ **Japanese or Aboriginal or whatever**「日本のとかアボリジニのとか何かそのような」 ▶craftworksを修飾する形容詞句。

⑩ **designed to prevent mosquitoes from biting you**「蚊が人を刺すのを防ぐように作られた」 ▶lotionを修飾する過去分詞句。

📁 日常生活 [趣味]

①「趣味」というものを，私は必要のためではなく，楽しみのためだけにすることだと定義する。②人は服をたくさん<u>所有して</u>いながら，純粋な楽しみのために縫ったり，編んだりすることもある。③また自分の服を洗濯して，<u>きちんと</u>しまっておくのが大好きだという人たちもいる。④ある人の趣味は<u>彫刻</u> — とは言っても，ミケランジェロのダビデ像のように，大理石ではなく — 単に海辺に作った砂の城で，日没までには消えてしまうものかもしれない。⑤ある人々にとっては，小さなプラスチック製のおもちゃのアヒルが<u>上下に動く</u>のを見ながら，毎日自分の湯船に浸かる趣味こそ<u>最高の</u>趣味である。

⑥なんらかの物を収集することも楽しい趣味かもしれない。⑦ある人々は日本の，<u>アボリジニの</u>，あるいは何であれ，工芸品を集める。⑧また，ある人々は切手，ペン，時計，あるいは車でさえ集めるかもしれない。

⑨何かを作ることもおもしろい趣味である。⑩私の友人の1人はミニチュアカーに適した電気<u>モーター</u>を作るのが楽しみで，別の友人は蚊が人を<u>刺す</u>のを防ぐためのローションを作っている。⑪聞いた話では，ある女性が趣味で作るドレスは，「顧客」の<u>寸法をとり</u>，それに従って，その人たちの着たい物に仕立て上げる彼女の腕を<u>際立たせている</u>とのことだ。⑫最近では，友人のために（あるいは<u>小売</u>店用にさえ）特色のあるビールを自家醸造する趣味がほとんど1つの産業となっている。⑬もしかすると，あなたは参加したいかもしれない，アマチュア劇<u>団</u>や<u>町の</u>オーケストラに。⑭社交ダンスクラブに加入し，優美なステップを踏んだり，体を揺らしたり，ひねったりといった<u>動き</u>を披露して楽しんでもよい。⑮歌舞伎役者が舞台で大見得を切るときに，誰かが「成駒屋」や「成田屋」といった代々受け継がれた屋号を<u>叫ぶ</u>のを聞いたことがあるかもしれない。この叫びは本物の歌舞伎通だけに許された趣味なのである。

⑪ **highlight her skill in measuring her "clients" and accordingly tailoring to what they want to wear**「彼女の『顧客』を採寸し，それに応じて顧客の着たい物に合わせて服を作る彼女の技術を際立てる」 ▶dresses に対する述部。

⑮ **strikes a dramatic pose**「劇的なポーズをとる→大見得を切る」
that only true Kabuki connoisseurs[kà(ː)nəsɔ́ːr] **are entitled to**「真の歌舞伎通だけがその資格を有する」 ▶hobby にかかる関係詞節。

📕 単語の意味を確認しよう。

1141

own
[oʊn]

動 を所有している；(事実・罪など) を認める

形 自分自身の；独自の
▶ of *one's* own 自分自身の (もので)
　ówner 名 所有者

1142

neat
[ni:t]

形 きちんとした；見事な
▶ 同音の NEET「ニート」(15 〜 34 歳の無業者) と区別。
　néatly 副 きれいに；きちんと

1143

sculpture
[skʌ́lptʃər]

名 彫刻 (作品)
▶ create [make] a sculpture 彫刻を作る
　scúlptor 名 彫刻家

1144

bob
[bɑ(:)b]

動 上下に動く；急に動く；を上下に動かす
▶ bob *one's* head 会釈する

名 ひょいと動く動作；ボブ (髪型)

1145

supreme
発 [suprí:m]

形 最高の
▶ the Supreme Court 最高裁判所
　supremacy [supréməsi] 名 最高；優位；主権

1146

aboriginal
[æ̀bərídʒənəl]

形 〔通例 A〜〕アボリジニの；原生の，先住の

名 先住民；〔通例 A〜〕オーストラリア先住民
　àborígine 名 先住民；〔A〜〕オーストラリア先住民

1147

motor
[móʊtər]

名 モーター；原動力
▶ start a motor モーターを始動させる

形 モーターの；運動神経の
▶ a motor nerve [muscle] 運動神経 [筋]
▶ the motor system 運動神経系

動 自動車で行く；を自動車で送る

1148

bite
[baɪt]

動 (を) かむ，(に) かみつく；(を) 刺す
▶ 活用：bite - bit - bitten

名 かむ [刺す] こと；かみ [刺し] 傷；一口
▶ try a bite 一口味わってみる

0	250	500	750	1000	1250	1500

1149
highlight
[háɪlàɪt]

動 を<u>目立たせる</u>，強調する

名 (催し物などの) 見せ所，呼び物；〔通例〜s〕
(絵画・写真などの) 最も明るい部分

1150
measure
発 [méʒər]

動 を<u>測る</u>；を (比較して) 評価する

名 〔しばしば〜s〕方策；〔a 〜〕程度；(判断な
どの) 基準

▶ a measure of 〜 ある程度の〜
méasurement 名 測定 (値)

1151
retail
アク [rí:teɪl]

名 <u>小売り</u> (⇔ whólesàle 卸売り)

動 を小売りする

副 小売りで

rétailer 名 小売業者

1152
troop
[tru:p]

名 〔〜s〕<u>軍隊</u>；集団

▶ the peace-keeping troops 平和維持軍

動 集団で進む

1153
community
[kəmjú:nəti]

名 (共同) 社会，〜界；<u>地域社会</u>；地域住民

commune [ká(:)mju:n] 名 コミューン；共同自治体

1154
motion
[móʊʃən]

名 <u>動き</u>，動作；運動；動議

▶ set [put] 〜 in motion 〜を動かす；〜を始める
▶ in motion 動いている，運動中の

動 身振りで合図する；に合図して伝える

mótionless 形 動かない，静止した

1155
yell
発 [jel]

動 <u>叫ぶ</u>，どなる

yell (out) at 〜 「〜に叫ぶ，どなる」

名 大声の叫び，わめき

🔎 社会学における「AKB 現象」とは何なのか。筆者の考えを追ってみよう。

① It is difficult to exaggerate the significance of young girls' singing-dancing groups. ② Sociology has found this pop sensation to be an urgent issue that needs immediate discussion, and has called it "the AKB phenomenon," after the leading group named "AKB 48." ③ This type of popular culture has blended well into the mentality of young people. ④ In the so-called "general election," which was held annually between 2009 and 2018, for example, "AKB 48" girls were ranked based on the results of their fans' poll. ⑤ Thus fans were assigned the role of making their favorite a star. ⑥ They bought the right to vote, and before a deadline, voted as many times as they could afford, for the girl they supported. ⑦ Finally the top twenty or so would perform in the center of the stage.

⑧ It is the principle of competition that accelerates the increase in the popularity of such groups: the girls are willing to compete with their fellow members in order to improve their standing within the group. ⑨ The plot seems to be working well, but you might feel awkward if you have no deep empathy for the girls and adopt a neutral position toward them, or if you worry about whether their popularity corresponds to their performance. ⑩ There is no concrete evidence of the output this kind of system produces, though there are several girls who became actresses or entertainers after they "graduated" from the group.

◎ 語法・構文・表現 〜〜〜〜〜〜〜〜〜〜〜〜〜〜〜〜〜〜〜〜〜〜〜〜〜〜〜〜〜〜〜〜〜

① **it is difficult to exaggerate 〜**「〜を強調しすぎるのは難しい、〜をいくら誇張してもし足りない」▶to exaggerate 〜 は真主語。

② (V) **has found** (O) **[this pop sensation]** (C) **[to be [an urgent issue that needs immediate discussion]]**「[このポップミュージックにおける大評判] が [[即座の議論を要する火急な問題] である] と思った」▶find A to be B「A が B であることがわかる」。that ... discussion は urgent issue にかかる関係詞節。

③ **has blended well into the mentality of young people**「若者の心的傾向にうまく溶け込んだ」▶mentality 图「(ある集団・人の特徴的な) 考え方、心的傾向」

⑤ **were assigned [the role of making their favorite a star]**「[自分のお気に入り

📁 日常生活 [娯楽]

① 若い女性が歌って踊るグループの重要性はいくら誇張しても，し足りない。② 社会学では，このポピュラー音楽のブームを今まさに論じるべき緊急の問題としてとらえ，ブームの中心にいる「AKB48」というグループにちなんで，「AKB 現象」と呼んでいる。③ この種の大衆文化は，若者の気質にうまく溶け込んでいる。④ 例えば，「AKB48」のメンバーは，2009 年から 2018 年まで年に 1 度行われたいわゆる「総選挙」において，ファン投票の結果に基づいて，順位が決められた。⑤ かくして，ファンは自分の好きなメンバーをスターにする役割を割り当てられた。⑥ ファンは投票権を買って，締め切りまでに，自分が買える限りの投票権の個数分，自分が応援するメンバーに投票した。⑦ 最終的に上位 20 名ほどが舞台の中央で歌って踊ることになった。

⑧ このようなグループの人気の高まりを加速させるのは競争原理だ。メンバーたちはグループ内で自分の順位を上げるために仲間たちと競うことをいとわない。⑨ この戦略は成功しているように思われるが，もしあなたがこの女性たちに深い共感を覚えず中立の立場をとる(＝ひいきにするメンバーがいない)なら，あるいは彼女たちの人気がその演技に釣り合っているのかどうかを案ずるなら，気まずい思いをするかもしれない。⑩ この種のシステムが生み出す生産物の具体的な証拠はない。もっとも，グループから「卒業」した後に俳優や芸人になった女性たちも何人かはいるのだが。

（の女性）をスターにする役割）を割り当てられた」▶assigned *A B* の受身形。

⑥ **voted as many times as they could afford**「自分が買える限りの投票権の個数と同じ回数投票した」

⑧ **It is ～ that accelerates the increase in the popularity of such groups**「このようなグループの人気の高まりを促進するのは～である」▶強調構文。

⑩ **There is no concrete evidence of the output [this kind of system produces]**「[この種の制度が生み出す] 生産物に関する具体的な証拠はない」▶this kind of system produces は output にかかる関係詞節。output は「生産物」→「結果」を意味する。

78 The AKB Phenomenon

📖 単語の意味を確認しよう。

1156
exaggerate
⑦ [ɪgzǽdʒərèit]

動 (を) 誇張する；を強調する
- exàggerátion 图 誇張；過大視
- ▶ make an exaggeration of ～ ～を誇張する

1157
urgent
発 [ə́ːrdʒənt]

形 緊急の
- ▶ in an urgent tone 切迫した口調で
- úrgency 图 緊急，切迫
- urge 動 を強く勧める
- ▶ urge ～ to do ～に…するよう強く勧める

1158
blend
[blend]

動 を混ぜる；を調和させる；(～に) 溶け込む (into)
- blend A with B 「A を B に混ぜる」

图 混成，混合；(コーヒー・紅茶などの) ブレンド

1159
rank
[ræŋk]

動 を位置づける，評価する；(ある地位に) 位置する
- ▶ rank A (as) B 「A を B と位置づける [評価する]」

图 階級；地位；格；列

1160
poll
発 [poul]

图 世論調査 (= opinion poll)；投票 (数)
- ▶ a heavy [light] poll 高い [低い] 投票率
- ▶ conduct [carry out] a poll 世論調査を行う

動 (人) に世論調査を行う；(票数) を得る

1161
assign
発 [əsáin]

動 を割り当てる；を (～に) 配属する (to)
- ▶ assign A B 「A に B を割り当てる」(= assign B to A)
- assígnment 图 仕事；課題
- assìgnée 图 受託者

1162
deadline
[dédlàin]

图 締め切り
- ▶ meet a deadline 締め切りに間に合わせる
- ▶ a deadline for payment 支払い期限

1163
accelerate
⑦ [əksélərèit]

動 を加速させる，促進する；加速する
- accèlerátion 图 加速；促進
- accéleràtor 图 加速装置；(車の) アクセル

322

1170

1164
plot
[plɑ(:)t]

名 (小説などの) 筋；陰謀
▶ hatch a plot against ~ ~に対して陰謀をたくらむ

動 (…すること) をたくらむ (to *do*)

1165
awkward
(発) [ɔ́:kwərd]

形 気まずい；ぎこちない；厄介な
▶ be awkward with chopsticks 箸の扱いがぎこちない
▶ an awkward question 厄介な問題
áwkwardly 副 ぎこちなく；気まずそうに

1166
empathy
[émpəθi]

名 感情移入，共感
▶ 他人の気持ちや問題を理解する能力を意味する。
émpathìze 動 (~に) 共感を覚える，感情移入する (with)

1167
neutral
[njú:trəl]

形 中立の；(特徴・表情などが) はっきりしない
▶ remain neutral 中立のままでいる

名 中立の人 [国]
néutralìsm 名 中立主義
néutralìze 動 を中立にする；を相殺する

1168
correspond
[kɔ̀(:)rəspá(:)nd]

動 一致する；(~に) 相当する (to)；文通する
correspond to [with] ~ 「~に一致する」
còrrespóndence 名 一致；文通
còrrespóndent 名 通信員，特派員

1169
concrete
[kɑ(:)nkrí:t]

形 具体的な (⇔ábstract→436)；有形の

名 [ká(:)nkrì:t] コンクリート

1170
output
[áutpùt]

名 生産 (高)；出力；排出 (量)
▶ output per person 1人当たりの生産高

動 を生産する；を出力する

79 Vietnam

1973年9月に日本と外交関係を樹立したベトナム。どんな国民性なのか見ていこう。

① Vietnam, an **exotic** country which never **ceases** to attract foreign tourists, has been trying to become an economic power since the Peace **Treaty** of 1973. ② Over fifty different tribes **constitute** the country, with the majority of people belonging to a tribe called "Kinh." ③ According to the 2018 **census**, the nation had a population of almost 95 million and its average age was 31. ④ The population has **exploded** and now the two big cities have extremely **dense** populations. ⑤ What **underlies** the present prosperity of the country is the disposition of the people. ⑥ The whole nation work hard and learn well. ⑦ They are relatively conservative, and seldom **resort** to violence. ⑧ On the other hand, Vietnamese in cars and on bikes never bother to stop to let a pedestrian cross the street. ⑨ To a tourist trying in vain to cross, they are, to employ a **metaphor**, bees swarming hither and thither around a **hive**. ⑩ But local people, as if by general **consensus**, don't seem to care about the **traffic** chaos. ⑪ Vietnam will surely **flourish** because of its hard-working population and **abundant** natural resources.

語法・構文・表現 ~~~~~~

① **an exotic country which never ceases to attract foreign tourists**「外国人観光客を魅了してやまない異国情緒たっぷりの国」 ▶Vietnamの同格語。cease to *do*「…しなくなる」

　an economic power「経済大国」

　the Peace Treaty of 1973「1973年の(アメリカとの)平和条約」

② **with the majority of people belonging to a tribe called "Kinh"**「国民の大半は『キン』と呼ばれる種族に属している」 ▶〔付帯状況〕を表す前置詞句。

③ **According to the 2018 census**「2018年の国勢調査によると」

④ **the two big cities**「2大都市」 ▶北部のHanoi(首都)と,南部のHo Chi Minh City(旧称Saigon)のこと。

⑤ **What underlies the present prosperity of the country**「この国の現在の繁栄の根底にある[基盤を成す]もの」 ▶主語として働く独立関係詞節。

　the disposition of the people「国民の気質」 ▶補語として働く名詞句。

⑦ **They [are relatively conservative], and [seldom resort to violence]**「彼ら

324

📁 自然 [地理]

①ベトナムは，外国人観光客を魅了してやまない，異国情緒あふれる国であり，1973年に平和条約が締結されてから今日まで，経済大国を目指してきた。②50を超える異なる民族が国を構成しており，国民の多くは「キン」という民族である。③2018年の国勢調査によれば，国の人口はほぼ9,500万人，国民の平均年齢は31歳だった。④人口は爆発的に増加しており，今では2つの大都市の人口密度は極めて高い。⑤この国の今日の繁栄の根底にあるのは国民の気質である。⑥国民全体が勤勉で，よく学ぶ。⑦彼らは比較的保守的であり，暴力に訴えることはめったにない。⑧一方，車やオートバイに乗ったベトナム人は，歩行者が通りを渡れるようにわざわざ停止してはくれない。⑨横断を試みて失敗する観光客にとっては，ベトナムの運転者は，比喩的に言えば，巣の回りのあちこちに群がるハチである。⑩しかし，現地の人々は，全体の総意によるかのように，交通の大混乱を気にかけていない様子である。⑪勤勉な国民と豊富な天然資源によって，ベトナムは今後必ず繁栄するだろう。

～～

は [比較的保守的であり]，[めったに暴力に訴えない]」▶2つの動詞句の等位接続。

⑧ **never bother to stop to** *do* 「わざわざ…することは決してない」
let a pedestrian cross the street 「歩行者に通りを渡らせる」▶let ～ *do*「～が…するのを許す，～に…させる」

⑨ **To a tourist [trying in vain to cross]** 「[横断しようとしてできない] 旅行者にとって」▶try in vain to *do*「…しようとしてうまくいかない」
to employ a metaphor 「隠喩を使うなら」▶独立不定詞。metaphor「隠喩」はlike「～のような」やas「～のように」を使わずに，あるものの特徴を直接他のもので表現する比喩法。
swarming hither and thither around a hive 「巣の周りをあちこちに群れを成して飛ぶ」▶beesを修飾する分詞句。hither and thither「あちこちに」

⑩ **as if by general consensus** 「まるで全体の総意によるかのように」
don't seem to care about the traffic chaos 「交通の大混乱を気にしているように見えない」▶care about ～「～を気づかう，心配する」

325

📑 単語の意味を確認しよう。

1171

exotic
発 [ɪgzá(:)tɪk]

形 外来の；異国風の
- 通例，西欧人から見て「異国風の」を意味する。
- exotic cultures 外来文化
  exóticìsm 名 異国趣味

1172

cease
発 [si:s]

動 をやめる；終わる
  cease to do 「…しなくなる」
- cease doing も同様の意味を表す。

名 終止
- without cease 絶え間なく

1173

treaty
発 [trí:ti]

名 (国家間の) 条約；協定
- sign a treaty 条約に調印する
- a peace treaty 平和条約

1174

constitute
アク [ká(:)nstətjù:t]

動 を構成する；になる，に等しい
- Such action could constitute an invasion of privacy. そのような行動はプライバシーの侵害になりかねない。
  constítuent 名 構成要素；有権者
  cònstitútion 名 構成；(the C-) 憲法

1175

census
[sénsəs]

名 国勢調査；交通調査
- take [conduct] a census 「国勢調査を行う」
- a census taker 国勢調査員

1176

explode
[ɪksplóud]

動 爆発する；急増する；を論破する
  explósion 名 爆発；急増
- a population explosion 人口爆発，人口急増
  explósive 形 爆発しやすい；爆発的な 名 爆発物

1177

dense
[dens]

形 密集した，密度の高い；(霧などが) 濃い
  dénsity 名 密度，密集
- population density 人口密度
  dénsely 副 密集して，ぎっしりと

1185

0	250	500	750	1000	1250	1500

1178

underlie

[ʌ̀ndərlái]

動 _の根底にある_
- ▶ 活用：underlie - underlay - underlain
- ùnderlýing 形 潜在的な；根本的な
- ▶ an underlying cause of 〜 〜の裏に潜む原因

1179

resort

[rizɔ́ːrt]

動 (好ましくない手段に) **訴える，頼る** (to)
- resort to 〜 「〜に訴える，頼る」

名 頼ること；手段；リゾート地
- ▶ as a last resort 最後の手段として

1180

metaphor

[métəfɔ̀(ː)r]

名 **隠喩；比喩**
- ▶ like, as などを用いない比喩。用いる比喩は simile「直喩」。
- mètaphórical 形 隠喩的な，比喩的な

1181

hive

[haɪv]

名 **ミツバチの巣 (箱)；人の集まる所**
- ▶ a hive of activity [industry] 人が忙しく働く活気ある場所

動 (ミツバチ) を巣箱に入れる

1182

consensus

[kənsénsəs]

名 **総意；(意見の) 一致**
- ▶ national consensus 国民の総意
- ▶ reach a consensus on 〜 〜について合意に達する
- consénsual 形 合意による

1183

traffic

[trǽfɪk]

名 **交通；通行；交通 [輸送] 量；(不正) 取引**

動 (を)(不正に) 売買 [取引] する
- tráfficking 名 (麻薬・人身などの) 密売買

1184

flourish

発 [fláːrɪʃ]

動 **繁栄する；**繁茂する；を振りかざす

名 大げさなしぐさ；美辞麗句；繁栄
- ▶ with a flourish 華々しく，派手に

1185

abundant

[əbʌ́ndənt]

形 **豊富な；(〜に) 富む (in)**
- abúndance 名 豊富；多量
- ▶ in abundance 豊富に；裕福に
- abóund 動 たくさんある

---

80 年代の米国で，飲酒運転者を厳罰に処す気運が高まる。その背景を見ていこう。

① Drinking alcohol has been a tradition, archeology shows, since **prehistoric** times. ② Only 30 or 40 years ago, in the U.S., drinking by teenagers could have seemed to be almost a traditional rite-of-passage. ③ As for drunk driving, society seemed **inclined** to tolerate them, saying, "No harm, no foul." ④ The police investigation was mostly far from **thorough** and offenses were winked at, and forgiven: "Case dismissed" — with maybe a warning, or **suspended** sentence. ⑤ People were **misled** into believing that there was no harm, but actually there *was* harm. ⑥ In 1980, a woman whose daughter was killed by a drunk driver formed Mothers-Against-Drunk-Driving, "MADD." ⑦ People were faced with a serious **dilemma** when they became aware of how often drunk drivers were given little, no or suspended punishment, only to repeatedly drive drunk. ⑧ People felt rage at such a **nightmare**. ⑨ They began public **dialogue** and discourse and, **reminded** of what was at stake, joined in a **quest**, not to **beg**, but politically demand and **assure** that drunk driving **legislation** be stiffened and strictly **enforced** or more **drastic** measures be taken.

語法・構文・表現

① **has been a tradition, archeology shows, since prehistoric times**「先史時代以来の伝統であることを考古学は示している」▶archeology shows は挿入節。

② **could have seemed to be almost a traditional rite-of-passage**「ほとんど伝統的な通過儀礼であるように思われた可能性がある」

③ **seem inclined to** *do*「…する傾向があるように思われる」
No harm, no foul.「被害がなければ違反なし」▶バスケットボールの用語。

④ **was mostly far from thorough**「ほとんどの場合完全にはほど遠かった」
offenses were winked at, and forgiven「違反は見逃され，許された」
Case dismissed「本件は棄却［却下］された；本件を棄却［却下］する」
suspended sentence「執行を猶予された宣告刑」▶いわゆる執行猶予付きの刑。

⑤ **were misled into believing that ...**「誤って…と信じ込んだ」

⑥ **whose daughter was killed by a drunk driver**「自分の娘が飲酒運転者のせい

飲酒運転

英文レベル
☆☆☆
178 words

📁 社会［法律］

①考古学が示すように，飲酒は<u>先史</u>時代から続く習慣である。②わずか30〜40年前の米国では，10代の若者による飲酒は，伝統的な通過儀礼に近いものに思われたかもしれない。③社会は飲酒運転を「害がなければ違反ではない」として，大目に見る<u>傾向があった</u>ようだ。④警察の調査はほとんどの場合<u>徹底的な</u>ものではなく，違反は見逃され許された。「本件は棄却」が一般で，ことによると<u>警告</u>や<u>執行を猶予された</u>宣言刑が言い渡された。⑤人々は実害がないと<u>誤って</u>信じていたが，実際のところ実害はあった。⑥1980年に，酔ったドライバーに娘を殺された母親が，「飲酒運転に反対する母親の会」（MADD）を結成した。⑦飲酒運転をしたドライバーがほとんど，あるいはまったく処罰されないか，執行猶予付きの罰しか受けなかった結果，飲酒運転を繰り返すケースがいかに多いかということに，世間は気づき始め，深刻な<u>ジレンマ</u>に直面した。⑧人々は，こうした<u>悪夢</u>のような現実に激しい怒りを感じた。⑨彼らは，公開の場で<u>対話</u>や討論を開始した。そして，何が問題なのかを<u>思い出し</u>，飲酒運転を規制する<u>法律</u>が強化され厳正に<u>施行される</u>ように，また，より<u>抜本的な</u>措置が取られるように，<u>懇願する</u>のではなく，政治的に要求し<u>保証する</u>べく，<u>追求</u>に加わった。

〜〜〜〜〜〜〜〜〜〜〜〜〜〜〜〜〜〜〜〜〜〜〜〜〜〜〜〜〜〜〜〜〜〜

で命を落とした」▶womanにかかる関係詞節。

⑦ **how often drunk drivers were given little, no or suspended punishment, only to repeatedly drive drunk**「いかに頻繁に飲酒運転者が，ほとんど，あるいはまったく，あるいは執行猶予付きでしか罰を与えられず，結局は繰り返し飲酒運転をすることか」▶(aware) ofの目的語。only to *do*「結局…する」

⑨ **[reminded of [what was at stake]], joined in a quest**「[[何が問題となっているか]を思い出させられて]，追求に加わった」▶reminded ... stake は〔付帯状況〕を表す分詞句。
not to [beg], but [politically demand and assure] that 〜 (should) *do*「〜が…するように[懇願する]のではなく，[政治的に要求し確実にする]ために」
[drunk driving legislation be stiffened and strictly enforced] or [more drastic measures be taken]「[飲酒運転に関する法律が強化され厳正に施行されるように]，また[より徹底した措置が取られるように]」▶2つの文の等位接続。

329

📖 単語の意味を確認しよう。

1186
prehistoric
⟨ア⟩ [prìːhɪstɔ́(ː)rɪk]

形 有史以前の；旧式な
　prèhístory 名 先史時代；先史学

1187
inclined
[ɪnkláɪnd]

形 傾向がある；傾いた
▶ be inclined to *do*「…する傾向がある」
　inclinátion 名 傾向；好み
▶ against *one's* inclination 不本意ながら

1188
thorough
⟨発⟩ [θə́ːroʊ]

形 徹底的な；まったくの
　thóroughly 副 徹底的に；完全に
　thóroughness 名 完全；徹底

1189
suspend
⟨ア⟩ [səspénd]

動 を停職 [停学, 出場停止] にする；を一時的に中断する；(刑) の執行を猶予する
▶ suspend a driver's license 運転免許を一時停止する
　suspénsion 名 一時停止；保留；停学
　suspénse 名 不安な状態；未解決

1190
mislead
[mìslíːd]

動 を誤解させる，欺く；(人) を間違った方向に導く
▶ mislead A into (*doing*) B「A (人) を欺いてBさせる」
▶ 活用：mislead - misled - misled
　mìsléading 形 誤解させる，紛らわしい

1191
dilemma
⟨発⟩ [dɪlémə]

名 ジレンマ，板ばさみ
▶ be in a dilemma ジレンマに陥っている

1192
nightmare
[náɪtmèər]

名 悪夢 (のような状況)；不安感
▶ have a nightmare 悪夢にうなされる

1193
dialogue
[dáɪəlɔ̀(ː)g]

名 対話，会話；意見の交換
動 対話 [交渉] する；を会話体で表現する
　mónològue 名 独白；長話

| 0 | 250 | 500 | 750 | 1000 | 1250 | 1500 |

1194

remind
[rɪmáɪnd]

動 に思い出させる

remind A of B 「A に B を思い出させる」
▶ remind 〜 that ... 〜に…ということを思い出させる
remínder 图 思い出させるもの

1195

quest
[kwest]

图 探究；追求

a quest for 〜 「〜の探究」
▶ in quest of 〜 〜を求めて (≒ in search of 〜)

動 (〜を) 探す，追求する (for)

1196

beg
[beg]

動 に (〜を) 切に頼む (for)；(を) 懇願する

▶ beg 〜 to do 「〜に…してくれと頼む」
▶ beg for 〜 〜を請う，頼む
béggar 图 物もらい，物ごいをする人

1197

assure
[əʃúər]

動 に自信を持って言う；を保証する

assure 〜 that ... 「〜に…と自信を持って言う」
▶ assure A of B A に B を保証する
assúrance 图 保証；確信

1198

legislation
[lèdʒɪsléɪʃən]

图 法律；立法

▶ the power of legislation 立法権
législàte 動 法律を制定する
législàtive 形 立法機関の；立法権のある
législàture 图 立法機関；图 州議会

1199

enforce
[ɪnfɔ́ːrs]

動 を施行 [実施] する；を (〜に) 強制する (on / upon)

enfórcement 图 施行；強要

1200

drastic
[drǽstɪk]

形 徹底的な，抜本的な；極端な

drástically 副 徹底的に

電気の需要は年々増すばかりだが，クリーンな電気を大量に作るのはとても難しい。

① We heavily depend on electricity. ② We have various electric appliances installed in our homes and use computers, smartphones and other wireless communication devices for business and pleasure. ③ Therefore every country has interest in producing enough electricity for their economy to function well. ④ Panels of energy experts are set up to discuss, following a strategic format, how to obtain clean electricity, though it is a delicate matter to wipe dirty elements from the process of generating electricity. ⑤ If you pause to think about how electricity is created, you will soon come to realize, even without channeling your vivid imagination, the naked truth that it is very difficult to strike a balance between the demand for electricity and the supply of green electricity. ⑥ Not only burning fossil fuels but also building power plants, nuclear reactors and an underground maze of tunnels as a repository for nuclear waste, and even making solar panels and wind turbines are all having a negative impact on the environment.

⑦ It seems that a good idea for producing clean electricity in large quantities and at low cost does not pop up in anyone's mind unless the price of oil soars to a record high. ⑧ Just as our farmers decided to spray pesticide sparingly in favor of organic farming, I hope our industry will seek input from various sectors and start to use electricity cleverly so that it can contribute to economic prosperity and the protection of the environment.

語法・構文・表現

② (V) **have** (O) **various electric appliances** (C) **installed in our homes**「様々な家電を家の中に据え付けている」▶ have A done「A が…された状態である」

④ to (V') **discuss,** (adv') **following a strategic format,** (O') **how to obtain clean electricity**「戦略的形式に従って，きれいな電気を得る方法を論じるために」

⑤ **even without channeling your vivid imagination**「自分の活発な想像力を駆使しなくても」▶ come to realize を修飾する副詞的前置詞句。
that it is very difficult to strike a balance between A and B「A と B のバランスを取ることは非常に難しいという」▶ the naked truth の内容を示す同格節。

クリーンな電気

📁 科学・技術［エネルギー］

① 私たちは電気に大きく依存している。② 部屋には様々な電気製品を設置し，仕事にも娯楽にも，コンピュータ，スマートフォン，その他の無線通信機器を使っている。③ それゆえに，どの国も自国の経済がうまく機能するのに十分な電気を生み出すことに関心がある。④ 発電のプロセスから汚染要素を一掃するのは扱いにくい問題だが，戦略的計画に従って，クリーンな電気をどのように手に入れるかについて議論するために，エネルギー問題の専門家委員会が設けられている。⑤ 電気がどのように生み出されるかについて落ち着いて考えてみれば，生き生きとした想像力を働かせなくても，「電気の需要」と「環境に優しい電気の供給」とのバランスをとるのが非常に難しいという赤裸々な真実にすぐ気づくに至るだろう。⑥ 化石燃料を燃やすことだけでなく，発電所や原子炉，そして核廃棄物の処分場として使われる迷路のような地下トンネルを建設すること，さらには太陽電池パネルや風力タービンを作ることさえ，すべてが環境に負の影響を及ぼしている。

⑦ 石油価格が記録的な値まで高騰しない限り，クリーンな電気を大量に，安価に作り出す妙案は誰の頭にも思い浮かぶことはなさそうである。⑧ 農場経営者が有機農法を支持して，殺虫剤を控えめに散布する決断をしたのと同じように，私たちの産業が経済的繁栄と環境保護に貢献できるように，いろいろな分野からの情報提供を求め，電気を上手に使うようになることを私は願っている。

---

⑥ an underground maze of tunnels as a repository for nuclear waste「核廃棄物貯蔵所として使われる地下トンネルの迷路」▶フィンランドのオンカロ（Onkalo）のこと。buildingの目的語の1つ。

⑦ (S') a good idea for producing ... at low cost (V') does not pop up (adv') in anyone's mind (adv') unless the price of oil soars to a record high「石油価格が記録的な高値に急騰しない限り…を作るためのいい考えは誰の心にも浮かばない」

⑧ decided to spray pesticide sparingly in favor of organic farming「有機農法を肯定して殺虫剤を控えめに散布することに決めた」▶farmersに対する述部。

📘 単語の意味を確認しよう。

1201 **install** [ɪnstɔ́ːl]	動 をインストールする；<u>を設置する</u>；を就任させる ▶ install a security camera 防犯カメラを設置する ìnstallátion 名 取りつけ，設置
1202 **wireless** [wáɪərləs]	形 <u>無線（電信）の</u>，ラジオの ▶ wireless telegraphy 無線電信 名 無線電信；ラジオ放送
1203 **panel** [pǽnəl]	名 <u>（専門家の）一団</u>；討論者一同；羽目板 ▶ panel discussion パネルディスカッション，公開討論会 pánelist 名 討論者；（クイズ番組の）解答者
1204 **format** [fɔ́ːrmæt]	名 <u>書式, 形式</u>；(本などの)型；(会議などの)構成 ▶ a magazine written in a newspaper format 新聞の書式で書かれた雑誌 動 の体裁を整える；の書式を設定する；を初期化する
1205 **delicate** 発 アク [délɪkət]	形 繊細な；<u>扱いにくい</u>；もろい ▶ a delicate issue 取り扱いの難しい問題 délicacy 名 繊細さ；もろさ；珍味
1206 **wipe** [waɪp]	動 <u>を拭く</u>；を拭き取る；を消し去る ▶ wipe out ～ 「～を絶滅させる；～を消し去る」 ▶ wipe a basin clean 洗面器を拭いてきれいにする
1207 **pause** 発 [pɔːz]	動 <u>（一時的に）中止する</u>；(一瞬) 立ち止まる ▶ pause to do …するために進行中の動作を中断する 名 （一時的な）中止, 休止；途切れ ▶ come to a pause 小休止する
1208 **vivid** [vívɪd]	形 鮮やかな；<u>生き生きとした</u> ▶ a vivid image 鮮明なイメージ vívidly 副 色鮮やかに；生き生きと

1215

0   250   500   750   1000   1250   1500

1209

naked

(発) [néɪkɪd]

形 裸の；赤裸々の
▶ with the naked eye 裸眼で，肉眼で
▶ lie naked 裸で横たわる

1210

balance

(ア) [bæləns]

名 均衡，バランス；(体の) 平衡；残高
▶ keep a balance between *A* and *B* *A* と *B* のバランスをとる

動 を釣り合わせる，(の) バランスをとる；の帳尻を合わせる
imbálance 名 不均衡

1211

maze

[meɪz]

名 迷路 (≒ lábyrìnth)；複雑に込み入ったもの
▶ a maze of regulations 複雑な規則

1212

pop

[pɑ(ː)p]

動 ひょいと動く；不意に現れる；ポンとはじける

名 ポンという音；(音楽の) ポップス

形 通俗的な，大衆向けの；ポップスの

1213

soar

(発) [sɔːr]

動 急上昇する；空高く飛ぶ
▶ sore「痛い」と同音。
▶ Oil prices are soaring. 石油価格がうなぎ上りだ。

1214

spray

[spreɪ]

動 を吹きかける，に吹きつける
▶ spray insecticide on plants「植物に殺虫剤を噴射する」
 (= spray plants with insecticide)

名 噴霧 (液)；噴霧器

1215

input

(ア) [ínpʊt]

名 入力 (情報)，投入；(情報・時間などの) 提供

動 (データなど) を入力する，インプットする

335

(82) Superb Baseball Catches

🔑 プロ野球史上に残る数々の名プレーがある。でも，筆者の最もお気に入りのプレーは…。

①If you surf the Internet on your tablet, you will come across interesting information after filtering out videos through various routes. ②The following superb baseball catches, for different criteria, are all on YouTube. ③The earliest was "The Catch" in the 1954 World Series. ④New York Giants center-fielder, Willie Mays, at the crack of the bat, turned, raced to the center-field wall, and caught the ball with his back to the batter. ⑤The Giants then played in the "Polo Grounds," the unusual center-field dimensions of which allowed Mays' catch over 125-130m from home-plate. ⑥Equally tremendous, was the "Spiderman" catch of Souichirou Amaya. ⑦Somehow he managed to make a vertical climb up on the center-field fence, and be standing there, waiting precisely where the ball descended. ⑧Then there are two catches of a kind. ⑨These were spontaneous, made without striving, with the bare hand, almost casually. ⑩The one by Kevin Mitchell is great. ⑪The one by Evan Longoria startles you. ⑫But my favorite catch is by a minor-league ball-girl. ⑬Without caution or hope of headlines, she runs up two walls to make a twisting catch — then casually flips the retrieved ball back to a player who must envy the girl her innate athletic talent.

◉語法・構文・表現

① **after filtering out videos through various routes**「種々の経路を通して動画をろ過した後」

② **The following superb baseball catches, for different criteria, are all on YouTube.**「種々の基準に照らしての，以下の見事な野球の捕球はすべてユーチューブにある」▶allは The following superb baseball catches に照応する代名詞。

④ **at the crack of ～**「～とともに，～と同時に」

⑤ **[the unusual center-field dimensions of which [allowed Mays' catch over 125-130m from home-plate]]**「その（球場の）センターの異常な広さが，[本塁から125～130メートル離れたメイズの捕球を可能にした]」▶先行詞the "Polo Grounds"に関して付加的情報を述べる非制限用法の関係詞節。節内の主語はthe unusual ... which。

📁 日常生活［スポーツ］

① タブレットでインターネットサーフィンをすれば，様々な経路を通して動画をフィルターにかけた後で，興味深い情報に出会えるだろう。② 異なる基準で選んだ，以下の見事な野球の捕球は，すべてユーチューブで見ることができる。③ 一番古いのは，1954年のワールドシリーズでの「ザ・キャッチ」だ。④ ニューヨーク・ジャイアンツの中堅手ウィリー・メイズは，打球音に反応して後ろ向きになり，センター後方のフェンスまで疾走して，バッターに背を向けて捕球した。⑤ ジャイアンツは当時「ポロ球場」でプレーしたが，この球場のセンターの異常な広さが，本塁から125～130メートル離れたメイズの捕球を可能にしたのである。⑥ 同じくらいすばらしいのは，天谷宗一郎の「スパイダーマン」捕球であった。⑦ 何とかして彼はセンター後方のフェンスを垂直に駆け上ってその上に立ち，ボールが落下してくるまさにその地点で待っていた。⑧ それから2つの同種の捕球がある。⑨ これらは無意識的なもので，努力することなく，素手で，ほとんど無造作になされたものである。⑩ ケビン・ミッチェルの捕球は見事である。⑪ エバン・ロンゴリアの捕球は驚異的だ。⑫ しかし，私のお気に入りの捕球はマイナーリーグでボールガールをしていた女の子によるものである。⑬ 彼女は用心もせず，新聞の見出しになる希望も持たずに，2つのフェンスを駆け上り，体をひねって捕球した。そして，回収したボールを，何事もなかったかのように，1人の選手にポイと返球した。その選手は，彼女の生まれつきの運動能力をさぞ羨んだことだろう。

⑥ **Equally tremendous, was ～**「同じように見事なのは，～であった」▶〈CVS〉の倒置構造。

⑦ **waiting precisely where the ball descended**「ボールが落下してくるまさにその場所で待っていた」▶standing thereを修飾する分詞句。〔付帯状況〕を表す。

⑧ **of a kind**「同類の，同じ種類の」

⑨ **made [without striving], [with the bare hand], [almost casually]**「［努力せずに］，［素手で］，［ほとんど無造作に］なされた」▶spontaneous「無意識的な，自然発生的な」と並置される過去分詞句。

⑬ **Without [caution] or [hope of headlines]**「［慎重さ］とか［新聞の見出しになる希望］を持たずに」▶she runs以下の文を修飾する副詞的な前置詞句。
casually flips the retrieved ball back to a player「回収したボールを選手に何気なくポイと返球した」

📖 単語の意味を確認しよう。

1216
surf
[sə:rf]

動 **(インターネット上の情報など) を見て回る**；
サーフィンをする
▶ surf along the coast 海岸沿いでサーフィンをする

名 打ち寄せる波

1217
tablet
[tǽblət]

名 **タブレット (型情報端末)**；錠剤；平板
▶ vitamin tablets ビタミン錠剤

1218
filter
[fíltər]

動 **をろ過する**；**を取り除く**；**をフィルターにか
ける**
▶ filter out ~「ろ過して~を取り除く」

名 ろ過器 [装置]；フィルター
fíltrate 動 (を) ろ過する

1219
route
発 [ru:t]

名 **道 (筋)**；路線，ルート；(~の) 手段 (to)
▶ take a new route to ~ ~までの新しいルートを取る

動 を特定の経路で輸送する

1220
criterion
発 [kraitíəriən]

名 **(判断・評価の) 基準**
▶ 複数形は criteria [kraitíəriə]。
▶ set the criterion for ~ ~の基準を設ける

1221
tremendous
[trəméndəs]

形 **途方もない，莫大な**；**すばらしい**
▶ at a tremendous speed 猛スピードで
treméndously 副 すさまじく

1222
vertical
[və́:rtikəl]

形 **垂直の** (⇔hòrizóntal 水平な)；縦方向の
▶ a vertical line 垂直線
名 垂直線

1223
descend
[disénd]

動 **(を) 降りる** (⇔ascénd (を) 上がる)；受け継
がれる
descént 名 下降；血統
descéndant 名 子孫

```
0        250       500       750       1000      1250      1500
```

1224

spontaneous
[spɑ(:)ntéɪniəs]

形 自然発生的な；自発的な；無意識的な
▶ spontaneous combustion 自然発火
spontáneously 副 自発的に
spontaneity [spὰ(:)ntəní:əti] 名 自発性

1225

strive
[straɪv]

動 努力する；争う
strive to *do* 「…しようと努力する」
▶ 活用：strive - strove - striven
▶ strive for ~ ～を得るために努力する
strife [straɪf] 名 争い，不和

1226

startle
[stá:rtl]

動 をびっくりさせる（≒ surprise）
▶ be startled by [at] ~ 「～にびっくりする」
名 びっくりさせること
stártling 形 ショッキングな

1227

caution
発 [kɔ́:ʃən]

名 用心；警告
▶ use extreme caution 最大限の注意を払う
動 に警告する（≒ warn）
cáutious 形 用心深い

1228

headline
[hédlàɪn]

名 （新聞などの）見出し
▶ make [hit, grab] (the) headlines 「大きなニュースとして取り上げられる」

1229

retrieve
[rɪtrí:v]

動 （情報）を検索する；を取り戻す；を回復する
retríeval 名 回収；回復；検索
▶ information retrieval 情報検索
retríever 名 レトリーバー（獲物を回収する猟犬）；回収者

1230

innate
発 [ìnéɪt]

形 生まれながらの；固有の
▶ innate ability 生まれ持った能力
ìnnátely 副 生まれつき，生得的に

---

83 Does Travel Broaden Mind?

🔑 旅の目的は人それぞれ。この筆者はどんなふうにして旅を楽しんでいるのだろうか。

① I like traveling, the transition from here to there. ② In Christian countries, I visit churches, mostly decorated with beautiful stained glass and frescos depicting memorable scenes of biblical stories, and furnished with sacred objects. ③ Paying little attention to what the guide is explaining, I take photos. ④ Modern digital cameras can capture almost anything, even things you have failed to notice: subtle shades of frescos, flickering light emitted from candles, water spilling from a vessel, beautifully illustrated ancient books possibly written by Irish monks and so on. ⑤ Such visual evidence speaks more about history and culture than what is conveyed by an oral means of communication. ⑥ My fellows start to whisper about frescos, saying, "Why is that man in such agony? That terrifies me," "What penalty does he face?" or "Look at the recipient of the sword. What great services has he rendered?" ⑦ They should have studied beforehand, but I guess they have been terribly busy. ⑧ Some of them are getting restless. ⑨ Maybe they are preoccupied with a tight, draining schedule for obligatory souvenirs, or today's currency exchange rate. ⑩ Whatever their motives, they should forget them, and just look.

◎語法・構文・表現

① **transition from here to there**「ここからあそこへの転移」▶traveling の言い換え。

② **mostly [decorated with beautiful stained glass and frescos [depicting memorable scenes of biblical stories]], and [furnished with sacred objects]**「たいていは [[聖書の話の忘れられぬ場面を描いた] 美しいステンドグラスやフレスコ画で装飾され, [神聖な物が備わった]]」▶churches を修飾する分詞句。depict 他「(絵などで) 〜を描く」。biblical 形「聖書に (書いて) ある」。be furnished with 〜「〜が備わっている」

③ **pay little attention to 〜**「〜にほとんど注意を払わない」

④ **you have failed to notice**「気づき損ねた」▶things を修飾する関係詞節。
flickering「(光などが) ちらちら (明滅) している」
beautifully illustrated ancient books [possibly written by Irish monks]「[ひょっとするとアイルランドの修道士により書かれた] 見事な挿絵入りの古写本」

📁 日常生活［旅行］

①私は旅行，つまり，あちこち移動するのが好きだ。②キリスト教国では教会を訪ねる。たいていの教会は，聖書の物語に出てくる印象的な場面を描いた美しいステンドグラスやフレスコ画で飾られ，神聖なものが備わっている。③ガイドの説明はほとんど聞かず，私は写真を撮る。④今のデジカメは，ほとんど何でも，自分が気づき損ねたものさえも，写せる。例えば，フレスコ画の微妙な色合い，ロウソクが放つチラチラ揺らめく光，器からこぼれる水，美しい挿絵が入った大昔の本（おそらくアイルランドの修道士によって書き写されたのだろう）などだ。⑤これらの目に見える証拠は，歴史や文化について，口頭の伝達手段により伝えられる情報よりも多くのことを教えてくれる。⑥私の旅行仲間が，フレスコ画について小声で話し始める。「あの男の人はなぜあんなに苦しんでいるの？怖いわ」「彼は何の罰を受けているのだろう？」「あの剣を受け取っている人，彼はどんな立派な手柄を立てたんでしょう？」などと。⑦彼らは事前に調べておけばよかったのだが，おそらく忙しすぎて，その暇がなかったのだろう。⑧中には，そわそわし始める人もいる。⑨おそらく，義理で土産を買うために組んだハードで疲れるスケジュールや，今日の通貨の為替レートで頭がいっぱいなのだろう。⑩動機が何であれ，彼らはそれを忘れて，（目の前のものを）見ることに集中すべきだ。

---

⑤ **what is conveyed by an oral means of communication**「口頭の伝達方法で伝えられるもの」▶Such visual evidence「こうした視覚的証拠」との対照。

⑥ **Why is that man in such agony?**「なぜあの男性はあんなに苦悶しているの？」
What great services has he rendered?「彼はどんな立派な貢献をしたの？」

⑧ **get restless**「落ち着きがなくなる，そわそわする」

⑨ **are preoccupied with [a tight, draining schedule for obligatory souvenirs], or [today's currency exchange rate]**「［義務的な土産を買うためのぎっしり詰まった，疲れさせるスケジュール］とか，［今日の通貨交換レート］に心を奪われている」

⑩ **Whatever their motives** (are)「彼らの動機が何であるにせよ」▶譲歩節。

📕 単語の意味を確認しよう。

1231

transition
[trænzíʃən]

名 移り変わり；過渡期
▶ be in a period of transition 過渡期にある
transítional 形 過渡的な

1232

decorate
(発) [dékərèit]

動 を装飾する
decorate A with B 「A を B で飾る」
dècorátion 名 装飾（品）
▶ interior decoration 室内装飾
decorative [dékərətɪv] 形 装飾的な

1233

sacred
(発) [séɪkrɪd]

形 神聖な（≒ hóly）；宗教的な；厳粛な
▶ a sacred right 不可侵の権利

1234

subtle
(発) [sʌ́tl]

形 微妙な；（気体などが）希薄な
▶ subtle difference in color 色彩の微妙な差
súbtlety 名 微妙；希薄；〔~ties〕わずかな差異

1235

emit
[ɪmít]

動 （光・熱など）を出す，排出する；（信号）を
送る
▶ e- (← ex-) 外へ＋ mit (← mittere) 送る
▶ emit exhaust fumes 排気ガスを出す
emíssion 名 放出；排出
▶ emission standards 排出基準

1236

spill
[spɪl]

動 をこぼす；こぼれる
▶ spill over あふれ出る

名 こぼれること，流出
▶ an oil spill 石油流出

1237

monk
(発) [mʌŋk]

名 修道士，僧（⇔nun 修道女，尼）
mónastèry 名 （男子の）修道院，僧院

1238

oral
(発) [ɔ́ːrəl]

形 口頭の
▶ aural 「聴覚の」と同音。
▶ an oral tradition 口承，言い伝え
▶ oral health 口腔衛生
órally 副 口頭で

1245

| 0 | 250 | 500 | 750 | 1000 | 1250 | 1500 |

1239

fellow
[félou]

名 仲間，同僚；同級生；男

形 仲間の，同僚の

▶ my fellow merchants 私と同じ商人たち
féllowshìp 名 仲間意識；集団

1240

whisper
[hwíspər]

動 (を) ささやく

▶ whisper secrets in his ear 秘密を彼に耳打ちする

名 ささやき (声)；ひそひそ話

1241

terrify
[térəfài]

動 を怖がらせる；を脅かす

▶ be terrified of ~ ~を怖がる
térrifỳing 形 恐ろしい
térror 名 恐怖；恐ろしいもの
térrorìsm 名 テロ (行為)

1242

penalty
⑦ [pénəlti]

名 (刑) 罰；罰金；ペナルティー

▶ a penalty for illegal parking 駐車違反の罰金
pénalìze 動 を罰する

1243

recipient
⑦ [rɪsípiənt]

名 受け取る人；(臓器などの) 被提供者

形 受容力のある

1244

drain
[dreɪn]

動 (液体) を流出させる；(液体が) 流れ出る；
(人) を (精神・肉体的に) 疲れさせる

名 排水路 [管]；流出，消耗

▶ brain drain 頭脳流出
dráinage 名 排水 (設備)

1245

motive
発⑦ [móutɪv]

名 動機；誘因

形 原動力となる

mótivàte 動 に動機を与える
mòtivátion 名 動機 (づけ)

343

マレーシアに来て間もない日本人の筆者は，現地の犯罪事情を知りショックを受ける。

① Malaysia has been thriving, particularly since it reformed its economy. ② Malays suppose there is a magic formula for their country's success: that Malays and other natives should be given priority.

③ Soon after I arrived in the flourishing country, I attended a lecture by a man from the Japanese Embassy, a career police officer who writes an irregular column about crime in Malaysia in a weekly newspaper for Japanese expatriates. ④ He said that the ratio of crimes to population is higher than in Japan, and that one cannot enjoy rambling along streets. ⑤ He showed us videos of various crime scenes. ⑥ They are so rough and violent that there is nothing parallel in Japan. ⑦ Their impact was so vivid that the images in my mind have not vanished or even faded. ⑧ I am grateful, however, to this man for the advice he gave me when we exchanged words after the lecture: "Be alert all the time." ⑨ This particularly applies when one is walking on a street, where pedestrians, without the right of way, must be constantly alert for cues of danger. ⑩ Anyway, given the possible dangers here, I have rewritten my will so that my daughter living in Japan can inherit my personal fortune.

◎ 語法・構文・表現 〰〰〰〰〰〰〰〰〰〰〰〰〰〰〰〰〰〰〰〰〰〰〰〰〰〰〰〰〰〰〰〰〰

① **has been thriving, particularly since ... economy**「特に自国経済を改革して以降栄えてきた」

② **there is a magic formula for their country's success**「自国の成功には魔法のような方法がある」▶マレー人優先政策（Bumiputera Policy）のこと。後続のthat節でmagic formulaの内容が示される。
be given priority「優先される」▶give 〜 priority「〜を優先させる」の受身形。

③ **attended a lecture by a man ...**「…男性による講演に出席した」
who writes an irregular column about crime in Malaysia in a weekly newspaper for Japanese expatriates「国外在住日本人のための週刊新聞にマレーシアの犯罪に関する不定期コラムを書いている」▶career police officerを修飾する関係詞節。expatriate [ekspéɪtriət] 图「国外に移住した（人）」

マレーシアでの暮らし

📁 文化 [風俗]

①マレーシアは，特に経済改革以降は繁栄を続けている。②マレー人は，自国の成功には秘策があると考えている。それは，マレー人および他の先住民族を優先する方針である。

③この繁栄する国に着いて間もなく，私はある講演に出席した。講演者は日本大使館に所属するキャリア職の男性警察官である。彼は国外へ移住した日本人向けの週刊新聞に，マレーシアの犯罪に関するコラムを不定期に連載している。④彼の話では，マレーシアの人口当たりの犯罪発生率は日本より高く，街中の散策を楽しむようなことはできない。⑤彼は，様々な犯罪現場のビデオを私たちに見せた。⑥それらは，とても荒っぽく暴力的で日本にはこれに類するものはない。⑦その衝撃はあまりにも強烈であり，私の心に焼き付いた映像は今も消えず，薄れてさえいない。⑧しかし，私は講演の後で私たちが言葉を交わした際にこの男性が与えてくれた「常に警戒してください」という助言には感謝している。⑨この助言は，特に街中を歩いているときに当てはまる。そこでは，歩行者に通行の優先権がないので，危険の兆候に絶えず警戒しなければならない。⑩いずれにせよ，私はこの地で起こり得る危険を考慮して，日本に住む娘が私個人の財産を相続することができるよう，遺言状を書き直したところだ。

---

④ **the ratio of crimes to population**「人口に対する犯罪の率，犯罪発生率」
  cannot enjoy rambling along streets「通りの散策を楽しむことはできない」
  ▶ enjoy *doing*「…することを楽しむ」

⑥ **there is nothing parallel in Japan**「日本ではこれに類するものはない」

⑦ **Their impact was so vivid that ...**「その衝撃はとても強烈だったので…」

⑧ **be grateful to A for B**「BのことでA (人) に感謝している」

⑨ **without the right of way**「先行権を持たない」▶ pedestriansを説明する要素。
  be alert for ～「～に警戒 [用心] している」

⑩ **given the possible dangers here**「当地のあり得る危険を考慮して」▶ givenは前置詞的に働く。given「～を考慮すると」

📕 単語の意味を確認しよう。

1246

thrive
[θraɪv]

動 繁栄する，うまくいく；繁茂する

thríving 形 繁栄する

1247

reform
[rɪfɔ́ːrm]

動 を改革する；を改心させる
▶ reform a criminal 犯罪者を改心させる

名 改革；改善
▶ political reforms 政治改革
rèformátion 名 改良；改革

1248

formula
[fɔ́ːrmjʊlə]

名 方法，解決策；公式

fòrmuláic 形 紋切り型の
fórmulàte 動 （計画など）をまとめる
fòrmulátion 名 （計画などの）策定；体系化

1249

column
発 [kɑ́(ː)ləm]

名 コラム；（新聞などの）欄；円柱；（縦）列
▶ a column of smoke 立ちのぼる煙
▶ walk in a column 1列縦隊で進む

1250

ratio
発 [réɪʃiòʊ]

名 比率
▶ the ratio of A to B 「A の B に対する比率」
▶ be in the ratio of 12 to 19 12対19の割合になっている

1251

rough
発 [rʌf]

形 粗い；大まかな；乱暴な
▶ a rough road でこぼこ道

副 手荒く
róughly 副 おおよそ；手荒く

1252

parallel
発 [pǽrəlèl]

形 （～と）平行［並行］の (to)；類似した
▶ parallel lines 平行線

動 に平行［並行］している；に類似する

副 平行に

名 匹敵するもの；対比
▶ in parallel (with [to]) （～と）平行して，同時に

| 0 | 250 | 500 | 750 | 1000 | 1250 | 1500 |

1253

impact
ア [ímpækt]

名 影響；(激しい) 衝突；衝撃 (力)
▶ 「出来事や状況がもたらす効果や影響」の意。
　have an impact on ～「～に影響を及ぼす」

動 [ɪmpǽkt] (～に) 強い影響を及ぼす (on)；衝突する

1254

vanish
ア [vǽnɪʃ]

動 消える (≒ dìsappéar)
▶ banish「を追放する」と区別。

1255

fade
[feɪd]

動 薄れる；衰える
▶ fade away 消える；衰える
　fádeawày 名 消失

1256

grateful
[gréɪtfəl]

形 感謝している
▶ be grateful for ～「～のことをありがたく思う」
　grátitùde 名 感謝
▶ as a token of my gratitude 私の感謝の印として

1257

exchange
発 [ɪkstʃéɪndʒ]

動 (を) 交換する；両替する
▶ exchange A for B「A を B と交換する」

名 交換；やり取り，交流；為替
▶ a rate of exchange = an exchange rate 為替レート
▶ in exchange for ～ ～と交換で

1258

pedestrian
ア [pədéstriən]

名 歩行者
▶ pedestr- (←ラテン語 pedester)「徒歩で行く」+ -ian「人」

形 歩行者の；徒歩の；平凡な
▶ a pedestrian crossing 奥 横断歩道 (≒ 米 crosswalk)

1259

cue
発 [kju:]

名 合図；手がかり；(次の演技の) キュー
▶ queue「列」と同音。

動 (人) にきっかけを与える

1260

inherit
[ɪnhérət]

動 を受け継ぐ；を相続する
　inhéritance 名 遺産；継承
▶ leave an inheritance to ～ ～に遺産を残す

---

85 Diagnosed as Cancer

医師から癌宣告を受けたらどんな心境になるだろうか。どんな行動を取るだろうか。

①After a series of thorough medical examinations, how would you accept the fact that you have cancer? ②At first you might find it difficult to maintain your upright posture while your doctor is explaining how to tackle this disease and what remedies to take. ③Sometimes the way the doctor explains medical matters is so mechanical that your mind easily drifts away from the reality. ④But you dare not persist in thinking that the doctor has made a wrong diagnosis. ⑤You will probably admit, even in a passive way, that you will die if you disregard the doctor's advice. ⑥Keen to get back to your normal life, you might go to a library or access the Internet to get information that cancer patients need to know. ⑦You will learn that you can have surgery, or undergo radiotherapy and/or chemotherapy. ⑧Stay positive, for there may be a significant breakthrough in cancer treatment to come. ⑨Once you have made up your mind to engage in this combat, all you have to do is to dedicate as much time as possible to what you have decided to do, believing you will conquer cancer and celebrate a great triumph in due course.

● 語法・構文・表現

① **After a series of thorough medical examinations**「一連の徹底的な医学的検査の後で」
   how would you accept 〜?「いったいどうやって〜を受け入れるというのか」 ▶ 反語的に困惑を表す。

② **find it difficult to maintain your upright posture**「まっすぐな姿勢を維持することが困難なのに気づく」 ▶ to ... posture は真目的語。
   is explaining [how to tackle this disease] and [what remedies to take]「[この病気にどう取り組むべきか], [どんな治療薬を飲むべきか] を説明している」

③ **the way the doctor explains medical matters**「医師が医学的な事柄を説明する方法」 ▶ 主語。the doctor ... matters は way にかかる関係詞節。
   is so mechanical that your mind easily drifts away from the reality「非常に機械的なので,考えが簡単に現実から離れ漂う」 ▶〈so 〜 that ...〉構文。

④ **you dare not persist in thinking that ...**「…であるとの考えに固執する勇気がない」▶ dare not *do*「…する勇気がない」 persist in *doing*「…することに固執する」

348

 日常生活〔健康・医療〕

① 人間ドックの検査が一通り終わって，自分が癌<small>（がん）</small>だとわかったら，あなたはその事実をどう受け入れるだろうか。② 最初は，この病気とどう<u>取り組む</u>べきか，どんな<u>治療薬</u>を飲むべきかを医者が説明している間，まっすぐな<u>姿勢</u>を維持するのが難しいかもしれない。③ ときには，医者の医学的な事柄に関する説明の仕方が<u>機械的</u>すぎて，心が簡単に現実から離れて<u>漂っていく</u>。④ しかし，医者が誤診をしたと<u>大胆</u>にも思い<u>続けるわけにはいかない</u>。⑤ 医者の助言を無視すれば死ぬという現実を，<u>消極的に</u>であっても，認めることにおそらくなるだろう。⑥ <u>どうしても</u>普段の生活に戻り<u>たくて</u>，癌の患者が知るべき情報を得るために，図書館へ行ったりインターネットにアクセスしたりするかもしれない。⑦ <u>手術</u>を受けてもよいし，放射線治療と化学療法のどちらかあるいは両方を受けることもできるとわかるだろう。⑧ 癌治療における重大な<u>飛躍的進歩</u>はすぐそこかもしれないのだから，前向きにいこう。⑨ いったん癌との<u>戦い</u>に身を投ずる決心をしてしまえば，やるべきことは，癌を<u>克服して</u>，いつかは<u>勝利</u>を祝うことを信じて，できるだけ多くの時間をやると決めたことに<u>充てる</u>ことだけである。

⑥ **Keen to get back to your normal life**「普段の生活に戻ることを熱望して」▶主語のその時の状態を示す形容詞句。
to get〔information〔that cancer patients need to know〕〕「癌患者が知る必要のある情報を得るために」▶that ... knowはinformationにかかる関係詞節。

⑧ **there may be ～ to come**「～が来る〔起こる〕かもしれない」

⑨ **Once you have made up your mind to engage in this combat**「いったんこの戦いを行う決心がついたら」▶make up *one's* mind to *do*「…する決心をする」engage in combat「戦闘を行う」
to dedicate as much time as possible to what you have decided to do「すると決めたことにできるだけ多くの時間を充てること」▶(all you have to do) isの補語。dedicate *A* to *B*「*A*を*B*に充てる，ささげる」
believing (that) **you will** *do*「自分が…すると信じて」▶〔付帯状況〕を表す。
in due course「やがて，そのうち」

📖 単語の意味を確認しよう。

1261

posture
[pá(:)stʃər]

名 姿勢；心構え
▶ have good [poor] posture 姿勢がよい [悪い]

動 気取る；(~の) ふりをする (as)
▶ posture as an artist 芸術家ぶる

1262

tackle
[tǽkl]

動 に取り組む；と (~のことで) 話をつける (about / on)
▶ tackle ~ about the budget 予算のことで~と話をつける

名 (ラグビー・アメフトなどの) タックル；(釣り) 道具
▶ a hard tackle 強烈なタックル

1263

remedy
[rémədi]

名 治療 (法)；治療薬；解決法
▶ a folk remedy「民間療法」
▶ a remedy for the cold = a cold remedy 風邪薬

動 を改善する；を救済する

1264

mechanical
[mɪkǽnɪkəl]

形 機械の；機械的な
▶ mechanical products 機械製品
　 mechánic 名 整備士，修理工
　 mechánics 名 力学；機械工学
　 méchanìsm 名 仕組み

1265

drift
[drɪft]

動 漂う；さまよう；を押し流す

名 漂流 (物)；吹きだまり；緩やかな移動
　 drífter 名 放浪者

1266

dare
[deər]

動 あえて [思い切って] …する
▶ dare は助動詞として用いられることもある。
　 How dare you *do*? 君はよくも…できるものだ。
　 dáring 形 大胆な；思い切った

1267

persist
[pərsíst]

動 続く；固執する
▶ persist in [with] ~「~に固執する」
　 persístence 名 固執；粘り強さ
▶ with persistence 執拗に，粘り強く
　 persístent 形 粘り強い；持続する

350

1268
passive
[pǽsɪv]

形 受動的な；消極的な
▶ passive smoking 受動喫煙
▶ passive response [resistance] 消極的反応 [抵抗]
　 passívity 图 受動性；無抵抗

1269
keen
[ki:n]

形 熱心な；鋭敏な；(感情・関心などが) 強い
▶ have a keen interest in 〜 〜に強い関心を持っている
▶ be keen on 〜 〜に熱中している
　 kéenly 副 熱心に；痛烈に

1270
surgery
発 [sə́:rdʒəri]

名 (外科) 手術；外科，外科医学
▶ have [undergo] surgery 「(外科) 手術を受ける」
▶ cosmetic surgery 美容外科
　 súrgical 形 外科の，外科的な；外科医の
　 súrgeon 图 外科医

1271
breakthrough
[bréɪkθrù:]

名 大発見，飛躍的進歩
▶ a major breakthrough 主要な大発見

1272
combat
[ká(:)mbæt]

名 戦闘；対立
▶ a combat mission 戦闘任務

動 と戦う；に立ち向かう
　 combátive 形 闘争的な

1273
dedicate
ア [dédɪkèɪt]

動 をささげる；を献呈する
　 dedicate A to B 「A を B にささげる」
　 dèdicátion 图 献身；献呈
　 dédicàted 形 献身的な，熱心な

1274
conquer
発 [ká(:)ŋkər]

動 を征服する；を克服する
▶ conquer Mt. Eiger アイガー山を征服する
▶ conquer a sense of inferiority 劣等感を克服する
　 cónquèst 图 征服；克服　　cónqueror 图 征服者

1275
triumph
発ア [tráɪʌmf]

名 勝利；勝利の喜び；偉業

動 勝利を得る，成功する
　 triúmphant 形 勝利を収めた；勝ち誇った

⚲ エボラ・ウイルスは致死性が高い。感染者の体液などへの接触で人から人へ伝播する。

① It is difficult to dismiss the link between infectious diseases and animals in which microbes and viruses might live. ② Therefore, when there is an outbreak of a disease whose route of transmission is not fully known, scientists carry out elaborate investigations to find out the natural host among animals. ③ In the West African Ebola virus epidemic, which broke out in Guinea in December 2013 and later spread to neighboring countries, the initial case occurred, it is suspected, after a child had contact with a bat feeding on insects. ④ Viruses reproduce themselves only in cells of living things, so it seemed possible to halt the spread of Ebola because its natural host was identified. ⑤ But partly because of the poor living conditions prevailing in the region, the initial response of the WHO being slow and insufficient, and the mutation of the virus occurring, which allowed the virus to enter human cells and infect people, the absolute requirement to stop human-to-human transmission was never fulfilled and the epidemic escalated into a crisis.

⑥ People with poor hygiene habits who do not care much about catching minor bugs freely interacted in an environment where invisible viruses were scattered all around, with no adequate warning of an epidemic given to them.

◎ 語法・構文・表現 〰〰〰〰〰〰〰〰〰〰〰〰〰〰〰〰〰〰〰〰〰〰〰〰〰

① **to dismiss the link between [infectious diseases] and [animals in which microbes and viruses might live]**「[感染症] と [病原菌やウイルスが生息するかもしれない動物] との関連を頭から追い払うこと」▶真主語。

② **whose route of transmission is not fully known**「(その) 伝染経路が完全には分かっていない」▶disease「病気」にかかる関係詞節。not fullyは部分否定。

③ **which [broke out in ...] and [later spread to ... countries]**「[…で発生し], [その後…に蔓延した]」▶West African Ebola virus epidemicを説明する非制限用法の関係詞節。
feeding on insects「虫をえさとする」▶batを修飾する現在分詞句。

④ _(仮S)**it** _(V)**seemed** _(C)**possible** _(真S)**to halt the spread of Ebola**「エボラの蔓延を食い止めるのは可能であるように思われた」

エボラ・ウイルス病の最大規模の発生

社会 [社会問題]

英文レベル
☆☆☆

206
words

① 伝染病と，ときに病原菌やウイルスの宿主となる動物との間の関係は無視し難い。② したがって，伝染経路が完全にはわかっていない病気が発生した場合，科学者は自然宿主となった動物を発見するために，入念な調査を行う。③ 西アフリカエボラ・ウイルス流行病は 2013 年 12 月にギニアで発生し，その後近隣諸国に広がったが，その最初の症例は，1 人の子供が虫をえさとするコウモリと接触した後に起きたと考えられている。④ ウイルスは生物の細胞内でしか繁殖しないので，自然宿主が特定されたことによってエボラ・ウイルス病の拡散を食い止めることは可能に思われた。⑤ しかし，その地域では劣悪な生活状態が蔓延していることに加えて，世界保健機関の当初の対応が遅く，不十分だったことと，ウイルス突然変異が起き，そのせいでウイルスが人の細胞に侵入して人に感染することが可能になったために，人から人への感染を止めるための絶対的必要条件が満たされることはなく，病気の流行は危機的状況まで進んだ。

⑥ 衛生習慣が不十分で，軽い病気にかかるのをあまり気にしない人々が，目に見えないウイルスが至る所に散在している環境で，流行病に対する警告が十分に与えられないまま，自由に交流したのである。

⑤ the poor living conditions prevailing in the region「劣悪な生活状態がこの地域にはびこっていること」▶主語付きの動名詞句。

the mutation of the virus occurring, which allowed the virus to enter human cells and infect people「ウイルス突然変異が起こり，それでウイルスが人間の細胞に入り人間に感染することが可能になったこと」▶the mutation of the virus occurring は主語付きの動名詞句。which ... people は〔結果〕を表す非制限用法の関係詞節。

(S) the absolute requirement to stop human-to-human transmission (V) was never fulfilled「人から人への伝染を止めるための絶対的必要条件が満たされることはなかった」

⑥ where (S) invisible viruses (V) were scattered (adv) all around「目に見えないウイルスが至る所に散在する」▶environment「環境」にかかる関係詞節。

with no ~ given to them「~が彼らに与えられない状態で」▶〔付帯状況〕を表す。

353

📖 単語の意味を確認しよう。

1276 **dismiss** ⑦ [dɪsmís]	動 (意見など) を退ける；を解雇する dismiss ～ as ... 「～を…として退ける」 ▶ dismiss a case 訴訟を棄却する [取り下げる]
1277 **link** [lɪŋk]	名 関連，つながり；(2地点を結ぶ) 交通手段 ▶ a link between eating habits and cancer 食習慣と癌との関連 動 を (～に) 結び付ける，関連させる (to / with)
1278 **microbe** ⑨ [máɪkroʊb]	名 微生物；細菌 micróbial 形 微生物の；細菌の
1279 **outbreak** [áʊtbrèɪk]	名 発生，勃発 ▶ the outbreak of civil war 内戦の勃発
1280 **elaborate** ⑦ [ɪlǽbərət]	形 入念な；凝った ▶ with elaborate caution 細心の注意を払って 動 [ɪlǽbərèɪt] を苦心して生み出す
1281 **epidemic** [èpɪdémɪk]	名 流行 (病)；蔓延 形 伝染性の；流行の pandémic 名 全国 [世界] 的大流行病
1282 **initial** ⑦ [ɪníʃəl]	形 初めの 名 頭文字，イニシャル inítiàte 動 を新たに始める；に手ほどきをする inìtiátion 名 開始；入会 (式) inítiative 名 主導権；新構想 [計画]
1283 **feed** [fíːd]	動 に食べ物 [乳] を与える；に (～を) 供給 [補給]する (with)；えさを食べる ▶ be fed up (with ～)「(～に) うんざりしている」 ▶ feed A into B A (データ) を B (コンピュータ) に入れる 名 食べ物 (を与えること) féeder 名 食べ物を与える人；えさ箱；支流

| 0 | 250 | 500 | 750 | 1000 | 1250 | 1500 |

1284

reproduce

[rìːprədjúːs]

動 を複製する；を繁殖させる；繁殖する
▶ reproduce *oneself* 生殖する，繁殖する
　rèprodúction 名 複製；繁殖

1285

prevail

発 [privéil]

動 普及している；支配的である；(〜に) 打ち勝つ (over)
　prévalence 名 普及，流行
　preváiling 形 支配的な；普及した
　prévalent 形 普及している

1286

mutation

[mjutéiʃən]

名 突然変異 (体)；変化
　mútate 動 突然変異する
　mútant 名 突然変異体

1287

absolute

[ǽbsəljùːt]

形 絶対的な (⇔ rélative 相対的な)
▶ in absolute terms それだけで見れば
▶ absolute pitch 絶対音高；絶対音感
　ábsolùtely 副 完全に；〔返答で〕まったくそのとおり

1288

fulfill

ア [fulfíl]

動 を実現させる；を果たす；を満たす
▶ fulfill 〜's needs 〜の必要を満たす
　fulfíllment 名 実現；充足感
▶ a sense of fulfillment 達成感，充足感
　fulfílled 形 満ち足りている

1289

bug

[bʌg]

名 病原菌 (が起こす病気)；虫；盗聴器；(機械・プログラムの) 欠陥
▶ a flu bug インフルエンザウイルス

動 を盗聴する；を悩ます

1290

scatter

[skǽtər]

動 をまき散らす；分散する
▶ be scattered 点在している；散らばっている

名 散布；分散
　scáttered 形 点在する；散発的な
▶ cloudy with scattered showers 曇り，所によりにわか雨

🔎 西洋の結婚披露宴に欠かせないダンス。どうやらそのダンスにも通過儀礼があるようだ。

① Worldwide, at a wedding, participants and guests assemble for a subsequent reception of dining and speeches, which has been coordinated on behalf of the newly-weds. ② You may misunderstand the social custom, but people in western countries proceed to dancing to music. ③ Having just walked down the aisle, the groom discovers that his first duty in the new marriage bargain is, despite being an awful dancer, to dance the first slow number with his bride alone. ④ There usually are no preliminary drills for this performance. ⑤ He is ashamed, but it must be done. ⑥ The face of his bride, blinking back happy tears, consoles him. ⑦ Then the bride dances with her father, while the groom dances with his mother.

⑧ Now the tempo picks up, and others join in. ⑨ A good band or DJ will feel obliged to play a few big-band or swing numbers for the elderly, and some classic rock for the not-quite-so-old. ⑩ Then the band or DJ will probably play rock favorites of the bride, groom, and acquaintances. ⑪ The music gradually gets faster and more intense. ⑫ If you lack even the minimal grace required to dance to this music, you have no choice but to wait until they play the Duck Dance and the Hokey-Pokey.

◎語法・構文・表現

① **participants and guests assemble for a subsequent reception of dining and speeches**「参列者と招待客は，食事とスピーチを楽しむその後の披露宴に集まる」▶subsequent「それに続く」は「式の後で行われる」の意。

which has been coordinated on behalf of the newly-weds「それは新婚夫婦のために組織されたものである」▶subsequent receptionに関して付加的情報を述べる非制限用法の関係詞節。

② **proceed to dancing to music**「音楽に合わせてのダンスに移る」▶proceed to ～「～に移行する」

③ **walk down the aisle**「教会堂の通路（バージンロード）を歩く」＝「結婚する」

to dance the first slow number with his bride alone「新婦と2人だけで最初のゆっくりした曲を踊ること」▶his first duty ... isの補語。

📁 日常生活 [婚姻]

① 世界中の結婚式で，参列者と招待客が式の<u>後の</u>食事とスピーチを楽しむ披露宴に集まる。新郎新婦の<u>ために準備された</u>披露宴だ。② 社会的な慣習を<u>誤解している</u>人もいるかもしれないが，西洋の人々は音楽に合わせてのダンスに<u>移行する</u>。③ <u>礼拝堂の通路</u>を先ほど歩いたばかりの新郎は，新しい結婚<u>契約</u>の下での自分の最初の仕事が，踊りの<u>下手な</u>自分が新婦と 2 人だけで最初に流れるスローな曲を踊ることであることに気づく。④ 普通，前もって踊りの<u>練習</u>は行われない。⑤ 新郎は<u>恥ずかしい</u>のだがやるしかないのだ。⑥ <u>まばたきして</u>うれし涙をこらえる新婦の顔が慰めてくれる。⑦ 次に，新婦は自分の父親と，新郎は自分の母親と踊る。

⑧ やがて曲のテンポは速くなり，他の人々が加わる。⑨ <u>上手な</u>バンドや DJ は，年配の人々のためにビッグバンドやスイングの曲を 2，3 曲流して，そんなにも年を取っていない人々のためにロックの<u>スタンダード</u>ナンバーを何曲か<u>流さなければならない</u>と思うだろう。⑩ その後，バンドや DJ は，おそらく新婦新郎と<u>知人</u>たちが好きなロックを流すだろう。⑪ 音楽はだんだん速く，激しくなる。⑫ この音楽に合わせて踊るのに必要な最低限のたしなみもない人は，「ダック・ダンス」や「ホーキー・ポーキー」が流れるまで待つしかない。

〰〰〰

④ **There usually are no preliminary drills for this performance.**「この演技のための予行演習は通例ない」

⑥ **blinking back happy tears**「幸せの涙をまばたきして抑えている」▶ bride を修飾・記述する現在分詞句。

⑨ **feel obliged to play [a few big-band or swing numbers] for the elderly, and [some classic rock (numbers)] for the not-quite-so-old**「年配の人々のために [ビッグバンドやスイングの曲を数曲] 演奏し，そんなにも年を取っていない人々のために [クラシックロックを何曲か] 演奏しなければならないと感じる」

⑫ **required to dance to this music**「この音楽に合わせて踊るのに要求される」▶ minimal grace「最低のたしなみ」を修飾する過去分詞句。

📖 単語の意味を確認しよう。

1291
assemble
[əsémbl]

動 を集める；を組み立てる；集まる
assémbly 名 集団；組み立て；議会
▶ an assembly line 流れ作業，組み立てライン

1292
subsequent
⑦ [sʌ́bsɪkwənt]

形 その後の
▶ subsequent to ~ ~に続く，~の後で [の]
súbsequently 副 その後

1293
coordinate
発 [kouɔ́ːrdɪnèɪt]

動 を調整する；を組織する；(服など)をコーディネートする

名 [kouɔ́ːrdɪnət] 座標；コーディネート

形 [kouɔ́ːrdɪnət] 同等の，対等の
coòrdinátion 名 連携，協調；(筋肉運動の)整合

1294
behalf
[bɪhǽf]

名 利益，味方〔下の成句の形で用いる〕
▶ on behalf of ~ / on ~ 's behalf 「(「~の利益のために／に味方して」から転じて)(人)に代わって，(人)を代表して」
▶ in behalf of ~ / in ~ 's behalf ~のために

1295
misunderstand
[mìsʌndərstǽnd]

動 (を)誤解する
▶ 過去形・過去分詞形は misunderstood。
mìsùnderstánding 名 誤解；行き違い

1296
proceed
⑦ [prəsíːd]

動 進む，進行する；(を)続行する (with)
▶ proceed to do「続けて…する」
prócess 名 過程；経過 動 を加工処理する
procédure 名 手順；手続き

1297
aisle
発 [aɪl]

名 (座席間などの)通路
▶ isle「島」と同音。
▶ an aisle seat 通路側の席

1298
bargain
[báːrgɪn]

名 買い得品；取引；契約
▶ make a bargain 取引をする；契約を結ぶ

動 交渉をする
bárgaining 名 交渉

0	250	500	750	1000	1250	1500

1299

awful
(発) [ɔ́ːfəl]

形 ひどい；嫌な；ものすごい
▶ look awful 顔色が悪い
awe [ɔː] 名 畏敬，畏怖
áwfully 副 とても；ひどく悪く

1300

drill
(発) [drɪl]

名 訓練；(反復) 練習；ドリル，錐(きり)
▶ drill and practice 反復練習と演習

動 (～に) 穴をあける；に反復練習させる

1301

ashamed
[əʃéɪmd]

形 恥じて
feel [be] ashamed of ～ 「～を恥ずかしく思う」
▶ be ashamed to do …して恥ずかしい；恥ずかしくて…できない

1302

blink
[blɪŋk]

動 まばたきする；点滅する；(目) をまたたく
▶ before one could blink またたく間に

名 まばたき；瞬時
▶ in the blink of an eye 瞬時に

1303

oblige
[əbláɪdʒ]

動 に義務づける；に恩恵を施す
be obliged to do 「…する義務がある，…せざるを得ない」
▶ be obliged 感謝している
òbligátion 名 義務，責任
oblígatòry 形 義務的な

1304

classic
[klǽsɪk]

形 第一級の；典型的な；定番の

名 名作，名著，古典；典型的な物
▶ the German classics ドイツの古典
clássical 形 古典 (派) の；(音楽で) クラシックの
▶ classical music クラシック音楽

1305

acquaintance
[əkwéɪntəns]

名 知人；面識；知識
acquáint 動 に (～を) 教える，知らせる (with)
▶ become [get] acquainted with ～ ～と知り合いになる；～に精通する

359

88 Prohibition

米国で 1919 年に制定され 1933 年に廃止された禁酒法。その歴史を追ってみよう。

①America has long had a complicated relationship with alcohol. ②For some, it is a holy symbol, served in church on Sundays. ③Others view its consumption less favorably. ④They take a hostile stance against it, claiming that God himself had clarified the act of consuming alcohol as a sin, as do Muslims firmly believe. ⑤Back in the late 19th century, there was a crusade against alcohol, in order to compel drinkers to shed their evil habit. ⑥In 1919, the government implemented strict laws against drinking. ⑦Thus began the era of Prohibition.

⑧The Roaring Twenties, a phrase for the 1920s, was a time when people were cheerful and not sober at all, far from static. ⑨They began looking for alternate sources of booze to fuel their parties, turning to organized crime and home brewed liquor. ⑩The Roaring Twenties ended in economic catastrophe in 1929. ⑪Amid the long-term recession known as the Great Depression, Prohibition was finally abolished in 1933. ⑫People were free to drink again. ⑬They no longer had to disguise themselves as good role models for other citizens. ⑭Yet faint traces of Prohibition remain: alcohol regulations differ from state to state, and even from county to county.

語法・構文・表現

②**served in church on Sundays**「毎日曜日教会で供される」▶holy symbolを修飾する過去分詞句。

③**view ～ less favorably**「それほど好意的に～を受け止めない」▶〈view ～＋圖〉「～を…的に見る」

④**take a hostile stance against ～**「～に反対する姿勢［態度］をとる」
claiming that ...「…と主張して」▶take ... against itを修飾する〔付帯状況〕の分詞句。

⑤**a crusade against alcohol**「アルコールに反対する改革運動」
in order to compel drinkers to shed their evil habit「飲酒者にその悪癖をやめさせるために」▶〔目的〕を表す前置詞句。compel ～ to do「～に強いて…させる」

⑦(adv)**Thus** (V)**began** (S)**the era of Prohibition.**「かくして禁酒法時代が始まった」
▶倒置文。

360

📁 文化 [歴史]

①アメリカと酒の関係は，昔から複雑である。②酒は，一部の人にとっては，日曜日に教会で供される神聖な象徴である。③逆に，飲酒をそれほど好意的に見ない人もいる。④彼らは酒を敵視し，イスラム教徒がかたく信じているように，飲酒という行為が罪であることは神が自ら明らかにしていると主張する。⑤かつて 19 世紀後半に，飲酒者に悪い習慣を止めさせるための飲酒撲滅運動があった。⑥1919 年，連邦政府は飲酒を禁止する厳しい法律を実施した。⑦こうして，禁酒法の時代が始まった。

⑧「狂騒の 20 年代」は 1920 年代を表す言葉だが，人々は陽気で，全くもってしらふではなく，静的とは無縁の時代だった。⑨人々は，パーティーを盛り上げるための酒の代用品を探し始め，組織犯罪や自家製の密造酒に手を伸ばしたのだ。⑩狂騒の 20 年代は，1929 年に起きた経済的破局で終結した。⑪大恐慌として知られる長期にわたる不況の中で，1933 年に禁酒法はついに廃止された。⑫人々は，再び自由に酒を飲むようになった。⑬もはや他の市民のための優れた模範的人物であるふりをする必要がなくなったのだ。⑭しかし，禁酒法のかすかな痕跡は今でも残っている。飲酒の規制は各州で異なり，郡によって違うこともある。

⑧**when people were [cheerful] and [[not sober at all], [far from static]]**「人々が [陽気で][[まったくしらふでなく，[静的とは程遠かっ]] た」▶timeにかかる関係詞節。

⑨**turning to [organized crime] and [home brewed liquor]**「[組織犯罪] や [自家醸造されたアルコール飲料] にすがった」▶began looking for ... their parties「自分たちのパーティーを盛り上げるため，酒の代替源を探し始めた」を修飾する分詞句。〔付帯状況〕を表す。turn to ～「～に頼る，すがる」

⑩**end in ～**「～で終わる，～の結果になる」

⑪**amid** 圃「～のただ中で」　*A* **known as** *B*「*B* として知られる *A*」

⑫**be free to** *do*「自由に…する」

⑬**disguise** *oneself* **as ～**「～に変装する，～のふりをする」

⑭**differ from state to state**「州により異なる」

88 Prohibition

■ 単語の意味を確認しよう。

1306
symbol
[símbəl]

名 象徴，シンボル；記号；標章
　symbólic 形 象徴的な；記号の
　sýmbolìze 動 を象徴する，の象徴である
▶ A symbolizes B.「A は B を象徴する」の A は「具体的な事物」，B は「抽象的な概念」。

1307
hostile
[há(:)stəl]

形 敵意のある（⇔fríendly 友好的な）；敵の
▶ feel hostile to [toward] ~ ～に敵意を感じる
　hostílity 名 敵意

1308
clarify
[klǽrəfàɪ]

動 を明確にする
▶ clarify one's idea 自分の考えを明確にする
　clàrificátion 名 説明；浄化

1309
Muslim
[múzlɪm]

名 イスラム教徒
▶ Moslem とも言う。Islam は「イスラム教」を表す。

形 イスラム教（徒）の

1310
compel
[kəmpél]

動 に強いる
　compel ~ to do 「～に…することを強いる」
　compélling 形 やむにやまれぬ；説得力のある
　compúlsion 名 強制；衝動
　compúlsory 形 義務的な，強制的な

1311
shed
[ʃed]

動 を捨て去る；（光など）を放つ；（涙・血）を流す
▶ 活用：shed - shed - shed
▶ shed light on ~ ～に光を投げかける；～を解明する
▶ shed tears 涙を流す

1312
implement
発 [ímplɪmènt]

動 を実行［実施］する
▶ implement a reform 改革を遂行する

名 [ímplɪmənt] 道具；手段；〔~s〕用具一式
▶ writing implements 筆記用具
　ìmplementátion 名 実行，処理

1313
phrase
[freɪz]

名 句；成句；言葉遣い
▶ in a phrase 一言で言えば

動 を（ある）言葉で述べる

362

| 0 | 250 | 500 | 750 | 1000 | 1250 | 1500 |

1314

static

[stǽtɪk]

形 静的な (⇔dynámic→942)；動きのない
▶ static friction 静止摩擦

名 静電気 (= static electricity)

1315

alternate

発 [ɔ́:ltərnət]

形 代わりの (≒altérnative)；交互の
▶ on alternate days 1日おきに (= every other day)

動 [ɔ́:ltərnèɪt] 交互に起こる，交替する
álternately 副 交互に

1316

recession

[rɪséʃən]

名 不況；後退
▶ be in (a [the]) recession 不況の中にある
recéde 動 後退する；(記憶・可能性などが) 薄れる
récess 名 休憩；休会；困 (学校の) 休憩時間
▶ go into recess 休会に入る

1317

abolish

アク [əbá(:)lɪʃ]

動 を廃止する (≒do away with)
▶ abolish the death penalty 死刑を廃止する
abolition [æbəlíʃən] 名 廃止

1318

disguise

発 [dɪsɡáɪz]

動 を (~に) 変装させる (as)；を偽る
▶ しばしば disguise *oneself* または受身形で用いる。

名 変装；見せかけ
▶ in disguise 変装した，偽装した

1319

model

[má(:)dəl]

名 模範；モデル；模型；型
▶ a mathematical model 数理モデル

形 模型の；模範的な，完璧な

動 を (~の) 模範に合わせる (on)；を (~をもとに) 作る (on)

1320

county

発 [káunti]

名 米 郡；英 州
▶ Madison County マディソン郡

363

自動車会社の前 CEO が保釈中に海外に逃亡。もちろん違法行為だが，彼にも言い分が？

① The Japanese car maker's former CEO, of foreign nationality, escaped overseas, though he was out on bail while waiting for his trial. ② He ignored the bail conditions which required him to appear in court when summoned, and managed to flee from Japan despite the circumstances in which travel abroad was beyond his capacity. ③ The Japanese media, assuming that his act was in serious violation of the Japanese judicial system, shared the same bitter criticism against him, whereas he was reported to have doubted that the police investigation had been conducted on the basis of the due process of law. ④ He must have been aware while under police interrogation that, compared to his country, the Japanese police pay less attention to the rights of the suspect, and that by the same token, the Japanese jury might not trust him for what he would say in court.

⑤ Regardless of his sentiment, however, his act of escaping overseas illegally by slipping through the network of surveillance devices must be punished. ⑥ It is found out that he somehow arrived in a country in the Middle East, whose nationality he possesses. ⑦ His situation, however, is tricky: the country has expressed its intention not to turn him over to the Japanese police, but at the same time, does not want its relationship with Japan worsened by his presence.

語法・構文・表現

① **though he was out on bail while** (he was) **waiting for his trial**「彼は保釈中で自分の裁判を待っていたが」

② **which required him to appear in court when** (he was) **summoned**「彼に対し，裁判所への出頭を命じられたとき出廷することを要求する」 ▶bail conditions にかかる関係詞節。
in which travel abroad was beyond his capacity「外国旅行が彼の能力の枠外にあった（＝彼にはできなかった）」 ▶circumstances「状況」にかかる関係詞節。

③ **his act was in serious violation of ～**「彼の行為は～に対する重大な違反だった」
shared the same bitter criticism against him「彼に対する同じ痛烈な批判を共にした」 **on the basis of the due process of law**「法の適正手続きに基づいて」

海外逃亡

📁 社会［事件・犯罪］

　① 外国籍の日本の自動車メーカーの前 CEO が，裁判を待つ間，保釈中であるにもかかわらず国外に逃亡した。② 彼は，召喚された場合は必ず出廷するようにと彼に求めた保釈条件を無視し，海外への渡航は能力を超えた状況にありながら，どうにか日本から逃げたのだ。③ 日本のメディアは，彼の行動は日本の司法制度に対する重大な違反にあたると考え，彼を辛らつに批判する立場を共有したが，その一方で，彼は警察の取り調べが法の適正手続きに基づいて行われたとは思わなかったと報じられた。④ 警察の尋問を受けている間，自分の国と比べて，日本の警察には容疑者の人権に対する配慮が欠けており，同様に日本の陪審は法廷での自分の発言に対し自分を信用しないかもしれないということに気づいていたに違いない。

　⑤ しかしながら，彼の感情にかかわらず，監視装置の網の目をくぐり抜けることによって，非合法的に海外に逃亡した彼の行為は罰せられなければならない。⑥ 彼はどうにか自分が国籍を有する中東の国に到着したことがわかっている。⑦ しかし，彼の状況は微妙である。その国は彼を日本の警察に引き渡さないという意向を表明したが，同時に彼の存在のために日本との関係を悪化させることは望んでいないのだ。

---

④ while (he was) **under police interrogation**「警察の尋問を受けているときに」
by the same token「同じ理由で」

⑤ **by slipping through the network of surveillance devices**「監視装置の網の目をすり抜けることによって」

⑥ (仮S)**It** (V)**is found out** (真S)**that ...**「…ということがわかっている」
whose nationality he possesses「その国の国籍を彼は持っている」 ▶ a country in the Middle East に関して付加的情報を述べる非制限用法の関係詞節。

⑦ **its intention not to turn him over to the Japanese police**「彼を日本の警察に引き渡さないという国の意向」 ▶ not to turn ... police は intention の内容を示す to 不定詞句。

📖 単語の意味を確認しよう。

☐☐☐ 1321 **trial** [tráɪəl]	名 試み，（品質・性能などの）試験；<u>裁判</u>；試用期間 ▸ on trial for ~ ~の罪で裁判にかけられて ▸ (by [through]) trial and error 試行錯誤（により） **try** 動 を試みる，（…しようと）努める (to *do*)
☐☐☐ 1322 **ignore** ⑦ [ɪɡnɔ́ːr]	動 <u>を無視する</u> **ígnorant** 形 無知な；(~を) 知らない (of) **ígnorance** 名 無知
☐☐☐ 1323 **circumstance** ⑦ [sə́ːrkəmstæns]	名 〔通例~s〕<u>状況</u>，事情；境遇 ▸ under the circumstances このような状況で **cìrcumstántial** 形 状況に基づく
☐☐☐ 1324 **capacity** ⑦ [kəpǽsəti]	名 (最大) 容量，収容能力；<u>(潜在) 能力</u> ▸ a capacity for *doing* [to *do*] …する能力 ▸ to capacity 最大限まで
☐☐☐ 1325 **assume** [əsjúːm]	動 <u>を当然のことと思う，と仮定する</u>；(権力など) を手に入れる；(責任など) を引き受ける assume that ... 「当然…だと思う，…と決めてかかる」 **assúmption** 名 仮定；前提
☐☐☐ 1326 **share** [ʃeər]	動 <u>を共有する</u>；を分担する ▸ 「ほかの人と一緒に何かを所有したり使用したりする」の意。 share A with B 「A を B と分かち合う」 名 分け前；分担；株 (式) ▸ have [get] *one's* (fair) share (正当な) 分け前をもらう
☐☐☐ 1327 **whereas** ⑦ [hweəræz]	接 ~するのに (対し)，<u>~する一方</u> ▸ 同様に「対比」を表す while より堅い語。
☐☐☐ 1328 **doubt** ⑧ [daut]	動 <u>ではないと思う</u>；を疑う doubt that ... 「…ではないと思う」 名 疑い ▸ no doubt たぶん，おそらく **dóubtful** 形 疑わしい **undóubtedly** 副 疑いもなく，確かに

1329 **basis** [béɪsɪs]	名 基礎；根拠；<u>基準</u> ▶ on a regular [daily] basis「定期的に [毎日]」 base 名 土台；基礎；本拠 (地) 　　　動 を (〜に) 基づかせる (on) ▶ *A* is based on *B*. *A* は *B* に基づく。
1330 **aware** [əwéər]	形 <u>気づいて，知って</u> be aware of 〜「〜に気づいて [知って] いる」 ▶ be aware that ...「…だと気づいて [知って] いる」 awáreness 名 意識；自覚
1331 **compare** [kəmpéər]	動 <u>を比較する</u>；を (〜に) たとえる (to) compare *A* with [to] *B*「*A* を *B* と比較する」 ▶ compare 〜 (複数形の名詞) 〜を比較する compárison 名 比較 compárative 形 比較の cómparable 形 匹敵する，比較に値する
1332 **trust** [trʌst]	動 <u>を信頼する</u>；を (信頼して) 託す ▶ trust 〜 to *do* 〜が…すると当てにする 名 信頼，信用；委託，管理；トラスト trústwòrthy 形 信頼できる，頼りになる
1333 **regardless** [rɪgáːrdləs]	形 <u>(〜に) かまわない，無頓着な</u> <u>(of)</u> regardless of 〜「〜にかまわず，関係なく」 ▶ regardless of whether *A* does *A* が…するかどうかに関係なく 副 かまわず，頓着しないで
1334 **device** [dɪváɪs]	名 <u>装置，機器</u>；方策；デバイス devise [dɪváɪz] 動 を考案する
1335 **situation** [sìtʃuéɪʃən]	名 <u>状況</u>；(人の置かれた) 立場 sìtuátional 形 状況 [場面] による sítuàted 形 (〜に) 位置する (in)

90 Product Placement

① Sometimes a company pays to have its merchandise appear in a film. ② This plugs the product, and provides extra revenue for the film-maker. ③ This practice is called product placement and through this, companies hope to create good will toward their brands. ④ But if, for valid artistic reasons, the film-maker very subtly integrates the product into the script, but refrains from emphasizing it, the viewer may not notice the brand. ⑤ But if the brand is denoted in a deliberate fashion or emphasized to excess, the viewer may feel manipulated, deprived of the refined work of art they paid to see.

⑥ And there are other issues, for example, audience profile. ⑦ Might fans of horror films be more likely to use your product? ⑧ Then, there are the actors. ⑨ The product-placer probably wants its product seen in use, by a well-liked actor like Tom Hanks. ⑩ An electronic device maker would pay a lot if their new mouse should be seen in close-up when Tom Hanks clicks with it. ⑪ But there are problems that have yet to be solved: would it pay for product placement to be done in a movie if he is depicted as someone despicable?

語法・構文・表現

① **to have [its merchandise] [appear in a film]**「[自社の商品] が [映画に出る] ようにするために」 ▶ 〔目的〕を表す不定詞句。have ～ *do*「～が…するようにする，～に…させる」の使役構文。

② **[plugs the product], and [provides extra revenue for the film-maker]**「[その製品を宣伝し]，[映画制作者に追加の収入を与える]」 ▶ 2つの動詞句の等位接続。provide *A* for *B*「*B* に *A* を与える」

③ **product placement**「製品はめ込み」 ▶ is called「と呼ばれる」の補語。
hope to create good will toward their brands「自社のブランドに対する好意を生み出すことを望む」

④ **[very subtly integrates the product into the script], but [refrains from emphasizing it]**「[非常に微妙に製品を脚本に統合する]が，[製品を目立たせるのは控える]」 ▶ if 節内における2つの動詞句の等位接続。

⑤ **is denoted in a deliberate fashion**「意図的なやり方で示される」 ▶ if 節内の動詞句。in a ～ fashion「～な方法 [流儀] で」

📁 産業［商業］

① ときに，会社が金を払って，自社の商品を映画に出すことがある。② それは製品の宣伝になり，映画会社にとっては臨時収入になる。③ この慣行は「プロダクト・プレイスメント」と呼ばれ，会社はこれにより自社ブランドの好感度アップを期待している。④ しかし，正当な芸術的理由から，映画制作者がその製品を非常に巧妙に，脚本に組み入れはするが，それを目立たせるのは差し控える場合，観客はそのブランドに気づかないかもしれない。⑤ しかしそのブランドがわざとらしい方法で示されたり，過度に強調されたりすれば，観客は自分が操作されて，金を払って見ている洗練された芸術作品を横取りされたような気分になるかもしれない。

⑥ さらに，別の問題もある。例えば，観客の好みの傾向である。⑦ あなたの会社の製品は，普通の映画よりホラー映画のファンの方が使う可能性が高いかもしれないのでは？⑧ 次に，俳優の問題だ。⑨ プロダクト・プレイスメントを行う会社は，トム・ハンクスのような好感度の高い俳優が自社製品を使うところを見せたいと考える。⑩ 電子機器メーカーは，トム・ハンクスがその会社の新製品のマウスをクリックするときにその製品がアップで映るとしたら多額の金を払うだろう。⑪ しかし，それでは解消されない問題が残る。彼が悪役として描かれている映画の場合，プロダクト・プレイスメントを行うことは果たして割に合うのだろうか？

(is) **emphasized to excess**「過度に強調される［目立たされる］」
feel [manipulated], [deprived of the refined work of art they paid to see]「「自分が操作され」，「自分が金を払って見ようとしている洗練された芸術作品を奪われた」気がする」 ▶補語として働く2つの過去分詞（句）が並置されている。

⑥ **audience profile**「（製品の好感度に関連する）顧客の特性［側面］」

⑦ **be more likely to use your product**「その製品を使う確率［可能性］がより高い」

⑨ **wants its product seen in use, by a well-liked actor like Tom Hanks**「自社の製品がトム・ハンクスのような多くの人に好かれる俳優によって使用されているところを見られるのを望む」

⑪ **would it pay for product placement to be done in a movie**「製品はめ込みが映画で行われることは割に合うだろうか」 ▶if he is depicted as someone despicable「彼が卑劣な人として描かれるなら」に対する帰結節。that have yet to be solved「まだ解決されていない」はproblemsにかかる関係詞節。despicable 形「嫌悪や侮蔑に値する」

📗 単語の意味を確認しよう。

1336

extra
(発) [ékstrə]

形 追加の，余分の；別勘定の
▶ at no extra cost 追加料金なしで

副 特別に；余分に

名 余分；割増料金；(映画の) エキストラ

1337

revenue
(ア) [révənjùː]

名 歳入 (⇔expénditure 歳出)；収益
▶ tax revenue「税収」

1338

valid
[vǽlɪd]

形 妥当な (⇔inválid 妥当でない)；有効な
▶ This ticket is valid for one year. このチケットは1年間有効だ。
válidàte 動 を有効にする   valídity 名 正当性；有効性

1339

integrate
(ア) [íntəgrèɪt]

動 を統合する；融合する
▶ integrate A into B A を B にまとめる
ìntegrátion 名 統合，融合
íntegràted 形 統合された；差別の撤廃された

1340

script
[skrípt]

名 台本；筆跡
▶ a film script 映画の脚本
mánuscrìpt 名 (手書きの) 原稿 [文書]

1341

deliberate
(ア) [dɪlíbərət]

形 故意の；慎重な

動 を熟考する
delíberately 副 故意に；慎重に
delìberátion 名 熟慮；慎重さ

1342

fashion
[fǽʃən]

名 流行，ファッション；方法，流儀
▶ be in [out of] fashion はやって [廃れて] いる
▶ in a similar fashion 似たような方法で
fáshionable 形 流行の；流行を追う；高級な
òld-fáshioned 形 時代遅れの；旧式の

1343

excess
(ア) [ɪksés]

名 過剰，超過
▶ in excess (of ~)「(~を) 超過して」
▶ to excess 過度に
excéssive 形 過度の，多すぎる   excéed 動 を超える

1344 **manipulate** ⑦ [mənípjulèɪt]	動 を (巧みに) 操る；を改ざんする ▶ manipulate A into B A を操って B をさせる manìpulátion 图 操作；改ざん ▶ media manipulation （不正な）メディア操作
1345 **refine** [rɪfáɪn]	動 を洗練する；を精製する ▶ refine oil [sugar]「石油 [砂糖] を精製する」 refínement 图 洗練，改良；精製 refined 　 形 精製された；洗練 [改良] された
1346 **profile** 発 ⑦ [próʊfaɪl]	图 人物の紹介；横顔；輪郭；側面 ▶ the profile of a distant hill 遠くの丘の輪郭 動 の紹介をする；の輪郭を描く prófiling 图 プロファイリング，人物像分析
1347 **horror** [hɔ́(;)rər]	图 恐怖；強い嫌悪；嫌な物 [人] ▶ to ~'s horror ~がぞっとしたことには hórrible 形 恐ろしい；実にひどい hórrifỳ 動 を怖がらせる
1348 **click** [klík]	動 (を) クリックする；をカチッと鳴らす；カチッと音がする ▶ click on the hyperlink「ハイパーリンクをクリックする」 图 クリック；カチッという音 ▶ give a click on an icon アイコンをクリックする
1349 **solve** [sɑ(:)lv]	動 を解く，解明する；(困難など) を解決する solve a problem「問題を解く」 ▶ answer [×solve] a question「問いに答える」と区別。 solution [səlúːʃən] 图 解決法；溶解；溶液 ▶ find a solution to [for] ~ ~の解決法を見つける
1350 **depict** [dɪpíkt]	動 を描く ▶ depict A as B A を B として描く depíction 图 描写

クアラルンプールに引っ越した筆者。ここなら平穏な生活が送れると思ったのだが…。

① Kuala Lumpur seemed to offer the outlet for aspirations for a quiet life denied to me by my former residence; but the city's initial charge seemed a bit steep, its initial welcome a bit "cruel." ② Shortly after migrating here I coughed violently, and suffered from irritable bowel syndrome. ③ I took prescribed antibiotics, ate biscuits dipped in herbal tea, rubbed cream on my chest, got plenty of sleep, and gradually felt renewed. ④ My doctor explained that regularly, over Kuala Lumpur, there is a thick smog of tiny particles. ⑤ There is some controversy about the cause, but it is generally considered to be twofold: (1) vast deforestation fires in neighboring areas, and (2) the city's heavy traffic. ⑥ In short, in Kuala Lumpur, it is difficult to get rid of inhaling harmful pollution. ⑦ However, living without a car is pretty inconvenient, so I submitted papers to register, obtain plates and insurance, and became qualified to drive in Malaysia. ⑧ The first phase of actually learning how to do so in Kuala Lumpur was met with a cold reception. ⑨ Drivers, and bike-riders, burst in from nowhere, crush into traffic, and speed ahead. ⑩ If dangerous driving were a marketable commodity, Kuala Lumpur drivers would be rich. ⑪ The motorways of Kuala Lumpur are extremely modern and have great aesthetic appeal, but the manners of their users, I must admit, leave something to be desired.

● 語法・構文・表現

① **offer the outlet for aspirations for a quiet life**「平穏な生活への熱望のはけ口を提供する」
  denied to me by my former residence「私の以前の住居によって私に与えられなかった」▶outletを修飾する。deny *A B*「*A*に*B*を与えない」(= deny *B* to *A*)
  [**the city's initial charge seemed a bit steep**], [**its initial welcome** (seemed) **a bit "cruel"**]「[この都市の最初の攻撃は少し急なように思え]，[その最初の歓迎は少し『むごい』ように思えた]」▶2つの〈主語＋(動詞＋) 補語〉の並置。

② **irritable bowel syndrome**「過敏性腸症候群」▶irritable 形「刺激反応性の」

③ **felt renewed**「生き返ったような気がした」▶renewed は (I) felt の補語。

⑥ **it is difficult to get rid of inhaling harmful pollution**「有害な汚染物質を吸

マレーシアの日々

英文レベル ☆☆☆

227 words

📁 文化［風俗］

① クアラルンプールは，私が以前の住まいでは得られなかった静かな生活への熱望の<u>はけ口</u>（＝熱望を満たす機会）を提供してくれるように思われた。しかし，この都市が私に仕掛けた最初の攻撃は少し<u>急な</u>ように思え，その最初の歓迎は少し「<u>むごい</u>」ように思えた。② ここに移住した直後に激しい咳が出て，過敏性腸<u>症候群</u>にかかった。③ 私は，処方された抗生物質を飲み，ビスケットをハーブティーにちょっと浸して食べ，クリームを胸に<u>塗り</u>，十分に睡眠をとって，少しずつ<u>回復した</u>気分になった。④ 私を診た医師は，定期的にクアラルンプール上空には，微粒子の厚いスモッグが立ち込める，と説明した。⑤ その原因に関しては多少の<u>論争</u>があるが，おおむね２つだと考えられている。それは，(1) 近隣地域での大規模な<u>森林伐採</u>・火入れ（から出る煙）と，(2) 市内の激しい交通（によって生じる排気ガス）である。⑥ つまり，クアラルンプールでは，有害な汚染物質を吸い込んでしまうことを<u>免れる</u>のは難しい。⑦ しかし，車のない生活は非常に不便なので，私は必要書類を<u>提出して</u>車を登録し，ナンバープレートと保険を入手して，マレーシアで車を運転する資格を得た。⑧ クアラルンプールでの運転方法を実地に学ぶ第１段階では，冷遇を受けた。⑨ 車やオートバイの運転者がどこからともなく<u>急に現れて</u>交通に<u>割り込み</u>，前方へ疾走して行く。⑩ もし危険運転が市場に出せる<u>商品</u>なら，クアラルンプールの運転者はみんな金持ちだろう。⑪ クアラルンプールの自動車道路は極めて現代的で，<u>美的な</u>魅力も大きいが，利用者のマナーには改善の余地があると言わざるを得ない。

うのを免れることは難しい」▶to不定詞句は真主語。

⑦ **be [become] qualified to do**「…する資格がある [を得る]」

⑧ **The first phase of actually learning how to do so in Kuala Lumpur**「クアラルンプールでそうする（＝運転する）方法を実際に学ぶための第１段階」▶主語。

⑨ **[burst in from nowhere], [crush into traffic], and [speed ahead]**「[どこからともなく急に現れ]，[交通の中へ殺到し]，[前へと疾走する]」▶3つの動詞句の等位接続。

⑩ **If dangerous driving were a marketable commodity**「危険運転が市場向きの商品であるなら」▶仮定条件。wereは仮定法過去。

⑪ **leave something to be desired**「不満な点が残る」

91 Malaysian Days

📖 単語の意味を確認しよう。

1351

outlet
⑦ [áʊtlèt]

图 直売店，特売店；はけ口；米 (電気の) コンセント (≒英 sócket)
▶ an outlet mall アウトレットモール (安売り主体のショッピングセンター)
▶ an outlet for creativity 創造力のはけ口

1352

steep
[sti:p]

形 (傾斜が) 急な；急激な；法外な
▶ a steep decline in consumption 消費の急激な落ち込み
stéeply 副 急に

1353

cruel
[krú:əl]

形 残酷な；むごい
▶ a cruel act 残忍な行為
crúelty 图 残酷さ；虐待
crúelly 副 残酷に

1354

syndrome
[síndroʊm]

图 症候群；〜現象
▶ 複数の症候を示す病的状態を表す。

1355

rub
[rʌb]

動 (を) こする；(〜に) を塗る (on / over)
▶ rub sunscreen on 〜 〜に日焼け止めを塗る

图 こすること；マッサージ；〔the 〜〕難点

1356

renew
[rɪnjú:]

動 を更新する；(資源) を再生する；(元気など) を取り戻させる
▶ renew a license 免許証を更新する
renéwal 图 更新；再生
renéwable 形 再生可能な

1357

controversy
⑦ [ká(:)ntrəvə̀:rsi]

图 論争
▶ cause [arouse] much controversy 多くの論議を引き起こす
còntrovérsial 形 論争の的となる；論争好きな

1358

deforestation
[di:fɔ(:)rɪstéɪʃən]

图 森林伐採
dèfórest 動 から森林を伐採する

| 0 | 250 | 500 | 750 | 1000 | 1250 | 1500 |

1359
rid
[rɪd]

動 から (〜を) 取り除く，除去する (of)
get rid of 〜 「〜を取り除く」
▶ 過去形・過去分詞形は rid。
▶ be rid of 〜 〜を免れる，〜から解放される

1360
submit
⑦ [səbmít]

動 を提出する；〔submit *oneself* で〕(〜に) 従う (to)
submíssion 图 服従；提出
submíssive 图 従う；従順な

1361
reception
[rɪsépʃən]

名 反応；宴会；受付；受信 (状態)；もてなし
▶ a wedding reception 結婚披露宴
recéive 動 を受ける；を受け取る
recéipt 图 領収書，レシート；受け取ること
recéptionist 图 受付係
recípient 图 受取人；(臓器提供を) 受ける人

1362
burst
[bəːrst]

動 破裂する；(〜を) 突然始める (into)；急に現れる
▶ 活用：burst - burst - burst
▶ burst into tears わっと泣き出す (≒ burst out crying)

名 破裂；噴出
▶ a burst of applause 大喝采

1363
crush
[krʌʃ]

動 を押しつぶす；を弾圧する；を絞り出す；殺到する
▶ crash [kræʃ]「衝突する，墜落する」と区別。

名 粉砕，鎮圧，殺到
crúshing 图 圧倒的な

1364
commodity
[kəmá(ː)dəti]

名 商品；有用なもの
▶ the commodity market 商品市場

1365
aesthetic
⑦ [esθétɪk]

形 美的な；美学の
aesthétics 图 美学

92 A Governor Who Suddenly Announced His Resignation

🔑 都知事の政治資金不正使用の真相は，知事の突然の辞意表明でうやむやになって…。

①A rumor that the Governor of Tokyo had been misusing political funds reached a reporter for a weekly magazine. ② His first story seemed trivial, but that triggered a wave of allegations of corruption. ③ At a series of press conferences, the Governor talked as if he esteemed law above all things and had retained office without violating the Political Funds Control Act. ④ He seemed to have consulted his advisors and would not reveal any precise information about the allegations, but promised to have them investigated by a disinterested party. ⑤ In a situation in which he would owe the public a debt of a large sum if he was found guilty, there was no visible change in his usual arrogant attitude.

⑥ At a press conference after the "disinterested" party, which turned out to be comprised of his political companions, declared him immoral but innocent, it looked like he had no intention to quit. ⑦ The old guard in the ruling parties, who were supposed to be in a position to persuade him to tell the truth, could not get him back to the negotiating table, nor was a special investigation council formed which would have the authority to summon and question the Governor.

⑧ A vote of no-confidence in the Governor was about to be made as a last resort, when he suddenly changed his attitude and announced his resignation. ⑨ Thus, the truth of this matter was swept under the carpet.

語法・構文・表現 〰〰〰〰〰〰〰〰〰〰〰〰〰〰〰〰〰〰〰〰〰〰〰〰〰〰

① that (S) **the Governor of Tokyo** (V) **had been misusing** (O) **political funds**「東京都知事が政治資金を悪用していたという」▶rumor「うわさ」の内容を示す同格節。

② **triggered a wave of allegations of corruption**「(知事の) 不正行為に関する一連の申し立てを誘発した」▶a wave of ～「～の波；一連の～」

③ as if he [(V) **esteemed** (O) **law** above all things] and [(V) **had retained** (O) **office** without violating the Political Funds Control Act]「自分が [何よりも法を尊重し]，[政治資金規正法に違反することなく公職を維持してきた] かのように」

⑤ in which (S) **he** (V) **would owe** (O) **the public** (O) **a debt of a large sum** if ...「…の場合，都民に多額の債務を負うことになる」▶situationにかかる関係詞節。

📁 社会 [政治]

① 東京都知事が政治資金を悪用しているという<u>うわさ</u>が，1人の週刊誌の記者の耳に入った。② 記者の最初の記事は<u>取るに足りない</u>ようなことだったが，それが引き金となって，知事の不正行為に関する告発が相次いだ。③ 一連の記者会見で都知事は，自分が何よりも法を<u>尊重し</u>，政治資金規正法に抵触することなく知事の職を<u>維持して</u>きたかのように語った。④ 彼は顧問（弁護士）に<u>相談した</u>様子で，申し立てについての<u>正確な</u>情報を開示しようとしなかったが，公平な第三者による調査を約束した。⑤ もし有罪になれば，都民に多<u>額</u>の<u>債務</u>を<u>負う</u>ことになる状況で，彼のいつもの傲慢な態度に<u>目に見える</u>変化はなかった。

⑥ のちに彼の政治的盟友で構成されることが判明した「第三者」が，彼は道義的には問題があるが，法的には無実だと言明した後の記者会見では，彼は<u>辞職する</u>意思がないように見えた。⑦ 彼を説得して真実を語らせる立場にあるはずの与党内の<u>保守派</u>は，彼を<u>交渉</u>の席に引き戻すことができず，知事を召喚して尋問する権限を持つ特別調査会も設置されなかった。

⑧ 最後の手段として，知事の不信任投票がまさに行われようとしたとき，彼は突然態度を変えて，辞意を表明した。⑨ そのようにして，この問題の真相は闇に葬られた。

---

⑥ which turned out to be comprised of his political companions「それは彼の政治的盟友から成ることが判明した」▶the "disinterested" party に関して付加的情報を述べる非制限用法の関係詞節。

⑦ (S) **which** (V) **would have** (O)[**the authority** [to summon and question the Governor]]「[[知事を召喚し尋問する] 権限] を有する」

⑧ (S) A vote of no-confidence in the Governor (V) was about to be made ..., when ...「…知事不信任投票がまさに行われようとしたそのときに…」

⑨ be swept under the carpet「見つからないように隠される」

📖 単語の意味を確認しよう。

1366

rumor
[rú:mər]

名 うわさ
▶ Rumor has it that ... …といううわさである

動 とうわさをする
▶ It is rumored that ... …とうわさされている

1367

trivial
[tríviəl]

形 ささいな，取るに足りない
trívia 名 ささいなこと；雑学的知識
trìviálity 名 つまらないもの

1368

esteem
⑦ [ɪstí:m]

動 を尊敬する；を見なす
▶ esteem A (to be) B A を B と見なす

名 尊敬；評価
▶ sèlf-estéem 自尊心
▶ hold ~ in high esteem ～を高く評価する

1369

retain
[rɪtéɪn]

動 を保持する；を覚えている
▶ retain one's youth 若さを保つ
reténtion 名 保持；記憶（力）

1370

fund
[fʌnd]

名 〔しばしば～s〕基金，資金
▶ raise funds for ~ ～のための基金を集める
▶ pension fund(s) 年金基金

動 に資金を提供する
fúnding 名 資金調達；資金

1371

consult
⑦ [kənsʌ́lt]

動 (に) 相談する；を参照する
▶ consult a lawyer「弁護士に相談する」
consúltant 名 顧問　　cònsultátion 名 相談；協議

1372

precise
⑦ [prɪsáɪs]

形 正確な (≒ exáct)；精密な；まさにその
▶ to be precise 正確に言うと
precísely 副 正確に；まさしく　　precísion 名 正確；精度

1373

owe
発 [ou]

動 に借りがある；のおかげである
owe A B「A に B を借りている」
▶ owe B to A と書き換えられる。
▶ I owe my success to him. 私が成功したのは彼のおかげだ。

1380

1374

debt
発 [det]

名 借金，負債；恩義
- be in debt (to 〜) 「(〜に) 借金 [恩] がある」
▶ the national debt 国債
▶ pay off *one's* debt 借金を完済する
　indébted 形 借りがある

1375

sum
[sʌm]

名 (金) 額；合計；要点
▶ a large [small] sum of money 多 [少] 額の金
▶ in sum 要するに

動 〔sum up で〕を要約する
▶ to sum up 要するに
　súmmary 名 要約，まとめ
　súmmarìze 動 (を) 要約する

1376

visible
[vízəbl]

形 (目に) 見える (⇔invísible 見えない)；明白な
▶ be visible to the naked eye 肉眼で見える
　vìsibílity 名 目に見えること；視野
　vísion 名 視力；展望

1377

quit
[kwɪt]

動 をやめる；(場所) を去る；辞職する
▶ 活用：quit - quit - quit (quitted はまれ)
▶ quit *doing* …するのをやめる

1378

guard
発 [gɑːrd]

名 警備員；警備隊；監視，警戒；護衛者
▶ the old guard (政党内の) 保守派
▶ on [off] guard 警戒して [を怠って]

動 を護衛する；を監視 [警戒] する
　gúardian 名 保護者，後見人

1379

negotiate
発 [nɪɡóuʃièɪt]

動 交渉する；を (交渉して) 取り決める
▶ negotiate an agreement 「(交渉して) 協定を取り決める」
　negòtiátion 名 交渉
　negótiable 形 交渉の余地がある

1380

council
発 [káunsəl]

名 (地方) 議会；評議会；(公の) 会議
▶ 同音の counsel 「助言；に助言する」に注意。
▶ a Cabinet Council 閣議

---

(93) Writing A Novel

小説は散文を用いた言語芸術だ。登場人物が魅力的で，状況が特異であれば，成功する。

①Literary writing can be split into two categories, prose and verse, depending on whether it has a certain metrical rhythm or a pattern of strong and weak beats. ②Prose, which has no metrical structure, is used to write novels, stories, essays and fairy tales, as it is a suitable means of either making detailed descriptions or outlining what is happening in the world. ③If you spin a tale about someone or something you are interested in, you will have an essay. ④You can write about any happening in any sphere — business, academic, political, or whatever — and distribute your writing by whatever means you like.

⑤Writing a novel is a different matter. ⑥You have to design the main story of your novel and construct a plot. ⑦You may make a chart showing in what sequence particular events take place. ⑧Suppose you write about the tragedy of landmines: even now many innocent civilians are killed by them. ⑨Your main character is a young Japanese man doing an internship in Iran. ⑩He is equipped with science literacy and has conducted extensive research into oil drilling. ⑪He happens to see landmines being removed and is shocked by gross negligence in ensuring the safety of people. ⑫After a while he comes to know a young Japanese woman, a chemist and electronics engineer, and both collaborate to develop a robot which is capable of detecting landmines using a temperature sensor and an electronic nose. ⑬They are good studying partners but not designed to wed, as this novel is not a romance.

語法・構文・表現

① **depending on whether it** (= literary writing) **has ～**「それが～を有するかどうかによって」

② **a suitable means of either [making detailed descriptions] or [outlining what is happening in the world]**「［詳細な描写をし］たり［世の中で起こっていることを略述し］たりする適切な手段」 ▶ it is の補語として働く名詞句。

⑦ **showing in what sequence particular events take place**「どんな順序で特定の出来事が起こるかを示す」 ▶ chart を修飾する現在分詞句。

小説を書くこと

📁 文化 [文学]

① 文学的な著作物は，それがある種の韻律，あるいは強弱をつけた拍子の型を持つかどうかによって，散文と韻文という２つのカテゴリーに分けられる。② 韻律構造を持たない散文は，詳細な説明をするか，世界で起きていることの概略を述べるのに適した手段なので，小説，物語，エッセイ，おとぎ話などを書くのに利用される。③ もしあなたが興味のある人物や事柄についての話を紡ぐとすれば，エッセイができるだろう。④ あなたはどんな分野 — ビジネス，学問，政治，その他何であれ — のどんな出来事についても書くことができ，その著作を自分の好きなどんな手段を用いても流通させることができる。

⑤ 小説を書くことはそれとは別の問題である。⑥ あなたは小説の中心的な物語の構想を練り，筋を組み立てなければならない。⑦ どのような順序で個別の出来事が起こるかを示す図を作成することもあるだろう。⑧ 地雷の悲劇について書くと仮定してみよう。今でも多くの罪のない市民がそのために命を失っているのだ。⑨ あなたの主人公は，イランで実務研修を受けている日本人青年である。⑩ 彼は科学知識を身につけていて，石油掘削に関する広範な調査を行ってきた。⑪ 彼はたまたま地雷の撤去作業を目撃し，人々の安全確保に対する重大な過失があることにショックを受ける。⑫ しばらくして彼は，化学者であり電子工学者でもある１人の若い日本人女性と知り合いになり，２人は協力して温度センサーと電子鼻を使い，地雷を探知することができるロボットを開発しようとする。⑬ この小説はロマンスではないので，彼らはよき研究パートナーではあるが，結婚するような筋書きにはなっていない。

⑩ **is equipped with science literacy**「科学の知識を備えている」▶He に対する述部。

⑪ **[gross negligence [in [(V')ensuring (O')the safety of people]]]**「[[[人々の安全を確保すること] に対する] 甚だしい過失]」

⑫ **which is capable of detecting landmines using ... nose**「…鼻を用いて地雷を検知することができる」▶robot にかかる関係詞節。

⑬ **(are) not designed to wed**「結婚するようには設計されていない」

381

📖 単語の意味を確認しよう。

1381
split
[splɪt]

動 を分割する；を分担する；分裂する
▶ 活用：split - split - split
▶ split the bill 料金を分担し合う

名 分裂；裂け目；分け前

1382
fairy
[féəri]

形 妖精の（ような）
▶ fairy tale [story]「おとぎ話」（直訳は「妖精の話」）

名 妖精

1383
outline
⑦ [áʊtlàɪn]

動 の要点を述べる；の輪郭を描く

名 概略；輪郭；〔～s〕要点
▶ give an outline of ～ ～の概略を述べる

1384
spin
[spɪn]

動 回転する；を回転させる；(糸・話) を紡ぐ
▶ 活用：spin - spun - spun
▶ spin a top こまを回す

名 回転；下落
spín-òff 名 スピンオフ；副産物；番外編

1385
sphere
発 [sfɪər]

名 領域；球体；天体
sphérical 形 球形の，球面の
hemisphere [hémɪsfɪər] 名 (地球・天体の) 半球；脳半球

1386
distribute
⑦ [dɪstríbjət]

動 を (～に) 分配する (to)；〔受身形で〕分布する；
を配布する
▶ be widely distributed 広く分布する
dìstribútion 名 分配；分布

1387
design
[dɪzáɪn]

動 を設計する；を計画する
▶ be designed for ～「～用に作られている」

名 設計，デザイン；計画，陰謀
desígner 名 設計者，デザイナー

1388
chart
[tʃɑːrt]

名 図，グラフ；海図；ヒットチャート
▶ a bar chart 棒グラフ

動 を図表化する；の計画を立てる

| 0 | 250 | 500 | 750 | 1000 | 1250 | 1500 |

---

landmine

[lǽn*d*màin]

名 地雷
▶ 「鉱山」を意味する名詞の mine にも「地雷」の意味がある。
▶ an antipersonnel landmine 対人用地雷

---

innocent

[ínəsənt]

形 無罪の (⇔ guílty→876)；無邪気な；無知の
▶ be innocent of 〜 〜の罪を犯していない；〜に無知だ

名 無邪気な人；お人よし
ínnocence 名 無罪；純真
▶ protest *one's* innocence 身の潔白を主張する
ínnocently 副 無邪気に

---

internship

[íntə:*rn*ʃìp]

名 米 実務 [医学] 研修；研修期間
íntèrn 名〔主に 米〕(病院住み込みの) 研修医；(一般に) 研修生 動〔主に 米〕インターンとして働く；[ɪntə́:*r*n] を抑留する

---

literacy

[lítərəsi]

名 読み書きの能力；(特定分野の) 知識
▶ computer literacy コンピュータ運用能力
líterate 形 読み書きのできる；教養のある
illíteracy 名 読み書きできないこと；無学

---

research

[rí:sə:*r*tʃ]

名 (〜についての) 研究，調査 (into / on / in)
▶ research shows [demonstrates] that ...「研究は…ということを示している [証明している]」

動 を研究 [調査] する；(〜を) 研究 [調査] する (intoなど)
reséarcher 名 研究者，調査員

---

gross

発 [grous]

形 総計の；甚だしい；粗野な
▶ the gross domestic product 国内総生産 (GDP)
▶ gross negligence 重過失

---

wed

[wed]

動 と結婚する；を (〜と) 結婚させる (to)；結婚する
▶ 語源は古英語の weddian「誓う」。
▶ 過去形・過去分詞形はどちらも wed または wedded。
wédding 名 結婚式；結婚記念日

94 Verse

一定の形式に基づく文を韻文という。俳句や和歌，詩などを書くときに用いられる。

①The counterpart of prose is verse, in other words, poetry. ②If prose is normal everyday language refined, then verse is language **enriched** by literary devices handed down to us from the **medieval** period. ③From this **cluster** of devices, the most important are rhythm and rhyme, often employed by famous poets. ④Poets may also use simile, metaphor, symbol, **paradox**, pun, alliteration, etc. ⑤A person's **signature** may be forged, but never a poet's verse, thanks to these rhetorical techniques. ⑥Here are the last two lines **extracted** from Shelley's famous short poem: "The trumpet of a prophecy! O Wind, / If winter comes, can spring be far behind?"

⑦You can spend your **spare** time writing prose, say blogs, and win high praise for it, but I **bet** your readers will not be able to digest your "verse" unless you have the right skills in conveying your message by means of a metrical composition. ⑧Writing verse can be an enjoyable pastime only if you are a type that refuses to **compromise** him- or herself by **distorting** the intended meaning in favor of rhythm. ⑨A true verse lover can wait until an expression which carries an appropriate meaning and does not break the rhythm pops into his or her mind in a **stroke** of luck. ⑩The adjective "poetical" is positive; the adjective "prosaic" is negative. ⑪But this does not imply a literary **hierarchy** in which prose is **inferior** to verse and less fertile. ⑫You can **achieve equal** fame with either.

◎ 語法・構文・表現 ◇◇

②**refined**「洗練された」▶normal everyday language「普通の日常的な言葉」を修飾。
enriched by [literary devices [handed down to us from ～]]「「[～から今に伝わる] 文学的修辞] により飾られた」▶languageを修飾する過去分詞句。

⑤**A person's signature may be forged, but never** (may be) **a poet's verse** (forged)**, thanks to ～**「ある人のサインは偽造されることもあるが，～のおかげで詩人の韻文は決して偽造されることはない」

⑥**The trúm | pet óf | a próph | ecý | ! O Wínd |, / If wín | ter cómes |, can spríng | be fár | behínd |?**「予言の高らかな響き！ おお，風よ／冬が来れば，春は遠くにいられようか？」▶iambic pentameter「弱強五歩格」の詩行。

384

📁 文化［文学］

① 散文と対を成すのは韻文，つまり詩である。② 散文が普通の日常語を洗練した言い回しだとしたら，韻文は<u>中世</u>から伝わる文学的修辞を<u>凝らした</u>言葉遣いである。③ そうした<u>一群</u>の修辞技術のうち最も重要なのは，名だたる詩人たちがしばしば用いた韻律と脚韻である。④ 詩人はまた直喩，隠喩，象徴，<u>逆説</u>，語呂合わせ，頭韻なども使う。⑤ 誰かの<u>署名</u>を偽造することはできても，詩人の韻文を偽造することはできないのは，これらの修辞技術のためだ。⑥ 以下は，シェリーの有名な短詩から<u>抜粋した</u>最後の2行である。「予言の高らかな響き！ おお，風よ／冬来たりなば，春遠からじと」

⑦ <u>余</u>暇を使って，例えばブログのような散文を書き，高い評価を得ることは可能だ。しかし，「韻文」の場合は，韻律を持つ作品によって自らのメッセージを伝える上での適切な技術を持たない限り，<u>絶対に</u>読者はその「韻文」を読みこなすことができないだろう。⑧ 韻文の創作が楽しい娯楽であるためには，作者は，韻律のために自分が意図した意味を<u>ねじ曲げて</u><u>自分の名誉を損なう</u>ことをよしとしないタイプの人でなければならない。⑨ 韻文を心から愛する人なら，適切な意味を伝えると同時に韻律を保つことのできる表現が，<u>思いがけない</u>幸運で頭にひらめく瞬間を待つことができるのだ。⑩「詩的な」という形容詞はよい意味で，「散文的な」という形容詞は悪い意味で使われる。⑪ しかし，それは文学的<u>階層</u>において，散文が韻文に<u>劣る</u>とか，創造的でないという意味ではない。⑫ どちらを選んでも，<u>同等の名声を得る</u>ことは可能である。

⑧ **that refuses [to compromise him- or herself [by distorting the intended meaning in favor of rhythm]]**「[[韻律を優先し，意図された意味を歪めることで] 自分の評判を落とすの] を拒む」▶type「タイプの人」にかかる関係詞節。

⑨ **which [carries an appropriate meaning] and [does not break the rhythm]**「[適切な意味を有し]，[韻律を壊さない]」▶expression「表現」にかかる関係詞節。

⑪ **in which prose is inferior to verse and less fertile**「散文が韻文に劣り，韻文ほど創造的でないという」▶literary hierarchy「文学的階層」にかかる関係詞節。

単語の意味を確認しよう。

1396 **enrich** [ɪnrítʃ]	動 を豊かにする；(物質) を濃縮化する ▶ enriched uranium 濃縮ウラン enríchment 名 価値を高めること
1397 **medieval** 発 ⑦ [mì:díí:vəl]	形 中世の；時代遅れの ▶ in medieval times 中世に (= in the Middle Ages) ▶ 「古代の」は ancient, 「現代の」は modern と言う。
1398 **cluster** [klʌ́stər]	名 集団；(植物の) 房，束 ▶ a cluster of grapes ブドウの房 ▶ a cluster bomb クラスター爆弾 動 群がる；を群がらせる
1399 **paradox** ⑦ [pǽrədà(:)ks]	名 逆説；矛盾 pàradóxical 形 逆説的な
1400 **signature** 発 [sígnətʃər]	名 署名；特徴 ▶ 有名人などの「サイン」は an autograph と言う。 形 (人・物の) 特徴をよく表した，特徴的な sign 動 (に) 署名する
1401 **extract** ⑦ [ɪkstrǽkt]	動 を取り [搾り] 出す；を抜粋する ▶ extract information from 〜 〜から情報を引き出す 名 [ékstrækt] 抽出物，エキス；抜粋 extráction 名 摘出；抽出
1402 **spare** [speər]	形 余分の，予備の 名 予備品，スペア 動 を割く；を省く ▶ spare A B A (人) に B (嫌なこと) を免れさせる
1403 **bet** [bet]	動 と確信する，断言する；(金などを) かける ▶ I bet (that) ... 「きっと…だ」 ▶ 活用：bet - bet - bet 名 かけ (金)；見当，意見

1410

| 0 | 250 | 500 | 750 | 1000 | 1250 | 1500 |

1404

compromise

発 ア [ká(:)mprəmàɪz]

動 妥協する；を危うくする

compromise with ~ 「～と妥協する」

▶ compromise one's principles 自分の規範を曲げる

名 妥協（案）；折衷物

▶ make a compromise 妥協する

1405

distort

[dɪstɔ́ːrt]

動 を歪める；歪む

▶ distort the fact 事実を曲げる

distórtion 名 歪み；歪曲

1406

stroke

[stroʊk]

名 脳卒中；（ボールを）打つこと；（雷などの）一撃；思いがけない出来事

▶ have [suffer] a stroke 脳卒中を起こす

▶ have a stroke of luck 思いがけない幸運に恵まれる

動 をなでる；（ボール）を打つ

1407

hierarchy

発 [háɪəràːrki]

名 （社会の）階層制；〔the ～〕支配層

hìerárchic(al) 形 階級組織の

1408

inferior

[ɪnfíəriər]

形 より劣った（⇔ superior → 1024）

be inferior to ~ 「～より劣っている」

▶ feel inferior to him 彼に劣等感を抱く

infèriórity 名 下位；劣等

1409

achieve

[ətʃíːv]

動 を達成する；を成し遂げる；（名声など）を得る

▶ achieve a feat 偉業を成し遂げる

achíevement 名 達成，成功

▶ a sense of achievement 達成感

1410

equal

発 ア [íːkwəl]

形 （～に）等しい (to)；匹敵する；平等な

▶ He is equal to the task. 彼はその任務に対応できる。

名 同等の人 [もの]，匹敵する人 [もの]

動 に等しい；に匹敵する

equálity 名 同等；平等；対等

387

(95) **Medical Diagnosis**

医者の診断を受け，病に名前がつくだけで安心だ。しかし認知症や癌だと診断されたら…。

① When you want to relieve your anxiety, you may rely on a psychiatrist for good **solid** advice. ② When you suffer from sniffing and sneezing, or a rash, of unknown cause, you suspect an **allergy** and may ask your doctor to **pin** down what exactly has caused these symptoms. ③ The doctor may **diagnose** you as having an allergy to pollen, or an allergy to dust mites or pets. ④ What you **desire** is a doctor's diagnosis, because just knowing whatever **affects** your health can be satisfying. ⑤ If you are **pregnant**, however, you should ask your doctor's advice about medicine that will not hurt your unborn child.

⑥ What if you were diagnosed as having **dementia** like Alzheimer's disease? ⑦ It is a degenerative disorder of the network of the **neurons** in the cerebral **cortex** and the cerebellum. ⑧ If you could keep cool when you are told that you would gradually lose your brain functions, you would be one of a rare and **scarce** species. ⑨ You might think of committing **suicide**, but you had better place your hopes on the progress of medicine. ⑩ Nowadays medical knowledge is being **updated** so quickly that someone might develop a miracle cure for dementia even tomorrow.

⑪ A friend of mine was ready to die when diagnosed with end-stage **kidney** disease, but he followed the doctor's advice and pinned his last hope on receiving a **donated** organ. ⑫ Today, five years after the operation, he is alive and his body is functioning well.

語法・構文・表現 ◇◇◇

② (V)**may ask** (O)**your doctor** (O)**[to pin down [what exactly has caused these symptoms]]**「自分の医師に［［正確に何がこうした症状を引き起こしたのか］を突き止める］ように求めるかもしれない」 ▶what ... symptomsはpin downの目的語として働く疑問詞節。

④ (S')**[just knowing [whatever affects your health]]** (V')**can be** (C')**satisfying**「［［何にせよ自分の健康を冒すもの］を知るだけ］で満足がゆく可能性がある」 ▶whatever affects your healthはknowingの目的語として働く独立関係詞節。

📁 日常生活［健康・医療］

①不安を軽減したいと思うとき，あなたは精神科医を頼り，適切な<u>しっかりした</u>助言を求めることもあるだろう。②原因がわからないまま，鼻をすすったり，くしゃみをしたり，発疹が出たりすると，<u>アレルギー</u>を疑って，こうした症状の原因を正確に<u>突き止めて</u>ほしいと医師に訴えもするだろう。③医師は花粉に対するアレルギー，あるいはイエダニやペットに対するアレルギーにかかっていると<u>診断</u>するかもしれない。④あなたが<u>望む</u>のは医師の診断である。何が自分の健康に<u>影響</u>するのかを知るだけでも満足を得られるからだ。⑤しかし，<u>妊娠している</u>場合は，胎児の害にならない薬について医師の助言を求めるべきである。

⑥アルツハイマー病のような<u>認知症</u>にかかっていると診断された場合はどうか？　⑦それは大脳<u>皮質</u>や小脳における<u>ニューロン</u>回路網の変性疾患である。⑧自分の脳の機能が徐々に失われるだろうと告知されて冷静でいられるとしたら，あなたはめったに見られない<u>希少な</u>種の一例であろう。⑨あなたは<u>自殺</u>をしようと考えるかもしれないが，医学の進歩に希望を託した方がよい。⑩今日では医学の知識が非常な早さで<u>更新されて</u>いるので，誰かが明日にでも認知症を治す秘薬を開発しないとも限らないのである。

⑪私の友人の1人は末期の<u>腎臓</u>病と診断されて死を覚悟したが，医師の助言に従い，臓器の<u>提供</u>を受けることに最後の望みをかけた。⑫手術から5年を経た今日，彼は生きながらえ，体の機能は正常である。

⑥ **What if you were diagnosed as having ～** 「～にかかっていると診断されたらどうなるだろうか」▶What の後ろに would happen を補って考える。

⑦ **a degenerative disorder of the network of the neurons in the cerebral cortex and the cerebellum** 「大脳皮質や小脳内のニューロン回路網の変性疾患」

⑪ **pinned his last hope on receiving ～** 「～を受け取ることに一縷（いちる）の望みを託した」

📖 単語の意味を確認しよう。

1411 **solid** [sá(:)ləd]	形 **しっかりした；硬い；固体の** ▶ solid fuel 固形燃料；(ロケットの) 固体燃料 名 **固体；固形物** solídify 動 を固める；固まる
1412 **allergy** 発 アク [ǽlərdʒi]	名 **アレルギー** ▶ have an allergy to pollen 花粉アレルギーである allérgic 形 (〜に対して) アレルギー (性) の (to) ▶ an allergic reaction アレルギー反応
1413 **pin** [pɪn]	動 **をピンで留める；を突き刺す；〔pin downで〕** **を突き止める** ▶ pin down をピンで留める；を突き止める 名 **ピン；針，留め針；バッジ** ▶ a safety pin 安全ピン
1414 **diagnose** [dàɪəgnóʊs]	動 **(を) 診断する** ▶ diagnose A with [as (having)] B「A (人) を B (病気) と診断する」 ▶ diagnose the illness as 〜 その病気を〜と診断する dìagnósis 名 診察；診断 (複数形は diagnoses)
1415 **desire** [dɪzáɪər]	動 **を強く望む** ▶ desire to do「…したいと強く望む」 ▶ leave nothing to be desired まったく申し分ない (=望まれるものを何も残さない) 名 **欲求，願望** desírable 形 望ましい
1416 **affect** [əfékt]	動 **に影響を及ぼす (≒ ínfluence)；を感動させる** affécted 形 影響を受けた；見せかけの afféction 名 愛情 afféctionate 形 愛情のこもった
1417 **pregnant** [prégnənt]	形 **妊娠した；(〜で) 満ちている (with)** ▶ She is three months pregnant. 彼女は妊娠3か月だ。 prégnancy 名 妊娠 (期間)

| 0 | 250 | 500 | 750 | 1000 | 1250 | 1425 1500 |

1418 **dementia** ⊛ [dɪménʃə]	名 認知症 ▶ senile dementia 老人性認知症 deménted 形 認知症にかかった；取り乱した
1419 **neuron** [njʊ́ərɑ(:)n]	名 <u>ニューロン，神経単位</u> neurólogy 名 神経学 nèuroscíence 名 神経科学
1420 **cortex** [kɔ́ːrteks]	名 <u>皮質</u>；樹皮 ▶ the cerebral cortex 大脳皮質
1421 **scarce** ⊛ [skeərs]	形 乏しい；<u>珍しい</u> scarcity [skéərsəti] 名 不足，欠乏 ▶ a scarcity of water 水不足 scárcely 副 ほとんど～ない
1422 **suicide** [súːɪsàɪd]	名 <u>自殺</u>；自殺的行為 ▶ commit suicide 自殺する ▶ suicide bombing 自爆テロ sùicídal 形 自殺 (行為) の；自滅的な
1423 **update** ⑦ [ʌ̀pdéɪt]	動 を最新のものにする；を<u>アップデートする</u> ▶ an updated version 最新版 名 [ʌ́pdèɪt] 最新情報；(情報・プログラムの) 更新 ▶ a weather update 天気の最新情報
1424 **kidney** [kídni]	名 腎臓 ▶ a kidney transplant 腎臓移植 ▶ kidney failure 腎不全
1425 **donate** [dóʊneɪt]	動 を<u>寄付する</u>；(臓器・血液) を提供する donátion 名 寄付 (金)；寄贈 (品)；提供 donor [dóʊnər] 名 寄贈者；臓器 [血液] 提供者

96 Forensic Scientists

① No one would dispute that forensic science helps the police investigate accidents and crimes. ② Forensic scientists, whose policy is to screen all material evidence, rush to a crime scene to collect evidence, such as blood traces, bodily fluids, fingerprints, and footprints. ③ They use UV-A lamps to do so, because under UV black light, such evidence will glow softly, showing its precise image. ④ Black lights will reveal not only superficial wounds made by scratching, but also bruises under the flesh, and traces of fighting, dragging the body, and / or drowning the victim.

⑤ Forensic scientists perform analysis on such evidence as hairs, blood samples, bones and skulls to find DNA traces. ⑥ They conduct a DNA test, using specific portions of the sample DNA that comprise short repeated sequences of DNA. ⑦ If pills and drugs are found at a crime scene, they closely examine their chemical composition, using sophisticated digital devices. ⑧ Whatever an object, its physical and chemical quality can never remain obscure before forensic scientists. ⑨ Forensic scientists document their findings and create detailed reports for a court case. ⑩ They are also appointed to testify as expert witnesses in the tense atmosphere of a criminal court. ⑪ The jury refers to such empirical evidence submitted to them and the statements made in front of them, and after due consideration, gives a verdict.

◎ 語法・構文・表現 ◇◇

① **No one would dispute that ...**「…であることに誰も異議を唱えないだろう」

③ **showing its precise image**「その正確な形を示す」 ▶〔付帯状況〕を表す分詞構文。

④ **reveal not only [superficial wounds made by scratching], but also [[bruises under the flesh], and [traces of [fighting], [dragging the body], and / or [drowning the victim]]]**「[表面の引っかき傷]だけでなく，[[皮膚の下の打撲傷]や，[[格闘]や[体を引きずったこと]，[被害者を溺死させたこと]の痕跡]も示す」

⑥ **that comprise short repeated sequences of DNA**「DNAの短反復配列を構成する」 ▶specific portions「特定部分」にかかる関係詞節。

社会［事件・犯罪］

①科学捜査が警察による事故や犯罪の捜査に役立つということに，<u>異論を唱える</u>者はいないだろう。②科学捜査官たちは物的証拠をすべて調べる<u>方針</u>にしており，犯行現場に急行して，血痕，体液，<u>指紋</u>，足跡などの証拠を集める。③彼らが作業に使うのは，紫外線ブラックライトである。これを当てると，それらの証拠が淡く<u>光り</u>，正確な形がわかるからだ。④ブラックライトを使えば，体の<u>表面</u>の<u>擦過</u>傷だけでなく，皮下の打撲傷や，格闘したり体を<u>引きずっ</u>たり被害者を溺死させたりした際にできた跡も明らかになる。

⑤科学捜査官はDNAの痕跡を見つけるために髪，血液サンプル，骨や<u>頭骨</u>などの証拠を分析する。⑥彼らはDNAの短<u>反復</u>配列を<u>構成する</u>標本DNAの特定領域を使って，DNA検査を行う。⑦犯行現場で<u>薬</u>や麻薬が発見された場合，高性能の<u>デジタル</u>機器を使って，それらの化学成分を詳細に調べる。⑧どんな物体であろうと，科学捜査官の前で，その物理的・化学的特質が<u>不明瞭</u>のままにしておかれることはない。⑨科学捜査官は調査結果を文書にまとめ，訴訟用の詳細な報告書を作る。⑩また彼らは，刑事裁判所の<u>緊張した</u>空気の中で鑑定人として証言するよう指名される。⑪<u>陪審員団</u>は，提出されたそうした経験的証拠と，目の前で行われた証言を参考に，十分な検討を経て，評決を下す。

⑦ **closely examine their chemical composition**「それらの化学的構成を詳しく調べる」

⑧ **Whatever an object** (is)「物体が何であるにせよ」 ▶Whateverはan object (is) の補語として働く。

   can never remain obscure before ～「～の前で不明瞭なままであることはありえない」

⑪ **refers to [such empirical evidence [submitted to them]] and [the statements [made in front of them]]**「[[自分たちに提出された] このような経験的証拠] と [[自分たちの前でなされた] 供述] を参照する」

📙 単語の意味を確認しよう。

1426
dispute
⑦ [dɪspjúːt]

動 に異議を唱える；(を) 議論する

名 議論；紛争
▶ beyond dispute 議論の余地なく，疑いもなく

1427
policy
[pá(ː)ləsi]

名 政策，方針；(個人の) 主義
▶ foreign policy 外交政策
　 pólicymàker 名 政策立案者

1428
fingerprint
[fíŋɡərprìnt]

名 指紋
▶ take ~ 's fingerprints ～の指紋をとる

動 の指紋をとる
　 fóotprìnt 名 足跡

1429
glow
[ɡloʊ]

動 光り [照り] 輝く；赤く燃える；紅潮する

名 輝き；白熱；幸福感
　 glówing 形 白熱した；熱烈な

1430
superficial
⑦ [sùːpərfíʃəl]

形 表面的な
▶ superficial examination 表面的な調査
　 sùperficiálity 名 表面的なこと

1431
scratch
[skrætʃ]

動 を引っかく；を取り消す，削除する
▶ scratch the surface of ～ ～を表面的に扱う

名 引っかき傷；引っかくこと
▶ from scratch 何もない所から，最初から

1432
drag
[dræɡ]

動 を引きずる；ぐずぐずする
▶ drag one's feet 足を引きずる；わざとぐずぐずする
▶ drag oneself into ～ 嫌々～に入る

名 〔a ~〕障害物；不愉快な物 [人]
▶ What a drag! なんて嫌なことだ。

1433
skull
[skʌl]

名 頭骨，頭蓋骨；頭脳
▶ skull and crossbones どくろ図 (頭蓋骨の下にX印の大腿骨を組み合わせたもの；海賊旗や毒薬びんの警告の図柄)

0　　　　250　　　　500　　　　750　　　　1000　　　　1250　　　　1500

1434

comprise
[kəmpráɪz]

動 から成る；を構成する
▶ be comprised of ~ ～から成る，～で構成されている

1435

repeat
⑦ [rɪpíːt]

動 (を)繰り返す；を復唱する

名 繰り返し，反復；再現；再放送
rèpetítion 名 繰り返し，反復；再現
repétitive 形 繰り返しの，反復的な

1436

pill
[pɪl]

名 錠剤，丸薬；〔the ～〕ピル，経口避妊薬
▶ She's on [taking] the pill. 彼女はピルを服用している。

1437

digital
[dídʒətəl]

形 デジタル方式の；デジタル [数字] 表示の
▶ a digital text [device] デジタル文書 [機器]
dígitally 副 デジタル方式で

1438

obscure
⑦ [əbskjúər]

形 (世に) 知られていない；不明瞭な
▶ an obscure explanation あいまいな説明

動 をあいまいにする，不明瞭にする
obscúrity 名 不明瞭；無名 (の人)

1439

tense
[tens]

形 張り詰めた，緊張した

動 を緊張させる
ténsion 名 緊張；緊迫感
▶ lessen international tensions 国際的緊張を和らげる

1440

jury
[dʒúəri]

名 陪審 (員団)；審査員団
▶ 通例12人の陪審員 (juror) から成る陪審団を指す。
júror 名 陪審員；審査員

2010 年，金星探査機「あかつき」は金星周回軌道投入に失敗。それから５年経って…。

① The news of an amazing achievement may sound fake, but the truth is stranger than fiction. ② *Akatsuki*, also known as the Venus Climate Orbiter, successfully entered Venus orbit on December 7, 2015, and started to study the atmosphere of Venus, a rocky Earth-like planet. ③ This orbit insertion is a monument to engineers' pride and commitment.

④ The engineers designated to put *Akatsuki* into orbit failed in their first attempt on December 7, 2010, and since then they had endeavored to revive the space probe. ⑤ They undertook the task of making the probe orbit the Sun in "hibernation" mode until it would reach the closest spatial position to Venus, though it was only a partial solution to the problem of a malfunction in the orbit maneuver engine which had "clipped the probe's wings."

⑥ In December 2015, when the probe approached Venus, the engineers burned its four hydrazine attitude control thrusters with exact timing, and managed to navigate it into a rendezvous trajectory with Venus. ⑦ Then the probe resumed its mission to investigate the complex Venus meteorology while traveling in an elliptical orbital curve around the planet.

⑧ The "Dawn" sparkling in the vacuum of space represents a landmark in the history of Japan's space development. ⑨ There is nothing irrelevant in one's efforts to complete an ambitious project.

◎ 語法・構文・表現

④ **The engineers designated to put *Akatsuki* into orbit**「『あかつき』を軌道に投入するべく任命された技術者たち」▶designate ～ to *do*「…するよう～を任命する」

⑤ **the task of [(V)making (O)the probe (C)orbit the Sun in "hibernation" mode until ～]**「[～まで探査機を『冬眠』モードにして太陽を周回させる] 任務」**a partial solution to the problem of ～**「～という問題に対する部分的解決」**which had "clipped the probe's wings"**「いわば『探査機の翼をもいで』しまった」▶malfunction にかかる関係詞節。

⑥ **burned its four hydrazine attitude control thrusters with exact timing**「正

📁 自然 [宇宙]

①驚くべき偉業の知らせは偽のように聞こえるかもしれないが，事実は小説より奇なり，である。②「金星気象衛星」という名でも知られる「あかつき」は，2015年12月7日に首尾よく金星の軌道に投入され，地球に似た岩石惑星である金星の大気分析を開始した。③この軌道投入は，技術者たちの誇りと献身的努力が生んだ金字塔である。

④「あかつき」の軌道投入の任を受けた技術者たちは，2010年12月7日に最初の試行に失敗し，それ以来，その宇宙探査機を甦らせようと奮闘を重ねていた。⑤彼らは，金星に最も近い空間的位置へ到達するまで探査機を「休止」モードにして，太陽を周回させるという任務に取り組んだ。ただし，それはいわば「探査機の翼をもいで」しまった軌道制御エンジンの故障という問題を部分的に解決したにすぎなかった。

⑥2015年12月に探査機が金星に接近したとき，技術者たちは，4基のヒドラジン姿勢制御用スラスターを正確なタイミングで噴射させ，金星とのランデブー軌道に何とか誘導することができた。⑦そのとき探査機は金星を楕円軌道曲線に沿って周回しながら，その星の複雑な気象を調査するという任務に復帰した。

⑧真空の宇宙空間で輝く「あかつき」は，日本の宇宙開発史に残る偉業である。⑨野心的な計画を成し遂げようとする努力において，意味のないことは何もない。

⌇⌇⌇

確なタイミングで4基のヒドラジン姿勢制御用スラスターに点火した」
navigate it into a rendezvous trajectory with Venus「その探査機を金星とのランデブー軌道に誘導する」

⑦ (S) **the probe** (V) **resumed** (O) **its mission** [to investigate ～ [while traveling in ...]]]「探査機は，[[[…を移動しながら] ～を調査するという] 任務] を再開した」

⑨ (adv) **There** (V) **is** (S) **nothing irrelevant** (adv) **in** [one's efforts [to complete ～]].
「[[～を完遂しようという] 努力] の中に無益なものは何もない」

📘 単語の意味を確認しよう。

1441
fake
[feɪk]

形 偽の；見せかけだけの
▶ a fake diamond 模造ダイヤ

動 を偽造する；のふりをする
▶ fake illness 仮病を使う

名 偽物

1442
orbit
⑦ [ɔ́ːrbət]

名 軌道；(活動・勢力などの) 範囲

動 の周りを回る；軌道を回る
▶ orbit the earth 地球の軌道を回る

1443
monument
[mɑ́(ː)njumənt]

名 記念碑，遺跡；金字塔
mònuméntal 形 不朽の；壮大な

1444
designate
発 ⑦ [dézɪgnèɪt]

動 を指定する；を任命する
designate A as B 「A を B に指定する」
▶ 「A を B に任命する」という意味にもなる。また，as は省略されることもある。
dèsignátion 名 指定；任命

1445
revive
[rɪváɪv]

動 を復活させる；復活する
revíval 名 復活；回復
▶ the revival of old customs 旧習の復活

1446
undertake
⑦ [ʌ̀ndərtéɪk]

動 を引き受ける；を保証する；に着手する
▶ 活用：undertake - undertook - undertaken
▶ undertake to do …すると保証 [約束] する
ùndertáking 名 事業；保証

1447
spatial
発 [spéɪʃəl]

形 空間の
▶ one's spatial awareness 人の空間認識
space 名 空間，余地
spácious 形 広々とした，広大な

1448
partial
発 [pɑ́ːrʃəl]

形 部分的な；不公平な (⇔impártial 公平な)
▶ be partial to ～ ～をひいきする
pártially 副 部分的に

0	250	500	750	1000	1250	1500

1449

clip
[klɪp]

動 を切り抜く；を（はさみで）切り取る；をクリップで留める

名 抜粋；はさみで切ること；クリップ
▶ a video clip（プロモーション用の）ビデオクリップ

1450

exact
[ɪgzǽkt]

形 正確な；まさにその
▶ to be exact 厳密に言えば
exáctly 副 正確に；まさに；〔返答で〕まさにそのとおり

1451

navigate
[nǽvɪgèɪt]

動 (を) 誘導する；(を) 操縦する；(を) 航行する
nàvigátion 名 航行
návigàtor 名 航海士；ナビゲーター

1452

curve
発 [kə:rv]

名 （道路などの）カーブ；曲線
▶ the population curve 人口曲線

動 を曲げる；曲がる

1453

vacuum
発 アク [vǽkjuəm]

名 真空；空虚
▶ in a vacuum 真空中で；孤立して
▶ a vacuum cleaner 電気掃除機

動 (を) 電気掃除機で掃除する

1454

landmark
[lǽndmà:rk]

名 （ある場所の）目印；画期的な出来事
▶ a landmark in the history of science 科学史における画期的な出来事

1455

irrelevant
発 [ɪréləvənt]

形 （〜にとって）無関係の (to)；見当違いの；重要でない
rélevant 形 関係がある；妥当な
irrélevance 名 無関係、見当違い

---

98 FTA

自由貿易が理想だが，FTA により利益を受ける産業と損害を被る産業との調整が必要だ。

① The aim of a free-trade agreement (FTA) is to take a more liberal attitude toward the exchange of goods and services and reduce or strip away trade barriers between two countries, such as import quotas and tariffs. ② The benefit of reducing trade barriers under strict guidelines is transparent to anyone. ③ Such guidelines compensate for the negative effect of reduced trade barriers, in particular inequalities of benefits among different industries.

④ Hosting a high-level trade meeting might be a mixed blessing. ⑤ Not only supporters of the FTA but also opponents start lobbying the politicians elected to office. ⑥ In Japan, for instance, many farmers ask diet members to prevent a large influx of cheap agricultural and meat products, alleging that there are various pesticides and antibiotics used in them, and that these low-quality products will likely damage the traditional cuisine of Japan.

⑦ President Trump has expressed his aim for a rapid, rather than gradual, improvement in international trade, and has often asserted that the U.S.'s major trading partners should cooperate with the U.S. to resolve the outstanding issue relating to its trade deficit. ⑧ If they tried to enact cross-border economic transactions, there would be consequences. ⑨ The president has shown interest in the FTA between the U.S. and Japan, and in increasing the volume of U.S. beef exports. ⑩ As we often see obese Americans we might think that meat makes you fat, but remember it is not the nutritional properties of meat but how much meat you eat that makes you fat.

◎ 語法・構文・表現

① **take a more liberal attitude toward ~**「~に対しより自由主義的な態度をとる」
reduce or strip away ~「~を縮小，または撤廃する」

② **The benefit of reducing trade barriers under strict guidelines**「厳格な指針の下で貿易障壁を下げることの利益」▶主語。

⑥ (V) **ask** (O) **diet members** (O) [to (V') **prevent** a large influx of cheap agricultural and meat products]「[安い農産物や肉製品の大量流入を防ぐように] 国会議員に求める」

FTA

📁 社会 [経済]

① 自由貿易協定(FTA)の目的は，物品やサービスの交換に対し，より自由な態度をとり，輸入割当や関税といった２国間の貿易障壁を低くする，あるいは取り除くことである。② 厳格な指針の下で貿易障壁を下げることの利点は誰にも明快である。③ こうした指針は貿易障壁の低減によるマイナス効果，特に産業間の利益の不平等を埋め合わせる。

④ 高官レベルの通商会議を主催することは痛し痒しのことかもしれない。⑤ FTA の賛成派ばかりでなく反対派も，公職に選ばれた政治家への陳情を開始する。⑥ 例えば日本では，多くの農家が，安い農産物や肉製品の大量流入を防ぐように国会議員に要請し，それらには様々な殺虫剤や抗生物質が使われていて，こうした低品質の産物はおそらく日本の伝統的な料理をだめにすると主張する。

⑦ トランプ大統領は，国際貿易における緩やかな，というより迅速な改善を求めるという自らの目標を表明しており，米国の主要な貿易相手国は米国の貿易赤字に関する未解決の問題を解決するために米国と協力すべきだとたびたび主張してきた。⑧ それらの国が国境を越えた経済取引を実行しようとするならば，深刻な結果が生じることだろう。⑨ 大統領は日米間の FTA を実現させ，米国産牛肉の輸出量を増やすことに興味を示している。⑩ 肥満したアメリカ人をよく見かけることから，肉を食べると太ると思うかもしれないが，太るのは肉の栄養特性によるのではなく，どれだけの肉を食べるかによるということを覚えておいてほしい。

---

alleging that ...「…と主張して」▶〔付帯状況〕を示す分詞構文。

⑦ his aim for a rapid, rather than gradual, improvement in international trade「漸次的ではなくむしろ迅速な国際貿易の改善に対する自らの目標」

⑩ it is not [the nutritional properties of meat] but [how much meat you eat] that makes you fat「人を太らせるのは [肉の栄養学的特性] ではなく，[食べる肉の量] である」▶強調構文。

📖 単語の意味を確認しよう。

1456

liberal

[líbərəl]

形 <u>自由主義の</u>；寛大な；一般教養の

▶ liberal arts（大学の）一般教養科目；（中世の）学芸

líberty　名 自由（≒ freedom）；解放；気まま

líberàte　動 を解放する

lìberátion　名 解放（運動）

líberalìsm　名 自由主義；自由主義運動

1457

strip

[strɪp]

動 を [から] <u>取り去る</u>；を裸にする

strip A from B　「B から A を取り去る」

▶ strip B of A と書き換えられる。

名 細長い一片；細長い土地 [地区]

1458

guideline

[gáɪdlàɪn]

名 <u>指針</u>，ガイドライン；指導基準

▶ follow guidelines「指針を守る」

1459

transparent

⑦ [trænspǽrənt]

形 透明な；<u>明快な</u>

▶ a transparent glass 透明なコップ

transpárency　名 透明（性）

1460

compensate

[ká(:)mpənsèit]

動 補償する（≒ make up）；に償う；<u>埋め合わ</u>
<u>せる</u>

compensate for ～　「～に対して補償する，埋め合わせ
る」

còmpensátion　名 補償（金）

1461

inequality

[ìnɪkwá(:)ləti]

名 <u>不平等</u>；不公平な事柄

▶ social inequality「社会的不平等」

ùnéqual　形 不平等な；不均衡な；不相応な

1462

host

㊞ [houst]

動 <u>を主催する</u>；のホスト役を務める

▶ host the Olympics オリンピックを主催する

名 主人（役）；（行事などの）主催者

1463

elect

[ɪlékt]

動 <u>を選出する</u>

elect A B　「A（人）を B（役職）に選ぶ」

eléction　名 選挙，選出

eléctive　形 選挙による；選択の

1456〜1470

1470

1464 **antibiotic** [æ̀ntibaiá(:)tik]	图〔通例〜s〕<u>抗生物質</u> ▶ put 〜 on antibiotics 〜に抗生物質を処方する 形 抗生物質の
1465 **cuisine** [kwizí:n]	图 (独特の) 料理，料理法 ▶ Italian [Turkish] cuisine イタリア [トルコ] 料理
1466 **gradual** [grǽdʒuəl]	形 徐々の，緩やかな ▶ a gradual change 漸進的な変化 grádually 副 徐々に
1467 **assert** [əsə́:rt]	動 を主張する assert that ... 「…ということを主張する」 assértion 图 主張，断言 assértive 形 はっきり自己主張する
1468 **outstanding** [àutstǽndiŋ]	形 際立った；未払いの；未解決の ▶ have an outstanding debt 未払いの借金がある òutstándingly 副 目立って，際立って
1469 **transaction** [trænsǽkʃən]	图 (商) 取引；(人と人との) 交流 ▶ Cash transactions only. 現金払いのみ。 transáct 動 (〜と) 取引を行う (with)
1470 **obese** (発) [oubí:s]	形 肥満した ▶ 「不健康に太っている」の意。overweight は「標準より太っている」，plump は「ぽっちゃりした」の意。 obésity 图 (病的な) 肥満

403

蚊に媒介されるデングウイルス。人から人への感染はないが，治療は対症療法となる。

① Many countries in Southeast Asia have had to revise their optimistic outlook on the prevention of dengue fever outbreak. ② Difficulty in vector control seems to have been compounded by abnormal weather in recent years. ③ In Malaysia alone, more than 100 people have died every year in the past decade, and in certain years, more than 200 people.

④ The tragedy is that there is no effective vaccine against the acute disease transmitted by mosquitoes. ⑤ One is only immune all through one's life to the very type of the dengue virus that one has been infected with. ⑥ Babies and young children are most vulnerable.

⑦ There are not many things the government can do to resolve the long-standing problem. ⑧ Public health bureaus may send out workers to spray fog around the neighborhoods affected and seal off the area where many people are reported to have been infected, but these are no ultimate solutions.

⑨ This means that in a tropical region you have to exert yourself tirelessly to protect yourself from mosquito attacks. ⑩ When you go trekking along a trail in a forest, you should wear a hat, long-sleeved shirt, pair of trousers and pair of shoes, lest you provide a delicious feast for mosquitos; at home you should polish the floors with a mop wet with mosquito-repellent solution, and have the cooling devices working to the maximum to keep the room temperature as low as possible.

語法・構文・表現

① revise their optimistic outlook on the prevention of dengue fever outbreak「デング熱の発生防止に関する自らの楽観的見解を見直す」

⑤ One is only immune ... to [the very type of the dengue virus [that one has been infected with]]「人が…免疫があるのは，[デングウイルスの中で [自分が感染したことがあるのと] 同一のタイプ] に対してだけである」

⑦ the government can do [to resolve the long-standing problem]「政府が [この積年の問題を解決するために] できる」▶thingsにかかる関係詞節。

デング熱

📁 社会 [社会問題]

①東南アジアの多くの国々は，デング熱の発生を防ぐ対策に関する楽観的な見通しの修正を迫られている。②媒介動物制御の難しさは，近年の異常気象によりさらに高まったように思える。③マレーシアだけでも，過去10年間の死者は毎年100人以上に達し，年によっては200人以上が死亡している。

④悲劇的なのは，蚊が媒介するこの急性の病気には効果的なワクチンがないことである。⑤人は自分が感染したことのあるタイプのデングウイルスに対してのみ，一生を通じて免疫を持つ。⑥赤ん坊や幼い子供は最も感染しやすい。

⑦この積年の問題を解決するために政府にできることは多くない。⑧福祉保健局は，作業員を派遣して感染区域周辺に薬を散布したり，多くの感染者が出たと報告された区域を封鎖したりすることもあるが，それらは決して根本的な解決にはならない。

⑨したがって，熱帯地方では常に蚊の襲撃から身を守るためにたゆまず努力しなければならない。⑩森の中の小道をトレッキングするときは，（素肌をさらして）蚊においしいごちそうを与えないよう，帽子，長袖シャツ，ズボン，靴を着用すべきだ。また，家では蚊よけの薬で濡らしたモップを使って床を磨き，冷房を最大限に効かせて，室温をできるだけ低くしておくべきだ。

---

⑧ seal off [the area [where many people are reported to have been infected]] 「[[多くの人が感染したと報告されている] 地域] を封鎖する」

⑨ exert yourself ... to protect yourself from mosquito attacks 「蚊の攻撃から身を守るために…努力する」 ▶ exert *oneself* to *do* 「…するように努力する」

⑩ lest [(S) you (V) provide (O) a delicious feast (adv) for mosquitos] 「[蚊においしいごちそうをあげ] ないように」 ▶ lest 節内の provide は仮定法現在。

(V) have (O) the cooling devices (C) working to the maximum 「冷房機器を最大限に稼働させておく」 ▶ have 〜 *doing* 「〜に…させておく」

99 Dengue Fever

単語の意味を確認しよう。

1471
revise
[rɪváɪz]

動 を修正する；を改訂する
名 改訂（版）；校正
revision [rɪvíʒən] 名 改訂；修正
▶ make revisions to ～ ～を修正する
revísed 形 改訂された

1472
outlook
アク [áutlùk]

名 見解；見通し；眺め

1473
compound
アク [kəmpáund]

動 を悪化させる；を合成する；を混合する
名 [ká(:)mpàund] 化合物；合成物
形 [ká(:)mpàund] 合成の；混合の

1474
tragedy
[trǽdʒədi]

名 悲劇（的な事態）（⇔cómedy 喜劇）
▶ Greek tragedy ギリシャ悲劇
trágic 形 悲惨な；悲劇の，悲劇的な
▶ a tragic hero 悲劇の主人公

1475
vaccine
発 [væksí:n]

名 ワクチン
▶ take a vaccine against ～ ～のワクチン接種を受ける
váccinàte 動 にワクチン接種をする

1476
acute
[əkjú:t]

形 （痛み・感情などが）激しい；（知覚などが）鋭い；急性の（⇔chrónic→1068）
▶ have an acute sense of smell 嗅覚が鋭い

1477
immune
[ɪmjú:n]

形 （～に対して）免疫を持つ (to)；（～を）免れた (from)
the immune system 「免疫系［機構］」
▶ immune cells 免疫細胞
immúnity 名 免疫性；免責
▶ diplomatic immunity 外交特権

1478
vulnerable
発 [vʌ́lnərəbl]

形 （攻撃などに）弱い，もろい；傷つきやすい
be vulnerable to ～ 「～に弱い」
vùlnerabílity 名 弱さ，もろさ；傷つきやすさ

1479

resolve
発 [rɪzá(ː)lv]

動 を解決する；を決意する；を議決する
▶ resolve to do「…することを決意する［議決する］」
rèsolútion 名 解決；決意
résolùte 形 断固とした，確固とした

1480

seal
[siːl]

動 を密閉する；に封をする
▶ seal an envelope 封筒に封をする

名 (公) 印，印鑑；封印
▶ under seal 機密扱いで；封印されて

1481

ultimate
発 [ʌ́ltɪmət]

形 究極の
▶ the ultimate decision 最終的な決定
últimately 副 結局のところ

1482

trail
[treɪl]

名 (野山などの) 小道；跡；手がかり
▶ leave a trail of 〜 〜の跡を残す

動 を引きずる；の跡をたどる；ぶらつく
▶ trail a suspect 容疑者を尾行する

1483

feast
[fiːst]

名 祝宴；大ごちそう；楽しみ
▶ give [hold] a feast 祝宴を催す

動 (〜を) 飲み食いする (on)；(〜を) 楽しむ (on)

1484

polish
発 [pá(ː)lɪʃ]

動 を磨く；を洗練させる
▶ polish one's wit 機知に磨きをかける

名 磨き粉；つや；洗練

1485

maximum
発 [mǽksɪməm]

名 最大限 (⇔mínimum→868)
▶ to the maximum 最大限に

形 最大限の，最高の

副 最大で
máximìze 動 を最大にする

ソクラテスは著作を残さなかったため，その思想はプラトンらの書物で伝えられている。

① Socratic dialogue is a literary genre preserved in the works of Plato and Xenophon. ② In most of the dialogues Plato wrote, for example, Socrates is the main character. ③ He presents himself as an ignorant man and puts a sequence of questions to the other person who boasts that he is an authority in the domain they discuss. ④ This (seemingly naïve questioning) leads the person answering to realize the unresolvable internal contradictions or logical inconsistencies in his answers and thus express his own ignorance, causing damage to his pride. ⑤ This is called Socratic irony.

⑥ In Plato's works, which are indispensable to anyone interested in Greek philosophy, Socrates engages in a dialogue with someone else and by asking a series of questions, examines the other person's views to demonstrate that they contradict each other. ⑦ Socrates seems to derive great enjoyment from taking a flexible and informal approach to dialogue.

⑧ Apparently, there was no divorce between his motto: "The unexamined life is not worth living," and his method, known as the Socratic method. ⑨ Nothing prohibited him from exploring once the exclusive province of sophists and uncovering hidden recipes for reversing the conventional process of teaching.

語法・構文・表現

③ **who boasts that he is an authority in the domain they discuss**「議論してる分野で自分は権威であると自慢する」 ▶other personにかかる関係詞節。

④ (V)**leads** (O)**the person answering** (C)**to**〔realize the unresolvable internal contradictions or logical inconsistencies in his answers〕and thus〔express his own ignorance〕「答える者が〔自らの答えの中の解決できない内的矛盾や論理的不整合に気づき〕，かくして〔自分自身の無知を表明する〕ように仕向ける」

⑥ **which are indispensable to anyone interested in Greek philosophy**「それはギリシャ哲学に関心のあるどんな人にも不可欠である」 ▶Plato's worksを説明する非制限用法の関係詞節。
engages in a dialogue with someone else「誰か他の人と対話をする」

ソクラテスの問答

英文レベル
☆☆☆
192
words

文化 [思想・哲学]

①ソクラテスの問答は，（弟子である）プラトンとクセノフォンの著作に残された文学のジャンルである。②例えば，プラトンの書いた問答のほとんどでは，ソクラテスが主役である。③ソクラテスは自分を無知な男に見せて，議論している分野で自分は権威であると自慢する相手に一連の質問をする。④それ（一見，愚直な質問）によって，答える者が自らの答えの中の解決できない内的矛盾や論理的不一致に気づき，かくして自分自身の無知を表明するように仕向け，その者の自尊心に傷を与える。⑤これが，ソクラテス的皮肉である。

⑥プラトンの著作は，ギリシャ哲学に関心を持つ者に欠かせないものである。そこに描かれたソクラテスは他人と問答を行い，一連の質問によって相手の見解を吟味し，それが互いに矛盾することを論証する。⑦そこでは，彼が柔軟で，型にはまらない問答法を使うことに大きな楽しみを見いだしている様子がうかがえる。

⑧どうやら「吟味されていない人生には生きる価値がない」というソクラテスの格言と，「ソクラテス式問答法」として知られる彼の方法の間にかい離はなかったようである。⑨彼が，かつてはソフィストの専門であった領域を探究し，従来の指導の手順を一変させる隠れた秘訣を明らかにすることを阻むものは何もなかった。

---

⑦ **derive great enjoyment from taking a flexible and informal approach to dialogue**「柔軟で形式ばらない手法で対話することから，大きな喜びを得る」
▶ derive ～ from *doing*「…することから～を引き出す」

⑧ **there was no divorce between his motto ... and his method**「彼の格言と彼の方法の間にかい離はなかった」

⑨ **Nothing prohibited him from *doing***「何も彼が…するのを妨げなかった」
[exploring once the exclusive province of sophists] and [uncovering hidden recipes for reversing the conventional process of teaching]「[かつてソフィストの独壇場であった領域を探究し]，[従来の指導の手順を一変させるための秘密の奥義を明らかにすること]」▶ from の目的語として働く動名詞句。

📖 単語の意味を確認しよう。

1486

character
㋐ [kǽrəktər]

名 性格，個性；特徴；<u>登場人物</u>；文字
- ▶ national character 国民性
- chàracterístic 形 （〜に）特有の，独特の (of)
  - 名 〔〜s〕特徴，特性
- cháracterìze 動 を特徴づける

1487

sequence
[síːkwəns]

名 連続；<u>一連（のもの）</u>
- ▶ in [out of] sequence 順番に [順番が狂って]

動 の配列を決定する；を順番に並べる
- sequéntial 形 連続的な

1488

boast
㋭ [boust]

動 を誇る；<u>(を) 自慢する</u>
- ▶ boast about [of] 〜「〜を自慢する」

名 自慢（話）；うぬぼれ

1489

damage
㋐ [dǽmidʒ]

名 損害，<u>損傷</u>；〔〜s〕損害賠償金
- cause [do] damage to 〜「〜に損害を与える」
- ▶ suffer great [heavy] damage 大きな損害を被る

動 に損害 [損傷] を与える；を傷つける

1490

indispensable
[ìndɪspénsəbl]

形 <u>不可欠な</u>（⇔ dispénsable なくてもすむ）
- be indispensable for [to] 〜「〜に不可欠である」
- dispénse 動 を分配する，施す；〔dispense with 〜 で〕
  〜なしですませる

1491

contradict
㋐ [kà(ː)ntrədíkt]

動 <u>と矛盾する</u>；に反対意見を言う
- ▶ contradict *oneself* 矛盾したことを言う
- còntradíction 名 矛盾；反駁 còntradíctory 形 矛盾した

1492

derive
[dɪráɪv]

動 <u>由来する</u>；<u>を引き出す</u>；を推論する
- derive from 〜「〜に由来する」
- dèrivátion 名 由来，語源
- derívative 形 派生的な 名 〔〜s〕金融派生商品

1493

flexible
[fléksəbl]

形 融通の利く，<u>柔軟な</u>
- flèxibílity 名 柔軟性；順応性
- flex 動 を曲げる；曲がる
- fléxtìme 名 フレックスタイム（制）

---

0   250   500   750   1000   1250   1500

1494

informal
[ɪnfɔ́ːrməl]

形 形式ばらない，略式の（⇔fórmal 正式の）；
（言葉が）くだけた
▶ informal clothes 普段着（≒ casual clothes）
infórmally 副 形式ばらずに

1495

divorce
[dɪvɔ́ːrs]

名 離婚；分離
▶ sue [file] for divorce 離婚訴訟を起こす

動 と離婚する
▶ get divorced 離婚する

1496

prohibit
[prouhíbət]

動 を禁止する
▶ prohibit ～ from *doing* ～が…するのを禁じる
pròhibítion 名 禁止；〔P～〕禁酒法（時代）

1497

province
[prá(ː)vɪns]

名 州，省；〔the ～s〕地方；分野
▶ 主にカナダ・中国などの州・省を表す。
▶ a student from the provinces 地方出身の学生
províncial 形 州の；地方の

1498

uncover
[ʌnkʌ́vər]

動 を暴く（⇔concéal →1124）；を発掘する
▶ uncover the ruins of ～ ～の遺跡を発掘する

1499

recipe
発 [résəpi]

名 調理法，レシピ；手順；秘訣（ひけつ）
▶ be a recipe for ～ ～の秘訣 [要因] である

1500

reverse
[rɪvɔ́ːrs]

動 を逆転させる；を反対にする

形 逆の，裏の；（社交ダンスで）左回りの
▶ in reverse order 逆の順番で

名 〔the ～〕逆，反対；逆転；（車の）バックギア

revérsible 形 逆 [裏返し] にできる

411

A
B

D

D

E

F
G
H
I

L
M

O

P

P
Q
R

R

S

S

S

T

T
U
V
W